# निर्वासन

# निर्वासन

तसलीमा नसरीन

अनुवाद

अमृता बेरा

वाणी प्रकाशन

**वाणी प्रकाशन**

*4695, 21-ए, दरियागंज, नयी दिल्ली 110 002*

शाखा

*अशोक राजपथ, पटना 800 004*

फ़ोन: +91 11 23273167 फ़ैक्स: +91 11 23275710

www.vaniprakashan.in
vaniprakashan@gmail.com

NIRVASAN
*by* Taslima Nasrin
Translated by Amrita Bera

ISBN : 978-93-5072-592-4
Autobiography



प्रथम संस्करण

मूल्य : ₹ 395



*हर्ष प्रिंटर्स दिल्ली-110 093 में मुद्रित*

***वाणी प्रकाशन का लोगो मक़बूल फ़िदा हुसेन की कूची से***

श्रद्धेय मदनजीत सिंह को

# अनुक्रम


निषिद्ध मत, द्विखंडित पथ 9

अचानक एक दिन 31

गृहबन्दी 41

कथोपकथन 52

खिड़की के उस पार ही खड़ी है मृत्यु 69

निर्वासित भीतर भी-बाहर भी 74

फेयरवेल, 22 नवम्बर, 2007 79

निरापद घर की कविता 94

डायरी के पन्ने 116

यहाँ नहीं, यहाँ नहीं,... और कहीं, किसी और जगह 236

# निषिद्ध मत, द्विखंडित पथ

हार्वर्ड विश्वविद्यालय में जीवन का पूरा एक साल कुछ ऐसे बीता जिसे न तो अद्‌भुत कहा जा सकता है, न चमत्कारी और अगर बहुत गया-गुज़रा न कहें तो बहुत रंगीन भी नहीं। वहीं अचानक ही एक दिन मैंने हार्वर्ड लॉ स्कूल की उलटी तरफ़, 50 लैंग्डन स्ट्रीट के एक सफ़ेद तीन मंज़िले मकान की, तीसरी मंज़िल को किराये पर ले लिया। घर से पैदल ही हार्वर्ड केनेडी स्कूल जाती, केनेडी स्कूल ऑफ़ गवर्नमेंट। सुना है हार्वर्ड का यही सबसे महँगा व मशहूर स्कूल है। नामी-गिरामी, महँगा, विख्यात, विराट—यह सब शब्द मुझे आकृष्ट नहीं करते। मैं सबसे पहले यह देखती हूँ कि लोग अच्छे हैं कि नहीं, ईमानदार हैं कि नहीं और जो उनके दिल में है वही ज़ुबान पर है कि नहीं। केनेडी स्कूल ऑफ़ ह्यूमन राइट्स सेंटर में मेरे लिए ऑफ़िस, डेस्क, इंटरनेट, प्रिंटर, काग़ज़-क़लम, स्टेप्लर, ऑलपिन आदि हर छोटी-बड़ी चीज़ उपलब्ध है। ऑफ़िस का दरवाज़ा खोलकर बाहर निकलते ही कॉरिडोर में चाय, कॉफ़ी, बिस्कुट का इन्तज़ाम। नीचे कैफ़ेटेरिया में स्वास्थ्यवर्द्धक, लज़ीज़ खाना। गले में हार्वर्ड की आई.डी. लटकती हुई, जिस पर लिखा होता—'रिसर्च स्कॉलर, केनेडी स्कूल, हार्वर्ड विश्वविद्यालय'। यह आई. डी. जादू की तरह काम करती। इसके साथ हार्वर्ड के गलियारों में कहीं भी जम कर घूमा जा सकता है। वहाँ की इतनी बड़ी लाइब्रेरी से जब चाहो दुर्लभ किताबें ली जा सकती हैं, रात कितनी भी देर अपनी मर्ज़ी से ऑफ़िस में समय बिताया जा सकता है। दो मिनिट में बैंक का खाता खुल जाना, किसी भी बीमारी का तुरन्त इलाज हो जाना। क्या कुछ नहीं!

लगभग सारा दिन ही ऑफ़िस में रहती। दिन में पास के किसी रेस्टोरेंट में खाने चली जाती। कभी किसी भारतीय रेस्टोरेंट में, कभी सादे से किसी अमेरिकन रेस्टोरेंट में, कभी सी फूड। शाम को तैरने जाती या फिर लोगों के व्यवस्थित या अस्तव्यस्त जीवन को देखते-दाखते बहुत-सा रास्ता अनमनी-सी पैदल चलती हूँ। वज़न पचास किलो। जींस और टॉप। देखने में नवयुवती। ख़ूबसूरत फ़ेलो हार्वर्ड, ग्रेग कार के साथ दोस्ती होते-होते नहीं होती है। उन्होंने स्टेडियम में अपने पास बिठाकर, हार्वर्ड और ब्राऊन के फुटबॉल के खेल के बारे में समझाया, बहुत दिनों तक स्वीटी-व्यीटी कहकर काफी ई-मेल किये, फरारी में घर आये, अपने पेंट हाउस में आने का निमन्त्रण दिया।

पर अचानक, पता नहीं किस वजह से, शायद अमेरिका का इराक में बम गिराना मुझे ठीक नहीं लगा या कि इस विषय पर मैंने काफी जिरह की इसलिए, लगभग बिल्कुल ही मिलना-जुलना बन्द कर दिया। इतना प्रेम अचानक एक पल में ही काफूर हो गया। बड़े लोगों के शौक व उनके रंग-ढंग में मेरा उत्साह हमेशा से ही कम रहा है। वैसे ग्रेग कार की मैं इस वजह से इज्जत करती हूँ व करती रहूँगी, कि उन्होंने हार्वर्ड में ह्यूमन राइट्स का सेंटर खोला है। पैसा तो बहुतों के पास है, पर कितने लोग मानवाधिकार की सेवा में करोड़ों रुपये खर्च करते हैं? हार्वर्ड के फेलोज़ और प्रोफेसरों के साथ बीच-बीच में दुनिया के सौ और विषयों पर चर्चा होती है। कविता लिखती हूँ, आत्मकथा लिखती हूँ, निबन्ध लिखती हूँ। दूर के किसी अनजान इंसान के लिए प्रेम-पत्र लिखती हूँ और हार्वर्ड के लिए, सेक्युलरिज़्म पर एक बड़ा लेख भी लिखना पड़ा। बीच-बीच में इधर-उधर जाना होता है, देश में, देश के बाहर, यूरोप में, किसी ना किसी कार्यक्रम में, पुरस्कार लाने या फिर काव्य-पाठ करने, भाषण देने।

भाषण है टाफ्ट विश्वविद्यालय में, बोस्टन विश्वविद्यालय में, एम्नेस्टी इंटरनेशनल के जनरल एसेम्बली में, साथ में हैं जातिसंघ की मानवाधिकार नेत्री, मेरी रॉबिन्सन। बोस्टन के केम्ब्रिज सेंटर में कविता-पाठ, साथ में हैं वैजाईना मोनोलॉग की ईव ऐन्सेलर। हार्वर्ड के वीमेन स्टडीज डिपार्टमेंट के फंड रेजिंग में मदद करना, माइकेल इग्नाटिफ या सैमुअल हंटिंग की क्लास या फिर हार्वर्ड में आये प्रसिद्ध अतिथियों के भाषण सुनना, नोयाम चौमस्की के साथ उनके एम.आई.टी. के घर पर अड्डा जमाना और ई-मेल पर इराक के युद्ध की आलोचना करना, युद्ध के प्रतिवाद में मेरा लिखना-लिखाना, दल बनाकर बोस्टन फैनवे स्टेडियम में जाकर रेड सॉक्स का मशहूर बेसबॉल देखना, अचानक ही बहुत दिनों से कैंसर से पीड़ित मित्र, स्टीव लेस्सी को देखने जाना, हार्वर्ड चैपलेंसी में मानवतावादियों के साथ मानववाद को लेकर आलोचना करना, सुयानी हंट के घर पर पंचमेल कार्यक्रम में भाग लेना, बीच-बीच में कुछ दिन न्यूयॉर्क, अचानक फिर कलकत्ते के पुस्तक मेले में घूम कर फिर से वापस हार्वर्ड।

इसी बीच पता चलता है कि बंग्लादेश भड़क उठा है। खबर मिलती है बी.बी.सी. से, कलकत्ता से मेरी आत्मजीवनी का तीसरा भाग 'द्विखंडितो' प्रकाशित हुआ है, जिसके बंग्लादेश के संस्करण का नाम है 'क'। पहले इसका नाम 'क' ही था, पर पश्चिम बंगाल के प्रकाशक को 'क' नाम पर आपत्ति होने के कारण, नाम दिया 'द्विखंडितो'। 'क' के प्रकाशित होने के साथ ही आग भड़क उठी। मुझे सभी पत्रिकाओं में घटिया भाषा में गालियाँ दी जा रही हैं। लेखक, शिल्पी, साहित्यकार मेरे खिलाफ बेहिसाब बदनामी करने में जुटे हुए हैं। किस-किस के साथ मैं सोयी हूँ, यही सब लिखा है मैंने किताब में, मेरी जैसी 'निर्लज्ज वेश्या' और कोई नहीं है इस दुनिया में। किताब के जिन पन्नों पर मेरे 'सोने-सुलाने' की घटनाएँ लिखी हुई हैं, उन पन्नों की फोटोकॉपियाँ बाँटी जा रही हैं हर तरफ।

एक बार सैयद शम्शुल हक़ मुझे कहीं दूर घुमाने ले गये थे। वहाँ जाकर उनके बारे में, मेरे मन में जैसी धारणा ने जन्म लिया, सिर्फ उसका स्पष्ट वर्णन किया था एक जगह, मैंने अपनी किताब में। इसकी लेकर उनके नाराज होने का कोई कारण मुझे नहीं दिखता, पर मैंने सुना कि गुस्से में वह एक लकड़बग्घे की तरह गुर्रा रहे थे। यह बात सबसे पहले बताई, पुस्तक के प्रकाशक मेज़बाहुद्दीन ने। उनका अपनी साली के साथ जो गोपनीय सम्बन्ध है, मुझे उसे छुपाना चाहिए था, पर मैंने नहीं छुपाया। सैयद हक़ की नाराजगी की वजह सिर्फ यही है। उनकी साली को लेकर किताब में सम्भवतः सिर्फ एक ही वाक्य है, बस उस वाक्य को पढ़कर ही वह उत्तेजित हो गये। मैंने जो भी लिखा है वह झूठ है, और बस, दस करोड़ टाका का मुकद्दमा ठोंक दिया। वे सब जगह साक्षात्कार दे कर रहे हैं कि, 'तसलीमा ने मेरा चरित्र हनन किया है, मान-सम्मान धूल में मिला दिया है। एक लेखक के हिसाब से, 52 साल की उम्र में जो सम्मान मैंने अर्जित किया था वह आज धूलधूसरित हो चुका है। इसके पीछे जरूर कोई रहस्य है। नहीं तो वह देश के इतने सम्मानित लेखक व सुशील समाज के प्रतिनिधियों के विरुद्ध लिखने का साहस न कर पातीं। मेरे मन में आया कि प्रतिवाद करना जरूरी है, इसीलिए मामला दायर कर अपना प्रतिवाद जताया है। तसलीमा की किताब में इस तरह के और जिन लोगों के नाम हैं, मैं उम्मीद करता हूँ कि वे भी कोई न कोई कदम उठाएँगे। मैंने अपने बारे में सोच लिया है, मैं कानून का सहारा लूँगा।'

बी.बी.सी. से फोन आया मेरी राय जानने के लिए, मुझे सुनवाया गया, सुनील गंगोपाध्याय और सैयद हक़ ने मेरे खिलाफ जो भी बदनामी की। दोनों की आवाज में क्रोध, घृणा, भोंडापन और आक्षेप था। हो सकता है कि सैयद शम्शुल हक़ उनके गोपन सत्य के उजागर हो जाने से, अपने हित-अहित के बारे में होशोहवास खोकर, चीख कर, कूद कर, गाली देकर, थूक कर, मामला दायर कर समझाना चाहते हों कि, उनके बारे में मैंने जो कुछ भी लिखा, वह सब गलत है, पर सुनील गंगोपाध्याय को लेकर ऐसी कोई बात नहीं है किताब में! उन्हें इतनी नाराजगी क्यूँ! वह तो किसी 'पुरुष रक्षा समिति' के सदस्य भी नहीं। उन्होंने बार-बार कहा है, 'दो व्यक्तियों के बीच, दरवाजा बन्द कर जो भी घटता है, उसे बाहर प्रकाश में नहीं लाना चाहिए।' जो बाहर प्रकाश में न लाया जा सके, ऐसा काम अपराधी ही करते हैं और अपराधियों को बचाने की जिम्मेदारी, किसने कहा है कि हर औरत को ही लेनी होगी! आग जैसे एक जंगल से दूसरे जंगल, हवा से भी ज्यादा तेजी से फैल जाती है, वैसा ही हुआ। कलकत्ता में भी साहित्य महल के एकांश में बदनामी की आँधी बह चली और इस आँधी के देवता, जैसा कुछ लोगों ने बताया कि स्वयं सुनील ही थे जबकि मैंने उनकी किसी भी बात का पर्दाफाश नहीं किया, पर शायद इस डर से कि कहीं अपनी अगली किताबों में न कर दूँ, उन्होंने ऐसा सोचा कि, अगर मुझे बैन कर, खारिज कर, त्याग कर, बहिष्कृत कर मेरे पाठकों के आगे मुझे झूठा, अयोग्य, व्यावहारिक बुद्धि से रहित,

गैर-जिम्मेदार लेखक दिखाया जा सके, तो फिर मेरी बातों पर कोई विश्वास नहीं करेगा और इस तरह मेरा लिखा हुआ पढ़ा भी नहीं जाएगा। इस बदनामी के बवंडर के शान्त होने से पहले ही खबर छपती है कि पश्चिम बंगाल की सरकार ने 'द्विखंडितो' को निषिद्ध कर दिया है। पच्चीस लेखकों व बुद्धिजीवियों ने पश्चिम बंगाल के मुख्यमन्त्री के आगे, मेरी किताब 'द्विखंडितो' को निषिद्ध करने का आवेदन किया है। मुख्यमन्त्री ने सबकी बात सुनी, उन्होंने खुद भी कई एक बार किताब को पढ़ा और अन्त में उसे निषिद्ध करने का निर्णय लिया। वैसे इसे बैन किया गया दूसरी वजह दिखाकर, जिसमें शायद कहा कि मैंने धार्मिक भावनाओं को आघात पहुँचाया है। उधर बंग्लादेश में 'क' निषिद्ध है। सैयद शम्शुल हक़ ने हाईकोर्ट में मेरे खिलाफ दस करोड़ टाका का मानहानि का दावा किया है और सरकार से किताब को निषिद्ध करने के लिए पूरी आतुरता के साथ आवेदन किया है। सरकार के बैन करने से पहले ही हाई कोर्ट ने किताब को निषिद्ध कर दिया। पता नहीं इस सबसे प्रेरित होकर या फिर वैसे ही, कलकत्ते के प्रायः अपरिचित एक कवि ने भी मानहानि का दावा कर दिया, वह भी ग्यारह करोड़ का! लेखक किताब बैन कर रहे हैं, लेखक ही लेखक के विरुद्ध मामला कर रहे हैं, दुनिया में ऐसी घटना कहीं भी नहीं घटती। सभ्य लेखक लेखक की अभिव्यक्ति की स्वतन्त्रता के पक्ष में खड़े होते हैं, किताबों की निषेधाज्ञा के खिलाफ आवाज उठाते हैं। बंगाल के लेखकों को जितना देखती हूँ, उतनी ही हैरान होती हूँ। ज्यादातर स्वार्थी, मौकापरस्त हैं, जो कि सरकारी मदद के बगैर जी नहीं सकते। आदर्श! नीति! वह सब मुँह पर या किताबों में। न दिल में, न ही आस्था में और जीवन में भी नहीं।

पश्चिम बंगाल और बंग्लादेश के सभी नामचीन साहित्यकार मेरी निन्दा में आकंठ डूबे हुए हैं। बदनामी कितनी वीभत्स हो सकती है, अफवाहें कितनी निर्मम हो सकती हैं, घृणा कितनी भयंकर हो सकती है, उसका अनुमान लगाने के लिए आपको सुनना पड़ेगा कि वे लोग मेरे बारे में, क्या बोल रहे हैं, क्या लिख रहे हैं। बंग्लादेश के लेखक हुमायूँ आज़ाद ने लिखा, 'मैंने 'क' किताब को पढ़ने लायक नहीं समझा, इसलिए नहीं पढ़ा। इस किताब में मुझे भी तरह-तरह की गालियाँ दी गयी हैं, झूठी बातें लिखी गयी हैं, पर मेरे खिलाफ कोई भी यौनता का अभियोग नहीं लगाया जा सका, क्योंकि मैंने कभी भी तसलीमा की आवाज पर जवाब नहीं दिया। हाल ही में प्रकाशित 'क' किताब के बारे में विभिन्न पत्र-पत्रिकाओं में पढ़कर मुझे लगा कि यह एक पतिता का नग्न आत्मकथन या फिर एक निकृष्टतम जीवन का कुरुचिपूर्ण वर्णन है।'

हुमायूँ आज़ाद प्रायः ही धर्म की आलोचना करते हैं। मेरे नारी अधिकार को लेकर लिखना शुरू करने के बाद, उन्होंने भी ठीक उसी विषय को लेकर एक किताब लिखनी शुरू की। किताब तो लिखी है, पर औरतों के प्रति कभी भी उनके मन में श्रद्धाभाव नहीं देखा। एक समय में उन्होंने नारी विरोधी प्रवचन भी लिखा है। नारी

के पक्ष में लिखने से लोकप्रियता हासिल हो सकती है, इसलिए मेरी किताब 'निर्वाचित कलाम' की जनप्रियता को देखकर ही, उन्होंने 'नारी' नाम की किताब लिखी, पर औरत को यौन वस्तु समझने वाला मन, किताब लिखने से पहले जैसा था, वैसा ही रहा, कोई बदलाव नहीं आया। मेरे बारे में झूठ बोलने में, हुमायूँ आज़ाद को कोई परेशानी नहीं होती। वे विश्वविद्यालय के प्रोफेसर हैं, कह दिया, 'तसलीमा के आवाज देने पर मैंने कभी जवाब नहीं दिया।' जैसे कि मैंने कभी, किसी दिन उन्हें आवाज दी है, बुलाया है। एक डॉक्टर, ऊपर से एक लोकप्रिय लेखिका, साहित्य पुरस्कार के साथ-साथ ढेरों मानवाधिकार पुरस्कार प्राप्त, एक व्यक्तित्व सम्पन्न औरत की आत्मकथा को उन्होंने कह दिया कि यह पतिता का नग्न आत्मकथन एवं निकृष्टतम जीवन का कुरुचिपूर्ण वर्णन है। औरत से भयंकर घृणा करने वाला बदमाश भी, किसी औरत के बारे में बिना जाने-बूझे, ऐसा मन्तव्य नहीं करता। हुमायूँ आज़ाद की तरह के दुश्चरित्र, झूठे, ईर्ष्यालु और गिरे हुए इंसान अगर विश्वविद्यालय के अध्यापक हों, तो नयी पीढ़ी क्या शिक्षा लेकर बड़ी होगी, सच में, सोचकर शंकित हो उठती हूँ, मैं। नारी विरोधी समाज में, नारी विरोधी हुमायूँ आज़ाद को घेरे रखने के लिए, नारी विरोधी लड़कों के दलों की कमी नहीं होती।

नीमा हक़ ने कहा है कि 'स्वाधीनता भोग करने की एक सीमा है, तसलीमा ने उस सीमा का उल्लंघन किया है। साहित्य के नाम पर ऐसी धृष्टता के लिए सिर्फ तिरस्कार ही काफी नहीं है, बल्कि सजा भी होनी चाहिए।' असद चौधरी को बहुत समय से जानती हूँ, बहुत प्रशंसा करते थे, मेरे लेखन की। उन्होंने कहा, 'व्यक्ति समाज की विशाल जनगोष्ठी को लेकर ही है साहित्य, किसी लाम्पट्य की निर्लज्ज वर्णना, कभी भी साहित्य नहीं हो सकता है।'

इधर पश्चिम बंगाल के जाने-माने लेखकों ने गिद्ध की तरह नोचकर पकड़ रखा है, मुझे। समरेश मजुमदार ने लिखा, 'तकरीबन नब्बे साल पहले कलकत्ता के सोनागाछी में एक मशहूर वेश्या रहती थीं। उनका नाम था, नन्दरानी। कलकत्ता के लगभग सभी प्रसिद्ध व्यक्तियों का आना-जाना था उनके पास, अवश्य ही खरीददार के हिसाब से। अगर उन्होंने इन सबों को लेकर उपन्यास लिखने की सोची होती, तो वह बहुत पहले ही कर सकती थीं। परन्तु उन्होंने अपने व्यक्तिगत जीवन में, सामाजिक रूप से चुप रहकर भद्रता और सौजन्य का परिचय दिया, पर तसलीमा नसरीन, नन्दरानी की उस आत्मसम्मानबोध की सहभागी नहीं हो सकीं। तसलीमा ने साड़ी बदलने की तरह पुरुष बदले हैं। मानसिक सम्पर्क की जगह जिस्मानी सम्बन्ध पर जोर देती आयी हैं। साधारण औरतें उनके इस दुश्चरित्रता के बारे में नहीं जान सकीं, वैसे सबको बोलने की आजादी है। तसलीमा ने कहा, हम लोगों ने सुना, पर विचार करने की क्षमता अपने ऊपर निर्भर करती है। घर के अन्दर दोस्तों-बन्धुओं के साथ गाली-गलौज किया जा सकता है, पर खुलेआम करने से उसे अश्लीलता कहा

जाता है। अब उन्होंने जो सरेआम कहा है, एक समय में उन कामों में उनकी खुद की भी सहयोगिता रही है। उनका असल उद्देश्य था किताब की बिक्री और प्रचार।' वहीं के कवि सुबोध सरकार ने लिखा, 'उन्होंने स्वीडन से 'क' नाम का यौन बम भेजा है ढाका में और वह फट गया है। सुना है किताब में समाज को लेकर, परिवार को लेकर, धर्म को लेकर भी कई बातें हैं, पर वह सब कौन सुनता है, जब एक ही पैकेज में हों कई सारे रंगीन बेडसीन। बेडसीन के आगे इस नश्वर दुनिया के इराक-अमेरिका भी तुच्छ हैं, यह एक बार फिर समझ में आया। ...हाय रे! क्या यौनता तसलीमा का अन्दरूनी दुःसाध्य रोग है, जो उसके पिता को भी नहीं बख्शता और न ही पिता के उम्र वालों को। सुना है, आपके यौन किस्सों की तालिका अभी और सामने आएगी। कलकत्ते के लेखक भी दिन गिन रहे हैं। निश्चित ही आपके स्टॉक में फ्रेंच और इटालियन भी हैं। जल्दी ही आपका नाम विख्यात बाइजियों की सूची में आ जाएगा। दो-एक बंगाली स्कॉलर आपको लेकर किताब लिखेंगे कि एक लेखिका अर्थ सामाजिक दबाव में वेश्या बन गयी। भाग्य से आप स्वीडन में रहती हैं, नहीं तो खराब मुहल्ले के लोग इसके बाद जानना चाहेंगे कि आपका पेमेंट किसमें होता है, डॉलर, स्वीडिश क्रोन, टाका या रुपयों में? भाषाहीन स्त्रियों को भाषा देना चाहती थीं आप, वह महान इमेज नहीं रही आपकी और अब औरतें भी आपको छूने पर डेटॉल से हाथ धोएँगी। अरब का इत्र भी आपके छोटे दोनों हाथों की गन्ध को नहीं मिटा पाएगा कभी भी।'

एक और प्रसिद्ध लेखक हैं शीर्षेन्दु मुखोपाध्याय, उन्होंने कहा, 'सुना है बुद्धिजीवियों के साथ उनके यौन सम्पर्कों के तमाम वर्णन दिए हैं, उन्होंने। मैं इसको अश्लील नहीं मानता। अगर उन्होंने अपनी विवेक मुक्ति के लिए लिखा होता तो कहने को कुछ भी नहीं बनता था, पर उन्होंने चकाचौंध पैदा करने के उद्देश्य से लिखा है और इसे मैं स्वीकार नहीं कर सकता। साहित्य और अश्लीलता के बीच सीमा रेखा खींच पाने की क्षमता ही साहित्यकार के दायित्वबोध का परिचय देती है।'

नबनीता देवसेन ने भी बुरा ही कहा और बानी बसु ने भी। बानी बसु ने कहा, 'आत्मजीवनी अगर गिमिक लगे तो उसकी सच्चाई को लेकर सब ही प्रश्न उठाते हैं। पाठकों की उत्सुकता सामयिक है। साहित्य की दृष्टि से उनका लिखना निम्न स्तर का है। इस तरह के लेखन का कोई भी साहित्यिक मूल्य नहीं है।' इन्हीं बानी बसु ने ही बाद में, दैनिक स्टेट्समैन में छपे मेरे कॉलम को पढ़कर, मुझे फोन कर कहा कि मेरा लेखन उन्हें बहुत पसन्द है। वैसे मुझे नहीं पता कि मेरे अलावा, उन्होंने किसी और को भी अपनी इस पसन्द की बात बताई या नहीं।

मल्लिका सेनगुप्ता. नयी नारीवादी कवयित्री ने लिखा, 'इसमें सिर्फ सोने के लिए सोना है। एक के बाद एक सूची। यह कोई आत्मजीवनी नहीं हो सकती। इसमें कितना सच है, नहीं जानती। इसका कारण है कि अतीत में भी इसकी सत्यता पर संशय था। इसमें साहित्यिक ईमानदारी एवं नारीवादी सच्चाई, मेरे हिसाब से साफ नहीं

हैं। हर सम्बन्ध तसलीमा ने खुद ही बनाया है। कहाँ किसके साथ सोयीं, किसके साथ क्या किया, वह रोमांचकारी तो है, पर उसमें कोई विशेषता नहीं है। तसलीमा के इस जीवनलेख पर लोगों की आस्था खत्म हो गयी है। सोने के कमरे की दूसरी कहानियाँ भी हैं, पर उनकी जैसी रंगीन भाषा में लिखने की रुचि सबकी नहीं हो सकती। या कहें कि नहीं है इसीलिए साहित्य टिका हुआ है। तसलीमा के सोने के कमरे से कहीं ज्यादा बड़ी जगह पर नारीवाद की लड़ाई जिन्दा है।'

गौतम घोष दस्तिदार को मित्र-कवि ही समझती थी। उन्होंने 'द्विखंडितो' के बारे में लिखा, 'यह अन्तर्विरोध, सचेतन युक्तिहीनता, अर्धसत्य, अश्लीलता और निर्लज्जता ही तसलीमा का चरित्र है। मूल्यबोध के समानार्थी कोई शब्द तसलीमा के शब्दकोश में नहीं है। ख्याति, ख्याति और ख्याति के अलावा और कोई लक्ष्य नहीं। बदनामी को भी वह यश समझती हैं। नतीजतन सत्य के बहाने अपनी जीवन कहानी लिखते हुए न केवल खुद को ही नग्न कर दिखाती हैं, बल्कि दूसरों को भी नग्न करती हैं। यहीं मूल्यबोधहीनता उजागर होती है। अगर हम उनकी इन यौनगाथाओं को सच भी मान लें, तब भी प्रश्न उठता है कि, यह गोपनीय काम वह प्रकाश्य में कर सकती हैं या नहीं व उससे सम्बन्ध (चाहे जैव ही हो) की तय शर्तें टूटती हैं कि नहीं। वैसे तसलीमा से इन सब स्वाभाविक वृत्तियों की आशा करना व्यर्थ है। शुरू से ही इस तरह का मूल्यबोध उनके अन्दर गढ़ नहीं पाया।'

और कम्युनिस्ट लेखक आज़िज़ुल हक़ ने लिखा, 'शारीरिक एवं मानसिक रूप से दिवालिया लेखिका, लज्जा विसर्जित कर सड़क पर उतर आयी हैं। कपड़े पहन रखे हैं, केवल अभ्यासवश। यह है वाक्-स्वाधीनता। भाद्र माह के कुत्तों की रक्षा समिति का दावा है कि, पगलाये कुत्तों के भौंक-भौंक कर धावा बोलने का अधिकार भी, ह्यूमन फासिज्म के विरुद्ध, कुत्तों की स्वाधीनता है। अगर किसी को, जो मर्जी वही बोलने की आजादी है, तो किसी और के हाथों को भी स्वाधीनता हो सकती है। फिर गला दबाने की स्वाधीनता भी क्यूँ नहीं होगी! अगर कोई महिला अपनी देह को पब्लिक युरिनल की तरह सजाकर रखे, तो क्या कहेंगे? यदि सुलभ कॉमप्लेक्स हो तो, पे एंड यूज। इसमें इतना शोरगुल करने की क्या बात है? निषिद्ध नहीं, वर्जित करिए इस वर्ज्य पदार्थ को। सड़क पर गन्दगी पड़ी रहने पर कोई उस पर लात नहीं मारता, या तो लाँघ कर चला जाता है या फिर सफाई कर्मचारी को बुलाता है। सफाई कर्मचारी ही साफ करें। प्रतिरोध हो छपाई खानों में, बाइंडरों के कारखानों में। यही जवाब है।... स्वस्थ संस्कृति के लिए जो अपना गला फाड़ते हैं, कहाँ हैं वे? कहाँ गयी वह कर्मी वाहिनी, जो प्रकाशक, मुद्रक एवं बाइंडिंग वालों के सामने पिकेट करके हमारे संहति की विनष्टकारी वर्ज्य पदार्थ को (किताब बोलते हुए घृणा होती है), बहिष्कृत करने के लिए आन्दोलन करेगी?'

'आजकल' पत्रिका के सम्पादक अशोक दासगुप्त ने लिखा, 'तसलीमा की

'द्विखंडितो' दो कारणों से जघन्य व वर्जनीय है। पहला रुचि, अशालीनता, अबाध चरित्रहनन। मामला हुआ है ढाका और कलकत्ता में। राज्य सरकार ने इस वजह से निषिद्ध करने की घोषणा नहीं की, पर हम पहले कारण को जरा देखेंगे। (क) सुनील गंगोपाध्याय ने कहा, वयस्क पुरुष व वयस्क महिला अगर स्वेच्छा से कोई सम्पर्क स्थापित करते हैं तो वह एक किस्म का समझौता है, जिसे दोनों में से कोई एक अपने स्वार्थ के लिए प्रचार नहीं कर सकता है। अन्ततः उचित नहीं है। (ख) फुटपाथ पर बिकने वाली पीली जिल्द की पुस्तकों में शायद और भी ज्यादा उत्तेजक वर्णन होते हैं, पर उनमें सब चरित्र काल्पनिक होते हैं। जीवित या परिचित लोगों को घसीट कर नहीं लाया जाता है। (ग) किसी लेखक या लेखिका ने अगर अपने परिचित लोगों के नाम, जो मर्जी वही लिख दिया हो, तो क्यूँ मानना होगा कि वह सब सच है? कैसे कहा जा सकता है कि वह अतिरंजित या विकृत नहीं है? (घ) तसलीमा का खुद तो घर परिवार है नहीं, सामाजिक जिम्मेदारियों को भी वह कुछ नहीं समझतीं, पर जिनके बारे में लिखा है, सच या झूठ, क्या उनका समाज में सम्मान नहीं है? उनके बच्चे नहीं हैं? पारिवारिक दायरा नहीं है? ...तसलीमा के 393 पृष्ठों के कूड़ेकर्कट की यदि उपेक्षा भी की जाए तो भी, दो पन्नों की उत्तेजक असभ्यता को माफ नहीं किया जा सकता है। शंख घोष या सुनील गंगोपाध्याय किसी भी किताब को निषिद्ध करने के पक्ष में नहीं हैं। परन्तु, बस इसी एक किताब को अपवाद समझते हैं।'

पूर्वी और पश्चिमी, दोनों ही बंगाल से मुझपर जहर बुझे तीर छोड़े जा रहे थे, तभी 'देश' पत्रिका द्वारा मुझसे अपनी प्रतिक्रिया लिखने का अनुरोध किया गया था। मैंने उसे न्यूयॉर्क में बैठ कर, एक मध्य रात्रि में लिखा था, ठीक ऐसे ही–

'Freedom is always and exclusively freedom for the one who thiks differently'–**Rosa Luxemburg**

जब मैं पीछे मुड़ के देखती हूँ, तो मुझे गुजरे हुए साल बहुत ही रूखे व विवर्ण लगते हैं। अचानक आधा-अधूरा, भूला-सा एक सपना, जड़ और बदरंग के अंबार से खुद को खींचकर, रंगदीप्त, दुःसाहसी-सा साकार होकर मेरे सामने खड़ा हो जाता है। अजीब-सी स्मृतियाँ, पंजों के बल मेरे वीरान कमरे में दाखिल होती हैं, और मेरे सामने आकर मुझे थर्रा देती हैं, रुला देती हैं। खींच ले जाती हैं, पीछे छूट चुके दिनों में। मैं असहाय चल पड़ती हूँ, सर्पिल परछाइयों से घिरे, जिन्दगी के गलियारों में, ढूँढ़ती हुई यादों की किरचें, पर क्या फायदा? जो बीत चुका, वह बदला नहीं जा सकता है, जो सपने बहुत पहले ही दम तोड़ चुके थे, पूरी तरह मृत, अब पहचान में ही नहीं आते। क्या फायदा होगा नाजुक उँगलियों से धूल भरे जालों को झाड़कर? जो चला गया है, वो अब नहीं है यहाँ। मैं जानती हूँ, पर मेरी निर्वासित जिन्दगी बार-बार मुझे वापस ले जाती है, मेरे माज़ी की ओर। मैं उसके वशीभूत-सी घूमती रहती हूँ, अपने यादों के लैंडस्केप में। हर रात, अपने साथ दुःस्वप्न और साथ में अपने गमों का एक मोटा

लिहाफ लेकर आती है और यह ठीक वही समय होता है जब मैं कहना शुरू करती हूँ, उस लड़की की कहानी।

एक शर्मीली, डरपोक लड़की, जो एक अतिनियमनिष्ठ परिवार में हमेशा बेइज़्ज़त होती हुई बड़ी होती है, वह बिना किसी शिकायत के तमाम दायरों में बँधकर जीती है, जिसकी हर इच्छा, हर लगन को कूड़ा समझ कर फेंक दिया जाता, जिसकी छोटी, कमजोर देह, कई काले, रोंयेदार हाथों का शिकार बनती है। उसी लड़की की कहानी कही थी मैंने। एक लड़की जिसके बासलीक, जवाँ सपने थे और जो प्यार में पड़कर, छुप कर शादी कर लेती है और आस रखती है, एक साधारण औरत की साधारण-सी जिन्दगी बसर करने की। मैंने उसी की कहानी कही है। एक औरत जो अपने प्रिय पति से धोखा खाती है और उसकी आस्था तिनकों के आशियाने की तरह टूटकर बिखर जाती है। एक ऐसी औरत जो जानती थी दुख, दर्द, शोक, मातम। एक औरत जो कि खुद को ही तबाह कर लेने की भीषण राह पर चलने के लिए प्रलोभित हो जाती है। मैंने बस उसकी तड़प की कहानी कही है।

एक औरत, जो फिर से अपने सपनों के टूटे टुकड़े समेट कर जीने की कोशिश करती है, जो अपने लिए छोटी-सी जगह बनाने की कोशिश करती है, जो बेदर्द, निर्दयी समाज में खुद को 'पुरुष' नाम के अभिभावक के हाथों समर्पित करती है क्योंकि समाज उससे यही चाहता है, पर जख़्म और दर्द, दोनों ही बढ़ते जाते हैं। अजन्मे बच्चे को खो देने का सदमा, उसे रक्तरंजित कर देता है व उसे विद्वेष से भर देता है, भर देता है अविश्वास और असहनीय अवमानना की चोटों से। वह शरीर और मन के अन्दर की बची-खुची ताकत को बटोर कर, उठ खड़ी होती है दोबारा, बिना किसी की मदद के, सारे आश्रयों से मुँह फेरकर और खुद ही अपना सहारा बनती है। एक औरत, जो उस दुनिया को नामंजूर कर देती है, जिसको छोड़ने या जिससे पीछे हटने से, उसको जिल्लत और धोखा मिला, एक औरत जो लोगों के तानों व फिकरों को नकार, खड़ी रहती है, तन कर। एक औरत जो इनकार कर देती है समाज के आदेशों, उसके रीति-रिवाजों और परम्पराओं को मानने से। एक औरत जिसका बार-बार लड़खड़ाना, गिरना, फेंका जाना सिखाता है उसे, सीधे खड़े होना, जिसके लड़खड़ाते कदम सिखाते हैं उसे चलना, जिसकी भटकन दिखाती है उसे, रास्ता। धीरे-धीरे वह महसूस करती है, अपने अन्दर एक नयी चेतना के विकास को, एक साधारण सा विचार बाँध लेता है उसे—"यह जिन्दगी उसकी खुद की है, किसी और की नहीं। वह सिर्फ खुद ही उस पर राज कर सकती है, कोई दूसरा नहीं"। यह उस लड़की की कहानी है जो निकल आयी है पितृसत्ता की भट्ठी से, चमकते स्टील की तरह, न कि तब्दील हुई है राख में।

क्या मैंने गलत किया है? हालाँकि मैं ऐसा नहीं सोचती, पर बहुत से लोग आज सोचते हैं कि मेरा इस कहानी को कहना गलत था। आज मैं फैसले के इन्तजार में

अभियोग के कठघरे में खड़ी हूँ। अगर मैंने उस लड़की का परिचय न दिया होता, तो यह इतना बड़ा अपराध न होता। वह लड़की थी मैं, तसलीमा। अगर मैं अपनी कल्पनाशक्ति का इस्तेमाल करती तो कुछ भी मनचाहा कर सकती थी—सफ़्हे दर सफ़्हे लिख सकती थी, काल्पनिक बातें और सब कुछ माफ हो जाता, पर इस वास्तविक दुनिया में, एक हाड़-मांस की औरत के लिए मनाही है दावा करने और ढिठाई से घोषणा करने की—"मैं वो लड़की हूँ जो उन विगत दुखदायी, अशान्त वर्षों के बाद, आज फिर से उठ खड़ी हुई हूँ; मैंने प्रण किया है ऐसी जिन्दगी जीने का, जैसा कि मैं चाहती हूँ।" क्यूँ दुनिया स्वीकार करेगी ऐसे साहस को? किसी भी औरत को ऐसी स्पर्धा शोभा नहीं देती। मैं सर्वथा अनुपयुक्त हूँ, इस पितृसत्तामक समाज के लिए।

अपने देश, बंग्लादेश में, मेरे अपने पश्चिम बंगाल में, मैं एक निषिद्ध नाम हूँ, एक विधि बहिष्कृत औरत, एक वर्जित किताब। कोई मेरा नाम नहीं उच्चार सकता, मुझे छू या पढ़ सकता है। अगर वे ऐसा करते हैं तो उनकी जुबानें सड़ जाएँगी, हाथ गन्दे हो जाएँगे, गहरी घृणा से भर जाएँगे।

मैं इसी तरह की हूँ और यही रास्ता चुना है मैंने।

अगर 'द्विखंडितो' का प्रकाशन हजारों टुकड़ों में खंडित कर दे मुझे, पर मैं स्वीकार नहीं करूँगी, किसी भी गलत चीज को। क्या अपनी जिन्दगी की कहानी लिखना गलत है? क्या जिन्दगी के गहरे, पोशीदा सच्चाइयों को, जिन्हें आपने जिया है, उजागर करना गलत है? यह तो आत्मकथा का अलिखित दस्तूर है—"कुछ भी छुपाया नहीं जाएगा, हर चीज के बारे में लिखा जाएगा।" एक आत्मकथा का विषय ही है—अज्ञात और गोपनीय मानव जीवन की घटनाएँ। मैंने सिर्फ इसी नियम को सच्चाई के साथ निभाया है। पहले दो खंड मेरे जीवन की कहानी के थे, 'आमार मेयेबैला' और 'उतल हवा', इन दोनों पर कोई विवाद नहीं उठने पर भी, तीसरे खंड को लेकर पश्चिम बंगाल में वितर्क शुरू हो गया। खैर मैंने कोई विवाद नहीं शुरू किया, ये दूसरों ने किया। बहुतों ने कहा कि कुछ और नहीं कर सकती, इसीलिए मैंने विवाद खड़ा करने के लिए, जानबूझकर कामुकता के विषय को चुना। यह सवाल और जब कभी भी उठे, पर आत्मकथा के समय उठना उचित नहीं। मैंने अपने बचपन के बारे में लिखा, किशोरावस्था और जवानी के बारे में लिखा, विभिन्न अनुभवों के साथ जीने और बड़े होने की बातें लिखीं। मैंने अपने जीवन का दर्शन, अपनी आशाएँ और डर, अपनी सुन्दरता और असुन्दरता, अपनी खुशियाँ व गम, अपने गुस्से और आँसू, अपने ही आदर्शों से विचलित हो जाने की बातें भी लिखी हैं। मैंने कोई नाजुक, उत्तेजनात्मक विषय को शौक से नहीं चुना। मैंने सिर्फ अपने जीवन के बारे में लिखने को चुना और अगर जीवन ही ऐसा हो, तो इस जीवन के बारे में लिखते हुए, दूसरे विषय कहाँ से लाऊँगी। मैंने तो वितर्क तैयार करने के लिए, चौंकाने के लिए किताब लिखी है। जैसे कोई बुरा कारण रहना ही होगा किताब लिखने के लिए? क्या सिर्फ

ईमानदारी और सरलता इसके कारण नहीं हो सकते? जैसा कि साहस, जो मुझे कहा जाता है कि, मेरे अन्दर बहुत ज़्यादा है, पर्याप्त कारण नहीं है? मेरे लेखन से विवाद का उठना कोई नयी बात नहीं। मैं जबसे प्रकाशित होना शुरू हुई हूँ, अभ्यस्त हो चुकी हूँ इसकी। दरअसल सच्चाई बहुत ही सरल है, अगर आप पितृसत्तात्मक समाज से समझौता नहीं करते, तो हमेशा ही अपने आपको तूफान के बीच पाएँगे, तब ही विवाद खड़ा होगा।

आत्मकथा की संज्ञा अनेक लोगों के लिए अनेक तरह की है। ज़्यादातर लोग उस जीवनी को पसन्द करने के अभ्यस्त हैं, जो जीवनी भूरी-भूरी अच्छी बातें और विलक्षण आदर्श प्रस्तुत करती हो। साधारणतः महान लोग ही लिखते हैं आत्मकथा यानि के अपने जीवन के बारे में, दूसरों को प्रेरित करने के लिए, सच्चाई को उजागर करने के लिए और सही राह पर चलने के लिए। मैं कोई सन्त नहीं, मैं महान या विद्वान भी नहीं और न ही मैं अन्धों को रोशनी देने के महान उद्देश्य से जीवनी लिख रही हूँ। मैं बस एक क्षुद्र मनुष्य के घावों और दुःखों को खोल के दिखा रही हूँ।

कोई बड़ा साहित्यकार या बड़ा व्यक्तित्व न होने पर भी, इस बात को तो अस्वीकार नहीं किया जा सकता है कि बहुत-सी बड़ी घटनाएँ घटी हैं मेरे जीवन में। मेरे विश्वास और आदर्शों के कारण अगर लाखों लोग, मुझे फाँसी देने के दावे को लेकर सड़क पर उतर आएँ, अगर अलग-अलग मतों के कारण, एक के बाद एक मेरी किताबों को निषिद्ध किया जाने लगे, यदि सत्य बोलने के अपराध में एक राष्ट्रयंत्र मुझे अपने ही देश में रहने के अधिकार को छीन ले, तब निश्चित ही, वह जीवन कोई साधारण जीवन नहीं है। मेरे ही जीवन की कहानी जब दूसरों के मुँह से अलग-अलग रंग और ढंग से प्रचारित हो ही रही है, तो क्यूँ न मैं ही खुद जिम्मेदारी लूँ अपनी जीवनी को शुरू से अन्त तक कहने की! अपने इस जीवन को जितना ज़्यादा मैं जानती हूँ, उतना तो कोई भी और नहीं जानता।

अगर खुद को उन्मुक्त न करूँ, अगर अपना सब कुछ उजागर न करूँ, विशेषकर जीवन की उन सब बातों व घटनाओं को, जिन्होंने मुझे झकझोरा है। अगर मैं अपना अच्छा-बुरा, गुण-दोष, शुभ-अशुभ, आनन्द-पीड़ा, उदारता-क्रूरता, सामने नहीं लाती हूँ, तो फिर चाहे जो भी हो वह आत्मकथा नहीं हो सकती। कम से कम मेरे लिए तो नहीं। केवल साहित्य के लिए साहित्य मेरे लिए अन्तिम बात नहीं, ईमानदारी भी एक चीज है, जो मेरे लिए बहुत मूल्य रखती है।

मेरी जिन्दगी जैसी भी हो, चाहे जितनी भी निकृष्ट, निन्दनीय, पर अपने जीवन की कहानी लिखते हुए, मैं अपने आप से ही कोई धोखा नहीं कर सकती। चाहे पाठक मेरी कहानी सुनकर मुझसे घृणा करें या मुझे उठा कर फेंक दें, बस इतनी-सी सन्तुष्टि है कि मैं अपने पाठकों के साथ कोई फरेब नहीं कर रही। आत्मकथा का नाम देकर, उन्हें बनाई हुई कहानियों का उपहार नहीं दे रही हूँ। जिन्दगी की सारी सच्चाइयों के

हर समय शोभनीय या सुन्दर न भी होने पर निःसंकोच कह रही हूँ। जीवन में जो कुछ घट गया, वह तो घट ही गया है, वह तो मैं बदल नहीं सकती और यह कहके अस्वीकार भी नहीं कर सकती कि जो घटा है वह दरअसल घटा ही नहीं! मैं सुन्दर की ही तरह असुन्दर को भी स्वीकार कर सकती हूँ।

इस समय चारों तरफ से, मुझे निशाना बनाकर उपहास के तीर छोड़े जा रहे हैं, मुझे अपमान और अपवाद के दलदल में डुबाया जा रहा है और इसका एक ही कारण है कि मैंने सच कहा है। सत्य हर समय सबको सहन नहीं होता। 'आमार मेयेबैला' और 'उतल हवा' के सत्य को सहने पर भी, 'द्विखंडितो' का सच सबसे बर्दाश्त नहीं हो रहा है। 'आमार मेयेबैला' में मैंने अपने हेय बचपन का वर्णन किया, तो लोगों ने सहानुभूति जताई, दुःख प्रकट किया। 'उतल हवा' में जब मैंने, पति से धोखा खाने की बात लिखी, लोगों ने हमदर्दी जताई, पर 'द्विखंडितो' में जब मैंने अपने दूसरे पुरुषों के साथ के सम्बन्धों का जिक्र किया, तो सब मुझ पर थू-थू करने लगे। इसका तो एक ही अर्थ है कि जब तक औरत उत्पीड़ित और असुरक्षित है, जब तक वह कमजोर होती है और उसका दुःसमय चलता है, बस उतने ही समय तक उसके लिए सहानुभूति रहती है, उतने ही समय वह अच्छी लगती है। पर जैसे ही वह असहाय नहीं रहती, अपनी रीढ़ को सीधा कर खड़ी होती है, अपने अधिकारों को स्थापित करती है, अपने शरीर और दिमाग को आजाद करने के लिए खराब व बद्ध सामाजिक व्यवस्था की जंजीरों को तोड़ती है वह प्रशंसा के योग्य नहीं रहती, वह और अच्छी नहीं लगती, बल्कि उसके प्रति घृणा होने लगती है। मैं समाज के इस चरित्र को जानती हूँ, फिर भी मैं अपने बारे में निस्संकोच बोलने में कभी नहीं डरी।

एक बड़ा कारण 'द्विखंडितो' के विवाद का है, यौनता की आजादी। क्योंकि अधिकांश लोग पितृसत्तात्मक समाज की परम्पराओं में गर्दन तक डूबे हैं, वे चिढ़ जाते हैं, आगबबूला हो जाते हैं, एक औरत के डंके की चोट पे यौनता की स्वतन्त्रता की बात कहने पर। इस स्वतन्त्रता के बारे में मैंने सिर्फ कहा ही नहीं है, बल्कि खुद के जीवन में स्थापित भी किया है, कोई भी पुरुष मेरी कामना करने से ही मुझे नहीं पा सकता। यह मैं तय करती हूँ। औरत की ऐसी आजादी के लिए हमारा समाज अभी तैयार नहीं है। तैयार नहीं है इस बात को आत्मसात करने के लिए कि कोई भी स्त्री अपनी इच्छानुसार पुरुष के साथ सम्भोग कर सकती है और इसके बावजूद कठोरता के साथ यौन-सतीत्व बरकरार रख सकती है।

हमारे नामी-गिरामी पुरुष लेखक मजा ले रहे हैं, मुझे 'वेश्या' कहकर, गालियाँ देकर। ऐसा करके वे खुद को इस घृणित, गन्दे पितृसत्तात्मक समाज के मुखिया होने का प्रमाण देते हैं। वे पहले अपने आनन्द के लिए 'वेश्या' का इस्तेमाल करते हैं और फिर, 'वेश्या' शब्द का व्यवहार गाली देने के लिए करते हैं। औरत को यौन-दासी की तरह व्यवहार करने का नियम आज का नहीं है। जबकि 'द्विखंडितो' किताब में मैंने

पुरुष प्रधान सामाजिक तन्त्र के खिलाफ अपने निजी संघर्षों के बारे में, धार्मिक रूढ़िवाद, समाज द्वारा औरतों पर की जा रही यातनाओं के बारे में और धार्मिक अल्पसंख्यकों के बारे में भी कहा है, पर कोई भी इन सबके बारे में कुछ नहीं कहते, जिन्होंने भी बोला, यौनता के बारे में ही बोला। मेरी किसी भी तकलीफ या मेरे आँसुओं की तरफ, किसी की भी नजर नहीं गयी, आँख गयी तो सिर्फ यौनता की तरफ। नजर गयी तो, यौनता जैसे गहरे, गोपनीय, कुत्सित और घटिया विषय को लेकर मेरे मुँह खोलने की स्पर्धा पर।

दुनिया के इतिहास में, किसी अन्धकारमय समाज में, जब भी कोई स्त्री पुरुषतंत्र के विरुद्ध खड़ी हुई है, भड़की है, उसने अपनी आजादी की बात कही है, पराधीनता के जंजीरों को तोड़ने की कोशिश की है, तो उसे ही पतिता कहकर गालियाँ दी गयीं। बहुत पहले 'नष्ट मेयेर नष्ट गद्य' किताब की भूमिका में मैंने लिखा भी था, 'मैं खुद को इस समाज की नजर में नष्ट कहना पसन्द करती हूँ, क्योंकि यह बात सच है कि, अगर कोई औरत अपने दुःख और दुर्दशा को खत्म करना चाहे, यदि कोई स्त्री किसी भी धर्म, समाज व राष्ट्र के घटिया नियमों के विपक्ष तन कर खड़ी हो जाए, उसको दमन करने की सारी तरकीबों के खिलाफ प्रतिवाद करे, यदि कोई महिला अपने अधिकारों के प्रति सजग हो जाए, तो समाज के भद्रलोग उसको नष्ट कहते हैं। पर नारी के शुद्ध होने की पहली शर्त है, उसका नष्ट होना। नष्ट नहीं होने से, इस समाज के नागपाश से, किसी भी नारी की मुक्ति नहीं है। वह औरत ही, सच में स्वस्थ व शुद्ध है, जिसे लोग नष्ट कहते हैं।' आज भी मैं इस बात पर विश्वास करती हूँ कि, कोई भी औरत अगर सचमुच की आजादी पाना चाहे, तो उसे इस समाज की नजर में खराब होना पड़ता है। इस नष्ट समाज से उपहार स्वरूप, नष्ट या पतिता की उपाधि पाना, एक औरत के लिए कम सौभाग्य की बात नहीं। इस मामले में जितने पुरस्कार मुझे मिले हैं, पतिता की उपाधि का पुरस्कार ही, मेरे विचार से सर्वोत्तम है। यह कहके पुरुषतंत्र के नष्ट देह पर सचमुच का आघात कर पायी हूँ, ऐसा करके यह उपाधि अर्जित की है मैंने। यह मेरे लेखक जीवन की, मेरे नारी जीवन की, मेरे लम्बे समय के संग्राम की सार्थकता है।

इस किताब को लिखने पर, बंग्लादेश के एक लेखक ने मुझ पर मानहानि का दावा किया, कलकत्ता में भी एक लेखक ने उन्हीं के पद्चिह्नों का अनुसरण किया, उससे भी सन्तुष्ट नहीं हुए तो मेरी किताब पर प्रतिबन्ध लगाने की माँग की। मुझे यह नहीं समझ आता कि एक लेखक, किसी दूसरे लेखक के काम के लिए, ऐसा कुछ कैसे चाह सकता है? कैसे वे, बोलने और विचारों की आजादी के लिए लड़ सकते हैं, जब कि वे खुद ही कट्टरपंथियों की तरह व्यवहार कर रहे हों? मुझको लेकर अब तक बहुत से झूठ, बहुत सी काल्पनिक कहानियाँ लिखी गयी हैं, मैं तो उनके किसी भी लिखे को निषिद्ध करने का दावा लेकर अदालत नहीं दौड़ी हूँ। मैं ईवलिन बियेट्रिस हॉल के

कथन पर विश्वास करती हूँ, "I disapprove of what you say, but I will defend to the death your right to say it"–"मैं तुम्हारे विचारों से सहमत नहीं हूँ, पर मैं मरते दम तक लड़ूँगी उसे व्यक्त करने के तुम्हारे अधिकार के लिए।" क्यूँ हमारे प्रवीण लेखकगण अभिव्यक्ति की स्वतन्त्रता के पक्ष में इस चरम सत्य को अस्वीकार करना चाहते हैं?

दुनिया के कितने ही लेखक अपनी आत्मकथा लिख कर गये हैं। जीवन से उन्होंने केवल शुद्ध चीजों को ही छानकर नहीं परोसा। यह मानव जीवन है, गल्तियों, भ्रांतियों, कालिख और काँटों से भरा, यहाँ तक कि जब सन्तों तक की बात आती है, उनका जीवन भी कोई अपवाद नहीं। ईसाई धर्मगुरु सन्त आगस्तीन (335-430 ए डी) अपने जीवन की कहानी खुद ही लिख कर गये हैं। उन्होंने अल्जीरिया में अपने युवावस्था के अनुशासनहीन, अनैतिक जीवन के बारे में, अपनी अवैध सन्तान के बारे में, अपने यौन सम्बन्धित कारनामों के बारे में खुल के बताया है। महात्मा गाँधी ने बताया कि कैसे उन्होंने अपने साथ स्त्री को, एक ही बिस्तर पर सुलाकर, अपने ब्रह्मचर्य की परीक्षा ली। फ्रांसीसी लेखक ज्यँ जैक रूशो (1712-1774) अपने स्वीकारोक्ति ग्रन्थ में स्वीकार करके गये, जो कुछ भी उन्होंने अपने जीवन में किया। कोई खराब बात, किसी गुप्त बक्से में अपने लिए उठाकर नहीं रख दी। उस समय रूशो के आदर्शों को मान लेने जैसी मानसिकता बहुत कम लोगों में थी। पर उससे क्या? वह इस चीज की परवाह किये बगैर, बेझिझक विवरण देकर गये अपने जीवन के कुकृत्यों का। मदमोज़ेल गतों तो थीं ही, पर और भी कई रमणियों को देखकर, यहाँ तक कि मदाम द्य वॉरेन, जिनको वे माँ बुलाते थे, उनको भी देखकर, वह कहते थे कि, उनमें यौनाकांक्षा जागती थी। बेंजामिन फ्रैंकलिन (1709-1790) ने अपनी आत्मकथा में अपने अधीर, उन्मत्त यौवनकाल का बखान किया है, उन्होंने बताया कि वे अपने अवैध बेटे विलियम को अपने परिवार में ले आये थे। वह अपनी जीवनगाथा में विभिन्न महिलाओं के संग उनके अवैध सम्बन्धों के बारे में लिख कर गये हैं। टी. एस. इलियट की पत्नी विवियन और लेडी एटोलिन मोमेल के साथ उनके सम्बन्धों के बारे में कौन नहीं जानता है! लिओ टॉल्सटॉय ने चौदह साल की उम्र में अपने वेश्यागमन की कहानी को लिखा है। समाज के निचले तबके की औरतों और परस्त्रियों के साथ उनके यौन सम्पर्क, यहाँ तक कि अपने यौन रोग से पीड़ित होने की बात भी नहीं छुपाई। अब सवाल उठ सकता है कि, इन लोगों ने उन घटनाओं के बारे में क्यूँ कहा, जब कि वे जानते थे कि यह समाज में स्वीकार्य नहीं हैं? क्यूँकि वे अपने पाठकों को अपनी सच्चाई बताना चाहते थे, और वे इन अनुभवों को अपने जीवन का महत्त्वपूर्ण हिस्सा मानते थे। उनके इस खुलेपन के लिए क्या कोई उन्हें बुरा कहता है? वे जिस स्थान पर थे, वहीं हैं, बल्कि सत्य प्रकट कर उन्होंने अपने आपको और भी महिमामंडित किया है। कैथेरिन मिल्लेट की 'द सेक्सुअल लाइफ ऑफ

कैथेरिन एम' में साठ के दशक की सेक्सुअल फ्रीडम का वर्णन है, उसमें उनके जीवन में आये अनेक पुरुषों के साथ के बारे में उल्लेख है, सेक्स का सजीव वर्णन है। क्या इस किताब ने साहित्यिक कृतियों में अपना स्थान नहीं बनाया? गैब्रियल गार्सिया मार्क्वेज ने अपने 'विविर पारा कौन्तार्ला' (दूसरी औरतों की बातें) में, जिन औरतों के साथ उनके सम्बन्ध रहे हैं, उनके बारे में लिखा है। क्या कोई न्यायालय भागेगा मार्क्वेज़ की किताब पर प्रतिबन्ध लगाने?

दुनिया के हर देश में ही प्रसिद्ध लोगों की जीवनियाँ प्रकाशित हो रही हैं। जीवनीकार सालों-साल शोध कर उन जीवनियों को लिख रहे हैं। खोद-खोद कर निकाला जा रहा है, सारी गोपनीय खबरों को। रवीन्द्रनाथ की गोपनीय बात भी तो गुप्त नहीं रही। बाल विवाह के विरुद्ध बोलकर भी, खुद उन्होंने क्यूँ बालिका-कन्या के साथ अपना विवाह रचाया था? लोग अब वह सारे कारण जान रहे हैं। सवाल यह है कि, क्या इन सारे तथ्यों का पाठक के लिए जानना जरूरी है? किसने कब, कहाँ क्या किया, क्या कहा, उनका जीवन आचरण कैसा था, यह सब जानना अगर इतना ही अप्रासंगिक होता तो, उसको लेकर अनुसन्धान क्यूँ किया जाता है? जीवनीकार गवेषक जिन सब लोगों के बारे में अनजाने तथ्य उजागर कर रहे हैं, उन सब तथ्यों की रोशनी में, न कि सिर्फ उनके व्यक्तित्व, बल्कि उनके सृजन का भी नये ढंग से मूल्यांकन व विश्लेषण करना सम्भव हो पा रहा है।

बहुत से बंगाली पुरुष लेखक, छुप-छुप कर विभिन्न औरतों के साथ शारीरिक प्रेम का खेल खेलने से कुंठित नहीं होते। वे अपनी आत्मकथा में उन सब घटनाओं को छोड़ भी दें पर उपन्यास के चरित्रों के माध्यम से उन्हीं घटनाओं का उल्लेख करने में जरा भी संकोच नहीं करते। पर कोई इसको लेकर सवाल नहीं उठाता। सवाल तब उठता है, जब कोई औरत यौनता को लेकर बात करती है, वह चाहे कहानी हो, उपन्यास हो या फिर आत्मकथा हो। यौनता तो पुरुषों के 'बाप की जागीर' है, पर मैं उनकी तरह लिखूँ तो नहीं चलेगा। मुझे तो सँभल-सँभल के, ढक के, लुका-छिपा के लिखना होगा, क्यूँकि मैं तो औरत हूँ। नारी का शरीर, उसके नितम्ब, स्तन, जाँघें, योनि, इन सबको लेकर खेलने या लिखने का अधिकार तो केवल पुरुषों का है। यह अधिकार पुरुषतांत्रिक समाज ने मुझे नहीं दिया है। नहीं दिया है फिर भी इसकी बिना परवाह किये मैंने जो लिख दिया, वह जितनी भी करुण और मर्मान्तक कहानी हो, चूँकि मैंने अनधिकारपूर्वक चर्चा की है, इस पर सबको आपत्ति है।

पुरुष के लिए एकाधिक प्रेम या नारी सम्भोग हमेशा से ही गर्व का विषय है, पर जब औरत अपने प्यार और यौनता के बारे में पूरी ईमानदारी और सच्चाई से लिखती है तो उसे विश्वासघातिनी और दुःश्चरित्र कहा जाता है। मेरी आत्मकथा में मैंने ऐसी बातें कही हैं, जो नहीं कहनी चाहिए। मैंने सीमा का उल्लंघन किया है, मैंने अश्लीलता की है, मैंने बढ़ा-चढ़ा कर गन्दगी फैलाई है। दरवाजा बन्द करके जो कुछ किया जाता

है, पारस्परिक समझ-बूझ से जो सम्बन्ध बनते हैं, उन बातों की चर्चा अनुचित है। ऐसी चीजें अनावश्यक हैं। पर मैं उन्हें आवश्यक मानती हूँ, क्यूँकि उन्हीं सब घटनाओं ने मुझे आज की 'तसलीमा' के रूप में गढ़ा है, अपनी आस्थाओं, अनास्थाओं, विचारों और खुद के प्रति मजबूती के साथ। उसकी चारों ओर की दुनिया ने उसे ईंट पर ईंट रखकर गढ़ा है एक पवित्र, सभ्य फरिश्ते की तरह नहीं, बल्कि एक उत्कट, विश्वासघाती, अवज्ञाकारी बच्चे की तरह। खुद को समझने के लिए, मैं इस आत्मविश्लेषण को जरूरी मानती हूँ।

मैं अपना नाम खराब करूँ तो करूँ, पर दूसरों का क्यूँ खराब करूँ? यद्यपि मैं किसी और की आत्मकथा नहीं लिख रही हूँ, अपनी ही लिख रही हूँ, पर दूसरों के पारिवारिक, सामाजिक आदि के सम्मान हानि के विषय में बहुतों ने सवाल उठाये। मुझे समझ में नहीं आता है कि, जो अपने नाम-प्रतिष्ठा को लेकर इतने सचेत हैं, तो वे खुद ऐसा काम ही क्यूँ करते हैं, जिसे वे खुद भी घृणास्पद समझते हैं? वे कहते हैं कि मैंने उनका भरोसा तोड़ा है, पर मैंने किसी से अपनी चुप्पी का वादा नहीं किया था। वे कहते हैं कि यह अलिखित समझौता है, पर जो डरते हैं कि ऐसे खुलासे, उनकी निष्कलंक छवि को नष्ट कर देंगे, वे समझ-बूझ के अनुमोदन करते हैं इन नियमों का, और फिर भौंहें चढ़ाकर कोशिश करते हैं मुझे धमकाने की कि सीमा लाँघने से, समझौता भंग करने के अपराध में मुझे सजा मिलेगी।

जो भी मैं उजागर कर रही हूँ यदि वह मेरे लिए महत्त्वपूर्ण हो, तो कौन किसको उचित-अनुचित की संज्ञा सिखाएगा? या यदि मैं तय करूँ कि जो भी मैं कह रही हूँ, मेरी नजर में अश्लील नहीं है? किन लोगों ने बनाई है अश्लीलता की परिभाषा और तय किये हैं, उसके दायरे? मैं ही तो तय करूँगी, अपनी आत्मकथा में कि मुझे कितना कहना है और कितना छुपाना है। न कि कोई मकसूद अली, करामत मियाँ, परितोष या हरिदास पाल तय करेगा कि मुझे क्या लिखना चाहिए, कितना लिखना चाहिए?

आलोचक मेरी आजादी को असंयमित होने के रूप में दिखाना चाहते हैं। क्योंकि हजारों साल की पितृसत्ता ने ढाला है हमारे अच्छे-बुरे, पसन्द-नापसन्द, पाप-पुण्य, सुन्दरता-बदसूरती की समझ को। पितृसत्ता ने हमें सिखाया है स्त्री के सच्चे गुण व लक्षण उसका संकोच, उसकी बुजदिली, उसकी पवित्रता, उसका झुका सिर और उसका सब्र हैं। इसीलिए आलोचक, जो कि अभ्यस्त हैं संयमित पक्ष के, डर जाते हैं कठोर सत्य का सामना करने से और तुरन्त नफरत से आँखें भींच लेते हैं। मैं लेखक हूँ या नहीं, मेरी ही आत्मकथा उसे मुझे धारावाहिक के रूप में लिखने का अधिकार है भी कि नहीं, ऐसे सवाल भी उठाये गये। वस्तुतः हर व्यक्ति को अपनी आत्मकथा लिखने का अधिकार है, यहाँ तक कि उन अहंकारपूर्ण सांवादिकों को भी यह अधिकार है, जो मानते हैं कि मेरे हाथ में कलम होना ही घोर अशुभ है। मुझे दोष दिया जा रहा है कि मैंने चरम दायित्वहीनता का काम किया है। मैं गैर-जिम्मेदार हो सकती हूँ,

विवेकहीन हो सकती हूँ, पर मैं ऐसा होने के अधिकार को छोड़ने से इनकार करती हूँ। जॉर्ज बर्नाड शॉ ने कहा था, "A reasonable man adapts himself to the world. An unreasonable man persists in trying to adapt the world to himself. Therefore, all progress depends upon the unreasonable man.—एक विवेकशील व्यक्ति अपने को दुनिया के अनुकूल ढाल लेता है पर एक नासमझ व्यक्ति अड़ा रहता है दुनिया को अपने अनुकूल बनाने की कोशिश में, इसीलिए सारी प्रगति निर्भर है इस नासमझ व्यक्ति पर।" मैं, तसलीमा नसरीन उनमें से ही एक नासमझ व्यक्ति हूँ। मैं यह दावा नहीं करती कि प्रगति मुझ पर निर्भर है; मैं तो एक नगण्य लेखिका हूँ। बुद्धिमान लोगों की नजर में, विवेकहीन और गुस्ताख व्यक्ति का ठप्पा लगने पर मैं खुश हूँ। मेरा निष्कपट, नासमझ, अविवेकी होना ही मेरी सर्वोत्तम पूँजी है।

धर्म का प्रश्न भी आ खड़ा हुआ। जो मुझे जानते हैं, वे यह भी जानते हैं कि मैंने हमेशा धार्मिक रूढ़िवाद के खिलाफ बोला है। धर्म पूरी तरह पितृसत्तात्मक है। क्यूँ पुरुष बर्दाश्त करेंगे, अगर मैं धर्म या धार्मिक पुस्तकों का अनादर करूँ, खासतौर से जबकि यही पुरुष, धर्म और धार्मिक ग्रन्थों का इस्तेमाल दूसरों को दबाने के लिए करते हों? ये वही धर्मपरायण पुरुष हैं जिन्होंने मुझे, अपने ही देश से निकलने पर मजबूर किया। मैंने अपनी जिन्दगी देकर, सच्चाई की कीमत अदा की है और कितनी कीमत चुकानी होगी मुझे? जैसे आज पश्चिम बंगाल में प्रतिबन्ध लगा हुआ है मेरी किताबों पर, पहले ठीक ऐसे ही प्रतिबन्ध लगा था बंग्लादेश में, इस बहाने से कि ये दंगा भड़का सकती हैं। यह जो साम्प्रदायिक दंगे निरन्तर चल रहे हैं, पूरे उपमहादेश में, वे मेरी किताबों की वजह से नहीं, बल्कि दूसरी वजहों से हैं। बंग्लादेश के अल्पसंख्यकों पर यातनाएँ, मुसलमानों का गुजरात में मारा जाना, बिहारियों का असम में दमन, ईसाइयों पर हमला, पाकिस्तान में शिया और सुन्नी के बीच का विरोध, यह सब कुछ बिना मेरे किसी योगदान के घटा है। हो सकता है कि मैं एक नगण्य लेखिका होऊँ, पर मैं मानवता पर लिखती हूँ। मैं पूरे दिल से लिखती हूँ कि हर इंसान समान है और लिंग, जाति, रंग और धर्म के आधार पर कोई भेद-भाव नहीं होना चाहिए। सबको जीने का अधिकार है। इसकी वजह से दंगे नहीं भड़कते हैं कि मैं क्या लिख रही हूँ। मुझे तो सजा दी जाती है, जो मैं लिखती हूँ, उसकी वजह से। आग भड़कती है तो मेरे ही घर में। हर बार, सभी जगह, घर खो देना पड़ता है, एक मुझे ही और मुझे ही भुगतना पड़ रहा है निर्वासन।

चारों तरफ इतनी भयानक निन्दा के विरुद्ध मेरे पास आकर खड़ा हुआ आनन्द बाजार। 'देश' पत्रिका में मुझे ही मुखपृष्ठ का विषय बनाया गया। मेरा, शिवनारायन राय एवं और भी कई लेखकों का लेख प्रकाशित हुआ 'देश' में। याद नहीं आ रहा ठीक से, पर असाधारण था 'देश' का सम्पादकीय।

'उस काल में, मध्यरात में कलकत्ता पर शासन करते थे चार युवक। वो था

कविता का काल, कल्पना का साम्राज्य। युग बदल गया है। अब मध्यरात्रि में नहीं, दिन की रोशनी में, कवि की कल्पना से नहीं, आम जनता की आँखों देखी वास्तविकता है कि कलकत्ता पर शासन करते हैं दो दर्जन बुद्धिजीवी। नहीं सिर्फ कलकत्ता ही नहीं, बल्कि तमाम पश्चिम बंगाल पर, बुद्धदेव भट्टाचार्या के पश्चिम बंगाल पर। नाट्यकार, अनुवादक, संस्कृतिमनस्क, नन्दन प्रेमी हमारे मुख्यमन्त्री ने, तसलीमा नसरीन की आत्मकथा के तृतीय खंड 'द्विखंडितो' पर निषेधाज्ञा जारी की है। क्यूँ है यह प्रतिबन्ध? शायद इस किताब के कुछ अंश साम्प्रदायिक अशान्ति फैला सकते हैं, इसलिए। इसी बीच, किताब की कुछेक हजार कॉपियाँ पहुँच चुकी हैं खरीददारों के हाथों में। तसलीमा के और सारी किताबों लेखों की तरह, इस किताब को लेकर भी तर्क-वितर्क, वाद-प्रतिवाद, यहाँ तक कि मामला-मुकद्दमा भी हुआ है। पर कहीं भी साम्प्रदायिक अशान्ति के कुछ लक्षण नहीं दिखाई दिए। यह इस समाज के बड़े होने का लक्षण है। बढ़िया सुलक्षण है, तो फिर पश्चिम बंगाल की उन्नत होती वामफ्रंट सरकार की गणतंत्र के हिमायती कर्ताओं ने ऐसी दमननीति क्यूँ अपनाई? पश्चिम बंगाल के मुख्यमन्त्री ने कहा है 'पच्चीस जनों की राय ली है। उन सबों को पढ़वाया है। उसके बाद ही यह निर्णय लिया है' अर्थात् उन गिने-चुने बुद्धिजीवियों की सिफारिश के ही आधार पर इतना बड़ा फैसला लिया है, तीन दशक की माहिर और घुटी हुई वामफ्रंट सरकार ने। उनके सुपरामर्श से लेखक की स्वाधीनता, अपनी बात को अपनी तरह से लिखने की आजादी छीन ली गयी है। सत्य है सेल्युकस। पराधीन भारत में, ब्रिटिश सरकार हमेशा ही किताबें व लेख निषिद्ध कर देती थी, पर उसकी जिम्मेदारी भी वे खुद ही लेती थी। इमरजेंसी के काले दिनों में, ऐसी कितनी निषेधाज्ञायें जारी हुई थीं, पर उसके लिए इन्दिरा गाँधी या सिद्धार्थ शंकर राय को बुद्धिजीवियों की दुहाई देते नहीं सुना गया। श्रेष्ठतम वामफ्रंट के मुख्यमन्त्री ने यह एक नया मॉडेल शुरू किया है, सही है। इस मॉडेल की मूल बात यह है कि, हुक्म जारी करेंगे, पर उसकी जिम्मेदारी नहीं लेंगे। वैसे लेंगे भी किस दुख में? हाथ बढ़ाने पर अगर ढेरों ऐसे गण्यमान्य, स्वनामधन्य हाथ मिल जाएँ, जो कि मुख्यमन्त्री के निर्देश पर (माफ करियेगा, अनुरोध पर), रात-रात जागकर तसलीमा नसरीन की आत्मजीवनी पढ़कर, झटपट सिफारिश करने के लिए प्रस्तुत हों, तब तो प्रशासन के लिए वह उल्लास का मौसम है। वे संस्कृति की गर्दन पर बन्दूक रखकर, संस्कृति पर शासन करने का ऐसा अवसर क्यूँ छोड़ेंगे? विशेषकर, ज़ब उन सत्तासीन लोगों को यदि फिर से संस्कृति के नन्दनकानन में विहार करने की वासना हो तो?

पर क्या पश्चिम बंगाल के मुख्यमन्त्री और उनके परामर्शदाताओं ने यह सोचकर देखा है कि, उनके इस मिले-जुले उपक्रम की जल्दबाजी ने, इस राज्य की गणतांत्रिक मर्यादा को देश व विदेशों में, कैसे धूल में मिला दिया है? पूरी दुनिया जान चुकी है कि पश्चिम बंगाल में स्टालिनी राज्य चल रहा है, जहाँ राष्ट्र शक्ति, अपनी इच्छा और

खुशी के अनुसार किसी का भी मुँह बन्द कर सकती है, गला घोंट सकती है एवं उस चंडीनीति में साहित्य, शिल्प और संस्कृति जगत के कुछ नामचीन लोगों के समर्थन का भी जुगाड़ हो जाता है। यह अगर सांस्कृतिक फासिज़्म के लक्षण नहीं हैं तो फिर सांस्कृतिक फासिज़्म किसे कहते हैं, माननीय बुद्धदेव भट्टाचार्य महाशय बतायेंगे क्या? किसे मालूम है कि तसलीमा नसरीन की किताब को निषिद्ध करने या करवाने की इस तत्परता के पीछे, असल में कोई और कारण हो। एक औरत जो अपने जीवन वृत्तान्त को लिखते हुए, लगातार अन्य और व्यक्तियों के जीवन वृत्तान्त भी लोगों के सामने ले आती है, उसको आत्मप्रकाश करने का अधिकार देना, शायद इस बार अत्यधिक विपदाजनक हो गया है। नहीं तो पच्चीस बुद्धिजीवियों ने कहा है इसलिए किताब को निषिद्ध किया है– ऐसी हास्यास्पद बचकानी कैफियत, वैसी ही है जैसे–'धीरे बोलिए, घोड़ा हँसेगा'।

बंगाल के सबसे बड़े मनीषी शिवनारायन राय ने लिखा, 'इस बात को निश्चय के साथ कह सकता हूँ कि समकालीन दोनों बंगाल को मिलाकर, मैरी ओलस्टनक्राफ्ट की योग्यतम उत्तराधिकारी हैं, स्वदेश से निष्कासित तसलीमा नसरीन। 'द्विखंडितो' नाम की तसलीमा नसरीन की आत्मजीवनी का तीसरा खंड, जो कि पहले बंग्लादेश एवं बाद में पश्चिम बंगाल द्वारा निषिद्ध किया गया, वह मेरी विवेचना से एक असाधारण ग्रन्थ है। मातृगर्भ में हमारा चेहरा तरह-तरह के रूपों से गुजर कर मनुष्य रूप धारण करता है, पर जन्भ के बाद से ही तरह-तरह की कोशिशें चलती रहती हैं, बच्चे को समाज के एक स्वीकृत ढाँचे में ढाल कर गढ़ने की। विभिन्न युगों से, विभिन्न समाजों में, ढाँचे में तो अदल-बदल होता है, परन्तु उद्देश्य में अदल-बदल कभी नहीं होता। वह उद्देश्य है कि समष्टिस्वीकृत एक ढाँचे में डालकर एक व्यक्ति की स्वयं के स्वाधीन विकास की सम्भावना को समाप्त कर देना। समाज में जिनका ताकत के बिना पर दखल है, वे धर्म, परम्परा, शास्त्र और लोकाचार इत्यादि नाम के ढाँचे में ढालने की प्रक्रिया को शुरू करते हैं। पर हर शिशु में निहित है, खुद की अस्मिता को अर्जन करने का सामर्थ्य। लेकिन उसे अर्जन करने के लिए चाहिए इच्छाशक्ति व प्रयास, युक्तिशीलता व सतता, एकनिष्ठ साधना व अनुशीलन। अभी तक देखा गया है कि अधिकतर लोग समाज के स्वीकृत ढाँचे में ही गढ़े होते हैं, पर कुछ लोग अपने इस सामर्थ्य को अपनी कोशिशों से, हजारों बाधा-विपत्तियों के साथ लड़ते हुए, वास्तविकता में लाते हैं। उनकी स्वोपार्जित अस्मिता प्रकाशित होती है, उनकी अपनी जीवनयात्रा, चिन्ता, भावना, कार्यकलाप एवं रचनाओं में। इसी तरह हमें मिलते हैं सोक्रेटीस से लेकर विद्यासागर, ज्योर्दानो ब्रुनो से लेकर मानवेन्द्रनाथ राय, पर किस तरह इन लोगों ने अपनी ऐसी मौलिक अस्मिता गढ़ी, इसका विवरण शायद ही मिल सकता हैं। इस मामले में, फ्रांसीसी दार्शनिक सिमोन द बोवेयर की तरह, तसलीमा नसरीन को भी मैं असाधारण मानता हूँ। खंडों में प्रकाशित उनकी आत्मकथा,

विशेषकर 'द्विखंडितो' नाम का उनका तीसरे खंड का सबसे बड़ा मूल्य व आकर्षण यह है कि इससे हम काफी कुछ जान सकते हैं कि किस तरह बहुत सारी बाधाएँ सहकर, चोटें खाकर, अपमान और व्यर्थताओं के बीच से गुजरकर, मध्यमवर्गीय घर की एक साधारण-सी मुसलमान लड़की, अपनी आत्मशक्ति का आविष्कार करती है और अप्रतिम तसलीमा नसरीन बन जाती है। जो भूमिका पहले दो खंडों में रचित हुई थी, उसकी परिणति हुई है, तीसरे खंड में। इस ग्रन्थ का जितना ऐतिहासिक मूल्य है, उतना ही साहित्यिक मूल्य भी है। दोनों बंगाल द्वारा लगाए गए प्रतिबन्ध के बावजूद भी, इस किताब को बहुत लोग पढ़ेंगे। इसकी बेस्वाद स्पष्टता बहुतों को पसन्द नहीं आयेगी, वहीं बहुत से लोग इस किताब से खुद को अन्तर से बदलने की प्रेरणा पाएँगे। पश्चिम बंगाल में आजकल जो सब किताबें लोकप्रिय हैं, उनमें से ज्यादातर ही बर्बादी या पतन की कहानियाँ या फिर लघु रम्यरचनाएँ हैं। तसलीमा की तकलीफों का अन्त नहीं, पर उन्होंने अपने चारों तरफ के परिवेश के दबाव के आगे, कभी हार नहीं मानी। नारी व पुरुष दोनों के अन्दर, मनुष्यत्व के पुनरुत्थान का उनका प्रयास, आज भी अथक है। तसलीमा ने अपनी आत्मकथा के पहले दोनों खंडों में अपने बाल्यकाल और किशोरावस्था के विचित्र अनुभवों की बातें लिखी हैं। कुछ भी छुपाकर नहीं लिखा, फलतः दोनों बंगाल के शिक्षित, मध्यवर्गीय समाज के अधिकांश स्त्री-पुरुष जो कि सारी अप्रिय सच्चाइयों को छुपा के रखने को ही सभ्यता की आवश्यक शर्त मानते हैं, स्वभाववश बहुत विचलित हुए हैं।'

आज से लगभग एक सौ साल पहले बेग़म रोकेया ने लिखा था, 'हमारी यथासम्भव अवनति होने पर भी दासत्व के विरुद्ध हम कभी भी सर नहीं उठा पाये। इसका प्रधान कारण यही समझ में आता है कि जब भी किसी बहन ने सिर उठाने की कोशिश की, तभी धर्म की दुहाई या शास्त्रों के वचनों के अस्त्राघातों से उसका मस्तक विचूर्ण हुआ है। हमें अँधेरे में रखने के लिए पुरुषों ने उन धर्मग्रन्थों को, ईश्वर का आदेश पत्र कहकर प्रकाशित किया है।' इस दुःसाहसी सत्य की घोषणा के लिए उन्हें बहुत तकलीफें सहनी पड़ीं, और इसके प्रकाशन के समय, 'नवनूर' में प्रकाशित मूल प्रबन्ध के कुछ अंशों को निकाल देना पड़ा। सौ साल बाद भी प्रस्ताव सुना कि, तसलीमा की किताब से भी कुछ अंश निकाल देने से उसके ऊपर लगी निषेधाज्ञा को खत्म किया जा सकता है। सौ साल बाद भी क्या हम अतीत के उसी दुःसह बिन्दु पर ही खड़े हैं?'

पश्चिम बंगाल के बहुत से अखबारों में किताब पर प्रतिबन्ध लगने के बाद प्रतिवाद किया गया है। बहुत से अखबारों के सम्पादकीय या कालमों में, बहुतों ने किताब को निषिद्ध करने के खिलाफ खुल के बोला है, यद्यपि कुछ बड़े कलाकारों व लेखकों ने इसका समर्थन भी किया है। ढाका के किसी भी अखबार में किताब पर प्रतिबन्ध लगने के विरोध में किसी ने भी ज़्यादा चूँ-चाँ नहीं की, बल्कि लगभग सभी ने सहमति ही दी। घृणा जैसा संक्रामक और कुछ नहीं। कोई यदि किसी के खिलाफ

घृणा का प्रचार करता है तो भले ही घृणा पूरी तरह ही झूठ के कन्धों पर खड़ी क्यों न हो, फिर भी वह रोशनी की गति से आगे भागती है।

कितना कुछ घट गया 'द्विखंडितो' को लेकर। निषिद्ध हुआ एक मत, 'द्विखंडितो' हुआ पाठकों का पथ। किसी ने कहा हो जाए निषिद्ध, कोई कह रहा है नहीं हो। किसी ने कहा धर्म को लेकर अपनी राय प्रकाश नहीं की जाएगी, कोई कहता है की जाएगी। कोई डर से काँप कह रहा है कि दंगा भड़क जाएगा, कोई होंठ उलट कर कह रहा है कि, दंगे के तो कोई भी आसार कभी दिखाई ही नहीं दिए। कोई बोलता है कि मुसलमानों के वोट पाने के लिए सरकार ने प्रतिबन्ध लगाया है। कोई कह रहा है कि पैगम्बर का असम्मान किया गया है, इसलिए निषिद्ध होना ही सही है। जो-जो चाहे वो बोले, पर मैं मत प्रकाश करने की स्वाधीनता के पक्ष में हूँ। केवल अपना ही मत नहीं, दूसरे का भी, चाहे वह मेरे मत के कितने भी विपरीत क्यूँ न हो। इस विषय में मेरा विश्वास जरा-सा भी खंडित नहीं हुआ है। मैं अखंड ही बनी रही, जैसी थी।

बंग्लादेश ने मेरी पाँच किताबें निषिद्ध की हैं। उस तुलना में पश्चिम बंगाल ने कम की, बस एक ही। पर प्रतिबन्ध लगाने का कारण दोनों सरकारों ने एक ही दिया है कि लोगों के धार्मिक मूल्यबोध पर आघात किया है। धार्मिक मूल्यबोध की रक्षा के बहाने सदैव ही शासक कुल ने मनुष्यों का मुँह बन्द किया है, गला दबाया है। हम तो अभी भी उसी युग को 'अन्धकार युग' कहते हैं, जिस युग में धर्म द्वारा राष्ट्र परिचालित होता था।

'द्विखंडितो' को निषिद्ध करने पर जैसा अन्धकार उतर आया, उससे लोगों को बचाने का जिम्मा सबसे पहले लिया था, सुजात भद्र ने। वे ही अदालत में गये जरूरी एक प्रश्न लेकर, 'मैं इस देश का नागरिक हूँ, इस देश में प्रकाशित 'द्विखंडितो' नाम की किताब को मैं पढ़ना चाहता हूँ। कौन मेरे पढ़ने के अधिकार को रोक रहा है?' उनकी सहायता करने के लिए, अभिव्यक्ति की स्वतंत्रता की पक्षधर जयमाला बागची ने अपनी असाधारण युक्ति पेश कर अदालत को मुग्ध कर दिया। व्यक्तिगत रूप से मैंने अपनी कृतज्ञता सुजात भद्र व जयमाला बागची को नहीं जताई है। जताई तो उन महामान्य विचारकों को भी नहीं है, जिन्होंने 'द्विखंडितो' निषिद्ध होने के विपक्ष में राय दी है। नहीं जताया, कारण, यद्यपि किताब मेरी ही लिखी हुई है और आपात दृष्टि से जब कि यह मेरी व्यक्तिगत है, पर प्रतिबन्ध लग जाने के बाद यह मामला अब मेरा व्यक्तिगत बिल्कुल भी नहीं है। निषिद्ध हो जाने पर, लेखक अपने आप ही पीछे चला जाता है और सामने आ खड़ा होता है एक बड़े प्रश्नवाचक चिह्न की तरह 'लिखने का अधिकार'। सिर्फ उस लेखक का ही नहीं, सबका। सबके अधिकार के पक्ष में, हमेशा से ही लड़ाई करते हैं, सिर्फ चन्द लोग। वे बिना किसी लक्ष्य के, अनजाने ही इतिहास रचते हैं। सभ्यता का इतिहास। सुजात भद्र ने भारतवर्ष में, एक टुकड़े आसमान में रोशनी फैलाकर उस इतिहास की रचना की। दो साल निषिद्ध रहने के बाद 'द्विखंडितो'

ने मुक्ति पायी। अदालत के फैसले से निषिद्ध 'द्विखंडितो' का मुक्ति पाना, मेरी कोई व्यक्तिगत विजय नहीं है। यह विजय मुक्तचिन्तन की है, बोलने की आजादी की है, अभिव्यक्ति की स्वतन्त्रता की है और मत प्रकाश के अधिकार की है।

वहाँ बहुत से लोग ही योद्धा थे। अदालत में सुनवाई के दिनों में, लेखक और प्रकाशक तो होते ही थे पर कुछ लोग प्रतिबन्ध करने के विरोध में, और कुछ वाक् स्वाधीनता के पक्ष में भी उपस्थित रहते थे। जितनी भी निराशा दिखाई दे, एक सान्त्वना यह है कि, अधिकांश लोग नहीं चाहते हैं कि किताबें निषिद्ध हों, चाहे वह किसी भी मत की क्यों न हों, पर इसके साथ एक आशंका यह भी है कि अधिकांश ही ऐसे इंसान मुँह बन्द करके रहते हैं।

# अचानक एक दिन

हार्वर्ड की जिन्दगी खत्म होने के बाद, सोचना शुरू करती हूँ कि अब कहाँ! कौन-सा देश! कौन सा शहर! कहीं खड़ी होना चाहती हूँ। पैरों के नीचे ज़मीं चाहिए। यायावरी की जिन्दगी को अलविदा कहने की कोशिश बार-बार नाकाम हो जाती है, अब और नहीं होनी चाहिए। बंगाल की लड़की बंगाल ही लौटेगी। बहुत दिनों का यह सपना मेरे पीछे लगा रहता है, मेरे साथ-साथ चलता रहता है, मेरे बदन से लिपटा रहता है। कितना कुछ घट गया बंगाल में! किताब निषिद्ध हुई, बेवजह की बदनामी और निन्दा, इसके बाद भी बंगाल लौटने की इच्छा। विदेश का विशुद्ध हवा-पानी, झिलमिलाता शहर, सुरक्षित जीवन, सब छोड़कर, वहीं से ही ट्रायंगुलर पार्क में एक फर्निश्ड घर, एक महीने के लिए किराये पर लेने की बात पक्की करके कलकत्ता लौट आती हूँ। अब और होटल में रहने की बिल्कुल भी इच्छा नहीं है। इच्छा क्या कभी भी थी! कुछ और उपाय नहीं था इसलिए रहना पड़ता था। ट्रायंगुलर पार्क में, लोग, कोलाहल, दोस्त, व्यस्तता, विस्मय और कौतूहल के बीच पूरा एक माह बिताती हूँ। ढूँढ़ती रहती हूँ एक ऐसा घर, जहाँ अस्थायी नहीं बल्कि अब स्थायी रूप से रहूँगी, जब तक जिन्दा हूँ, तब तक। स्वप्न पंख फैलाते रहे, उन सब अनजान देश के, अनजान पक्षियों के, अनजान पंखों के। वे सारे विराट पंख मुझे अदृश्य कर देते हैं।

स्वीडन के भारतीय दूतावास में, मेरा लेखन पसन्द करने वाले एक सहृदय सज्जन थे, क्यूँ थे, कौन जाने! वीजा लेने जाने पर, मजे से उन्होंने मुझे 'एक्स वीजा' दे दिया, जिसके बारे में बाद में पता चला कि हर छह महीने के बाद मियाद बढ़वा लेने से, अनन्त काल तक भारत में रहा जा सकता है। अब से मैं पर्यटक नहीं, यथावत स्थायी निवासी हूँ। कितने सपने मन की दहलीज पर खेलते हैं कि शायद कोई घर खरीद लूँ, न जाने कौन-सा कोई और सपना पूरा हो जाए अचानक, अनजाने ही!

एक सुबह कलकत्ता हवाई अड्डे पर उतरते ही एक नम्बर पर फोन करके कहती हूँ, "घर किराये पर लेना है, अभी इसी समय।" दूसरी तरफ से, एक अनजाना आश्चर्य से भरा स्वर सुनाई पड़ता है। इस तरह बिना देखे ही, कभी किसी ने घर किराये पर ले लिया हो, ऐसे किसी के बारे में उसे नहीं पता था। धूलधूसरित, खाली मकान में चली आती हूँ और उसी दिन, हाँ उसी सुबह जाकर खरीद लाती हूँ—पलँग,

गद्दा, तकिया, सोफा, बर्तन। कहाँ घर किराये पर मिलेगा, कहाँ घर का सामान वगैरह मिलेगा, कहाँ मिलेगा दाल-चावल, कोई भी बताने वाला नहीं था। अगर पूछो उन सबसे, जो मुझे घेरे रहते हैं, क्योंकि मेरा नाम है या मैं-मैं हूँ इसलिए—सब दुविधा में पड़ जाते हैं, क्यूँकि उनके पास कोई जवाब नहीं, अगर है भी तो गलत जवाब। मेरा संसार उसी भूल से शुरू होता है। मेरे कलकत्ते का संसार।

दो दिन में ही घर को रहने लायक बना लेती हूँ। चार दिन लगते हैं सजाने में और सात दिनों के भीतर मेरा घर चमचमा उठता है। छह महीनों में लगता है जैसे तीस साल की गृहस्थी हो। बरामदे में बचपन के सब फूल लगा रखे हैं। अलग-अलग रंगों के फूल खिलकर, सारे घर में खुशबू बिखेरते रहते हैं। रात में घर भर जाता है रात की रानी की सुगन्ध से। अक्सर ही एक रात की रानी का गमला सिर के पास रख लेती हूँ। खुशबू सूँघते-सूँघते, जैसे बचपन में सो आया करती थी, वैसे ही सो जाती हूँ। शहर के बीच में एक बहुत सुन्दर व सुरक्षित घर, ठीक सड़क पर नहीं, दो-दो लोहे के फाटक और दरबान को पार करके फिर घर में जाया जा सकता है। खुला बरामदा, रसोई से मसालों की सुगन्ध तैरती आती है, बरामदे में सूखने को डाले कपड़े, हलके-हलके उड़ते रहते हैं। कितना मनोरम है, यह दृश्य! एक अर्से से मैंने अपने बचपन-किशोरावस्था को इतने करीब से महसूस नहीं किया था। हवा और रोशनी से घर सचमुच का घर हो उठता है, मेरे सात नम्बर राऊडन स्ट्रीट का घर।

शहर पहले जैसा ही है, पर बरसों पुराने वह दोस्त नहीं हैं, शहर में। वे मित्र जो सुख और दुख दोनों ही समय में, समान रूप से खड़े रहते थे मेरे पास, जिसके साथ किसी भी विषय पर, किसी भी समय बात कर सकती थी, वह निखिल सरकार, नहीं हैं। वह गहरा समन्दर, वह निमग्न साधक, वह ज्ञान का भंडार नहीं है। आभास हो जाता है कि, मेरे कुछ समझने से पहले ही, मेरी दुनिया कुछ खाली सी हो गयी है। माँ नहीं हैं, बाबा नहीं हैं और निखिल सरकार भी नहीं हैं। रिश्तेदार तो होकर भी नहीं हैं, जान-पहचान वाले, परिचित लोगों को दोस्त कहती हूँ। रोज-रोज आने वाले अपने मुरीदों को भी दोस्त कहती हूँ। क्या मैंने हड़बड़ी में, ताश के पत्तों के घर जैसा कुछ खड़ा कर लिया है! कभी-कभी सब कुछ एक अद्‌भुत रहस्यमय, मायावी जाल सा लगता है, या फिर जिन्दगी एक मजाक-सी लगती है।

राऊडन स्ट्रीट के घर के दरवाजे सबके लिए खुले हुए हैं। सबके लिए, यहाँ तक कि अनजान व्यक्ति की खातिरदारी में भी कोई कमी नहीं है। अतिथि सत्कार मेरे हृदय में है। कितने ही अच्छे और कितने ही बेकार, गलत और धूर्त लोगों ने मेरे इस घर की चौखट को पार किया है। मेरी किसी को भी गलत या खराब समझने की इच्छा नहीं थी। आज भी नहीं है। मैं ऐसी ही हूँ। ऐसी ही सीधी-सादी और निरीह। घर के कपड़ों में, हवाई चप्पल पहन मजे से पूरा शहर घूमती रहती हूँ। फुटपाथ से सस्ती चीजें खरीदती हूँ। गड़ियाहाट के बाजार से एक बिल्ली के बच्चे को उठाकर ले आती

हूँ, उसे लाड़-प्यार से बड़ा करती हूँ। सीधा-सादा धूल-मिट्टी का जीवन, जो दूसरे ही पल चकाचौंध से भरा भी हो जाता है। पुस्तक मेले के स्टॉल के दरवाजे बन्द रखने पड़ते हैं, भीड़ को रोकने के लिए। पुलिस को लाठीचार्ज करना पड़ता है चाहने वालों के उन्माद को सँभालने के लिए। इसके बावजूद भी पाठकों के साथ एक रिश्ता बना रहता है। मेरा साहित्य जगत के दिग्गजों के साथ बिल्कुल भी उठना-बैठना नहीं है। किसी को गुरु मानना या किसी को दक्षिणा देना मेरा स्वभाव नहीं है। सुना है, सच्ची बात, बिना किसी लाग-लपेट के कह देना, महारथियों को एकदम पसन्द नहीं। मैं अकेले ही अपनी तरह रहती हूँ। इस देशी जीवन के बाहर भी एक और जीवन है। जल्दी-जल्दी ही विदेश जाना पड़ता है। कार्यक्रमों में कविता-पाठ करने या भाषण देने या फिर पुरस्कार लेने, कोई न कोई आमन्त्रण रहता ही है। सिर्फ पश्चिमी देशों में अच्छी घटनाएँ घट रही थीं, ऐसा नहीं कहूँगी। अच्छा कुछ कलकत्ता में भी घट रहा था। बैग फिल्मस द्वारा मेरी किताब 'फ्रांसीसी प्रेमी' की कहानी पर आधारित फिल्म बनाने के लिए, मेरे से अनुबन्ध पर हस्ताक्षर करा कर ले जाया गया, कॉपीराइट का पैसा भी मिला। मेरी लिखी भूमिका सहित, पिछले सालों की रविवारीय संख्यायों में छपी, चुनी हुई कहानियों का संकलन प्रकाशित होता है 'आनन्द पब्लिशर्स' से। 'आनन्द' मेरी लिखी किताबों का समग्र लाने की अनुमति लेते हैं। मेरी कहानी 'शोध' पर एक माह का एक सीरियल, टेलीविजन पर दिखाया जाता है। सारे सीरियलों में से सबसे ज़्यादा यह सीरियल लोकप्रिय होता है। मेगा सीरियल के लिए कहानी लिखने का आमन्त्रण मिलता है। लिखती रहती हूँ, एक मेगा सीरियल। कहानी का नाम देती हूँ 'दुःसहवास'। उधर शूटिंग भी शुरू हो जाती है। इधर मेरी कहानी 'फेरा' पर बहुत दिनों से, विभिन्न मंचों पर नाटक का मंचन भी हो रहा है। गिरीश मंच, मधुसूदन मंच, रवीन्द्र सदन में उस नाटक का मंचन देखती हूँ। इसके अलावा विभिन्न ग्रुप थियेटर्स के असाधारण सारे नाटक भी देखती हूँ। एक बार 'नान्दीकार' ने नाट्य-सप्ताह का आयोजन किया, नाटक खत्म होने पर, रुद्रप्रसाद सेनगुप्त ने मुझे मंच पर बुलाकर, विजयी कलाकारों को माल्यार्पण करवाया। मुझे महसूस होने लगा कि मैं कलकत्ता के साहित्यिक-सांस्कृतिक जगत में से ही एक हूँ। कभी भी नहीं लगा कि मैं कलकत्ता की नहीं हूँ या मैं किसी और देश से आयी हूँ। किशोरावस्था के समय से कलकत्ते से मेरा दोस्ताना है। उस समय 'सेंजूती—शाम की रोशनी' पत्रिका में जिनकी कविताएँ मैं छपवाती थी, या जिनकी लिटिल मैगजीन में मेरी कविताएँ छपती थीं, एक दिन उनमें से, जितनों का पता चल पाया, सबको रात के खाने पर और अड्डा जमाने के लिए घर पर बुलाती हूँ। कोई अभी भी लिख रहा है, पर जहाँ था अब भी वहीं है। कोई तांत्रिक बन गया, तो कोई व्यवसायी, फिर भी मुझे एहसास हुआ कि पुराने दिनों को वापस पाने की व्याकुलता मेरे अन्दर अब भी है। बंग्लादेश से मेरे बड़े भाई आते हैं, झूनू ख़ाला आती हैं। बड़े भाई का बेटा शुभो भी घूमने आता है। सबको प्यार से सराबोर

कर देती हूँ और कलकत्ता भी मुझे देता रहता है, दोनों हाथ भर-भर के। सुबह बांग्ला अखबार पढ़ने का मौका दुनिया में और कहाँ मिल सकता था! दोपहर में कोई भी बांग्ला मैगजीन या किताब हाथ में लिए लेटे रहना, शाम को अड्डा जमाना और रात में एक झुंड बंगाली मिलकर, हल्ला-गुल्ला करके बंगाली खाना खाना। इसके अलावा टेलीविजन पर तो हैं ही, तरह-तरह के कार्यक्रम, विभिन्न विषयों पर अपनी बात रखने का आमन्त्रण और विभिन्न चित्र प्रदर्शनियों का उद्घाटन करना वगैरह। बहुत से लेखक और कवियों की किताबों का रिबन काटना। विभिन्न मंचों पर काव्य पाठ करना, और 'धर्म मुक्त मानववादी मंच' को लेकर सपने देखना। जन्म हुआ बंगाली-मुसलमान परिवार में, पर धर्ममुक्त लोगों को इकट्ठा कर एक मानववादी संगठन तैयार करती हूँ, खुद को जानबूझ कर नेपथ्य में रखती हूँ। संगठन का उद्देश्य है सचमुच के धर्ममुक्त राष्ट्र, समाज, शिक्षा एवं कानून की स्थापना करना, लड़कियों को शिक्षित व स्वाधीन करना, मस्जिद और मदरसों के उत्पात को बन्द करना। पश्चिम बंगाल के कोने-कोने से उत्सुक लोग जुड़ने लगे। अँधेरे में पड़े रहने वाले मुसलमान समाज को रोशनी से भरने का प्रयास करती हूँ, यूँ तो दल काफी छोटा है, पर सपना छोटा नहीं। लौ तो बहुत तेज़ है, पर हर अँधेरे घर में, सारी अँधेरी गलियों में रोशनी पहुँचाने का लोकबल नहीं है। न रहे, कलकत्ते के विभिन्न मंचों पर कार्यक्रम, लीफलेट्स बाँटना, मीटिंग्स और जुलूस निकालना तो चलता रहता है।

दैनिक स्टेट्समैन में नियमित लेख लिखती रहती हूँ। हर लेख हजारों सालों के संस्कारों को तोड़, नये वक्त की ओर, नारी-पुरुष की समता की ओर, एक स्वस्थ, सुन्दर समाज का सपना दिखाते हुए, हाथ पकड़कर आगे लिए चलता है। निखिल सरकार नहीं हैं, पर शिवनारायन राय, अम्लान दत्त और प्रशान्त राय के साथ होती हैं साहित्यिक, सांस्कृतिक और बौद्धिक आलोचनाएँ। एक दिन मरणोपरान्त देहदान करने का प्रण ले लेती हूँ। मरने के बाद कलकता मेडिकल कॉलेज के छात्र-छात्राएँ पढ़ेंगे मेरी देह को। दोनों आँखें, और किडनियाँ चली जाएँगी, उनके पास, जिनको इनकी जरूरत है। देश के दूसरे राज्यों से बुलावा आने पर घूम आती हूँ, किताबों का लोकार्पण करके, या फिर भाषण देकर। जहाँ भी जाती हूँ एक तरफ़ प्रशंसकों की भीड़, और दूसरी ओर मौलवादियों की उत्तेजना। केरल, मध्यप्रदेश, बिहार, उड़ीसा, असम, महाराष्ट्र, दिल्ली। बाकी का जीवन कलकत्ता में रहूँगी, इसमें कोई दुविधा नहीं इसलिए, एक दिन के नोटिस में एक गाड़ी खरीद लेती हूँ। बहुत खूबसूरत दुमंजिला एक घर भी खरीद लेती हूँ, पर किन्हीं कारणों से रहती किराये के घर पर ही हूँ।

एक उभरते कवि के साथ बहुत गहरी दोस्ती भी हो जाती है। एक डॉक्टर के साथ भी एक अद्भुत, अनबूझ-सा रिश्ता बनने लगता है। इसी समय वह दिन आ जाता है, वह अँधेरे से भरा दिन।

घर से बहुत दिनों से निकली नहीं थी। लम्बे समय से घर में बैठे-बैठे अच्छा भी

नहीं लग रहा था। डॉक्टर ईनाईया ने बताया कि हैदराबाद में मेरी किताब 'शोध' आ रही है। उनकी पत्नी ने तेलुगु में उसका अनुवाद किया है। किताब के लोकार्पण समारोह में मैं जरूर जाऊँ। इससे पहले भी उन्होंने मुझे स्वागत भाषण देने व मेरे अभिभाषण और संवाद आदि के कार्यक्रमों का आयोजन किया था, पर मैं जाने के लिए राजी नहीं हुई थी। इस बार तैयार हो गयी। राजी होने का यह भी कारण था कि, थोड़ा हवा-पानी में बदलाव होगा और कलकत्ते की एकरसता भी कट जाएगी। सुबह जाकर शाम को लौटना, किसी सूटकेस, टूथब्रश, कपड़े वगैरह ले जाने का प्रश्न ही नहीं उठता। नीले शिफ़ॉन की एक साड़ी पहन ली, प्रेस भी नहीं हो रखी थी। थोड़ा बहुत मुचड़ा होने पर भी पता नहीं चलता है, और होने से भी क्या। कपड़ों-लत्तों को लेकर मैं ज़्यादा सर नहीं खपाती। सजने-सँवरने को लेकर भी नहीं। एक समय तो लिपस्टिक लगाना भी छोड़ दिया था। आजकल बाल बिगड़ने पर थोड़ा ठीक कर लेती हूँ और होठों पे हलकी लिपस्टिक लगा लेती हूँ, जिससे होठों को सूखकर फटने से बचाया जा सके।

हैदराबाद हवाई अड्डे पर उतरकर डॉक्टर ईनाईया को अकेला खड़ा देख थोड़ा चौंक पड़ती हूँ। सुरक्षा-पुलिस कहाँ है! सोचा पुलिस कार्यक्रम में होगी, यहाँ नहीं आयी। चमचमाती एक गाड़ी में मुझे होटल ले गये डॉक्टर ईनाईया। उन्होंने पाँच सितारा होटल में एक कमरा बुक किया हुआ था, कार्यक्रम से पहले मेरे आराम करने के लिए। कमरा बहुत सुन्दर था। बिस्तर पर लेटकर थोड़ी देर टेलीविजन देखती हूँ। फिर उठकर अपने लिए चाय बनाकर पीती हूँ, इतने में ही फोन आता है कि नीचे उतर आऊँ, कार्यक्रम में जाने का समय हो गया है। कार्यक्रम कहाँ है, व किस तरह का है, मुझे इसके बारे में कुछ भी नहीं पता। ईनाईया को पूछने पर, वह जैसे आंध्रा लहजे में बताते हैं, मुझे लगभग कुछ भी समझ में नहीं आता है। पूछा, "पुलिस प्रोटेक्शन है कि नहीं।" जवाब में उन्होंने जो भी कहा, मेरे लिए समझना सम्भव नहीं हो पाया।

"जिस राज्य में भी जाती हूँ, मेरे लिए सुरक्षा की व्यवस्था की जाती है। आपने की है या नहीं?"

इस बार उन्होंने जो कुछ भी कहा, कान खोलकर सावधानी से सुनने की कोशिश की, और जितना भी समझ पायी, वह था—"नहीं किया...हें...हें। छोटा-सा तो कार्यक्रम है। उतना प्रचार भी नहीं किया गया है। ख़ामख़्वाह पुलिस के झमेले में पड़ने की क्या जरूरत है।"

"ओ! असल में पुलिस प्रोटेक्शन झमेला करने के लिए नहीं, झमेले से बचने के लिए लिया जाता है।"

"हें...हें"

पता नहीं क्यूँ मैंने ईनाईया को याद नहीं दिलाया था कि हैदराबाद में आने के पिछले दोनों आमन्त्रणों को ठुकराने का एकमात्र कारण यह था कि मुझे यह शहर

सुरक्षित नहीं लगा। क्यूँकि मुसलमानों ने इस शहर में मेरे खिलाफ, इससे पहले भी, कुछ हंगामा किया था। अखबार में पढ़ा था कि एक किताब की दुकान को तोड़-फोड़ दिया गया था, क्यूँकि वह मेरी किताब 'लज्जा' बेच रहा था। मैं भुलक्कड़ हूँ। भूल ही गयी थी कि दूसरे शहरों की तुलना में इस शहर में मुसलमानों की संख्या ज़्यादा है। मुसलमानों की संख्या ज़्यादा होने से, मुसलमान कट्टरपंथियों की संख्या भी ज़्यादा होने की सम्भावना है। मौलवादी मुझे बहुत सालों से 'इस्लाम विरोधी' का खिताब दिए बैठे हैं। सब मिटाया जा सकता है, पर इस खिताब को नहीं मिटाया जा सकता। मेरी नास्तिकता, मेरा मानववाद, मेरी वैज्ञानिक मानसिकता, मेरी मानवीयता भी कुछ लोगों के मस्तिष्क में गहरे में गड़े एक विश्वास के काँटे को—'मैं इस्लाम विरोधी हूँ' उखाड़ कर नहीं फेंक पायी है।

कार्यक्रम हैदराबाद के प्रेस क्लब में था। मेरे 'शोध' उपन्यास के तेलुगु अनुवाद का लोकार्पण हुआ। एक तेलुगु लेखक और एक अनुवादक ने अपने लेखन और अपने अनुवाद करने के अनुभवों के बारे में कहा। मैंने मानवाधिकार के विषय पर कहा, 'शोध' नारीवादी किताब है। 'शोध' की प्रधान चरित्र झुमुर खुद को 'पुरुष की सम्पत्ति' होने नहीं देती, प्रतिवाद करती है। नारी, पुरुष या समाज की सम्पत्ति नहीं है, इस बात की ही कोमल आवाज में मैंने चर्चा की। मेरी आवाज कतई भी जुलूस में नारे लगाती 'तोड़ दो, ध्वस्त कर दो' कहने वाली औरतों की तरह नहीं थी। जितनी भी कड़ी बात कहूँ, जितना भी क्रुद्ध हो जाऊँ, फिर भी विनम्र, शिष्ट, शान्त और नरम ही रहती हूँ।

कार्यक्रम खत्म होने के बाद, दिन का खाना खाने के लिए निकलने ही वाले थे, जब यह हादसा हुआ। प्रेस क्लब के सामने के दरवाजे से कुछ लोग घुसकर, तेलुगु भाषा में चीखते हुए मेरी तरफ बढ़ने लगे। वे चिल्ला-चिल्ला कर क्या कह रहे थे, वह समझना मेरे बूते से बाहर था। मेरी ही तरफ क्यूँ बढ़े आ रहे हैं, वह भी समझ में नहीं आ रहा था। अचानक देखती हूँ हाथ में जो भी आ रहा था, फूलों का गुच्छा, किताब, बैग, कुर्सी—सब मुझ ही को निशाना बनाकर फेंक रहे थे। रोकने के लिए आगे आये कुछ लोग जख़्मी हो गये। पत्रकार व्यस्त हो गये फोटो खींचने में। मैं उनके पीछे छुपने की व्यर्थ कोशिश करने लगी। मेरे बदन पर क्या आकर लग रहा था, मुझे इसकी परवाह नहीं थी। सोच रही थी, लगातार आगे बढ़ती आ रही मृत्यु से कैसे बचूँगी मैं? कोई मुझे खींच कर पीछे के दरवाजे के पास ले गया, क्लब घर से मुझे निकाल कर गाड़ी में बिठाने के लिए। आक्रमणकारी तब तक पीछे के दरवाजे की ओर दौड़ कर आने लगे। समझ गयी, गाड़ी में चढ़ पाना मेरे लिए सम्भव नहीं होगा। पिछले दरवाजे को मैंने जल्दी से बन्द कर दिया। संग-संग ही उन लोगों ने जोर से लात मार दरवाजे के काँच को तोड़ दिया। किस तरह बच पाऊँगी, इसके अलावा कोई भी और दूसरा ख़याल नहीं था दिमाग में। दौड़ के पहुँचती हूँ सामने के दरवाजे की ओर। नहीं, वहाँ से भी निकलने का कोई उपाय नहीं। प्रेस क्लब को घेर लिया है आक्रमणकारियों ने।

सामने के दरवाजे को भीतर से बन्द कर लिया गया। क्लब घर के अन्दर मैं और कुछ निरीह औरतें, सम्भवतः दो-एक पुरुष भी थे। वे लोग टूटे दरवाजे के आगे कुर्सियाँ रखकर एक ऊँची दींवार-सी बनाकर खड़े हो गये। मुझसे कहा खम्बे के पीछे छुपनें को, तो किसी ने कहा टेबिल के नीचे छुपने को। पर खाली कमरे में जहाँ भी छुपूँ, उस दीवार को तोड़कर कमरे में घुसने पर मुझे दबोच ही लेंगे वे लोग। बाहर विकट आवाज में, न जाने कितने लोग, नारे लगा रहे हैं, ''तसलीमा नसरीन मुर्दाबाद।'' इसके अलावा भी बहुत चीखने-चिल्लाने की आवाजें आ रही हैं। इसी समय मंच के नीले पर्दे के पीछे एक गुप्त दरवाजा था, सुना उसे भी बाहर से खोलने की कोशिश चल रही थी। उस दरवाजे को तोड़ कर घुसने पर, खम्बे के पीछे छुपी मैं, उनके नजर के सामने आ जाऊँगी और अगर खम्बे की दूसरी तरफ खड़ी होती हूँ तो, टूटे दरवाजे के आगे कुर्सियों व लोगों द्वारा बनाई दीवार को तोड़कर झट से पकड़ लेंगे मुझे। पर उस दरवाजे को तोड़ने से बाहर से पत्रकार रोक रहे थे। खुद ज़ख्मी होकर भी रोकने की कोशिश कर रहे थे, मारने को तैयार लोगों को। बहुतों ने तब फोटो खींचना छोड़कर मुझे बचाने की कोशिश की। मौत किसी भी क्षण मेरे बहुत पास आकर खड़ी हो जाएगी। वह क्षण मेरे सीने के अन्दर टन-टन कर बज रहा था। किसी भी समय अंतिम क्षण का घंटा बज जाएगा। असहाय सी मैं, एक ओट से दूसरी ओट छिपती फिर रही थी। शौक से पहना गले का मंगलसूत्र कब टूट कर गिर गया, पता ही नहीं चला। किसी को नहीं पता किस तरह बचाया जाए मुझे। टूटे दरवाजे को रोक कर खड़े लोग, बाहर से आती भयानक आवाजों की ओर डर से देख रहे थे। किसी भी पल धक्का खाकर उलट कर गिर पड़ेंगे। बाहर चीखने-चिल्लाने और स्लोगनों की तीव्रता बढ़ती ही जा रही थी। सीने के अन्दर घंटे की टन-टन आवाज भी बढ़ती ही जा रही थी। बार-बार अनुरोध कर रही थी कि कोई पुलिस को खबर कर दे। पर करेगा कौन, सभी तो पगलाये हुए हैं। ऐसी घटना उन लोगों ने कभी अपनी आँखों के आगे घटते नहीं देखी। भागा-दौड़ी, किसी के चीखने की भयावह आवाज। जब मुझे मारा जाएगा, कुछ बुलेट छिटक कर या फिर चाकू की नोक गलती से किसी के पेट या पीठ पर लग जाने से वे ज़ख्मी हो जाएँगे, क्या इस सोच में वे चिंतित हैं। कौन जाने! पहले-पहले भौचक होकर इन सब दृश्यों को देखते रहने के बाद, कुछ धमाका होने की आशंका से, आयोजक एवं दर्शकों में से बहुत से भागने लगे। मैं अकेली पड़ जाती हूँ। दीवार की तरफ बढ़ने लगती हूँ, क्यूँकि कोई और ओट नहीं है सामने। मुझे लग रहा था जैसे, दाहिने तरफ का दरवाजा लगभग टूट ही गया है और बायीं ओर के टूटे दरवाज़े के बिल्कुल करीब आ गये हैं, हत्यारे। मैं एक-एक कदम कर आगे बढ़ती आ रही मौत के कदमों की आहट सुन पा रही थी, और बेचैनी से इन्तजार कर रही थी, पुलिस के आने का। नहीं, पुलिस इस त्रिभुवन में नहीं है। कोई नहीं जानता हैदराबाद के प्रेस क्लब में क्या घट रहा है। मेरी आँखें फट पड़े और पानी बह जाए,

वह भी नहीं हो रहा। शरीर अवश होकर, जमीन पर लुढ़क जाए, वह भी नहीं हो रहा था। हत्यारों के पास अगर पिस्तौल हो! तो वे गोली चलाएँगे। अगर छुरा हो तो घोंप कर मारेंगे। और अगर कुछ भी न हो तो लोहे की कुर्सियाँ सर पर मारकर जख़्मी करेंगे। पैरों के नीचे रौंद कर मारेंगे। वे सब तो बहुत सारे हैं और मैं अकेली, और भी अकेली होती जा रही थी। टन-टन की आवाज और भी भयावह हो गयी थी। मुझे तो पता है, यही लोग हैं मेरे खिलाफ फतवा जारी करने वाले। ये ही हैं मेरे सर की कीमत लगाने वाले, ये लोग ही मेरा सर चाहते हैं, मेरी फाँसी की माँग लेकर सड़कों पर उतरने वाले, ये ही थोड़े-थोड़े समय के बाद मेरे पुतले, मेरी किताबें जलाते हैं। इससे पहले इन लोगों ने कभी मुझे अपने हाथ के इतने करीब नहीं पाया है। अब ये, जो मर्जी मेरे साथ कर सकते हैं। किसी भी पल मैं देखूँगी अपने जीवन के अन्तिम पल को। मृत्यु कैसी होती है, क्या बहुत तकलीफ होगी! ये लोग क्या सर पर या सीने पर गोली चलाएँगे, या काट-काट कर, बलात्कार कर, पीस-पीसकर मारेंगे!

तभी अचानक पुलिस आ गयी। उस टूटे दरवाजे पर लगाये रोक को तोड़कर, हत्यारों के आने से पहले ही अन्दर आ गयी। मुझे पूरी तरह से सुरक्षित करने की व्यवस्था उन्होंने ही की। दीवार से चिपका मेरा पत्थर सा शरीर, धीरे-धीरे स्वाभाविक होने लगा, मुट्ठियाँ खुलने लगीं। सुना बाहर मौलवादियों को पुलिस ट्रक में बैठा रही है। उसके बाद मुझे भी सुरक्षा घेरे में लेकर पुलिस की गाड़ी में बिठाया गया, जल्दी से ओट कर दी गयी। हितैषियों ने चैन की साँस ली।

इस बीच मैंने मृत्यु का चेहरा तो देख ही लिया। वे जब हत्या करते हैं तो ऐसे ही करते हैं। सब तहस-नहस कर देते हैं। जताकर-सुनाकर-दिखाकर। पैगम्बर का नाम लेकर, झंडा फहराते हुए। आज मेरा अलौकिक ढंग से बचना हुआ। जीवन और मृत्यु के बीच सिर्फ एक सूत का व्यवधान था। मुझे आशंका है कि इसी तरह मेरी एक दिन मृत्यु होगी। कभी कहीं जब कविता पढ़ रही होऊँगी, कहीं जब मानवता की बात कह रही होऊँगी, अचानक ही कोई मेरे सीने को छेद देगा।

क्या गलती की है मैंने? क्या धर्मान्धता, कुसंस्कार, उत्पीड़न, दमन के खिलाफ बात करना अन्याय है? मानवाधिकार या मानवता के पक्ष में खड़ा होना क्या जुर्म है? घृणा की आग में वे मुझे जैसे भी हो, जला कर मार डालना चाहते हैं। क्यूँ, किसी का क्या बिगाड़ा है मैंने?

लोगों के प्यार ने मुझे जीवन दिया है। सिर्फ भारतवर्ष में ही नहीं, भारतवर्ष के बाहर के लोगों से भी मिलता रहा है—युक्तिवादि, मुक्तबुद्धि, सद्‌बुद्धि के लोगों का समर्थन। मेरी आँखों में, मौलवादियों का आक्रोश या उन्हें दाँत पीसते हुए देखकर पानी नहीं आया। मैं जब टूट चुकी, जब मुझे मृत्यु की गुफा से बचाकर लाया गया, और तब-जब मैंने किसी की बेचैन आवाज सुनी, 'तुम ठीक तो हो?' या 'हम तुम्हारे साथ हैं।', मेरी आँखें भर आयीं।

अब मुझे अकेला नहीं लगता। जानती हूँ, हम संख्या, में ज़्यादा हैं, हम वो-जो लोकतंत्र और अभिव्यक्ति की स्वतंत्रता पर विश्वास करते हैं और वे हमेशा ही संख्या में कम रहेंगे, जो बोलने की आजादी के खिलाफ हैं, मानवताविरोधी, असहिष्णु और कट्टरपन्थी मौलवादी हैं। क्या उनका युद्ध मुझ अकेले के साथ है? लड़ाई तो हम सबों के साथ है। एक स्वस्थ समाज गढ़ने के लिए, एक सुन्दर देश गढ़ने के लिए, एक बसने लायक दुनिया बनाने के लिए, हम उस भयंकर पर क्षुद्र शक्ति के विरुद्ध बिना कोई समझौता किये लड़ सकते हैं। हम सब ही। क्यूँ? नहीं कर सकते हैं क्या?

मेरे विचारों को रोककर पुलिस हेडक्वार्टर पर गाड़ी रुकती है। धर्म बहुत भयंकर होता है, प्रकृति से प्रार्थना करना शुरू करती हूँ कि किसी हिन्दू पुलिसवाले से सामना हो, न कि किसी मुसलमान पुलिस अफसर से। दूसरी मंजिल पर ले जाकर बड़े-बड़े अफसरों के साथ मेरा परिचय करवाए जाने पर, तिरछी नज़रों से उनके सीने पर लगे उनके नामों को पढ़कर, खुद को निश्चिन्त कर लेती हूँ। पुलिसवाले सभी बहुत मिलनसार थे। सभी आक्रमणकारी मौलवादियों को वे जानते थे। कमरे में टी.वी. पर, प्रेसक्लब में हुए निकृष्ट आक्रमण के हादसे को ही दिखाया जा रहा था, रह-रहके बड़े अफसर अपनी राय दे रहे थे। उन आक्रमणकारियों के विरुद्ध मुझ से दो शिकायत-पत्र लिखवा लेने के बाद मुझसे कहा 'सबको जेल ले जाया जा रहा है, आप ज़रा भी चिंता मत करिएगा मुझे और क्या है सोचने को! मैं तो शहर छोड़कर चली ही जा रही हूँ। इस शहर में फिर कभी आना होगा, ऐसा मुझे नहीं लगता है।

शाम को कलकत्ता लौट जाने की बात थी, एयरलाइन्स में फोन करके बड़े साहब ने समय को और पहले करवा लिया, शाम होने से पहले ही पुलिस अफसर मुझे हवाई अड्डे ले गए। किसी भी पत्रकार शाम को मुझे हवाई अड्डे ले गये पुलिस अफसर। किसी भी पत्रकार को भनक नहीं लगने दी कि कब मुझे हवाई अड्डे ले जाया जाएगा, इसके बावजूद वहाँ पत्रकारों की भीड़ थी। शायद उनका उद्देश्य ही सारा दिन वहाँ बैठकर इन्तजार करना था। मैंने स्पष्ट कह दिया कि साक्षात्कार नहीं दूँगी, पर कोई भी हिलने को तैयार नहीं, भीड़ जमी हुई है। कलकत्ता पहुँचकर भी वैसा ही हाल। हवाई अड्डा भरा हुआ है संवाददाताओं से। कौन जाने! कैसे लोगों को पता चला कि मैं किस समय आ रही हूँ? घर पहुँच के देखती हूँ कि टी.वी. कैमरों और पत्रकारों से बरामदा भरा पड़ा है। किसी को घर में आने नहीं दिया। किसी के साथ कोई बात नहीं की, जो घटना घटी है उसका प्रतिवाद दूसरे करें। मुझे क्यूँ करना होगा प्रतिवाद! इसी कलकत्ते से ही लड़ती आ रही हूँ, मत प्रकाश करने की स्वाधीनता के पक्ष में! मेरे मुरझाए चेहरे और मेरी सारी देह को टी.वी. पर दिखाकर ही क्यूँ बोलना पड़ेगा कि मुझे विचार प्रकट करने की आजादी चाहिए। लोग मुँह खोलें। सारे देश ने देखा है, जो कुछ भी हुआ। अपने ऊपर हुए हमले का खुद ही कितना वर्णन करूँ। बहुत नहीं हो चुका! मुझे थकान जैसी कोई चीज नहीं होती है क्या! क्या मुझे गुस्सा नहीं आना

चाहिए! मैं एक लेखक बनी हूँ, लिखने के लिए या लिखने के अधिकार को लेकर लड़ने के लिए! और कितने मार खानी होगी मुझे, कितने शिकवे-शिकायतें करने पड़ेंगे, भागना पड़ेगा, रोना पड़ेगा मुझे!

घर में परेशान मित्र, मेरे लौटने की प्रतीक्षा कर रहे थे। अपने अन्दर की असह्य आग या फिर ठंडेपन ने स्तब्ध कर रखा था मुझे। सब मुझसे जानना चाह रहे थे कि क्या हुआ था, क्यूँ हुआ, शुरू से आखिर तक। किसी को भी कुछ बताने की इच्छा नहीं हो रही थी। बस अपनी बिल्ली को ढूँढ़ रही थी। फोन बजे चला जा रहा था। उठाकर बात करने का कतई भी मन नहीं था। बस अपनी बिल्ली को गोद में उठाकर प्यार करने का मन हो रहा था। चाह रही थी कि सब दोस्त घर से चले जाएँ, मुझे अकेला रहने दें। मुझे बहुत नींद आ रही थी। जैसे हजारों साल से सोयी नहीं हूँ, पर क्या सो सकी! बार-बार वही सारे चेहरे मेरी आँखों के आगे तैरने लगते, आतताइयों के भयंकर क्रुद्ध चेहरे, उनके हिंस्र शरीर। हो सकता है मुझे मार देने के उद्देश्य से वे नहीं आये थे, पर उस समय तो मुझे मालूम नहीं था कि वे विधायक हैं, दल की लोकप्रियता कम हो गयी है इसलिए, आ धमके मुझ पर आक्रमण कर, इलाके में अपनी लोकप्रियता बढ़ाने के लिए। मुझे तो लगा कि इतने दिनों के बाद धर्मान्ध, फतवेबाज, चरमपंथियों के एक दल के हाथ लग गयी मैं! बिना किसी सुरक्षा के, मेरी हत्या कर बहिश्त जाने का सुनहरा मौका, वे हाथ से नहीं जाने देंगे। बहुत से छोटे-मोटे मृत्यु के फंदों से बचती आयी हूँ पर इनके पंजों से बचने का अब और कोई उपाय नहीं। मुझे जान से नहीं मारा। नहीं मार सके ऐसा नहीं कहूँगी। चाहते तो मार सकते थे। अगर इच्छा न भी हो, क्रोध इंसान को इतना वहशी बना देता है कि उस वक़्त किसी को मार देना बहुत मुश्किल काम नहीं, बल्कि न मारना मुश्किल हो जाता है।

मृत्यु से बच कर आयी मैं। पुनरुत्थान हुआ मेरा। अपने दूसरे जीवन में, मैं।

# गृहबन्दी

इस्लाम के बारे में एक भी शब्द मुँह से निकाले बगैर भी हैदराबाद में मुल्लाओं द्वारा अचानक किये गये आक्रमण की राजनीति का शिकार होना पड़ा मुझे। मुझ पर हमला करने के पीछे, जो सुनने में आया, वह थी लोकप्रियता हासिल करने की इच्छा। हमला किया था हैदराबाद के 'मजलिस इत्तेहादुल मुस्लिमिन' नाम के एक राजनैतिक दल ने। आंध्र प्रदेश के विधानसभा में, इस दल के एक बड़े नेता ने कहा, "जो धर्म विरोधी बातें कहते हैं, उन्हें कत्ल कर देना ही उचित है।" प्रेस क्लब में पिछले दिन किये गये हमले को पूर्ण समर्थन देते हुए, उन्होंने अपने वक्तव्य में कहा, "हमारे विधायकों ने जो कुछ किया, उसके लिए मुसलमान गौरवान्वित हैं। उनको साधुवाद देना चाहिए। मुहम्मद के प्रति कोई भी असम्मान, हम बर्दाश्त नहीं करेंगे।"

एक और इस्लामिक दल उठकर आ गया—'मजलिस बचाओ तहरीक'। इस दल ने कहा, मुझे तो मारने का ही इरादा किया गया था, बल्कि एम.आई.एम. (मजलिस इत्तेहादुल मुस्लिमिन) ने मेरी जान बख़्श दी। एम.आई.एम. के तीन विधायक, जिन्हें पुलिस ने गिरफ्तार किया था, उन्हें भी जमानत मिल गयी। दल के नेता ने साफ-साफ, बिना शब्दों को चबाये, स्पष्ट भाषा में घोषणा की, अगर फिर से गयी तो जान से मार दिया जाएगा। हाँ, मुझे मार डालेंगे वे लोग। इस सबकी क्या वजह है। इस प्रश्न का चारों तरफ से जो जवाब मिलता है, वह यह है कि पौरसभा निर्वाचन से पहले, इस्लामिक गुट अपना प्रभाव बढ़ाना चाह रहे थे। मुझ पर जो हमला करेंगे, आघात करेंगे, वे इस्लाम को बचाएँगे। इस्लाम को जो बचा सकते हैं, उन्हें मुसलमान आँख बन्द कर समर्थन देंगे, वोट देंगे। 'तसलीमा नाम की एक लड़की ने इस्लाम को ध्वस्त कर दिया है, इसलिए तसलीमा के हाथ से इस्लाम को बचाने के लिए, उसे मार देना होगा। उसको मारने से, इस पार फतवे के बेशुमार रुपये मिलेंगे, और उस पार बहिश्त हासिल होगी'। धर्मनिरपेक्ष भारत में आज कठमुल्ले इसी तरह गरीब, अशिक्षित, अज्ञानी मुसलमानों को उकसा रहे हैं एवं उनके वोट, छल-बल-कौशल से हासिल करने का इन्तजाम भी पक्का कर ले रहे हैं। देश के लगभग पच्चीस फीसदी लोग मुसलमान हैं, और कट्टरपंथी मुसलमान इस विशाल सम्प्रदाय के प्रतिनिधि। किसी भी सुसभ्य, सुशिक्षित, सेक्युलर,

विज्ञानमनस्क इंसान को इस सम्प्रदाय का प्रतिनिधि नहीं समझा जाता है, इससे ज़्यादा दुःख की बात और क्या हो सकती है!

संसद में मेरा मामला उठता है, घटना की भर्त्सना की जाती है। टी.वी. पर आलोचना की गोष्ठी होती है। स्वाधीनता को लेकर तर्क चरम पर पहुँचता है। हैदराबाद के मौलवादी भी उसी कार्यक्रम में बैठकर, विधिवत बोलने की आज़ादी को लेकर अपनी राय ज़ाहिर करते हैं। मैंने इस्लाम के विरुद्ध बातें कही हैं, मुहम्मद का अपमान किया है, मुसलमानों की भावनाओं को ठेस पहुँचायी है, इसीलिए मुझे मारा गया, कम ही मारा गया और मारा जाना उचित था। कौन बताएगा कि मेरे उस दिन के भाषण में इस्लाम शब्द का जिक्र ही नहीं था। उनका मुख्य मुद्दा है मुझे भारत से निकालना। मैं विदेशी हूँ, मुझे कोई अधिकार नहीं कि मैं इस देश के मुसलमानों की भावनाओं को ठेस पहुँचाऊँ। मन ही मन कहती हूँ, 'विदेशियों को अधिकार नहीं, तो क्या इस देश के लोगों को उनके मन को ठेस पहुँचाने का अधिकार है?' सीधी बात ही कह सकते हैं कि 'दुनिया में किसी को भी अधिकार नहीं है कि मुसलमान की धार्मिक भावनाओं को ठेस पहुँचाए।' कह ही सकते हैं कि 'हम अभिव्यक्ति की स्वतन्त्रता और अपना मत प्रकाश करने के अधिकार पर रत्ती भर भी विश्वास नहीं करते हैं।'

जीवन में बहुत कष्ट झेलने पड़े हैं। बहुत दर्द सहा है। पर कभी-कभी किसी का कुछ कहा, दर्द को सहला जाता है। सुबह ही 'आनन्दबाजार' के सम्पादकीय को पढ़, मन कुछ अच्छा हुआ।

'स्वाधीनता की हीरकजयन्ती पूर्ति के ठीक पहले तसलीमा नसरीन पर हुए हमले की वारदात ने इस देश के दुर्बल, अपाहिज सांस्कृतिक अंग की फिर से पहचान करवा दी। हैदराबाद के प्रेस क्लब में इस चर्चित एवं विवादित लेखिका के ऊपर शारीरिक और मानसिक दमन का जो प्रयास किया गया, वह एक शब्द में बर्बरता है। ऐसी एक घटना का नेतृत्व किया तीन विधायकों ने, इससे यह प्रमाण मिलता है कि यह इस देश की सांस्कृतिक असहिष्णुता, प्रान्तीय या छुट-पुट घटी घटना नहीं है, बल्कि मूलस्रोत की राजनीति की ऊपरी पर्त पर भी यह स्पष्ट दिखती है। और इस तरह की असहिष्णुता का प्रकाश, योजनाबद्ध व संगठित है। अपने विचार-विमर्शों की चिंगारियों से भरी रचनाओं की वजह से, तसलीमा नसरीन को स्वदेश एवं दूसरे मुस्लिम देशों में, मौलवादियों के हमलों का सामना करना पड़ा है, परन्तु दुनिया के एक धर्मनिरपेक्ष, बहु-संस्कृतिवादी, बृहत् गणतंत्र—भारतवर्ष में उनके लिए इस अनुभव का स्वाद निश्चित ही बहुत तरहों से अलग है। वह भी अब इस देश में, विभिन्न जगहों पर आजादी से आना-जाना करने से पहले पुनर्विचार करेंगी, हो सकता है अब से वह अतिरिक्त सुरक्षा कवच में आश्रय लेकर, गणतंत्र की सरहद से थोड़ी दूरी पर निवास करें। दुर्भाग्य इस आत्मश्लाघा वाले देश का भी है—जिसे साठ साल की आजादी व

गणतंत्र सिखा नहीं पायी कि व्यक्तिगत राय व सामाजिक सहिष्णुता की सीमा रेखा क्या व कैसी होती है।

समस्या की जड़ यहीं पर है। सभी जगह इस दुर्भाग्यपूर्ण हादसे की तीव्र आलोचना हो रही है, यहाँ तक कि राजनैतिक दलों ने भी विरोध जताया है।

व्यक्तिगत मतामत व सामाजिक सहिष्णुता के इस पहले पाठ को विभाजन-रेखा के चारों तरफ के लोगों को ग्रहण करना होगा, और कोई रास्ता नहीं है। आदिमयुग से आधुनिकता के यात्रापथ में एक बात स्पष्ट हो गयी है कि व्यक्ति या गोष्ठी के विश्वास व राय का सम्मान न करने पर भी, उसे सहना ही होगा, यही सभ्यता की मौलिक बुनियाद है अर्थात् यह केवल प्रत्याशित नहीं, यह एक आवश्यक स्तर पर है। जरूरत पड़ने पर उदाहरण प्रस्तुत करने लिए अधीरता और असहिष्णुता के अपराध को सजा देने की आवश्यकता है। देवी-देवताओं की प्रेमलीलाओं को चित्रांकित करने पर, जो लोग चित्रकार की लांछना करते हैं अथवा धर्मपुरुष की अवमानना की रचना की गयी है कहकर, जो लोग लेखक पर हमला करने के लिए बढ़ते हैं, उन सबको कड़ी सजा मिलनी चाहिए। समाज अगर अपने से सभ्य व सुशील संस्कृति नहीं गढ़ सकता है, परस्पर-सहनशीलता की भावना नहीं बढ़ा सकता है तो फिर राष्ट्र को ही आगे आना होगा, और क्या उपाय है!'

वैसे तो विरोध बहुत हुआ, पर नहीं, सजा उन हैदराबादी कट्टरपंथियों में से किसी को भी नहीं हुई। गिरफ्तार कर उन्हें थाने ले जाया गया, वहाँ उन्हें थोड़ी देर रखकर, सम्भवतः चाय-बिस्कुट खिलाकर छोड़ दिया गया। वे सत्तासीन पार्टी के सहयोगी दल हैं। सो सचमुच की सजा, बहुतों ने कहा, उन्हें कोई भी नहीं देगा। वे ऐसे ही निकल जाएँगे।

लोग क्यूँ इतने मूर्ख होते हैं, इतने निष्ठुर होते हैं, मुझे समझ में नहीं आता। धर्मविश्वास के साथ मूर्खता और निष्ठुरता का सम्बन्ध बहुत गहरा है। निष्ठुरता बहुत संक्रामक है। हैदराबाद में मुझ पर आक्रमण हुआ, पर जिस शहर में मैं रहती हूँ, उस शहर में अभी तक, किसी भी मौके पर मेरे ऊपर कोई हमला नहीं हुआ, इसी बात को लेकर कलकत्ते के मौलवादी दुख प्रकट करने लगे। दुख को झाड़, एक दिन सीधे उतर पड़े मेरे सिर की कीमत की घोषणा करने या मेरा पुतला जलाने। मैदान में उतारा गया मदरसे के छात्रों को, जिन्हें मेरे नाम या मेरे बारे में कुछ भी नहीं पता। मदरसे के एक दल के लड़के मेरा पुतला जला रहे हैं, जबकि उन्होंने कभी भी मेरी कोई भी किताब नहीं पढ़ी। क्यूँ जला रहे हैं? क्यूँकि उनके मौलवादी नेता ने कहा है कि मैंने इस्लाम का बेड़ा गर्क कर दिया है, इस्लाम को तकरीबन ध्वस्त कर दिया है, अब उन सबकी जिम्मेदारी है कि इस्लाम का जो कुछ बचा हुआ है, उसे बचाएँ। मदरसों और मस्जिदों में इसी तरह से मेरे खिलाफ मगजमारी चलती है। चलो मेरे बारे में नहीं जानते हैं तो न जानें, पर इस्लाम को पूँजी बनाकर, मीटिंग और जुलूसों का आयोजन करते हुए, इस्लाम के बारे में तो थोड़ा-बहुत जानना चाहिए! धर्मतल्ला की जनसभा में, हैदराबाद

से मौलवादियों को आमन्त्रण दे के बुलवाया गया। सबों ने मिलकर महासमारोह में मेरे सिर की कीमत की घोषणा की। कीमत कितनी है, जानना चाहा कट्टरपंथी दर्शक श्रोता ने। मंच से एक नेता ने कहा, पाँच लाख। हैदराबाद के एक बड़े नेता ने संग-संग पाँच लाख को सुधारकर कहा 'अनलिमिटेड'। मंच के बाकी लोगों ने चीखकर कहा 'अनलिमिटेड'। हजारों टोपीधारी लोगों ने खुशी और उमंग के साथ फतवे का स्वागत किया। जनसभा में पुलिस के बड़े अफसर उपस्थित थे। उनके सामने ही मेरे सिर की कीमत की घोषणा की गयी। सभी कठमुल्लाओं ने सीना तानकर फतवा जारी किया और सीना तानकर ही पुलिस की नाक के नीचे से चले भी गये। इस अवैध फतवे को जारी करने पर किसी को भी लेशमात्र भी असुविधा नहीं हुई। क्या चमत्कारी जीवन जीते हैं ये लोग, भारतवर्ष में!

हैदराबाद से कलकत्ता लौटने पर दो चीजों पर मैंने ध्यान दिया। पहला, मेरे लिए कड़ी सुरक्षा का इन्तजाम। दरवाजे के पास कई सारे नये पुलिस वाले बैठे हैं। किसी को मुझसे मिलने आने पर, पुलिस वालों के पास-नाम पता लिखकर अन्दर आना पड़ता है। दूसरा, मुझे घर से कहीं निकलने नहीं दिया जाता है। जब भी कहीं जाना चाहूँ, पुलिस कहती है कि बड़े बाबू से अनुमति लेनी होगी। अनुमति लेने के लिए वे छोटे बाबू को फोन करते हैं, छोटे बाबू बड़े बाबू को। अनुमति नहीं मिलती। काफी दिनों तक ऐसा चलने के बाद मेरी समझ में आया कि मुझे गृहबन्दी बनाया गया है। घर में तो मेरे दोस्त आ रहे हैं, पर मेरा कहीं जाना मना है। बाजार जाऊँगी, नहीं जाने की जरूरत नहीं। दोस्त के घर, नहीं। बीमार मित्र को देखने जाऊँगी, नहीं कहीं नहीं। इस तरह से, घर में कैद जीवन पहले कभी नहीं जिया। सोचा था कि कुछ दिनों के बाद स्थिति स्वाभाविक हो जाएगी, पर उसके कोई आसार नजर नहीं आ रहे थे। इधर ताईवान से मेरे लिए आमन्त्रण आया हुआ था। मुझे ताईवान जाना था, जिसके लिए मुझे ट्रैवेल एजेन्सी जाना था। अब तो जाने देना ही होगा बड़े बाबू को। वैसे तो ताईपेयी के कविता उत्सव में जाने के लिए, मुझे किसी भी ट्रैवेल एजेन्सी में जाने की जरूरत नहीं थी। इलेक्ट्रॉनिक टिकट, ई-मेल करने से ही हो जाती है। बस शहर को देखने के लिए, बाहर की हवा फेफड़ों में भरने के लिए आजादी के स्वाद को मन में चखने के लिए, मुझे बाहर जाने की इच्छा थी। स्वाधीनता किसे कहते हैं, मुझे पता है। आजादी के रूप, रस, गन्ध को मैं पहचानती हूँ। फिर से आजादी पाने के लिए मेरे खून की हर बूँद खलबला रही थी, भीतर कुछ फुँफकार रहा था, फूल रहा था। समुद्र में बाँध बनाने से क्या होगा। घर से बाहर कहीं भी जाने न देना, सिर्फ ट्रैवेल एजेन्सी तक जाने देने का अर्थ मैं समझ गयी, सिर्फ देश से बाहर जाने की अनुमति मिल सकती है, देश के अन्दर मेरा चलना-फिरना मना है।

घर के बाहर बैठे पुलिसवालों को सुबह-शाम चाय दी जा रही है। उनके लिए बिस्कुट मँगवाती हूँ। 'मिठाई' दुकान से मिठाइयाँ मँगवा रही हूँ, दही मँगवा रही हूँ।

भुने चिड़वे, मुरमुरे। कभी मैं खुद नूडल्स बनाकर देती हूँ। दिन में कई बार चाय, कभी आम का शरबत, कभी औरेंज स्कॉश। नीचे जो बैठे हैं, बाहर गेट पर जो बैठे हैं, ऊपर जो लोग हैं–फ्लैट के दरवाजे के पास जो हैं, किसी का भी मुँह न सूखा रहे, इस तरफ मेरी कड़ी नजर है। बहुत-सी पत्रिकाएँ, किताबें दे रखी हैं, जिसकी मर्जी वह पढ़े। दो-दो फैन खरीदे हैं, जिससे हवा मिल सके। कुर्सियाँ तो पहले ही दिन कई सारी खरीदी गयी थीं। सभी की मेहमानों की तरह खातिरदारी करती हूँ। कभी-कभी पुलिस के लोग घर के अन्दर आकर बैठते हैं। टी. वी. में खेल देखने के लिए। एक तो दिन का खाना खाने के बाद सोफे में लम्बा होकर सोता है। पुलिसवालों में वैसे भी मेरे घर की ड्यूटी करने के लिए छीना-झपटी है, होड़ है। एक की बदली होने पर, उसने बाकायदा छाती फाड़कर रोना-धोना किया। कभी मेरे ऊपर चिट्ठी लिखने के लिए जोर डालते हैं, 'दीदी लिख दीजिए कि मैं बहुत अच्छा अंगरक्षक हूँ, मेरे बगैर आपको दिक़्कत होगी, आपका काम नहीं चलेगा।'

बस समझने के लिए कि सरकार के फैसले में कोई परिवर्तन आया कि नहीं, हर डेढ़-दो सप्ताह बाद पुलिस वालों को कहती हूँ कि बाहर जाना है। एक दिन मन अच्छा नहीं था, सो शंकर से शाम को कहा कि आज बाहर जाना है। शंकर ने कहा, 'कहाँ जाएँगी?' पहले कभी भी इस तरह मुझसे पूछा नहीं जाता था। मैं ही जब मर्जी गाड़ी में बैठकर फिर शंकर या तपन को बोलती थी कि कहाँ जाना है। दिन अचानक बदल गये। थोड़ी अचम्भित हो जाती हूँ, पर फिर सँभल जाती हूँ। शान्त गले से बोलती हूँ, 'बेहाला जाऊँगी, दीपंकर दा के घर।' शंकर और तपन, इस दौरान मेरे रिश्तेदार जैसे ही हो गये थे। दोनों ही मुझे अपने-अपने घर ले जा चुके थे, बहुत प्यार से खिलाया-पिलाया था। मेरे घर को भी अपने ही घर जैसा समझते थे। अचानक ही सब उलट-पुलट हो गया, सारे रिश्ते, सारे सम्बन्ध, चलना-फिरना, सारे नियम और विश्वास। एक बड़ा प्रश्नचिह्न लटका रहता है मेरे सर के ऊपर, हर वक़्त और यह चिह्न दिन पर दिन बड़ा होता जा रहा है। शंकर चुपचाप घर से बाहर चला जाता है। मैं इन्तजार करती रहती हूँ। तकरीबन आधे घंटे के बाद शंकर वापस आकर रोबोट की सी आवाज में बोलता है, 'वहाँ जाने की अनुमति नहीं है।'

– क्यूँ नहीं है?

– वो तो नहीं पता।

– आपको तो पता होना ही चाहिए। क्यूँ मुझे आज बेहाला जाने की अनुमति नहीं मिलेगी?

– मैंने ऑफिसर को बताया। उन्होंने बड़े बाबू को। बड़े बाबू ने थोड़ी देर के बाद फोन करके कहा कि जाना नहीं होगा।

– क्यूँ? क्यूँ नहीं होगा जाना?

– उसके बारे में कुछ नहीं कहा।

— क्यूँ नहीं कहा? पूछिए उनसे। मैं जानना चाहती हूँ कि क्यूँ नहीं जाना होगा, क्या असुविधा है?

शंकर घर से निकल जाता है, पर न तो इंसान के स्वर से और न ही रोबोट की आवाज में आकर मुझे बताता है, बेहाला जाने की अनुमति न देने का कारण।

इसके बाद, और एक दिन सॉल्ट लेक जाने के लिए तैयार होती हूँ। शिवनारायन राय के घर मुझे जाना ही होगा। वह अस्वस्थ हैं।

बड़े बाबू का आदेश बता दिया गया मुझे— नहीं होगा जाना।

— क्यूँ नहीं?

— क्यूँकि कलकत्ता के ज्युरिसडिक्शन के बाहर है सॉल्ट लेक।

— सारे साल तो इतने बार गयी हूँ सॉल्ट लेक, ज्युरिसडिक्शन का प्रश्न तो नहीं उठा था।

शंकर और तपन चुप। उनके चेहरों पर डर और क्या हो रहा है, कुछ समझ में नहीं आ रहा का-सा भाव।

बहुत दिनों से बिराटी नहीं गयी हूँ। जाना बहुत जरूरी है।

वही एक ही जवाब, बड़े बाबू ने कहा है, जाना सम्भव नहीं।

फिर कुछ दिनों बाद अपनी इच्छा जाहिर की, हावड़ा जाऊँगी।

— नहीं हो पाएगा।

इसके बाद और भी पास की जगहों पर जाऊँगी। ज्युरिसडिक्शन के अन्दर ही कहीं। भवानीपुर जाऊँगी, जदुबाबू बाजार में।

— सम्भव नहीं।

— अब तो कलकत्ता शहर के अन्दर ही जाना है, सम्भव क्यूँ नहीं है?

— उसके बारे में कुछ नहीं बताया है।

— कौन सामान खरीदेगा? बिना खाए रहूँगी?

— वो तो नहीं पता। बस जानता हूँ कि जाना नहीं होगा।

— इतने समय से खरीद-फरोख्त खुद करती हूँ। अब वो भी नहीं कर सकती।

— बड़े बाबू ने कहा है कि सम्भव नहीं।

— क्यूँ?

— वो नहीं बताया।

— फैसला क्या बड़े बाबू का है?

— हाँ।

पर मुझे लगता है कि फैसला उससे भी ऊपर वालों का है।

सिर्फ घर में ही नहीं, अन्यत्र भी बदलाव देखती हूँ। इलाहाबाद विश्वविद्यालय के

प्रोफेसर्स ने मुझे भाषण देने के लिए आमंत्रित किया था। लगभग एक साल से मुझे राजी करने की कोशिश कर रहे थे, अन्त में मैं तैयार हो गयी। विश्वविद्यालय के लोग बेहद उत्साहित हुए। परन्तु हैदराबाद के हादसे के बाद उन्होंने मुझे संक्षिप्त से पत्र द्वारा सूचित किया कि मेरा कार्यक्रम बाध्य होकर नहीं कर रहे हैं। क्यूँ नहीं कर रहे हैं, यह नहीं बताया। बताने की जरूरत भी नहीं समझी। कार्यक्रम रद्द कर देने का कारण, वे निश्चित हैं कि मैं समझ ही गयी होऊँगी, पर एक सत्य वे शायद नहीं जानते हैं कि मैं मौलवादियों के घमंड को बहुत अच्छे से समझती हूँ। उनकी चीखने-चिल्लाने की असली वजह भी मैं जानती हूँ, पर विश्वविद्यालय के, साहित्य-संस्कृति के, या फिर सरकार-राजनीति के लोग इनका इस तरह डरे या सिकुड़े रहना, मुझे ठीक से समझ में नहीं आता, या जानती हूँ पर मान नहीं पाती।

एक फतवे से जीवन दूभर हो उठा था। उसके ऊपर से एक और फतवा जारी कर बैठे जनप्रिय गायक कबीर सुमन, जो एक समय में थे सुमन चट्टोपाध्याय। टी.वी. पर मेरी किताब 'द्विखंडितो' खोलकर, मुहम्मद के बारे में कहाँ क्या लिखा है, बस इतना पढ़कर सुनाके शान्त नहीं हुए, किताब के किस पन्ने पर क्या है, वह भी बताया, और यह भी कहा कि मेरे खिलाफ जारी किये गये मौलवादियों के फतवे का वह समर्थन करते हैं। सच बात तो यह है कि इस्लाम धर्म अपनाकर वह कुछ ज़्यादा ही मुसलमान बन गये हैं। वैसे भी नये मुसलमानों के बारे में बोला ही जाता है कि हो सके तो मौलवादियों से भी दो हाथ आगे के मौलवादी होते हैं। सच बात कही जाए तो, मौलवादियों के इतने भयंकर फतवे को मैंने उतना भयंकर नहीं समझा, जितना कि कबीर सुमन के फतवे को। बार-बार ही सुमन ने कहा कि उनके पैगम्बर के सम्बन्ध में मैंने जघन्य बातें लिखी हैं—क्रुद्ध, भयंकर सुमन, वही सुमन जिनका अब तक नास्तिक के रूप में ही परिचय था, उन्होंने भगवान का अपमान करके गाने भी लिखे थे। मुझे विश्वास नहीं होता है कि सुमन, मुहम्मद को पैगम्बर मानते हैं, या इस्लाम पर विश्वास करते हैं। शुरू से अन्त तक उनकी धर्म की राजनीति है। उस रात मेरा दिल डर से काँप उठा था। उस रात ही मैं पहली बार, घर के खिड़की-दरवाजे ठीक से बन्द किये गये हैं कि नहीं, जाँच कर सोयी। दरअसल मैं सारी रात सो ही नहीं सकी। उस रात ही मुझे लगा कि मौलवादियों ने मुझे सचमुच का फतवा नहीं दिया है बल्कि सुमन ने दिया है। मौलवादी कभी भी स्पष्ट नहीं बोल पाये हैं कि इस्लाम के बारे में मैंने ठीक-ठीक क्या लिखा है, प्रमाण नहीं दे पाये कि मैंने इस्लाम की अवमानना की है, पर सुमन ने मेरी किताब हाथ में लेकर, कैमरे के सामने युक्ति देकर मेरी धर्म का खंडन करने वाली बातों को पढ़ा, दर्शक-श्रोताओं की तरफ लक्ष्य करते हुए कहा, 'विश्वास नहीं है तो आप लोग खुद पढ़ें, देखिए क्या लिखा है।' कैमरा तब 'द्विखंडितो' किताब की उन पृष्ठों पर था। कोई भी जंगी मुसलमान उस रात सोच सकता था, 'मरना हो तो मर जाऊँगा, पर उसको मारकर मरूँगा'। यह काम किसने

किया! नहीं किसी कट्टरपंथी ने नहीं, बल्कि सांस्कृतिक जगत के नामी-गिरामी, प्रगतिशील रूप में विख्यात एक कलाकार ने। अविश्वनीय लगता है सब कुछ। एक अजीब-सी साँस की तकलीफ होने लगती है। जैसे स्वस्थ, स्निग्ध हवा नहीं है कहीं भी। कट्टरपंथियों के हमले के बाद जिनको मेरे पास होने की बात थी, उनको ही देखा दूर जाते हुए, सिर्फ दूर ही नहीं गये, बल्कि मौलवादियों से भी दुगुना आक्रमण कर मुझे दुर्बल कर दिया। मैं बहुत अकेली पड़ती जाती हूँ। बहुत अकेली। पाँव के नीचे से जमीन खिसकती जाती है। समझती हूँ जिनके लिए मेरा लेखन, मेरे आदर्श, मेरी नीतियाँ बिल्कुल भी दोषयुक्त नहीं हैं, वे भी मेरे दोष ढूँढ़ने लगते हैं। जो धर्म की समालोचना करने के अभ्यस्त हैं, वे भी मेरे धर्म को लेकर बात करना नहीं सह पा रहे हैं।

मेरे पाँवों में अदृश्य जंजीर है। चलते ही बजती है यह। यह जंजीर ही बता देती है कहाँ व कितने दूर जा सकती हूँ मैं। मैं अन्याय को मान लेने वाली तो नहीं हूँ। बिना किसी जुर्म के क्यूँ मुझे बन्दी बनाया जाएगा? मेरे मन और शरीर में प्रतिवाद बुदबुदा रहा है। मैं अस्थिर होकर घर से बरामदे के बीच चहलकदमी करती रहती हूँ। इतना प्रिय घर, यह ही मुझे कारागार लगने लगता है। जो भी मित्र आते हैं, चः,चः,चः कर दुख जताते हुए, इसी कारावास की बातें सुनते हैं। शायद किसी के भी बस में कुछ करना नहीं है। अगर हो भी तो, करना उचित होगा कि नहीं, समझ नहीं पाते। अचानक ही एक दिन, जाँचने के लिए कि सरकारी प्रतिबन्ध कितने दूर तक लागू हैं, पुलिस को बोलती हूँ कि ज्योति बसु से मिलना है। संग-संग ऊपर तक बात चली जाती है कि मैं ज्योति बसु के घर जाना चाहती हूँ। सच बात तो यह है कि ज्योति बसु से मेरा मिलना जरूरी नहीं था। लगा कि शहर में शायद वे ही एक ऐसे व्यक्ति हैं, जिनसे मिलना चाहने से मेरे पैरों की जंजीर खोल दी जाएगी। ज्योति बसु सिर्फ पूर्व मुख्यमन्त्री ही नहीं हैं, भारत के कम्युनिस्ट पार्टी के एक श्रेष्ठ संस्थापकों में से भी हैं। शुरू से ही इसी पार्टी के साथ हैं। सतहत्तर से सन् दो हजार तक, सबसे लम्बे अर्से तक रहे पश्चिम बंगाल के मुख्यमन्त्री हैं। ज्योति बसु को बोलने पर, वह संग-संग मिलने को तैयार हो गये। असाधारण इंसान हैं। एक बार भी नहीं सोचा कि उनकी पार्टी की सरकार ने ही मेरी किताब को निषिद्ध किया है और अब हैदराबाद में मेरे ऊपर हुए हमले के बाद, मेरे साथ खड़े रहना तो दूर, मुझे गृहबन्दी बना दिया है। ऐसे में उनका मुझसे मिलना उचित नहीं होगा। एक बार भी नहीं पूछा कि किस वजह से मिलना चाहती हूँ, या क्या कहना चाहती हूँ।

वर्तमान मुख्यमन्त्री, पूर्व मुख्यमन्त्री से मिलने देते हैं कि नहीं, अब यह देखने का विषय था। मुझे ज़्यादा देर इन्तजार नहीं करना पड़ा। तभी खबर आ गयी कि मिलने देंगे। शंकर के चेहरे पर हँसी फूट पड़ी। पुलिस वाले मुझे पसन्द करते हैं। मेरा कैद में रहना उन्हें भी दुख देता है। छोटे से सरकारी मुलाज़िम हैं, सरकारी फैसलों को बदलने की शक्ति नहीं है, इनमें। फूलों का एक बड़ा गुलदस्ता लेकर, 'मिठाई' दुकान

से बहुत सा दही और रसगुल्ला लेकर निकल पड़ती हूँ महान नेता के इन्दिरा भवन में। बहुत आनन्दित महसूस करती हूँ। खुश होती हूँ मुक्ति का स्वाद पाकर। स्वाधीनता के लिए संग्राम कर रही हूँ इसीलिए बार-बार ही विपदाओं की मुँह में पड़ रही हूँ। बार-बार ही पराधीनता की जंजीरों में जकड़ी जा रही हूँ, यह मुझे पता है। फिर भी समझौता कर लेने की बात एक पल के लिए भी मन में नहीं आने देती हूँ।

इन्दिरा भवन पहुँचने के बाद जयकृष्ण, जो ज्योति बसु की देखभाल करते हैं, ने कहा कि कोई भी मिठाई घर के अन्दर ले जाने की जरूरत नहीं, वह नहीं खाएँगे। अजीब बात है, नहीं खाएँगे तो मेहमानों को तो खिला सकते हैं। जयकृष्ण की तीव्र सतर्कता या कठिन आदेश के आगे तर्क करने की इच्छा नहीं हुई। घर के अन्दर जाकर उनका इन्तजार करने लगी। उन्होंने आकर मुँह पर उसी रहस्यमयी हँसी के साथ हाथ जोड़कर नमस्कार किया। मैं उठकर खड़ी हो जाती हूँ। आजकल ज़्यादा लोगों से नहीं मिलते हैं, बीमार हैं। बदन पर हरे रंग की लुंगी और सफेद बंडी। उनसे पहले भी दो बार मुलाकात हुई है इसी इन्दिरा भवन में। इतने बड़े व्यक्ति पर इतनी सहजता के साथ बात करते हैं। बात करते-करते मैं भूल सी जाती हूँ कि मैं उनके साथ बैठकर बातें करने के योग्य नहीं हूँ। सम्भवतः राजनीति मैं ज़्यादा नहीं समझ पाती हूँ इसलिए राजनीतिविदों के साथ अच्छी तरह से बातचीत नहीं कर पाती मैं।

बहुत बड़े लोगों के साथ जान-बूझकर मैं कभी भी पहचान बढ़ाने, या खातिरदारी करने नहीं जाती। यह मेरे स्वभाव से बाहर है। अगर बड़े मेरे बारे में उत्सुकता दिखाते हैं, तभी सशरीर उपस्थित होकर, उनके आग्रह को यथासम्भव दूर करने में, आपत्ति महसूस नहीं करती। बड़े लोगों के पास मेरे न जाने का कारण, मेरा अभिमान नहीं, बल्कि संकोच है। वे लोग व्यस्त रहते हैं, बिना वजह तंग न करके दूर से ही उन पर चुपचाप श्रद्धा करते रहना ही श्रेयस्कर है, पर मेरे अपने ही बनाये इस नियम को, अनिच्छा होते हुए भी कभी-कभी मुझे तोड़ना पड़ता है। फ्राँसोया मितेरों के साथ मिलना है, जेक शिराख के साथ भी। लियोनेल जसपाँ ने बुलाया है, सिमोन वील इन्तजार कर रही हैं, आओ मिलो गुंटर ग्रास से, ऐलेन गिंसबर्ग बात करेंगे। मिलने के लिए बाध्य होना पड़ा। बड़े लोगों से सच तो यह है कि कभी भी कोई सम्पर्क नहीं बन पाया। उनके साथ मुलाकात होती है, वे बढ़िया बातें करते हैं, कुछ बहुत आदर सत्कार भी करते हैं। पर उनसे विदा लेना, अंतिम विदाई ही होती है। मिलने-जुलने में आलस आता है इसलिए उस रास्ते नहीं जाती और बड़े लोग बड़े हैं, सो यह स्वाभाविक है कि वे भी मेरी खोज-ख़बर नहीं लेते। ज्योति बसु के साथ करीब सात साल पहले इसी तरह मेरी मुलाकात हुई थी। पहली मुलाकात। किसी से कोई सिफारिश नहीं की, मिलने की भी कोई इच्छा जाहिर नहीं की, अचानक सुना मेरा उनसे मिलने का दिन, तारीख सब तय हो चुका है। मेरे एक शुभाकांक्षी, शायद मुझे बहुत बड़े कद का कुछ समझकर, इस घटना को अंजाम देते हैं। ज्योति बसु की तरह

के विशाल व्यक्तित्व के साथ मेरे जैसी एक क्षुद्र लेखक, जो राजनीति का सिर-पैर कुछ भी नहीं जानती, क्या बात करेगी! अपनी मूर्खता और अज्ञानता को लेकर आशंका से सिमट रही थी। मैं इतनी नगण्य हूँ जानकर भी मुझसे मिलने में जरा भी हिचक नहीं थी ज्योति बसु में। वे तो मिले ही, साथ में उनकी पत्नी भी थीं, इस तरह बातें कर रहे थे जैसे सदियों से जानते हों मुझे, जैसे मैं उनकी कोई पहचान की या रिश्तेदार होऊँ। इंसान जब बहुत ऊँचे कद का हो जाता है, तो शायद अपने और अनजाने व्यक्ति के बीच कोई दीवार नहीं रखता। पहली बार किसी बड़े इंसान के पास आकर एहसास यह हुआ जैसे इस इंसान से फिर कभी मुलाकात हो सकती है। उनके साथ राजनीति का काला-सफेद, अच्छाई-बुराई करने की मुझे कोई जरूरत नहीं। मैं बस उनके शैशव, किशोरावस्था, उनके सुख-दुख, खुशी और पीड़ा के छोटे-छोटे किस्से-कहानियाँ सुनकर ही मुग्ध हूँ।

जब पश्चिम बंगाल की सरकार ने मेरी किताब प्रतिबन्धित की, फैसला जबकि गैरलोकतांत्रिक एवं वाक् स्वाधीनता विरोधी था, दल का सिद्धान्त है इस कारण मुझे आशंका थी कि ज्योति बसु भी निषिद्ध करने के पक्ष में हैं पर मुझे विस्मित कर, दल के केवल एक व्यक्ति, स्वयं उन्होंने, किताब निषिद्ध करने के विरोध में राय दी। कभी किसी के पैरों की धूल नहीं लेती, यानी कि पैर नहीं छूती हूँ मैं। ज्योति बसु के भी नहीं छुए। जब भी मुलाकात हुई, श्रद्धाभाव से नमस्कार किया। कृतज्ञता प्रकट करने में हमेशा से ही अनाड़ी रही हूँ मैं। नहीं जानती वे समझ पाये हैं कि नहीं, पर अपने दल के फैसले से बाहर जाकर भी, मत प्रकट करने के अधिकार के हक में बोलकर, उन्होंने न सिर्फ खुद को महान बनाया है, बल्कि हम जो लोग लड़ रहे हैं इस अधिकार के पक्ष में, उन्हें बहुत शक्ति और साहस मिला है, उनकी इस राय से। ज्योति बसु के सम्बन्ध में खराब बातें बोलने वाले लोगों की कमी नहीं है। ऊँची नाक वाले थे? हो सकता है थे। परन्तु किताब को निषिद्ध करने के विपक्ष में कहे उनके वक्तव्य को सुनकर, मुझे वे घमंडी तो नहीं, बल्कि बड़े विलक्षण और बुद्धिमान व्यक्ति प्रतीत हुए। दूसरे किसी भी कम्युनिस्ट नेता ने, दल का फैसला, चाहे गलत ही रहा हो, चाहे आदर्शगत, न भी मान पाये हों, पर मुँह खोलकर कुछ नहीं कहा। इससे मर्मान्तक और क्या हो सकता है कि किसी दल में नाम लिखाने के लिए अगर अपनी बोध-बुद्धि-विवेक का विसर्जन करना पड़े! जबकि कम्युनिज्म में धर्म की चर्चा करने की मनाही नहीं है, इसके बावजूद धर्म की आलोचना करने के जुर्म में मुझे दोषी करार देते हुए, पश्चिम बंगाल के क्षमतावान कम्युनिस्टों ने मेरी किताब को प्रतिबन्धित कर, अभिव्यक्ति की स्वतंत्रता की चिता पर, साम्प्रदायिकतावादी मौलवादियों का झंडा फहरा दिया। इस विजय ने मौलवादियों को इतना उत्साह दिया कि खुलेआम एक के बाद एक मेरे सिर की कीमत की घोषणा करने में उन्हें कोई दुविधा नहीं हुई। सड़कों पर आग लगाने का भी साहस आ गया उनमें।

जिस समय पश्चिम बंगाल के कोई भी कम्युनिस्ट नेता मुझसे नहीं मिलते थे, मैं एक

भयंकर निषिद्ध नाम थी, उनका यह पक्का विश्वास था कि मुझे समर्थन देने का मतलब, जानबूझ कर मुसलमानों का वोट खोना था—ऐसे समय में ज्योति बसु मुझसे मिले। किसी के भी खिलाफ मैंने कोई अभियोग नहीं किया उनसे। हम दोनों पहले समय की तरह ही गप्पें करते रहे। वह अपने पैतृक घर, वहाँ के पास-पड़ोस, अपने बचपन और किशोरावस्था की बातें बता रहे थे। बता रहे थे देश विभाजन, धर्मान्धता, मुक्तियुद्ध और स्वाधीनता की बातें। मेरे लेखन और उसके ऐतिहासिक गुरुत्व की बातें।

दिन बीतते रहे। ज्योति बसु के अलावा मुझे देश के अन्दर किसी और के साथ मिलने नहीं दिया गया। देश के बाहर जाने दिया गया। ताईपेई से कविता उत्सव से लौटी। पेरिस से भी कार्यक्रम कर वापस आयी, पर मेरा लौटना उचित नहीं, इसका मुझे आभास हो गया था। वापस लौटने के संग-संग ही, फिर वही जीवन जीने को बाध्य हो जाती। नीरव, एकान्त, गृहबन्दी का जीवन। मेरा बहुत जानने का मन करता कि कितने दिन, ठीक कितने माह या सालों तक, मुझे मेरी आजादी वापस नहीं मिलेगी। कोई नहीं मेरे इस प्रश्न का उत्तर देने वाला। बस आँख मूँद, मुँह बन्द कर, दाँतों को भींचकर पड़ी रहती हूँ। पाँवों में अदृश्य ज़ंजीर। जिन्होंने यह ज़ंजीर पहनाई है, वे जानते हैं और जिसके पाँव में ज़ंजीर है वह जानता है, इसके अलावा बहुत ज़्यादा लोगों के लिए इस ज़ंजीर की कहानी को जानना सम्भव नहीं था।

# कथोपकथन

बन्दी हूँ मैं, घर के बाहर निकलना मना है। शरीर पर काई जम रही है। भुतहे मकान की दीवारों पर उगी ऊँची-ऊँची घास की तरह, मन में भी उग आयी है, घास। इसी बीच मध्य सितम्बर की एक शाम को, वह आये। उनके आने के दस मिनट पहले, डी. जी.एस.बी., विनीत गोयल ने फोन पर बताया कि सी.पी. आ रहे हैं। सी.पी. याने, पुलिस कमिश्नर, संक्षेप में और मुख्यमन्त्री को कहते हैं सी.एम.। चीफ के पहले अक्षर सी और मिनिस्टर के पहले अक्षर एम को लेकर है—सी.एम.। पश्चिम बंगाल के सी. एम. हैं, बुद्धदेव भट्टाचार्य। सी.पी. प्रसून मुखोपाध्याय मुखर्जी। प्रसून मुखोपाध्याय मेरे घर आएँगे। इतने बड़े व्यक्ति भला मेरे घर क्यूँ आ रहे हैं? इस सवाल का कोई भी जवाब मुझे नहीं पता। उत्तर खोजने की कोशिश भी नहीं की। हो सकता है बस यूँ ही, हाल-चाल पता करने, सौजन्य-साक्षात्कार के लिए! मुझे सुरक्षा प्रदान कर रहे हैं, मैं कोई ऐसा-वैसा व्यक्तित्व नहीं हूँ। उनकी मिलने की इच्छा हो ही सकती है। पुलिस के दो और बड़े ऑफिसर, इससे पहले भी मुझसे परिचय-साक्षात्कार कर गये थे। कह कर गये कि मैं किसी भी तरह की दुश्चिन्ता न करूँ, मेरी सुरक्षा का हर इन्तजाम किया हुआ है। उन अफसरों में से एक थे जावेद शमीम, काफी खूबसूरत। बातों-बातों में उन्होंने कहा, "हैदराबाद में जिन लोगों ने आप पर हमला किया था, वे उपेक्षित लोग नहीं थे। सब उच्चशिक्षित थे, विदेश से शिक्षा प्राप्त। जबर्दस्त अंग्रेजी बोलते हैं। उनकी अंग्रेजी सुनने पर पता ही नहीं चलता कि वे भारतीय हैं।" जावेद शमीम की आँखों में था, ओबीसी खानदान के लोगों के लिए सम्मान और मुग्धता! प्रसून मुखोपाध्याय के आने पर चाय, मीठा, बिस्कुट, नमकीन आदि तरह-तरह की चीजों से उनकी खातिरदारी की गयी। इससे पहले उनसे फोन पर बात हुई थी। अगर कहीं मुलाकात भी हुई हो तो, "कैसी हैं?, अच्छी हैं?" जैसी मामूली बातों के अलावा ज़्यादा बात कभी नहीं हुई। उनसे बातचीत चली दो घंटे। बात का सिलसिला कुछ इस तरह का था।

प्र - हालात बहुत खराब हैं।

त - किस तरह के खराब?

प्र - कुछ ग़ैर-बंगाली मुसलमानों ने आपको मारने का सारा प्लान बना लिया है।

त - ऐसी बात है क्या?

प्र - हाँ ऐसा ही है। मैं तो आपको सिक्योरिटी दे रहा हूँ। यहाँ पर मेरे सारे लड़के हैं। सिक्योरिटी बहुत बढ़ा दी है। जानती हैं न?

त - हाँ जानती हूँ। बहुत धन्यवाद। मैं अब बहुत सुरक्षित महसूस कर रही हूँ।

प्र - पर आप हैदराबाद न ही जातीं। वहाँ जाना उचित नहीं था आपका।

त - असल में कुछेक साल से ही जाने को कह रहे थे। बार-बार मना ही कर रही थी। पर इस बार मेरी किताब प्रकाशित की और कार्यक्रम का आयोजन कर, इतने दयनीय भाव से विनती कर रहे थे जाने के लिए, लगा कि हो ही आती हूँ। उस शहर में कभी गयी भी नहीं थी, इसी बहाने जाना भी हो गया।

प्र - जाना उचित नहीं हुआ।

त - मैं जानती ही नहीं थी कि वहाँ सिक्योरिटी की कोई व्यवस्था नहीं थी। जिन्होंने मुझे आमंत्रित किया था, वे सोच ही नहीं पाये थे कि ऐसा भी कुछ घट सकता है।

प्र - हूँ, बहुत बड़ी गलती की आपने।

त - गलती क्यूँ करूँगी? हैदराबाद में ऐसी घटना घटेगी, वो तो मैं पहले से नहीं जानती थी!

प्र - हैदराबाद क्यूँ गयी थीं?

त - मेरी एक किताब तेलुगु भाषा में निकली है। किताब के लोकार्पण के लिए आमंत्रित किया था प्रकाशक ने।

प्र - आपकी किताब? हैदराबाद में? क्यूँ? क्यूँ उन्होंने तेलुगु भाषा में प्रकाशित की? इसका कारण?

त - मैं तो बांग्ला भाषा में किताबें लिखती हूँ।

प्र - वह जानता हूँ।

त - बांग्ला भाषा में किताब निकलने के बाद, वह किताब विभिन्न भाषाओं में अनूदित होती है। तेलुगु में भी हुई।

प्र - ऐसा क्या?

त - हाँ, तेलुगु के अलावा और भी कई भाषाओं में हैं किताबें।

प्र - सच कह रही हैं?

त - झूठ क्यूँ बोलूँगी?

प्र - और किन भाषाओं में किताबें निकली हैं?

त - मराठी, हिन्दी, उड़िया, असमिया, पंजाबी, मलयालम।

प्र - ऐसा क्या? क्यूँ? क्यूँ उन सब भाषाओं में निकली हैं?

त - निकली हैं क्यूँकि उन भाषाओं के लोग मेरी किताबें पढ़ना चाहते हैं। इसीलिए प्रकाशकों ने प्रकाशित कीं।

प्र - जो भी हो, आपका हैदराबाद जाना सही नहीं था।

त - गयी तो मैं भारत के कई सारे राज्यों में हूँ। उन सब जगहों पर सराहना मिली। मुझे भी अच्छा लगता है, विभिन्न संस्कृतियों के लोगों से मिलना और पाठकों के साथ बातचीत करना तो अच्छा लगने की बात ही है।

प्र - हैदराबाद के अलावा भी किसी और जगह गयी हैं?

त - वो तो गयी हूँ। देश के विभिन्न राज्यों से मुझे बुलाया जाता है।

प्र - क्यूँ बुलाते हैं आपको? कौन बुलाते हैं?

त - प्रकाशक निमन्त्रण भेजते हैं। साहित्य संगठन भी आमन्त्रण भेजते हैं। हर समय जाना नहीं होता, बीच-बीच में चली जाती हूँ। कहीं भी, अच्छे के सिवा कभी बुरा नहीं घटा। वैसे सभी राज्यों में सुरक्षा की व्यवस्था रहती है। दिल्ली दो बार गयी हूँ। एक बार वुमेंस वर्ल्ड के आमन्त्रण पर और एक बार रैडिकल ह्युमेनिस्ट्स के बुलाने पर। कोई भी सिक्योरिटी नहीं थी। कोई भी विपदा नहीं घटी।

प्र - अच्छा! क्यूँ बुलाया था उन्होंने?

त - मानवाधिकार या नारी अधिकार को लेकर कुछ बोलने के लिए, या फिर अपना लिखा कुछ पढ़ने के लिए, ऐसे आमंत्रण तो आते ही रहते हैं।

प्र - कौन सुनते हैं?

त - लोग

प्र - ओ।

त - (दीर्घश्वास)

प्र - क्या कहा था आपने हैदराबाद में? क्यूँ आप पर अटैक हुआ?

त - 'शोध' किताब का अनुवाद हुआ है वहाँ, एक लड़की की जीवन कहानी। मेरे ख़याल से मैंने सिर्फ लड़कियों की अपनी डिगनिटी और सम्मान को लेकर जीने के अधिकार के बारे में कहा है।

प्र - धर्म को लेकर कुछ कहा था?

त - धर्म के 'ध' का भी उच्चारण नहीं किया था। इस्लाम के 'इ' का भी उच्चारण नहीं किया था।

प्र - फिर वे क्यूँ चिढ़ गये?

त - मेरे बारे में हर तरफ यह प्रचार है कि मैं ऐंटी इस्लाम हूँ, इस वजह से ही अटैक हुआ। वैसे बाद में कई सारे लेखों से पता लगा कि मुसलमानों के वोट पाने के लिए, मेरे ऊपर आक्रमण कर, वे लोग समझाना चाह रहे थे कि वे इस्लाम को मेरे हाथों से बचा रहे हैं।

प्र - आपके खिलाफ कलकत्ता में फतवा जारी हुआ है।

त - फतवे तो बहुत से जारी हुए हैं। फिलहाल तो फतवे को लेकर ऐसा कुछ भी नहीं हो रहा है। और आप तो टीपू सुल्तान मस्जिद के इमाम को बुलाकर एक बार समझा सकते हैं। पिछली बार फतवा देने के बाद, आपके घर पर बुलाकर बात करने पर, उन्होंने कहा कि फतवा दिया ही नहीं गया है। इसी तरह इस बार भी तो बुला सकते हैं, आप!

प्र - उन इमाम की बातों को छोड़िये। इमाम कोई खराब इंसान नहीं है। जो सामने आकर फतवा दे रहे हैं, वे अच्छे हैं, खराब नहीं। जो खराब लोग दल बना रहे हैं, वे डेनजेरस हैं। छुप-छुपके सब तैयार बैठे हैं। हमारे पास खबर है कि उनका सारा प्लॉन-प्रोग्राम बन चुका है, आपको मारने के लिए।

त - आप जानते हैं, वे कौन हैं?

प्र - जानता हूँ।

त - अगर सब खबर जानते ही हैं कि कौन लोग यह सब कर रहे हैं, तो उनको अरेस्ट कर सकते हैं।

प्र - नहीं, वह सम्भव नहीं है।

त - मुझे नहीं लगता है कि कुछ होगा। मेरे साथ तो सिक्योरिटी के लोग हैं। लगता नहीं है कि इस शहर में वे एक इंसान की हत्या करने का साहस कर पाएँगे।

प्र - कैसे जानती हैं आप? मैं क्या कुछ जाने बिना ही बोल रहा हूँ?

त - कुछ भी तो नहीं हो रहा है। सिद्दिकुल्लाह चौधरी लोग बोल रहे थे कि महाकरण का घेराव करेंगे। वह प्रोग्राम भी तो खत्म हो गया।

प्र - (धमकाकर, जोर से) आप मुझको इन्फॉरमेशन देंगी या मैं आपको?

त - अखबार में पढ़ा था इसलिए बोला।

प्र - अखबार वाले कुछ नहीं जानते। हमें सब पता होता है। अन्दर-अन्दर क्या चल रहा है शहर में, इसके बारे में जर्नलिस्ट्स कैसे जानेंगे! (डाँटते हुए)

त - वो तो सही है, पर जो लोग मार देने का प्लान कर रहे हैं, उनको अरेस्ट नहीं किया जा सकता है? क्यूँकि मारने का प्लान बनाना तो कानून की नजर में अपराध है, है ना?

प्र - नहीं, अरेस्ट नहीं किया जा सकता है, विशेषकर जब माइनॉरिटी की बात हो, तब नहीं किया जा सकता।

त - यह कोई बात हुई? कानून तो सबके लिए एक होना चाहिए।

प्र - रिलीजियस सेंटिमेंट अलग चीज है।

त - वो तो ठीक है। पर ये टेरोरिस्ट्स, जिनकी बात आप कर रहे हैं, क्या उन्होंने मेरी किताब पढ़ी है? मुझे तो नहीं लगता!

प्र - वो नहीं पता। पर वे तैयार हैं आपको मारने के लिए। पूरी तैयारी है। अब

बस वक़्त का इन्तजार है और बीच नवम्बर में तो, आपके विरुद्ध बड़ा एक बन्द करने की योजना है। बहुत बुरा कांड होने वाला है।

त - कैसा?

प्र - मॉब आ सकता है, आपके घर।

त - ऐसा क्या? घर तक आने से पहले निश्चित ही रोका जाएगा उन्हें।

प्र - मैं तो आपको प्रोटेक्शन दे रहा हूँ। ज़रूर ध्यान दिया होगा कि काफी प्रोटेक्शन बढ़ा दी है, पर मॉब चले आने पर अगर मेरे लड़कों ने उनके एक भी आदमी पर गोली चला दी तो, रॉयट छिड़ जाएगा।

त - क्या कह रहे हैं?

प्र - ठीक ही कह रहा हूँ।

त - रॉयट क्यूँ छिड़ेगा?

प्र - हाँ दंगा शुरू हो जाएगा। क्या आप चाहती हैं कि गोलियाँ चलें? क्या आप चाहती हैं कि आपकी वजह से किसी पर गोली चले?

त - नहीं, मैं नहीं चाहती।

प्र - उनके किसी के भी बदन पर गोली लगने से ही दंगा छिड़ जाएगा। मुसलमानों के मुहल्ले में खबर हो जाएगी और बस।

त - दंगा क्यूँ? यहाँ तो कोई हिन्दू-मुसलमान की बात नहीं है। यह तो क्रिमिनैल्टी का मुद्दा है। कानून क्या हिन्दू-मुसलमान का विचार करता है?

प्र - करना पड़ता है। कानून की बात कर रही हैं? आप देख नहीं रहीं कि आपके समय में क्या हो रहा है। कोई सपोर्ट मिला है, किसी का? यह जो हैदराबाद में मार खाई, किसी ने आपको सपोर्ट किया? किसी भी राजनैतिक पार्टी ने? सबको ही मुस्लिम वोट की जरूरत है। इसलिए आपको इन सब बातों को समझ़ना होगा। आपके पास सोसाइटी का कोई भी सपोर्ट नहीं है।

त - मुझे तो साधारण लोगों का सपोर्ट मिलता है।

प्र - किसने कहा है, आपको?

त - मैं कह रही हूँ। लोग मुझे फोन कर रहे हैं, चिट्ठी लिख रहे हैं। कह रहे हैं कि मेरा लिखा उन्हें अच्छा लगता है।

प्र - उस सबसे कुछ नहीं होगा। कोई पॉलिटिकल पार्टी आपको सपोर्ट कर रही है कि नहीं, वह बड़ी बात है। आपकी हालत बहुत खराब है।

चाय-बिस्कुट खाते-खाते प्रसून मुखर्जी बात करते रहते हैं।

प्र - माइनॉरिटी के लीडर लोग सी. एम. से मिलेंगे। वे तो आपके डिपोर्टेशन की माँग लेकर उतर रहे हैं सड़कों पर। उन लोगों ने प्लान बनाया है सी. एम. के कॉन्वॉय

को रोकने का। रोकने पर हमें तो लाठीचार्ज करना पड़ेगा और लाठीचार्ज करने का मतलब जानती हैं? खबर बन जाएगी। भयानक दंगा-फसाद शुरू हो जाएगा, होगा ही।

त - अविश्वसनीय बात है।

प्र - अविश्वसनीय नहीं। आपकी वजह से ही दंगा होगा कलकत्ता में। आपके रहने से दंगा ज़रूर होगा।

त - कलकत्ता में मेरे रहने से दंगा होगा! इतने सालों से मैं कलकत्ते में हूँ, कभी भी कुछ नहीं हुआ, और अचानक ही दंगे जैसी घटना घट जाएगी। मुझे यकीन नहीं होता।

प्र - अगर यकीन नहीं होता तो यह आपकी प्रॉब्लम है। वैसे यह हादसा होने जा रहा है। अब आपको डिसिशन लेना होगा।

त - कैसा निर्णय?

प्र - आप कुछ दिनों के लिए कहीं चली जाइए।

त - मतलब?

प्र - मतलब कुछ दिनों के लिए आपको कलकत्ते से बाहर कहीं जाना होगा।

त - कहाँ?

प्र - यूरोप चली जाइए न!

त - यूरोप! पर वहाँ तो मेरा कोई घर-बार नहीं है।

प्र - देखिए, कहीं रहने की कुछ व्यवस्था कीजिए।

त - लौटूँगी कब?

प्र - परिस्थिति शान्त होने पर लौटिएगा।

त - (हँस कर) याद आता है साल चौरानवे में जब मुझे बंग्लादेश से हवाई जहाज़ में चढ़ाया गया था, मुझे कहा गया था कि परिस्थिति शान्त होने पर लौटिएगा। आज तेरह साल हो गये हैं, परिस्थिति अब भी शान्त नहीं हुई।

प्र - आप लौट कर आना चहेंगी, तो निश्चित ही लौट आएँगी।

त - पर मैं तो यूरोप नहीं जा सकती। वहाँ से सब समेट कर, मैं यहाँ आयी हूँ। जाने पर मुझे वहाँ होटल में रहना होगा। वो मेरे लिए सम्भव नहीं है और मेरी बहन दो दिन के बाद मेरे पास आ रही है। काफी समय तक रहेगी।

प्र - बहन को लेकर चली जाइए।

त - कहाँ जाऊँगी?

प्र - अमेरिका चली जाइए।

त - अमेरिका से ही तो वह मेरे पास आ रही है, उसको लेकर मैं क्यूँ जाऊँगी अमेरिका?

प्र - तो फिर कहीं और चली जाइए।

त - मैंने तो कहा है आपसे, यूरोप या अमेरिका जाना मेरे लिए सम्भव नहीं। मैं इतना खर्चा नहीं कर सकती।

प्र - तो फिर भारत में ही कहीं चली जाइए।

त - कहाँ जाऊँ?

प्र - वो आप ढूँढ़िए, कहाँ जाएँगी। आपका कोई परिचित नहीं है भारत के किसी राज्य में?

त - मेरे तो कई परिचित हैं। मेरा पब्लिशर है केरल में, महाराष्ट्र में, उड़ीसा में। केरल की सरकार मुझे बहुत प्यार करती है। शिक्षा मन्त्री एम ए बेबी ने मुझे अपने घर पर आने का निमन्त्रण दिया था। फॉरेस्ट मिनिस्टर के घर पर भी सुबह के नाश्ते का निमन्त्रण था। वे लोग बहुत ही अच्छे इंसान हैं।

प्र - केरल चली जाइए। अपने पब्लिशर से कहिए आपके रहने की व्यवस्था करने के लिए।

त - पर वहाँ तो लोग जान जाएँगे कि मैं वहाँ पर हूँ। पिछली बार केरल के मुस्लिम कट्टरपंथियों ने फिर से मेरे विरुद्ध विक्षोभ दिखाया था।

प्र - केरल में खबर कर दीजिए कि आप आ रही हैं। वहाँ आपके प्रोटेक्शन की व्यवस्था करेंगे, इस बात को लेकर चिन्ता मत कीजिए और कहाँ कहा, महाराष्ट्र?

त - वहाँ मेरे मराठी प्रकाशक हैं। अनिल मेहता। वह भी बहुत अच्छे हैं।

प्र - मध्यप्रदेश चली जाइए न, वहाँ तो विशाल जंगल हैं!

त - आप क्या मुझे जंगल भेजना चाहते हैं?

प्र - (अप्रस्तुत से हँसते हुए) नहीं, दरअसल मुझे जंगल बहुत पसन्द हैं, इसीलिए कहा।

त - मुझे जंगल अच्छे नहीं लगते।

प्र - तो क्या अच्छा लगता है?

त - समुद्र, पहाड़, यह सब अच्छा लगता है।

प्र - तो फिर केरल चली जाइए। वहाँ एन्जॉय कीजिए समुद्र।

त - लौटूँगी कब?

प्र - तीन-चार महीने रहिए। यहाँ की आग कम होने पर लौटिएगा।

त - आग तो कुछ भी नहीं देख रही हूँ।

प्र - आप नहीं देख रहीं, हम तो देख रहे हैं न।

त - ओ!

प्र - और लौटने के बाद आप इस फ्लैट को बदल लीजिएगा। साउथ की तरफ

कोई फ्लैट ले लीजिए। बालीगंज की तरफ। यह मुस्लिम एरिया के काफी करीब है।

त - फ्लैट ढूँढ़ना इतना मुश्किल काम है। बहुत फ्लैट देखे। अच्छी जगह पर अच्छा फ्लैट अभी तक नहीं मिला। इस फ्लैट को बहुत हड़बड़ी में लिया था। कोई चारा भी नहीं था। किराया बहुत ज्यादा है। कुछ कम किराये का फ्लैट मिलने से अच्छा होता।

प्र - चिन्ता करने की जरूरत नहीं। हम ही ढूँढ़ देंगे।

त - इतने दिनों तक इस घर को छोड़ कर दूर कैसे रहूँगी? मेरा तो बहुत सारा जरूरी सामान है इस घर में। कितनी किताबें, सर्टिफिकेट्स, डॉक्युमेंट्स! इस तरह सब कुछ छोड़ कर जाना क्या ठीक होगा?

प्र - कीमती क्या है?

त - सोने के मेडल-वेडल हैं...

प्र - सुनिए, बल्कि वैल्युएबल चीजें अपने साथ ले जाइए।

त - ले जाऊँ? इनको लेकर सड़कों पर घूमूँगी? और घर इसी तरह पड़ा रहेगा? और मेरी बिल्ली कहाँ जाएगी?

प्र - जरा भी चिन्ता मत कीजिए। मेरे लड़के देखभाल करेंगे आपके फ्लैट की। बिल्ली को लेकर भी दुश्चिन्ता करने की कोई जरूरत नहीं।

त - आप जिस तरह मुझे चले जाने को कह रहे हैं। कितने दिनों के लिए जाने को कह रहे हैं, लौटूँगी कब? वापसी की बात तो ठीक से नहीं बतला रहे हैं।

प्र - जाइए, दो-तीन माह बाद लौट आइएगा।

त - दो-तीन महीनों के बाद स्थिति शान्त हो जाएगी, आपको यकीन है?

प्र - हाँ शान्त हो जाएगी। और कितना वक़्त लगेगा? कुछ महीनों के अन्दर ही सब ठीक हो जाएगा। लगता है कि साल भर के अन्दर तो हो ही जाएगा।

त - स्थिति तो मुझे बिल्कुल भी अशान्त नहीं दिखाई पड़ती। पर आप जो कह रहे हैं कि मेरे कलकता रहने से परिस्थिति अशान्त होती है। तब तो मेरे लौट आने से स्थिति फिर से अशान्त हो जाएगी। मेरे लौट आने पर क्या वे चुप बैठे रहेंगे? मान जाएँगे?

प्र - इसको लेकर सोचने की जरूरत नहीं। तब की तब देखी जाएगी।

त - तब तो, अब का अभी देख लेना ही अच्छा है! भाग जाने से क्या किसी भी समस्या का समाधान होता है? अगर वे जान जाते हैं कि उनके डर से मैं चली गयी हूँ, तब तो बहुत बड़ी विक्टरी होगी उनकी।

प्र - आपने इस फ्लैट को कब लिया था?

त - यही कोई तीन साल पहले।

प्र - जगह अच्छी नहीं है। मुस्लिम एरिया के काफी पास है। किसी भी समय

हमला हो सकता है। देखूँ तो फ्लैट कितने स्कॉयर फुट का है?

त - ठीक नहीं पता, लगता है सतरह सौ फीट का है, हो सकता है दो हजार स्कॉयर फीट का हो। कोई भी कुछ कहता है।

प्र - (उठकर फ्लैट देखते हुए) हाँ ऐसा ही कोई हम देख कर रखेंगे। उधर क्या बाथरूम है?

त - हाँ उधर बाथरूम है।

प्र - (स्टडी में आकर) स्टडी है?

त - हाँ। ज़्यादातर समय यहीं रहती हूँ।

प्र - यहीं ज़्यादातर समय रहती हैं? यहाँ क्या करती हैं?

त - लिखना-पढ़ना करती हूँ।

प्र - (कम्प्यूटर के पास आकर) कम्प्यूटर पर लिखती हैं?

त - हाँ।

प्र - बांग्ला में लिखती हैं।

त - हाँ।

प्र - आश्चर्य है!

त - आश्चर्य क्यूँ?

प्र - कैसे लिखती हैं— बांग्ला, दिखाइये तो!

त - बांग्ला में एक लाइन, 'मेरे लिए कहीं जाना असम्भव है। नहीं, यह नहीं हो सकता है' लिखा, इस तरह बांग्ला लिखती हूँ।

प्र - (हलका हँसकर) कैसे जानती हैं कि कौन-सी की पर कौन-सा बांग्ला अक्षर है?

त - बहुत सालों से लिख रही हूँ, कम्प्यूटर पर। किस रोमन हर्फ के नीचे कौन-सा बांग्ला का अक्षर छुपा हुआ है, जान गयी हूँ।

प्र - (दरवाजे की तरफ जाते हुए) आपकी बहन कब आ रही हैं?

त - यही तो, दो दिनों के बाद। वह बीमार है। डॉक्टर को दिखाना है।

प्र - सुनिए। पर आप चली जाइए ऐज सून ऐज पॉसिबल। कब जा रही हैं मुझे जल्दी ही फोन पर बता दीजिएगा।

त - मुझे थोड़ा सोचने दीजिए।

प्र - सोचने की कोई बात नहीं। ऐज सून ऐज पॉसिबल जाना ही होगा।

प्रसून मुखर्जी निकल गये। दरवाजे के दूसरी तरफ बैठे पुलिस वाले एक झटके से कुर्सी छोड़कर खड़े हो गये। बहुत सम्मान करते हैं ये लोग ऊँचे ओहदे के अफसरों का। मैं दरवाजा बन्द कर स्टडी में आकर जड़ सी बैठ जाती हूँ। गले के पास ढेर सारी पीड़ा आकर जम गयी है। उधर उस्री, मेरी सहेली भी चली गयी और मैं दुनिया में रह

गयी अकेली। पाँव के नीचे जैसे मिट्टी काँप रही हो। सबसे करीबी इंसान, लगा कि जिसके साथ इस विषय में बात कर सकती हूँ, वे थे मानस घोष। उनकी पत्रिका में हर बुधवार मेरा कॉलम छपता है। मानस घोष को फोन पर खबर देने के संग-संग ही उन्होंने कहा कि वह यह खबर सौगत राय को देंगे। मेरे परिचितों की जो छोटी सी चौकड़ी है, उनमें राजनीति समझने वाले या बुरे समय में परामर्श देने वाले ज़्यादा कोई नहीं हैं। उँगली पर गिनकर चंद लोगों को छोड़कर, बाकी सारे परिचित मेरी ही तरह राजनीति न समझने वाले लोग हैं। मानस घोष और सौगत राय मेरे घर आ पहुँचे। प्रसून मुखर्जी मेरे घर आकर घंटे-दो घंटे तक थे, उन्होंने मुझे कलकत्ता छोड़ने को कहा, सुनकर मानस घोष समझ नहीं पा रहे थे कि ठीक-ठीक क्या कहना चाहिए। बार-बार एक ही बात बोल रहे हैं, खूब ख़राब-खूब ख़राब। खूब ख़राब के बाद क्या ठीक है, उनके मुँह की तरफ बहुत देर तक देखने पर भी अनुमान नहीं लगा पायी। सौगत राय तो कहने ही लग पड़े, 'हाँ तुम थीं तो अच्छा लगता था यह शहर। तुमको बहुत मिस करेंगे।'

सुनकर दिल काँप उठा। साँस गले में घुटने लगी। 'मिस करेंगे मतलब? आपको क्या सचमुच लग रहा है कि मुझे चला जाना पड़ेगा?'

'प्रशासन अगर कह रहा है तो, तुम्हारी सुरक्षा के बारे में ही सोच के कह रहा है। अब तो तुम पता नहीं कहाँ जाओगी यूरोप में?'

'नहीं, मैं कहीं नहीं जाऊँगी।'

सौगत राय ने प्रियरंजन दासमुंशी को फोन किया। उस तरफ से जो कुछ तिरता हुआ आया, वह यह था कि मेरे हैदराबाद से लौटने के बाद, प्रियरंजन बाबू ने मेरे पक्ष में बात की थी। अपराधियों को कड़ी सजा देने की भी बात की थी। अखबारों में भी छपा था, जिस वजह से उन्हें काफी तकलीफ उठानी पड़ी।

'क्या तकलीफ?'

जवाब नहीं मिला। समझ लेना चाहिए कि उनके दल के सदस्यों ने, या फिर दल के मुसलमानों ने आपत्ति की होगी, जिसकी वजह से उन्होंने अपना फैसला बदल लिया।

जब प्रसून मुखर्जी ने खुद मेरे घर आकर कहा है, तो शहर में शान्ति रहने पर भी शायद किसी को विश्वास करने का मन नहीं कर रहा था कि, शहर शान्त है। पुलिस कमिश्नर कोई हँसी-मजाक करने तो नहीं आये थे, निश्चित ही मुझे सुरक्षा देने का इतना अभाव हो गया है कि पूरे राज्य की पुलिस वाहिनी, मुझे, मुझ जैसे अकेले प्राणी को किसी भी तरह की सुरक्षा देने में असमर्थ है। असमर्थ है इसीलिए तो चले जाने की बात कह रहे हैं। उन्होंने एक तरह से यह मान लिया है और मन ही मन मेरी दुरवस्था के लिए दुख करने के अलावा, उनके पास और कोई उपाय है, ऐसा उन्हें नहीं लग रहा है। मुझे सान्त्वना देने के लिए ही शायद कहा कि आज तो ख़ास बहस करने

का मौका नहीं है, बहुत रात हो गयी है, कल शाम तीन बजे यहीं बैठा जाएगा, इसी घर में, मेरे लिखने के कमरे में, बचने का कोई उपाय है कि नहीं उसके बारे में बातचीत करने।

सारी रात बेचैनी में कटी। अगले दिन दोनों आये जरूर, पर कोई समाधान नहीं निकला। खुद-ब-खुद निर्णय लिया कि कहीं नहीं जाऊँगी मैं।

इधर एक घटना आग की तरह फैल रही थी, कलकत्ता शहर में। रिज़वान नाम के एक गरीब मुसलमान लड़के के संग प्रियंका नाम की एक अमीर हिन्दू लड़की का प्रेम, स्पेशल मैरिज ऐक्ट के तहत शादी, प्रियंका का उसके पिता के घर चले जाना और रिज़वान की मृत्यु। कोई कह रहा है आत्महत्या, कोई बता रहा है खून। पुलिस के बड़े अधिकारियों ने हस्तक्षेप किया था बालिग रिज़वान और प्रियंका के व्यक्तिगत सम्बन्धों और शादी में। लालबज़ार के पुलिस ऑफिस में बुलाया गया था दम्पति को। मीडिया लगातार यही कहानी परोसती रही। अभियोग की उँगलियाँ उठती रहीं पुलिस के बड़े अधिकारियों की तरफ। हालत कुछ ठीक नहीं, प्रसून मुखर्जी समेत दो बड़े अफसरों की। अच्छी अवस्था न भी रहे, उससे किसका क्या! फोन किया प्रसून मुखर्जी ने कि मुझे राज्य छोड़ कर चले जाना होगा।

इस बार की फोन की बातचीत।

प्र - हैलो।

त - नमस्कार। अच्छे हैं?

प्र - अच्छे रहने का कोई उपाय है? इधर क्या हो रहा है, टी.वी. पर देख तो रही हैं! इतना सब। तब भी आप नहीं जा रही हैं!

त - कहाँ जाऊँगी?

प्र - जहाँ कहीं भी हो चली जाइए। आपको कितनी बार कहूँ कि आपके कलकत्ते में रहने से गड़बड़ होगी। दंगा शुरू हो जाएगा। मुस्लिम ऑर्गनाइजेशन्स बहुत बड़ा प्लान बना रही हैं। समझ नहीं पा रही हैं आप...

त - मेरे पास जाने की कोई जगह नहीं।

प्र - पर कहीं न कहीं तो आपको जाना ही होगा।

त - अगर जगह ही नहीं होगी तो जाऊँगी कहाँ?

प्र - केरल क्यूँ नहीं जा रहीं?

त - केरल में भी, वही एक ही घटना घटेगी। वहाँ की सरकार भी मुझे रखना नहीं चाहेगी। वहाँ कुछ न हो जाए, यह डर आप लोगों की तरह, उन्हें भी तो होगा। आप सुरक्षा नहीं दे पा रहे हैं, तो वे कैसे देंगे? मैं पश्चिम बंगाल में रहती हूँ, केरल सरकार यह जानती है। केरल में मेरी सुरक्षा की जिम्मेदारी वे क्यूँ लेंगे। बीच-बीच में कभी दो-एक दिनों के लिए कार्यक्रमों में जाती हूँ, वो बात अलग है।

प्र - हम्म... आपको यह बात छुपा के रखनी होगी।

त - किस तरह छुपाकर रखूँगी! मुझे छुपाकर रखने कौन देगा? दूसरे ही नहीं रखेंगे।

प्र - क्यूँ नहीं गोपन रखा जा सकेगा? किसी को बताइएगा नहीं कि आप वहाँ हैं।

त - मैं ढोल बजाकर तो किसी को कुछ बताती नहीं फिरती हूँ। क्या कुछ भी, सचमुच गोपन रहता है? पता तो चल ही जाएगा। मुझे नहीं लगता है कि छुपा के इतना बड़ा एक काम किया जा सकेगा। छुप के केरल चले जाना! केरल तो यह सब नहीं मान लेगा। मेरे लिए सिक्योरिटी के बगैर कहीं जाना सम्भव नहीं होगा। इतना बड़ा खतरा उठाने का प्रश्न ही नहीं उठता।

प्र - अच्छा आप कहीं थाईलैंड या सिंगापुर नहीं जा सकती हैं?

त - वहाँ किस तरह जाऊँगी? वहाँ मैं किसी को नहीं जानती और रहूँगी भी कहाँ? मेरे पास कोई पैसों का ढेर तो नहीं है, होटल में जाकर रहने के लिए!

प्र - आपको समझ में नहीं आ रहा है, यहाँ बेकार में सब बन्द-शंद चिल्ला रहे हैं।

त - मुझे नहीं लगता है कि कोई बड़ा दल है...

प्र - न हो तो आप शान्तिनिकेतन ही चली जाइए।

त - शान्तिनिकेतन?

प्र - कोई नहीं है आपका वहाँ?

त - नहीं, कोई नहीं।

प्र - आपके इतने मित्र हैं, उनका किसी का घर-वर नहीं है, वहाँ?

त - है किसी-किसी का, पर कैसे बोलूँगी। आप लोग बोलिए न, सुनीलदा का घर है, वहाँ रहने की व्यवस्था हो जाए तो रह सकती हूँ।

प्र - आपको तो कलकत्ता छोड़ना ही होगा। कहीं भी जाइए, समझीं। मुझे बताइएगा जल्दी। देर करना ठीक नहीं होगा।

त - देखती हूँ, मैं कोशिश करूँगी। मैं सचमुच सोचने लगती हूँ, कहाँ जाया जा सकता है! जबकि मुझे नहीं लगता है कि कुछ बुरा घटेगा। कितने-कितने दिन कलकत्ता की सड़कों पर सुरक्षा गार्डों के बगैर ही घूमती रही हूँ। शहर में इतने दुश्मन होते तो किसी न किसी दिन कुछ हो जाता। कम से कम आक्रमण करने की कोशिश तो होती। समझ में नहीं आ रहा कि क्या करूँ। पास कोई दोस्त भी नहीं है, जिसके साथ यह बात करूँ। दो-एक जन हैं जिनके साथ बात करती हूँ, पर वे समझते नहीं कि मैं क्या बोल रही हूँ। अगर समझते भी हैं तो इसके बारे में क्या राय देनी चाहिए, ठीक से नहीं जानते।

कुछ दिनों के बाद प्रसून बाबू का फिर फोन आता है। उन्होंने इस बार पहला वाक्य ही कहा इस तरह—

प्र - सुनिए, सी. एम. ने कहा है, आपको केरल जाने को। बहुत जल्दी, हो सके तो आज ही।

त - केरल?

प्र - हाँ केरल। वहाँ की सरकार के साथ बात कर सुरक्षा की सारी व्यवस्था कर दी गयी है। आपको चले जाना होगा।

त - केरल के लोग जब जानेंगे कि मैं वहाँ हूँ? वहाँ भी तो मुसलमान मौलवादी हैं, वे बैठे रहेंगे क्या? कलकत्ता में जिन्होंने मुझे मार डालने को कहा है, क्या वे बैठे रहेंगे? वे तो केरल जाकर मुझे मार कर लौटेंगे।

प्र - आपको जाना ही होगा, जैसे भी हो, सी. एम. ने कहा है।

त - हाँ समझ रही हूँ। पर मुझे भी तो अपने जीवन के बारे में सोचना है। आपने कहा इसीलिए मैं कहीं भी मरने नहीं चली जाऊँगी। आप जो मुझे कलकत्ता छोड़ने का निर्देश दे रहे हैं, वो तो मुझे बताना पड़ेगा! नहीं तो, मैं अगर केरल जाकर मर जाती हूँ, मतलब कोई मुझे मार देता है, तो दोष मेरा होगा। लोग कहेंगे, अचानक दिमाग खराब हो गया था, कलकत्ता छोड़कर केरल चली गयी! क्यूँ गयी हूँ, किस वजह से गयी हूँ, वो न जानकर, लोग मुझे ही दोषी मानेंगे। जाऊँगी तो बताकर ही जाऊँगी, छुपकर, भागकर, चुपचाप कहीं नहीं जाऊँगी।

प्र - नहीं, नहीं यह काम बहुत ही कॉन्फिडेंशली करना होगा। किसी को भी पता नहीं चलना चाहिए।

त - छुपाना चाहने से ही तो छुपाया नहीं जा सकता है। मेरा चेहरा तो लोग पहचान जाते हैं, जानते हैं न! कहीं जाकर खुद को छुपाकर नहीं रखा जा सकता है और मैं छुपाकर रखूँगी भी क्यूँ, बताइए तो! मैं तो झूठ नहीं बोलती और मुँह बन्द करके रखने पर भी वे कारण निकाल ही लेंगे। गुप्त तरीके से राज्य से बाहर जाऊँगी! कोई जानेगा नहीं, क्या करने केरल गयी हूँ? सब सोचेंगे शौक से गयी हूँ, शौक से मरने गयी हूँ। ऐसा क्यूँ होना चाहिए, बताइए! इससे अच्छा सबको बता दूँ कि जा रही हूँ!

प्र - नहीं-नहीं, गुप्त रखना होगा।

त - मैं तो गुप्त रखना ही नहीं चाह रही हूँ। मैं तो बता देना चाहती हूँ, या आप बताएँगे, या फिर मैं बताऊँगी, जो भी हो किसी एक को तो बताना ही होगा। आपको बताना होगा, आप मुझे कलकत्ता से चले जाने को कह रहे हैं, क्यूँकि मुझे सुरक्षा नहीं दे पा रहे हैं, या तो आप प्रेस कॉन्फ्रेंस करें, नहीं तो मैं करती हूँ।

प्र - हाँ, मैं ही करूँगा।

खट से फोन रख दिया।

तो रख दें, पर मेरे मन में है एक विचित्र सी प्रशांति, जो बात कहना उचित है,

उसे कहा या उसे कह पायी, इसलिए। मेरे पास खोने को और क्या है! जीवन में सब कुछ तो खो दिया है। मैंने क्या गलती की है, जो छुपकर शहर छोड़ना होगा, किसी दूसरे शहर के गर्त में जाकर छुपकर रहना होगा!

इसके कुछ दिनों के बाद फोन किया सुनील गंगोपाध्याय ने। पश्चिम बंगाल की सरकार के साथ जिस लेखक का सबसे ज़्यादा अच्छा सम्पर्क है। मेरे संग भी थी दीर्घकालीन मित्रता।

सु - हैलो तसलीमा, मैं सुनीलदा बोल रहा हूँ।

त - सुनीलदा, अच्छे हैं? कितने दिनों के बाद आपसे बात हो रही है। अच्छे तो हैं सुनीलदा?

सु - हाँ ठीक हूँ। तुम कैसी हो?

त - न, सुनीलदा, अच्छी नहीं हूँ। मुझे कहीं भी निकलने नहीं दिया जा रहा है।

सु - हूँ...

त - घर से बाहर निकलने की बात कहते ही, बोलते हैं—नहीं सम्भव नहीं है। इस तरह घर में बैठे रहना क्या अच्छा लगता है? आप निश्चित ही समझ रहे होंगे कि किस तरह मेरा दम घुट रहा है!

सु - सुनो, मैंने जिस जरूरी वजह से फोन किया है, वह यह है कि पुलिस के पास खबर है कि यहाँ कुछ गैर बंगाली मुसलमान तुम्हें मारने के लिए तैयार बैठे हैं। इस समय, सबसे बढ़िया होगा कि तुम अगर कहीं विदेश चली जाओ।

त - मुझे पता है। प्रसूनबाबू ने मुझे कहा है। उन्होंने भी कहा है कि विदेश चली जाऊँ मैं, पर सुनीलदा, दुनिया की हर जगह मुस्लिम मौलवादी हैं। यूरोप, अमेरिका, कहाँ मौलवादी नहीं हैं? जिन्दगी का खतरा दुनिया में हर जगह पर है और इस देश को छोड़कर कहाँ जाऊँगी मैं? अगर बंग्लादेश जाना सम्भव होता तो आज ही चली जाती और सच बात तो यह है कि सुनीलदा जाने के लिए मेरे पास कोई जगह नहीं है। यूरोप से सब समेट कर इस देश में आयी हूँ, कलकत्ते में रहूँगी, इसलिए। यूरोप-अमेरिका में तो मैं रही हूँ। उन सब देशों में रहने की मेरी बिल्कुल भी इच्छा नहीं और अगर कलकत्ता में मुझे कोई मार भी दे, तो मार दे। मैं कलकत्ता छोड़कर कहीं नहीं जाऊँगी।

सु - मुझे लगता है तुम थोड़ा और सोचकर देखो।

त - मैंने सोचा है सुनीलदा। मुझे कहीं नहीं जाना है। मरना है तो इसी शहर में मरूँगी।

सु - ठीक है, फिर और क्या बोलूँ। रखता हूँ।

त - ठीक है। आप अच्छे से रहिएगा।

सुनील गंगोपाध्याय के फोन ने मुझे अन्दर तक हिला दिया। मुख्यमन्त्री प्रसून मुखोपाध्याय, सुनील गंगोपाध्याय, सबसे मुझे कहलवा रहे हैं, कलकत्ता छोड़ने के लिए!

सुनील गंगोपाध्याय के फोन आने के कई एक दिनों के बाद, एक और बड़े लेखक का फोन आया, बुद्धदेव गुहा। वही एक ही बात कही कि, चली जाओ। क्या जरूरत है कलकत्ता में रहने की? क्या है यहाँ? उन्होंने साफ-साफ कहा कि बुद्धदेव भट्टाचार्या के साथ बात हुई है। वह चाहते हैं कि मैं कलकत्ता छोड़कर कहीं और चली जाऊँ।

और भी कुछ दिनों के बाद, मकान मालिक की पत्नी का फोन आया। मकान मालिक हैं डॉक्टर देवल सेन, पर मुझसे बातचीत करती हैं उनकी पत्नी शर्मिला सेन। वह हमेशा से ही बहुत आन्तरिक हैं। घर का किराया अट्ठारह हजार था, परन्तु दो महीनों के बाद उसे बीस हजार कर दिया था, कहा कि ऐसे घर का किराया बीस हजार के नीचे, नहीं होता। मैंने जरा भी आपत्ति नहीं की। इधर मेंटेनेन्स का खर्च है ढाई हजार के करीब। सब मिलाकर साढ़े बाईस हजार में बड़े ख़ुशी में रह रही थी। जबकि घर में रहते हुए, और किरायेदारों को जो सुविधाएँ मिली होंगी, उनसे वंचित ही रही हूँ। इंटरकॉम ने कुछ दिनों तक चलने के बाद, काम करना बन्द कर दिया। बोलने पर भी उस यंत्र को ठीक करने कोई नहीं आया। मकान मालिक के कुछ खटमल लगे चेयर-टेबिलों को रखना पड़ा, और पूजा के कमरे के नाम से एक कमरे में उनका कागज-पत्रों से भरा बक्सा भी रखना पड़ा। इन सबों को लेकर मैंने कभी आपत्ति नहीं जताई। शर्मिला सेन ने कहा, उनके घर में जगह नहीं है इसीलिए उन्होंने यहाँ रखा है। घर में आने के बाद उसे रहने लायक बनाने के लिए अपने जेब से पैसे खर्च कर मुझे घर की टूटी, बन्द पड़ी कई सारी चीजों को ठीक करवाना पड़ा। उसको लेकर भी कभी शिकायत नहीं की। देवल सेन एक बहुत बड़े कार्डियोलॉजिस्ट होने के साथ-साथ एक बड़े फोटोग्राफर भी हैं। एक दिन अपनी फोटोग्राफी की किताब भी दे गये। उनको जंगली जानवरों के फोटो खींचने का शौक था। वैसे उन चित्रों को शौकिया फोटोग्राफी नहीं कहा जा सकता, बल्कि एक सिद्धहस्त का काम था। उसी भद्र, विनीत देवल सेन के कंठस्वर को, तीन साल बाद बदला हुआ पाया। उनके घर में मैं किराये पर रहती हूँ, इस बात को मुझे कागज पर लिखकर देना पड़ता है, हर छह महीने बाद, जब मेरे रेजिडेंस परमिट की मियाद बढ़ाने का समय आता है। ऐड्रेस प्रूफ के लिए कि मैं कहाँ रहती हूँ, किस पते पर, क्यूँकि मेरे पास इसका और कोई प्रमाण नहीं और क्योंकि घर का इलेक्ट्रिसिटी बिल देवल सेन के नाम से ही आता था, उनको ही कागज पर साइन करके देना होता था कि मैं उस घर में ही रहती हूँ। वह कागज ही प्रमाणित करता है कि मैं सड़कों की, बिना किसी पते की आतंकवादी नहीं, मेरा एक पता भी है। पर इस बार कागज को देख वह जैसे आसमान से गिर पड़े, उस कागज को वह पहचान नहीं पाये और साइन करने को मना कर दिया। इधर शर्मिला

सेन भी मेरे घर पर आकर घर इतना सुन्दर सजा हुआ है, इतने जतन से रखा हुआ है, इतना खूबसूरत लग रहा है—कहकर बहुत प्रशंसा करती थीं और फिर एक दिन फोन कर कह दिया कि, इस घर को मुझे छोड़ना होगा। इस बार उनकी आवाज़ अजीब-सी सुनाई दे रही थी।

श - सुनिए, आपको मेरा घर छोड़ना होगा।

त - मतलब? घर छोड़ने का सवाल कहाँ से आ गया?

श - बात असल में यह है कि, बहुत ज़्यादा किराया देने वाला एक व्यक्ति मिला है। उसको जबान भी दे दी है। अगले महीने ही उन्हें घर देना होगा।

त - ऐसे बोल देने से ही तो नहीं होता है। मुझे भी तो पहले कोई अपार्टमेंट ढूँढ़ना होगा, नहीं तो जाऊँगी कहाँ!

श - अगर आप इसी महीने के अन्दर घर खाली कर दें, तो अच्छा होगा। आपके तो बहुत मित्र हैं, उनको घर ढूँढ़ने को बोलिए।

त - ठीक है मैं घर ढूँढ़ती हूँ, मिलने पर अवश्य ही चली जाऊँगी।

श - जानती हैं, जितने कम किराये पर आप रह रही हैं, इतने कम किराये पर ऐसे फ्लैट में कोई नहीं रहता!

त - कितना किराया चाहती हैं? अगर मैं उतना किराया दूँ, तब तो जरूर मुझे घर छोड़ने को नहीं कहेंगी।

श - इस घर का किराया है पचास हजार रुपये, वैसे आपके लिए पैंतालिस में राजी हो सकती हूँ।

चौंक उठती हूँ। इतना किराया होता है क्या! बीस हजार से एक झटके में पैंतालिस हजार! ऐसा कभी भी सुना नहीं।

त - जहाँ तक मैं जानती हूँ, किराया एक-दो हजार बढ़ाया जाता है। इस तरह दुगुने से भी ज़्यादा कोई किराया बढ़ाता है क्या?

श - मुझे बढ़ाना होगा, मेरे पास कोई और उपाय नहीं है। अगर कोई तैयार है, इतने किराये पर लेने के लिए, तब मैं बैठी तो नहीं रह सकती हूँ, न? कल ही घर देखने आएँगे।

त - तो देखें, पर मुझे आपको वक़्त देना होगा, जब तक मुझे कोई और जगह नहीं मिल जाती।

श - बहुत जल्दी कीजिए, ठीक है?

इसके थोड़े दिनों के बाद फिर शर्मिला का फोन आता है, वही एक ही बात, घर छोड़िए। फिर फोन, फोन पर फोन, लगभग हर दिन ही फोन, एक ही बात 'घर छोड़िए'। क्या बुद्धदेव भट्टाचार्या ने कहा है मकान मालिक को, मुझे घर से निकालने के लिए! कोई कह रहा था कि देवल सेन सरकार के बहुत ही करीबी आदमी हैं।

विनीत गोयल एक समय बहुत ही सम्मान के साथ बात करते थे। अब जब फोन करते हैं, तो कंठस्वर विनीत नहीं, भाषा अलग, स्वर और सुर दोनों ही बदल गये हैं।

वि - आपको कहीं तो चले ही जाना होगा।

त - मतलब?

वि - शहर की हालत बहुत खराब है। कुछ दिन कहीं और रह आइए।

त - शहर तो बिल्कुल पहले के जैसा ही है। कुछ भी तो बदला नहीं देख रही हूँ।

वि - बड़ा जुलूस निकलेगा आपके खिलाफ़।

त - उस वजह से शहर क्यूँ छोड़ना होगा? बहुतों के विरोध में जुलूस निकलते हैं, वे लोग क्या इसलिए शहर छोड़कर चले जाते हैं?

वि - देखिए, आपके अच्छे के लिए बोल रहा हूँ। आप क्या नहीं चाहती हैं कि हम आपको सुरक्षा दें? चारों तरफ हंगामा शुरू जाने पर हम आपको सुरक्षा नहीं दे पाएँगे। सुरक्षा के बिना, कैसे रह पाएँगी शहर में।

अँधेरा मुझे निगलता चला जाता है।

# खिड़की के उस पार ही खड़ी है मृत्यु

मेरे चारों तरफ मौत है। आज नहीं तो कल, मैं मरूँगी। पुलिस के बड़े अफसर यह खौफ़ मेरे भीतर जबरन धकेल के, ठूँस कर भरना चाहते हैं। वे मुझे जिन्दा रहने के लिए हर पल का एक साथी दे गये हैं। उस साथी का नाम है, मौत। मेरे खून में इन्जेक्ट कर गये हैं, मौत। मेरे मस्तिष्क के कोषों में बड़ी ही एहतियात के साथ एक दृश्य बैठा गये हैं कि पाँच हजार मुसलमान घुस आये हैं घर के अन्दर। मुझे गोली मार रहे हैं, सारा शरीर गोलियों से छलनी कर रहे हैं। बड़े-बड़े छुरे निकाल कर, हाथ-पैर काटे डाल रहे हैं, सिर काट रहे हैं मेरा। मेरे टुकड़े-टुकड़े कर रहे हैं और जश्न मना रहे हैं। दिन-रात मैं यही दृश्य देखती हूँ। खिड़की के बाहर देखने पर अब आसमान नहीं देखती, अपना मृत चेहरा देखती हूँ। बरामदे में रात की रानी के पौधे के पास आकर खड़े होने पर, मैं उसे खून में बहता हुआ देखती हूँ। चारों ओर कुछ भी अब हरा नहीं है, सब लाल हो गया है। मैं, घर के अन्दर, गृहबन्दी अपनी मृत्यु की कहानी लिखती रहती हूँ।

## मृत्यु

### 1

ठीक खिड़की के उस पार ही खड़ी है मृत्यु।
दरवाजा खोलते ही आँखों में झाँकेगी
बिना किसी संकोच
बैठने को आ बैठेगी बगल की कुर्सी पर
कहा नहीं जा सकता हाथ भी रख सकती है हाथों पर,
उसके बाद ही क्या झटके से खींच ले जाएगी मुझे, जहाँ भी है ले जाना!
कहीं भी बैठूँ, सोऊँ, खड़ी होऊँ, लगता रहता है मन में
ओट से देख-देख कर, मौत हँस रही हो मुझपे।
स्नानघर के पानी की आवाज में बजता रहता है मृत्यु का स्वर,
चुपचाप साँझ को कानों में, अपना नाम, पता बता जाती है, मृत्यु आकर,

गहन रात में भी मृत्यु की स्तब्धता के स्वर, तोड़ देती है नींद आकर।

निकलती हूँ जैसे ही घर से, चलने लगती है मौत हर कदम के साथ
जहाँ भी जाऊँ, जिस भी बस्ती या घर, मौत जाती है साथ
घुमाऊँ जिधर भी गर्दन, मुड़ती है वह भी
बाजार की भीड़ में सटी रहती है बदन से,
साँस लेती हूँ तो, झटपट घुस पड़ती है फेफड़ों में मौत
इतनी मृत्यु के साथ क्या रहा जा सकता है जिन्दा, क्या कोई रहता है जिन्दा?
मौत से बचने के लिए लेना होगा मुझे आसरा मौत ही का,
इसके अलावा और कोई चारा है क्या!

**2**

कुछ दिन और जीने दो, कुछ महीने दे दो,
कुछ और साल दे दो प्यारे,
और साल दो, काम हाथों के निबटने पर, न नहीं बोलूँगी प्यारे!

अगर दे दो और पाँच साल, तो बहुत बेहतर होगा।
दोगे न? मैंने ऐसा क्या बिगाड़ा है तुम्हारा
मृत्यु के विरोध में तो उच्चारित नहीं किया एक भी शब्द,
लिखा भी नहीं, कहीं भी, एक भी अक्षर!
पाँच सालों में भला कितना उतार पाऊँगी जमे कामों का पहाड़!
सात-आठ वर्ष मिल जाएँ तो चले शायद
चल ही जाएगा नहीं कहूँगी, पर चला लूँगी।
चलाना तो पड़ता ही है किसी न किसी को।
दस होने से लगभग चल जाए। दस क्या तुम दोगे प्यारे?
तुम्हारा भी तो जीवन है, और कितने दिन बैठ गिनोगे प्रहर तुम प्यारे!
प्रहर तुम कुछ गिनने को अगर राजी हो जाओ
तो आखरी बात कहती हूँ, सुनो, दस पे अगर राजी ही हो, तब
दो साल और क्या हैं, दो तो फिर बारह ही दे जाओ
जानती हूँ देखते ही देखते उतना भी हो जाएगा खत्म।
जानती नहीं क्या! साल बारह पहले ही मिली थी उससे
अभी भी लगता है, बात है बस उस दिन की, अभी पलक भी न झपकीं

देख रही हूँ अभी भी, बारह वर्ष कट जाते हैं, किस तरह एक ही पल में
ओ मृत्यु, ओ जादू, प्यार में तो दे सकते हो पन्द्रह-बीस वर्ष?
ओह देखना, देखते ही देखते कट जाएँगे
साल गुज़रने में क्या लगते हैं साल?

मुझे घेर रखा है चारों ओर से
क्या से क्या हो जाए, कौन जाने!
मिलने पर आजादी क्या भीख में माँगती मोहलत!
जितनी मर्जी फिर तो जी लेती।
अब चाहने पर भी कोई जीने देने को नहीं राजी
छड़ी पर डाल भार खड़े रहो,
अब कुछ भी पहले के दिनों की तरह नहीं, तुम भी तो चाहते हो कि बचे रहो
चाहती है मृत्यु भी रहना जिन्दा।

और मैं? अब रहती हूँ एक-एक दिन जिन्दा, अगर तुम करो करुणा,
अगर बचाओ तो एक-एक माह या साल रहूँगी जिन्दा,
जीवन की नहीं, ऋणी यदि रहूँगी किसी की, तो वो तुम्हारी,
तुम्हारे अनुग्रह की।
क्षमा, घृणा कर और चंद साल बचा लो प्यारे।
मौत के विपक्ष, मन की ख़्वाहिश मिटा, दो कलम, लिख तब मरूँ प्यारे।

**3**

रामदा, बल्लम ले उतरे हैं वो
तलवार लेकर,
विषधारी साँप लेकर
सिर पे धर्म-मंत्र
दिल में घृणा,
कमर में मारणास्त्र
बचाएँगे धर्म, कर मेरी हत्या।

कम नहीं, हजारों साल इंसानों की हत्या कर
धर्म को बचाया है इंसानों ने।

इंसानों के खून में नहा, देश-देशान्तरों में
एक समय में धर्म फैलाया था इन्हीं इंसानों ने,
मानवता से ज्यादा चिरकाल ही धर्म को महान बनाया इंसानों ने।

धर्म की पोथी लिखी है इंसान ने ही
जड़ पोथियों को नरभक्षक बनाया है मनुष्यों ने ही।
धर्म के हैं बँधे हाथ-पाँव, मुख सिला हुआ है
छूट पाता तो धर्म भी चीखकर कहता, पाखंडियो मरो तुम।
प्राण होता तो धर्म लज्जा से करता आत्महत्या,
करता दो हजार साल पहले ही,
मनुष्यों के लिए, उनके ही मंगल के लिए।

4

उस पार कोई नहीं, कुछ नहीं है खाली
दरअसल उस पार कहके, कुछ है ही नहीं कहीं।
मौत मुझे किसी भी पार नहीं ले जाएगी, न ही किसी विचार सभा में,
किसी भी दरवाजे के आगे ला खड़ा नहीं करेगी, जिस दरवाजे को पार
करते ही होगा
या तो पीप, रक्त और आग, या झरने का जल, कभी न
खत्म होने वाला आमोद-प्रमोद।

विश्वब्रह्मांड से मेरी विदाई हो जाने के बाद
शरीर पड़ा रहेगा कुछ दिनों तक शव घर में चीरने-काटने के लिए
हो जाने पर कोई बेच देगा हड्डियाँ-पसलियाँ सेर दाम किसी को
वे सब एक दिन चूर-चूर हो झड़ जाएँगी, हो जाएँगी धूल
धूल भी होगी निश्चिन्ह किसी एक गोधूली में।

जिनका है विश्वास उस पार पर, तो वे ही जाएँ, मृत्यु को चुम्बन कर
रत्न जड़े दरवाजे का कुंडा खड़काएँ,
भीतर प्रतीक्षा में है अगाध रौनक, शराब और नारी।
मुझे रहने दें पृथ्वी पर, रहने दें जंगल, पर्वत, उफनते समुद्र में
सोने दें घास पर, घास फूलों पर, मुझे जगने दें पक्षियों के कलरव के कोलाहल में

सर्वांग में मलने दें सूर्य की किरणें, हँसने दें, भरी ज्योत्स्ना में, करने दें प्यार,
मनुष्यों की भीड़ में
धूप में, बारिश में भीगते हुए चलने दें, जिन्दा रहने दें ।

जिनका सुख है उस पार, वे रहें सुख के साथ,
पृथ्वी ही है मेरा इस पार, पृथ्वी ही मेरा उस पार।

**5**

जीवन-जीवन करके, पागल जो होती हूँ,
दरवाजे पे खड़ा ही तो है वह
तीन वक़्त मिलती हैं आँखें उससे, प्रेमी की तरह धीरे से हँसता भी है वह।
जानती हूँ चाहता है मुझे बहुत वह, जानती हूँ चाहता है पाना मुझे
बहुत पास वह।

इस तरह वह न चाहता मुझे चूमना तो क्या मैं भी चाहती उसे इतना!
इस तरह खड़ा न रहता तो क्या जकड़ के पकड़ती मैं उसे
इतनी सख़्ती से क्या पकड़े रहती पाँव की उँगलियों से जमीन?
टिकाये रखती पीठ दीवार से? नोच के पकड़ती जो कुछ भी है आगे हाथों के?

इस तरह जाल बिछा अगर न बढ़ा देते हाथ,
अड़ोस-पड़ोस, गाँव, शहर, नगर-बन्दरगाह को जगा, उत्तर-दक्षिण
ऊर्धश्वास से दौड़ती नहीं मैं खोज में जीवन के।
इस तरह अगर खड़ी न होती मृत्यु द्वार पे,
एक बार भी नहीं चाहती धक्का देकर उसे हटाने की,
भागना न चाहती कहीं भी, बल्कि दुनिया-जहान से ढूँढ़
उसको ही बिठा लेती घर पर मैं।

# निर्वासित भीतर भी-बाहर भी

एक अवचेतन-सी अवस्था में मैं अपने आप से बात करती रहती हूँ—मेरा जन्म भारत में नहीं हुआ। फिर भी देखने, सुनने, रुचियों में, संस्कृति में, मैं जरा भी गैरभारतीय नहीं हूँ। कुछ वर्षों पहले जन्म लेती, तो भारतीय हो सकती थी। मेरे पिता का जन्म हुआ था भारत के विभाजन से पहले। भारत के इतिहास ने, मेरे पिता को तीन देशों का नागरिक बनाया और मुझे दो देशों का।

पूर्व बंगाल के गाँव में हाराधन सरकार नाम के एक हिन्दू किसान थे। हाराधन सरकार के एक पुत्र, पता नहीं किन कारणों से मुसलमान हो गये, शायद उस लड़के का नाम था यतीन्द्र, बन गये जमीर, या कमल से कमाल। मैं उस सरकार वंश की ही लड़की हूँ। हाराधन सरकार मेरे छह पीढ़ी आगे के पुरखे थे, देश विभाजन के बाद, उनकी अन्य सन्तानों के वंशज निश्चित ही भारत आये होंगे। वे अब भारत के नागरिक होंगे। मेरे दादा जमीर सरकार या कमाल सरकार ने देश नहीं छोड़ा होगा, क्योंकि उनका मुस्लिम नाम था।

बचपन में सुना था कि मुसलमानों में एकता होना एक असम्भव बात है। मुसलमान-मुसलमानों में युद्ध हुआ था, पूर्व पाकिस्तान के मुसलमान, पश्चिम पाकिस्तान से लड़े थे, बंगाली जातीयतावाद और धर्मनिरपेक्षता के लिए। जबकि मेरा जन्म भारत विभाजन के बाद हुआ, पर अविभक्त भारत के लिए, बचपन से ही मेरा एक आकर्षण था। छोटी उम्र में, बहुत से गद्य और कविताएँ लिखीं अविभक्त बंगाल को लेकर, अविभक्त भारत को लेकर। यह सब कुछ मैंने अपने पहले भारत भ्रमण से बहुत पूर्व ही लिखा था। एक ही भाषा एवं एक ही संस्कृति के मनुष्यों के बीच, मित्र और रिश्तेदारों के बीच, मैं किसी काँटेदार तार को नहीं मानती, मैं इस पर विश्वास नहीं करती। मैं बचपन से ही बांग्ला साहित्य की पाठिका रही हूँ। मैं दोनों तरफ के बंगाल की कहानियाँ, उपन्यास, कविताएँ, प्रबन्ध—भुक्खड़ों की तरह पढ़-पढ़कर बड़ी हुई हूँ। मैंने अवचेतन में ही बंगाली लेखकों के साथ बहुत आत्मीयता का अनुभव किया है। लेखकों की तालिका में ज़्यादातर लेखकों का वास पश्चिम बंगाल में है।

बचपन से ही मैं धर्ममुक्त हूँ। मेरे सचेतन मन ने मुझे मानवतावाद और

नारीवाद का विश्वासी बनाया है। मेरे पिता धर्ममुक्त इंसान थे, सम्भवतः अवचेतन में उनसे ही मैं प्रभावित रही हूँ। ऐसे ही बड़ी हुई हूँ मैं : नारी विरोधी संस्कार, परम्पराओं, रीति-नीति इत्यादि को तोड़ते-तोड़ते। 1989 में जब पहली बार भारत भ्रमण किया था, एक बार भी मैंने महसूस नहीं किया कि पश्चिम बंगाल एवं भारत के और दूसरे राज्य या अंचल, अलग देश हैं। जिस दिन पहला कदम रखा भारत में, उस दिन से अब तक मैं यह विश्वास करती आयी हूँ कि मैं अखंड भारत की लड़की हूँ, सच कहूँ तो मैं भारत को बंग्लादेश से अलग ही नहीं कर पाती हूँ। मेरे उन हिन्दू पूर्व पुरुषों के लिए नहीं, भारत की अनेक संस्कृतियों में से एक संस्कृति मेरी है, इसलिए भी नहीं, या इसकी एक भाषा में मैं बात करती हूँ, इस वजह से भी नहीं, या मैं देखने में भारतीय हूँ इसलिए भी नहीं, बल्कि इसलिए कि भारतीयता की सत्ता मेरे भीतर गहरे तक जड़ें जमाये बैठी है। इस सत्ता को मेरे अन्दर रोपित किया है, भारत के इतिहास ने। मैं इतिहास की शिकार एक व्यक्ति हूँ अथवा जितनी भी समृद्ध हुई हूँ वह इतिहास के द्वारा हुई हूँ। इसके दारिद्र्य, औपनिवेशिकता, धर्म-धर्मान्धता, हिंसा, हिन्दू-मुसलमान, खून-खराबा, देश छोड़ना, माईग्रेशन, एक्सोडस, द्विजातितत्व, या टू नेशन थियोरी, गणतंत्र-हीनता, जात-पाँत, दंगे, युद्ध द्वारा शिकार की गई हूँ मैं। मुझे जितना भी भारतीय बनाया इन्हीं सब ने मिलकर बनाया है। इन सबसे ऊपर, बंग्लादेश नाम के एक मौलवाद, आतंकवाद, तानाशाह, दुर्नीति, गरीबी और दुर्भिक्ष से पीड़ित देश ने मुझे और भी ज़्यादा अनुभवी बनाया है।

मुस्लिम कट्टरपंथियों के अन्धेपन, अशिक्षा और असहिष्णुता ने, भारत के इतिहास के एक हिस्से, बंग्लादेश से मुझे निर्वासन दे दिया। देश का दरवाजा हमेशा के लिए बन्द हो गया। मैं तभी से भारत के दरवाजे का कुंडा खड़का रही हूँ। जिस दिन किवाड़ खोला गया और मैं निर्विघ्न अन्दर घुस आयी, तब लगा ही नहीं कि मैं विदेश में आ गयी हूँ। क्यूँ नहीं लगा? क्यूँ एशिया के अन्य देश, यूरोप और अमेरिका के देश, विदेश लगते हैं मुझे। जबकि हिन्दुस्तान नहीं! यूरोप में बारह वर्ष बिताने के बाद भी उसे अपना देश नहीं मान पायी। भारत में एक साल भी नहीं काटना पड़ा, इसको अपना देश मानने के लिए। एक ही इतिहास वहन करती हूँ, इसीलिए! आज अगर, आदि भारत के एक टुकड़े, पूर्व बंगाल या नया नाम धारण किये बंग्लादेश के लोगों की (भारतवर्ष की मिट्टी में इस्लाम प्रचारकों के आने से धर्मान्तरित हुए लोग) धर्मान्धता, राजनैतिक नेताओं की धर्मभीरुता और दुरभिसंधि की वजह से, एक ऐसी चोटी पर पहुँच जाए कि लोकतंत्र, वाक्-स्वाधीनता और मुक्तचिन्तन को बलपूर्वक अस्वीकार कर दें, और मानवाधिकार, मानवता के पक्षधर, एक पूरी तरह से सेक्युलर लेखिका को फाँसी देने के लिए उन्मादित हो उठें, तब उस लेखिका को बचाने की जिम्मेदारी क्या सुदूर यूरोप की या कि अमेरिका की है? या फिर सेक्युलर भारत की है?

मेरे उस बुरे समय में भारत के दरवाजे बन्द थे। यूरोप ने मुझे झपट लिया। मैंने उस यूरोपियन समाज में, हर समय खुद को बाहर का महसूस किया। यूरोप छोड़कर भारत आयी, यहाँ आने के बाद लगा जैसे बारह साल की लम्बी मृत्यु-सी निस्तब्धता टूट गयी। यह समाज क्यूँकि मेरा पहचाना समाज है, क्यूँकि मैं ऐसे ही समाज में बड़ी हुई हूँ, इसीलिए यहाँ इतनी शान्ति, सन्तुष्टि अनुभव करती हूँ, इतना अच्छा लगता है। पहले की तरह, वैसे ही, लिखना-लिखाना नये ज़ोश के साथ करती रहती हूँ। इस समाज के लिए अच्छा कुछ करने का संकल्प है मेरा, जिससे औरतें अपनी शिक्षा एवं आत्मनिर्भरता अर्जन करने के लिए जागरूक हो सकें, अपनी आजादी और अधिकारों के लिए संघर्ष करने का साहस पैदा कर सकें। हमेशा से मुँह नीचा किये, उत्पीड़ित, दमित औरत, अपने डर को काटने का आत्मविश्वास, साहस और शक्ति– यही सब कुछ मेरे लेखन से पाये।

इससे ज़्यादा दुख की बात और क्या हो सकती है कि बंग्लादेश में, मेरी जो हालत हुई थी, लगभग वैसी ही दशा इस प्रगतिशील भारत में, और उससे भी ज़्यादा प्रगतिशील, पश्चिम बंगाल में होने जा रही है। मुझे घर की चारदीवारी के भीतर कैद होकर रहना पड़ रहा है। कोई भी सार्वजनिक जगह मेरे लिए सुरक्षित नहीं है। सिर्फ इतना ही नहीं, किसी दोस्त का घर भी सुरक्षित नहीं, इसलिए बस मुझे अँधेरे घर में कैदी का जीवन काटना होगा। जो खुलेआम खून करने की धमकी दे रहे हैं, उनके लिए इस राज्य का चप्पा-चप्पा महफूज़ है। वे अपनी हर मनमानी करने का अधिकार रखते हैं। रास्ता रोककर लोगों को तंग करने का, धर्म के नाम पर जिसका मर्जी उसका सर्वनाश करने का, सारे ही अधिकार उनको अलिखित रूप से दिये गये हैं। उन सब आतताइयों को हर तरह से आजादी है, आतंक मचाते रहने की और जो आतंक के विरुद्ध, साम्प्रदायिकता के खिलाफ, असत्य और अन्याय के विरोध में बोल रहे हैं, उनके मुँह बन्द करने की व्यवस्था की जा रही है। मुझे बातों-बातों में बार-बार उपदेश दिया जा रहा है कि मौलवादियों के जुलूस और मीटिंगें होंगी, इसलिए मैं अवश्य ही घरबार छोड़कर, शहर को छोड़कर कहीं चली जाऊँ। हाँ, स्थिति शान्त होने पर लौट आना। परिस्थिति क्या कभी शान्त होती है? बंग्लादेश से भी यही एक बात कहकर मुझे निकाल दिया गया था। आज तेरह साल बाद भी स्थिति शान्त नहीं हुई और साथ ही यह बात भी मुझे लगी कि मौलवादियों के डर से अगर मैं कहीं दूर चली गयी, तो यह उनकी एक बड़ी जीत होगी। मुक्तचिन्तन, बोलने की आजादी, लोकतंत्र और सेक्युलरिज़्म या धर्म मुक्त पद्धति के विपक्ष में यह एक बड़ी विजय होगी। उन्हें इस विजय को हासिल करने देना बिल्कुल भी उचित नहीं। अगर उन्हें विजय मिलती है, तो उससे मेरा जितना भी नुकसान हो, उससे कहीं ज़्यादा नुकसान भारतवर्ष का है। मुझे देश निकाला देकर, उनकी माँगों को अगर पूरा किया जाए, तब तो उनकी माँगों का कभी अन्त ही नहीं

होगा। वे एक के बाद एक माँग करते ही रहेंगे, लोकतंत्र विरोधी दावे करने में दुगुने उत्साही हो उठेंगे। इसको भगाओ, उसको बन्दी बनाओ, इसकी किताब पर प्रतिबन्ध लगाओ, इसको मारो, उसको जलाओ यह चलता ही रहेगा और आज्ञाकारी धर्मनिरपेक्ष लोग, धर्म के इन कट्टरपंथियों के सब आदेश-निषेध सर झुकाकर स्वीकार कर लेंगे। इन चरमपंथियों के दावों के आगे नतमस्तक हो मान लेने से वे कभी भी सन्तुष्ट नहीं होते, वे और भी भयंकर गणतंत्र विरोधी दावों को लेकर और भी भयंकर रूप से उपस्थित होते हैं।

मेरे दुःस्वप्न में भी मुझे ऐसा कभी भी नहीं लगा था कि भारत में भी मुझे बंग्लादेश के जैसा ही भुगतना होगा। एक़ देश में मुसलमानों की भारी संख्या है, दूसरे देश में वे अल्पसंख्यक हैं, पर तेज लगभग एक-सा ही। धर्मान्धता, असहिष्णुता, मार देना, काट देना, सर माँगना, प्रगति, विज्ञान आदि को बेकार कागजों की तरह उड़ा देना-सब एक है। बीच-बीच में मेरा पूछने को मन करता है कि मुझे मार कर उनका क्या फायदा होगा? मौलवादी नेता लोग बहुत अच्छे से जानते हैं कि उनका फायदा हो तो हो, पर इस्लाम का इससे कोई फायदा नहीं। इस्लाम जैसा है, वैसा ही रहेगा। इस्लाम को स्पर्श करने की औकात, मेरी क्या, किसी भी प्राणी की नहीं है। धर्म धर्म की तरह रहता है, मनुष्य या तो धर्म को जकड़े रहता है या फिर उससे दूर रहता है। मौलवाद का चेहरा दुनिया के हर देश में एक है। उनकी भाषा एक, उनकी क्रूरता एक, चरित्र एक और उनके स्वप्न एक। समाज को कई हजार साल पीछे धकेल देने का सुकून पाना चाहते हैं वे, उससे वंचित रहने की जरा सी भी इच्छा नहीं है किसी की।

मेरी दुनिया धीरे-धीरे छोटी होती जा रही है। मैं शहर भर में जैसे मर्जी घूमते रहने वाली इंसान हूँ, अब मेरे हाथ-पाँव में ज़ंजीरें हैं। सब कुछ कह देने वाले की अब जीभ सिली हुई है। बाहर नृशंसता के विरुद्ध प्रतिवाद हो रहा है, जुलूस निकल रहे हैं, मैं भाग नहीं ले सकती। मैं बाहर जाकर फिल्म, नाटक, संगीत के उत्सव, किसी का भी आनन्द नहीं ले सकती। मुझे बन्द खिड़की-दरवाजे वाले एक घर में, दमघोंटू हाल में बैठे रहना होगा। नहीं, इसे मैं अपनी नियति नहीं मानती। मुझे अभी भी विश्वास है कि मैं स्वाभाविक जीवन जी सकूँगी। अभी भी विश्वास है कि भारत मुझे वह सजा नहीं देगा, जो सजा मौलवाद से आबाद बंग्लादेश ने दिया था। अभी भी विश्वास रखती हूँ कि यह देश ही मुझे सुरक्षा देगा। लोगों का प्रेम ही मेरी सुरक्षा बनेगा। मैं इसी देश में बाकी की अपनी जिन्दगी निश्चिन्त, निर्विघ्न तरीके से काट सकूँगी। इस देश से मैं प्रेम करती हूँ। इस मिट्टी को मैं अपनी मिट्टी मानती हूँ। यह देश भी अगर मुझे उठा के फेंक दे, तो यह मेरे आखिर भरोसे, शेष अवलम्बन, मेरे आखिर सपने का, ठंडे दिमाग से खून करने के अलावा कुछ और नहीं होगा।

मेरे पास तो जाने की और कोई जगह नहीं। कोई देश नहीं, कोई घर नहीं, एक भारतवर्ष ही मेरा देश है। यही मेरा घर है। सच कहने के जुर्म में मुझे कितनी और सजा देंगे धर्मवादी, और धर्म का व्यवहार कर वोट चाहने वाले राजनेता? यह जो इतनी दुर्गति, इतनी लातें, ठोकरें, धक्के। इतने सबके बाद भी, मैं अपने सपने को पूरी तरह त्याग नहीं पायी। अभी भी सपना देखती हूँ कि उपमहादेश के एक सच्चे, सत्यवादी, सेक्युलर लेखक के लिए सबसे सुरक्षित देश, भारतवर्ष ही है।

# फेयरवेल, 22 नवम्बर, 2007

कल सुबह एक छोटा-सा जुलूस निकला था पार्क-सर्कस में। पश्चिम बंगाल सरकार के 'नंदीग्राम तांडव', 'रिज़वान हत्या' और 'तसलीमा हटाओ' को लेकर कुछ हंगामा होगा। पचास एक मौलवी रास्ते में चहल-कदमी कर रहे थे। ऐसा नहीं लगा कि इनमें से कोई भी आन्दोलन के मतलब से आये थे। शायद वे घरों में सो रहे थे, उन्हें धक्के देकर सड़क पर लाया गया था। पुलिस सबको वैन में चढ़ाकर ले गयी, इनके मुखिया को भी। इनका मुखिया, 'ऑल इंडिया माइनॉरिटी फोरम' के नाम से अक्सर ही खुराफात करने की कोशिश करता रहता है।

पर इसके बाद ही देखा गया कि पार्क-सर्कस की एक गली से छोटी उम्र के कुछ लड़के निकलकर पुलिसवालों की ओर पत्थर फेंकने लगे। कोक पीकर, कोक की बोतलें फेंकने लगे, वे ही-ही कर हँस रहे थे। पुलिस ने खड़े-खड़े उनकी मार खाई और बीच-बीच में आँसू गैस छोड़ दिया। लुंगी और सैंडो बनियान पहने लड़के हुल्लड़ करते हुए गाड़ियाँ जलाने लगे, बसों-ट्रकों में आग लगाने लगे, पत्रकारों के कैमरे तोड़ने लगे। इतनी तोड़-फोड़, इधर आग लगाना, उधर जलाना, इतना हो-हल्ला, बहुत कुछ संक्रामक-सा होता है, इसके पीछे किसी भी उद्देश्य का होना जरूरी नहीं होता। काफी कुछ पॉकेटमार को पीटने के जैसा है, पीटकर आनन्द आता है। पार्क-सर्कस के रास्ते पर पुलिस, गाड़ियाँ या कुछ और चलने नहीं देती है। सारे शहर में ही ट्रैफिक जाम शुरू हो जाता है। दो-तीन लड़के गली के अन्दर काग़जों पर 'तसलीमा गो बैक' लिखकर कैमरों के आगे खड़े हो जाते हैं। कलकत्ते के कई दोस्तों को फोन करके पूछा, 'कौन हैं वे?' लगभग सबों ने कहा, 'उन लोगों को पता भी नहीं कि तसलीमा कौन है, क्या चीज है, तसलीमा की कोई किताब भी नहीं पढ़ी है। उर्दू भाषी अशिक्षित या अल्पशिक्षित, पॉकेटमार, छोटे-मोटे चोर-उचक्के, फेरी वाले, किराने की दुकान चलाने वाले मुसलमान हैं। उनको लेकर दुश्चिन्ता करने की कोई जरूरत नहीं। उनको सड़क पर उतर कर जो भी करने को कहा गया था, उन्होंने वही सब किया है।' मैं आश्चर्यचकित होकर बैठी रहती हूँ। टेलीविजन में जो देखा, उसमें नीली पोशाक में, तजुर्बेदार पुलिस, राफ (RAF) उतरी, सेना उतरी, जिन्होंने पूरे शहर में गश्त लगाई। कर्फ्यू लगा दिया गया और रात में सीपीएम के विमान बसु ने कहा, 'तसलीमा की

वजह से झंझट होने से, तसलीमा का इस शहर को छोड़ कर चले जाना ही उचित है।'

पुलिस के सुरक्षा प्रमुख ने जैसा पहले बताया था, उसके बाद बार-बार यही कहते रहे। और उसके अगले दिन भी कहा कि मुझे मार डालने का निर्णय एकदम पक्का है। जुम्मे की नमाज के बाद कट्टरपंथी मौलवादी मेरे घर आ रहे हैं, मैंने पहले भी पूछा था, अब भी उन्हें पूछती हूँ, 'उनको एरेस्ट क्यूँ नहीं कर रहे हैं?'

वि - परेशानी है।

त - कैसी परेशानी? आप लोग तो हैं, निश्चित ही वे घर के अन्दर आने का साहस नहीं कर पाएँगे।

वि - हम उनका कुछ भी नहीं कर पाएँगे।

त - क्यूँ?

वि - मुसलमान के बदन पर हाथ नहीं रखा जा सकता है। दंगा छिड़ जाएगा।

त - हिन्दू-मुसलमान की बात नहीं है, टेररिस्ट तो टेररिस्ट है। कोई अन्याय करे तो उसे सजा देंगे ही। दंगा शुरू हो जाएगा, यह कोई कारण हुआ हस्तक्षेप न करने का?

वि - रॉयट का रिस्क नहीं ले सकता।

त - तो फिर क्या करना होगा?

वि - आपको दो दिनों के लिए जयपुर जाना ही होगा।

त - दो दिन?

वि - हाँ, ठीक दो दिन।

त - दो दिनों में सब ठीक हो जाएगा?

वि - श्योर।

त - जयपुर क्यूँ?

वि - जयपुर में हमारा लक्जरी रिसोर्ट है। वहाँ दो दिन जाकर आराम कर लें। हम दो दिनों के बाद आपको वापस ले आएँगे।

त - मैं जयपुर नहीं जाऊँगी। अगर आप लोग मुझे, मेरे घर में सुरक्षा नहीं दे सकते हैं, तो मैं घर छोड़कर और कहीं जाकर शुक्रवार का दिन बिता आऊँगी।

वि - कहाँ?

त - बेहाला में।

वि - नहीं, बेहाला में सिक्योरिटी के बिना ही आपको रहना होगा। जहाँ भी जाएँगी अपनी जिम्मेदारी पर।

त - सॉल्टलेक?

वि - हमारे लिए सॉल्टलेक में सिक्योरिटी देना सम्भव नहीं। आपको अपनी जिम्मेदारी पर रहना होगा।

त - मैं बेलघरिया चली जाती हूँ। एक दिन की ही तो बात है। मेरे पब्लिशर का घर है वहाँ।

वि - नहीं होगा।

त - दुर्गापुर, बोलपुर?

वि - हर जगह ही खुद की सुरक्षा का दायित्व आपका अपना होगा।

त - आप लोग ही कह रहे हैं कि मुझे मारने के लिए दल तैयार है, फिर कहते हैं कि कहीं भी सिक्योरिटी देना सम्भव नहीं। इतने दिन जो सुरक्षा दी थी, क्यूँ दी! आप लोग ही बतला रहे हैं कि इस समय सबसे ज़्यादा विपत्ति है और आप ही अब कह रहे हैं कि सिक्योरिटी नहीं देंगे। क्या करूँ मैं, कुछ भी समझ में नहीं आ रहा।

वि - आप हमारी बात सुनिए, जयपुर चली जाइए। आपके भले के लिए ही बोल रहा हूँ।

त - मैं हैरान हूँ, इतनी बड़ी पुलिसवाहिनी, मुट्ठी भर लोगों के मर्डर प्लान के खिलाफ कुछ नहीं कर पाएगी! अचानक ही अगर कुछ घटता तो समझ में आता है, पर यह तो आपके नॉलेज में है। क्यूँ नहीं बचा पाएँगे मुझे?

वि - सॉरी हम यह नहीं कर पाएँगे।

साफ-साफ बता दिया गया है कि मौलवादी मार डालेंगे मुझे, पर पश्चिम बंगाल की पुलिस मुझे कोई सुरक्षा नहीं दे पाएगी। मैं जड़ हो बैठी रहती हूँ। यह क्या हो रहा है! कभी भी सुरक्षा नहीं माँगी थी सरकार से, पर हिन्दुस्तान जब भी आयी या रही, उस उन्नीस सौ तिरानवे साल से, सरकार ने मेरी सुरक्षा के लिए पुलिस दी है। मुझे एक दिन के लिए भी सुरक्षा विहीन अवस्था में नहीं रखा और आज मुझे कहा जा रहा है कि मुझ पर हमला होगा और पुलिस मुझे कोई सुरक्षा नहीं देगी, मुझे पश्चिम बंगाल छोड़ना होगा, तो ही सरकार मेरे साथ खड़ी होगी, नहीं तो खड़ी नहीं होगी। ऐसा अनोखा उपाय पहले नहीं सुना, ऐसा अद्‌भुत व्यवहार आज तक कहीं नहीं मिला। कभी, किसी भी समय मैंने सुरक्षा व्यवस्था नहीं माँगी, हर समय जो चाहा वह था, बाकी दस आजाद लोगों की तरह चलने-फिरने की आजादी। मैंने नहीं चाहा मेरी वजह से सरकार का पैसा खर्च हो। मैं साधारण इंसान हूँ और एक साधारण इंसान की तरह ही जीवन गुजारना चाहती हूँ। पहले बहुत से पुलिस वाले होते थे, धीरे-धीरे कम होकर बस दो जने ही रह गये थे। घर से बाहर कहीं जाने पर एकजन वर्दी बगैर, सादे पोशाक में मेरे साथ जाता था। मेरे घर लौटने पर वह अपने घर भी चला जाया करता था। दो सौ से दो पर आ जाने का अर्थ है कि इस शहर में मेरे जीवन पर कोई खतरा नहीं है। मैं चाह रही थी कि रक्षाकर्मियों की संख्या घटते-घटते शून्य पर आ जाए। लोगों का प्यार ही मेरी सुरक्षा हो जाए। परन्तु आश्चर्य है! इसी शहर में आज मेरी सुरक्षा की व्यवस्था को खत्म कर देना चाह रहे हैं, यह खबर देते हुए कि आज या कल

मुझे मार दिया जाएगा, मार देने की पूरी व्यवस्था हो चुकी है। मुझे आक्रमणकारियों की खबर सुनाकर सिक्योरिटी न देना, क्यूँ? इससे तो अगर न बताकर सिक्योरिटी हटा लेते, तो मैं कम से कम दुश्चिन्ता से मुक्त रहती!

पुलिसवाले दोपहर में आकर मुझे कलकत्ता हवाई अड्डे पर ले गये। मेरे साथ मेरे बड़े भाई थे। मेरे हाथ में दो वन वे टिकिट पकड़ाया उन लोगों ने। कहाँ जाना होगा? जयपुर। ढेर सारे पुलिस वाले मुझे एयरक्राफ्ट के अन्दर बिठा, बाहर खड़े रहे। हवाई जहाज उड़ चला, वे फिर भी खड़े रहे, तब तक, जब तक कलकत्ते के आसमान पर हवाई जहाज का निशान दिखता रहा। मैं तब तक भी नहीं जानती थी कि मुझे बंगाल से हमेशा के लिए दूर करने के लिए जो कुचक्र चला था, वह उस दिन जाकर सार्थक हुआ।

जयपुर उतरकर देखा कि पूरे हवाई अड्डे पर पुलिस भरी हुई है। उन्हें बस कुछ ही समय पहले खबर मिली थी कि मैं वहाँ पहुँच रही हूँ। कलकत्ता पुलिस ने उन्हें बताया कि मैं वहाँ किसी साहित्यिक कार्यक्रम में भाग लेने जा रही हूँ। पुलिस ले गयी मुझे सस्ते से एक होटल में। इस होटल को ही कलकत्ते से बुक किया गया था मेरे लिए, जबकि मुझे बोला था कि लक्जरी रिसोर्ट है। लक्जरी तो दूर की बात, यह तो बहुत कुछ बंग्लादेश के मयमनसिंह नदी के किनारे के डेढ़ टाका दाम के होटल के जैसा था, जहाँ बस किसी तरह सीधा लेटा जा सकता था। पहले ऐसे किसी होटल में कभी भी नहीं रही हूँ। अनुभव भी क्या चीज है! पुलिस वाले पूछने लगे, कल तुम्हारा प्रोग्राम कब है?

त - मेरा कोई प्रोग्राम नहीं है।

पु - तो फिर क्यूँ आयी हो?

त - मुझे कलकत्ते से भेजा गया है।

पु - किसने भेजा है?

त - कलकत्ता पुलिस ने।

पु - क्यूँ भेजा है?

त - पता नहीं। दो दिन जयपुर में रहने के लिए कहा है।

पु - उन्होंने हमारे मुख्यमन्त्री को बताया है कि तुम किसी कार्यक्रम में भाग लेने के लिए आ रही हो।

त - किसी भी कार्यक्रम में भाग लेने की कोई बात नहीं है।

पुलिसवालों की आपस में राजस्थानी भाषा में बहस चलती रहती है। थोड़ी-थोड़ी देर बाद मेरे पास कोई न कोई आता रहता है, कल कितने बजे मेरा प्रोग्राम है जानने के लिए मरे जा रहे हैं। कोई भी प्रोग्राम नहीं है, ऐसे ही आयी हूँ—यह बात बार-बार कह रही हूँ, बार-बार ही सुन रहे हैं और बार-बार ही हैरान हो रहे हैं। होटल के सामने पत्रकारों और कैमरों की भीड़ को देख, भड़क उठे हैं। मुझे पता भी नहीं चलता, बाहर

कैमरों की भीड़ के बारे में, अगर मैंने होटल के कमरे का टेलीविजन न खोला होता। मेरी खबर को टेलीविजन पर दिखाया जा रहा है, मैं जयपुर में किस होटल में हूँ, कितने नम्बर रूम में हूँ, सब कुछ। टेलीविजन से पता चलता है और कमरे के खिड़की का पर्दा हलका-सा सरकाते ही देखा जा सकता है कि रास्ते के ऊपर, एक के बाद एक कैमरे कैसे ताक लगाए हुए हैं मेरे कमरे की ओर। मेरा दिल काँप जाता है। मौलवादी आतंकी मेरा खून चाहते हैं, यह जानते हुए भी क्या कोई भी स्वस्थ दिमाग का पत्रकार इस तरह बतायेगा कि मैं कहाँ हूँ या नहीं हूँ? तो क्या ये दावत दे रहे हैं आतंकियों को कि तुम्हारे शिकार का पता चल गया है, आओ दौड़ कर आओ, आकर अपनी इच्छानुसार चीर-फाड़ कर खाओ। ऐसे फाड़कर खाओ, जिसे हम कैमरे में बहुत बढ़िया ढंग से पकड़ सकें और सारे दिन जिसका प्रचार कर सकें। हमारे दर्शक बढ़ेंगे, हमारे चैनल का नाम होगा!

छटपटाती रहती हूँ। इसको-उसको फोन करती हूँ। कलकत्ता के पुलिस वाले अब मेरा फोन नहीं उठा रहे। जयपुर की पुलिस, न अंग्रेजी समझती है, न हिन्दी समझती है। मैं अपनी मुसीबतें गिनना शुरू करती हूँ। किस तरह सड़क पर भीड़ किये हुए रिपोर्टरों से विनती करूँ कि मुझे जान से मारने का यह आयोजन बन्द करें। नींद बिल्कुल नहीं आती। रात के एक बजे दरवाजा तोड़ देने की-सी आवाज आती है पूछती हूँ, कौन है?

पु - दरवाजा खोलिए।

त - नहीं, दरवाजा नहीं खोलूँगी। कौन हैं आप?

पु - मैं पुलिस सुपर। आपको अभी जाना होगा राज्य को छोड़कर।

त - कुछ समझ में नहीं आ रहा, क्या कह रहे हैं।

पु - दरवाजा खोलिए।

त - मैं दुःखित हूँ, इतनी रात में दरवाजा नहीं खोल सकती। जो कहना है सुबह कहिएगा।

पु - सुबह कहने से नहीं चलेगा। आपको जाना होगा। मुख्यमन्त्री का आदेश है।

त - आप रिसेप्शन के फोन से मेरे कमरे का फोन मिलाइये। मैं बात करती हूँ।

रिसेप्शन से फोन कर, पुलिस के आला अफसर मुझसे कहते हैं आप अभी होटल छोड़ दीजिये।

त - होटल छोड़कर, इतनी रात को कहाँ जाऊँगी मैं?

पु - वो आपका मसला है, आप कहाँ जाएँगी।

त - अभी तो कोई फ्लाइट भी नहीं है कलकत्ता जाने की।

पु - हम ये सब नहीं जानते। बस जानते हैं कि आप राजस्थान में नहीं रह सकतीं।

त - क्यूँ नहीं रह सकती?

पु - हमारे यहाँ के मुसलमान असन्तुष्ट हो सकते हैं। लॉ एंड ऑर्डर प्रॉब्लम हो सकती है। इसलिए मुख्यमन्त्री ने कहा है आपको राजस्थान छोड़ने के लिए।

त - क्या कुछ प्रॉब्लम हुआ है, इस बीच?

पु - नहीं हुआ है, पर किसी भी समय हो सकता है।

त - मतलब 'हो सकता है' अनुमान करके मुझे चले जाने को कह रहे हैं।

पु - हाँ।

त - तो मैं छोड़ दूँगी होटल। सुबह होने दीजिए। मैं एयरपोर्ट चली जाऊँगी कलकत्ते की फ्लाइट पकड़ने।

पु - सुबह नहीं होने दे सकता। सुबह होने से पहले ही जाना होगा। सूरज उगने से पहले।

त - सूरज उगने के ठीक कितने पहले, बोलिए?

पु - आपको पाँच बजे से पहले ही निकल जाना होगा।

त - ठीक है।

पु - पाँच बजने में पाँच मिनिट पहले ही आप रूम छोड़कर नीचे आ जाइएगा। गाड़ी इन्तजार करेगी आपको एयरपोर्ट ले जाने के लिए।

ठीक है, कहकर फोन रख दिया। सच बताऊँ तो, काफी आश्वस्ति हुई। राजस्थान छोड़ना होगा, कलकत्ता लौटने के लिए यह चमत्कार है। मुझे तो फिर भी सोने का थोड़ा वक़्त मिल गया, पर दादा बिस्तर के कोने में बैठे ही रहे। दादा भी बिल्कुल बाबा की तरह हैं, सुबह कहीं जाना हो तो सारी रात जागकर सुबह होने की प्रतीक्षा करते हैं।

सुबह पाँच बजे नीचे उतरकर देखती हूँ कि पुलिस और पत्रकारों की भीड़ से सड़क बजबजा रही है। कैमरों और पत्रकारों को धकेलते हुए पुलिस ने मुझे गाड़ी में चढ़ाया। एक कतार में गाड़ियाँ चल पड़ीं। मेरी गाड़ी के पीछे और भी पुलिस की गाड़ियाँ, पुलिस की गाड़ियों के पीछे संवाददाताओं की गाड़ियाँ। गाड़ी चलती ही जाती है। एक समय मुझे खटका हुआ, गाड़ी इतनी दूर कहाँ जा रही है! हवाई अड्डे पहुँचने में तो इतना समय नहीं लगना चाहिए! पूछा, 'इतना वक़्त क्यूँ लग रहा है एयरपोर्ट पहुँचने में?'

गाड़ी में मूँछों वाले, डकैत से दिखते हुए, कुछ पुलिस वाले थे। कुछ सामने की सीट पर, कुछ पीछे वाली सीट पर, बीच की सीट पर मैं और दादा। मेरे प्रश्न का किसी ने भी कोई जवाब नहीं दिया। मैं फिर पूछती हूँ। फिर भी कोई जवाब नहीं।

त - एयरपोर्ट जाने में इतनी देर क्यूँ लग रही है? एयरपोर्ट तो इतनी दूर नहीं है।

पु - एयरपोर्ट नहीं जा रहे हैं।

त - तो कहाँ जा रहे हैं?

पु - दिल्ली।

त - दिल्ली क्यूँ?

पुलिस चुप।

अंग्रेजी नहीं समझते। दादा से हिन्दी में कहने को कहा। दादा मुझसे ज़्यादा अच्छी हिन्दी जानते हैं, पर हिन्दी में पूछे गये प्रश्न का कोई भी जवाब नहीं मिलता है। वे आपस में ही राजस्थानी भाषा में बात करते रहते हैं। जैसे कि वे हमारे किसी भी सवाल को सुन ही न पाये हों, या फिर हम भी गाड़ी में हैं, बिल्कुल भूल ही गये हों।

अँधेरा कटता जा रहा है, रोशनी फूट रही है। उनींदी सुबह, गाड़ी रास्ते पर हवा के वेग से दौड़ रही है। पुलिस वाले बार-बार पीछे देख रहे थे, देखने के लिए कि उनकी गाड़ी का कोई पीछा तो नहीं कर रहा है। पीछे मुड़कर अचानक एक ने हिन्दी में कहा, दिल्ली जा रहे हैं क्यूँकि हमें वैसा ही कहा गया है।

त - किसने कहा है?

पु - ऐसा ही ऑर्डर है।

त - किसने ऑर्डर दिया है?

पुलिस चुप है।

त - मुझे तो कलकत्ता लौटना है। मुझे दिल्ली क्यूँ ले जाया जा रहा है?

पु - हमें यह सब पता नहीं है।

त - कलकत्ता न जाकर, दिल्ली जाने की क्या वजह है?

पुलिस चुप है।

त - दिल्ली ही अगर जा रहे हैं तो प्लेन से न जाकर गाड़ी से क्यूँ जा रहे हैं?

इस बात को पाँच बार पूछने पर जवाब मिला, सिक्योरिटी।

गाड़ी चलती जा रही है। इस बीच फोन आता है, कलकत्ते से। खबर मिली कि, स्टार आनन्द के दिल्ली के संवाददाता मेरी गाड़ी का पीछा कर रहे हैं। स्टार आनन्द में सीधा प्रसारण किया जा रहा है, मेरे अनजाने गन्तव्य की यात्रा का। गाड़ी जयपुर छोड़कर कहीं न कहीं जा रही है, कहाँ जा रही है, नहीं जानती। एक समय स्टार आनन्द से पीछा करते हुए रिपोर्टर ने मुझे फोन कर के उत्तेजित आवाज़ में कहा, 'दीदी कहाँ ले जाया जा रहा है आपको?'

त - पता नहीं, ये लोग तो दिल्ली कह रहे हैं। कुछ समझ नहीं पा रही हूँ। दिल्ली क्यूँ ले जा रहे हैं, पता नहीं।

सं - यह मेरा फोन नम्बर है। प्लीज मुझे बताती रहियेगा क्या हो रहा है। हम आपके साथ हैं दीदी, बिल्कुल भी चिन्ता मत करियेगा, दीदी।

त - कलकत्ता जाऊँगी सुबह की फ्लाइट से। यही बात हुई थी राजस्थान पुलिस के साथ। और अब मुझे दिल्ली ले जाया जा रहा है। कैसी उलझन में पड़ गयी हूँ, देखिए तो!

सं - हम तो हैं। मामला कहाँ जाकर पहुँचता है, देखिये न। सिर्फ मैं ही नहीं, मेरे जैसे लाखों लोग आपकी बहुत रेसपेक्ट करते हैं, दीदी।

वो दीदी कहकर बुलाना, बांग्ला में बात करना, चाहे टूटी-फूटी ही सही, मुझे तसल्ली देता है। मैं अकेली नहीं हूँ, मेरी इस भयावह निरुद्देश्य यात्रा में कोई मेरे पास है, यह भावना ही मेरी दुश्चिन्ता मिटा देती है।

नहीं जानती, कितनी दूर चलने के बाद, एक समय गाड़ी जाकर एक मोटल के पीछे, एक निर्जन कोने में रुकती है। एक पुलिस वाला गाड़ी में ही रुकता है, बाकी सब उतर जाते हैं। कहाँ चले गये, कौन जाने, वापस लौट कर नहीं आते हैं। आधे घंटे के बाद गाड़ी में कुछ नये पुलिस वाले चढ़ते हैं। गाड़ी चल पड़ती है राजपथ पर, उसी हवा के वेग से। थोड़ी देर के बाद उसी स्टार आनन्द के रिपोर्टर का फोन आता है, आवाज में डर और बचैनी, कहा, हमारी गाड़ी रोककर 'हम सब रिपोर्टरों को उतारकर पुलिस वालों ने पीटा है। अब मोटल के एक कमरे में हमें बन्द करके, बाहर से कुंडा लगाकर चले गये हैं।'

त - यह क्या कह रहे हैं! यह तो गलत है!

सं - वे आपकी गाड़ी को फौलो नहीं करने देना चाहते हैं!

त - तो क्या इसलिए पीटेंगे!

सं - बहुत बुरी तरह मारा है।

त - ओहो! अब आप लोग किस तरह बाहर निकलेंगे?

सं - पता नहीं! लगता है मोटल के लोगों को बोला हुआ है, कुंडी न खोलने को।

थोड़ी देर के बाद पुलिस वालों को पूछा कि दिल्ली में कहाँ ले जा रहे हैं, मुझे? दिल्ली में किस जगह? कोई निर्दिष्ट जगह है? पुलिस वालों में एक आदमी ही है जो हिन्दी में कम से कम सवालों का जवाब दे सकता है। जबकि लग नहीं रहा था कि जवाब देने की उसकी जरा सी भी इच्छा है। जवाब दे सकने वाला मूँछों वाला, डकैत-सा दिखने वाला था।

पु - नहीं। जगह आपको ढूँढ़नी होगी। हम बस दिल्ली तक पहुँचा देंगे।

त - दिल्ली में पुलिस के हाथों ही तो सौंपेंगे मुझे? मतलब सिक्योरिटी पुलिस के हाथों?

पु - दिल्ली के जिस पते पर भी जाना चाहती हैं, वहीं पहुँचा देंगे आपको।

त - मेरा कोई पता नहीं है, दिल्ली में।

पु - क्या नहीं है?

त - पता।

'भ' बाबू को फोन करती हूँ। सरकार के ऊँचे पद पर आसीन इन्हीं सज्जन व्यक्ति को मैं पहचानती हूँ। बहुत जल्दी, बहुत ही व्यस्त इंसान को उनके कुछ पूछने से पहले ही सारी बातें बता देती हूँ।

त - मुझे कलकत्ते से जयपुर भेज दिया गया, कल रात ही जयपुर पहुँची। वहाँ से अब कुछ घंटों के बाद ही, सुबह होने से पहले ही मुझे दिल्ली के लिए रवाना कर दिया गया, मैं कलकत्ता वापस लौट जाना चाहती थी, पर बिना बताये दिल्ली भेजने का कोई भी कारण मुझे नहीं दिखता। दिल्ली में पुलिस के किसी से भी इन लोगों की बातचीत नहीं हुई है। मुझसे ही जानना चाह रहे हैं कि मैं कहाँ जाऊँगी।

'भ' बाबू ने कहा कि क्यूँ मुझे दिल्ली भेजा जा रहा है, क्या हुआ है राजस्थान में, यह सब खबर लेकर वे मुझे बताएँगे, पर उन्होंने फिर बताया नहीं। उनकें सेक्रेटेरी ने फोन करके कहा कि मैं राजस्थान पुलिस वालों से कहूँ कि मुझे दिल्ली के पुलिस-स्टेशन पर उतार दें। वहीं से 'भ' बाबू के लोग मुझे लेने आ जाएँगे।

त - तब तो फिर सिक्योरिटी के लोग वहाँ से मुझे एयरपोर्ट ले जाएँ। मैं कलकत्ता चली जाऊँगी।

उस तरफ 'भ' बाबू के सेक्रेटेरी सुन रहे हैं।

त - देखिए तो इसका कोई मतलब है! मुझे दो दिन भी अगर जयपुर नहीं रहने दे सकते हैं तो मुझे घर लौट जाने दें! जयपुर से कलकत्ता चले जाने से ही झझंट मिट जाएगा। अब जयपुर से दिल्ली, दिल्ली से कलकत्ता। इतना घुमाने की जरूरत ही क्या थी, समझ में नहीं आता।

'भ' बाबू के सेक्रेटेरी ने कहा—हमम...

मैंने कहा, 'अच्छा बताइये तो, दिल्ली शहर से क्या एयरपोर्ट बहुत दूर है? ठीक याद नहीं कर पा रही हूँ। आज ही फ्लाइट पकड़ी जा सकती है न!'

सेक्रेटेरी ने कहा, 'पहले दिल्ली तो पहुँचिए। बाद की बाद में देखी जाएगी।'

अचानक रास्ते में एक जगह गाड़ी रोककर पुलिस वाले फिर गायब हो गये, सारी पुलिस की गाड़ियों में से ही पुलिस वाले गायब। अचानक न जाने क्यूँ अपनी वर्दियाँ उतारने लगे! दादा ने फुसफुसाती आवाज में कहा कि गाड़ी की नम्बर प्लेटें भी खोल दी हैं। ध्यान दिया कि मेरी गाड़ी के साथ-साथ, मेरी गाड़ी के सामने और पीछे वाली गाड़ियों की भी नम्बर प्लेटें नहीं हैं। दो तगड़े, सफेद पोशाक पहने पुलिस वालों ने बाद बाकी के सभी पुलिस वालों को राइफलों को छुपा देने को कहा। इसका मतलब है कि कोई समझ न पाये कि हथियार लेकर ये लोग कहीं जा रहे हैं! दादा और मेरी तरफ आँखें तरेर कर दोनों तगड़े पुलिसवालों ने कहा, 'मोबाइल फोन ऑफ करो।' मोबाइल फोन बन्द करो, यह हो क्या रहा है? क्यूँ करें ऑफ? पूछने से पहले ही, धमकी फिर

गूँजी, 'अभी तक ऑफ नहीं किया, अभी ऑफ करो।' जो पुलिस वाला गाड़ी चला रहा था, उसने मेरी तरफ घूरकर देखा, उसकी दृष्टि लोलुप है, या कि क्रोध और घृणा से भरी, समझ में नहीं आया।

दोपहर गुज़र गयी, फिर भी दिल्ली पहुँचने का कोई नामो-निशान नहीं, बल्कि रास्तों के साइनबोर्ड्स को देखकर समझ में आया कि हमारी गाड़ी दिल्ली की उलटी दिशा में जा रही है। दिल्ली पीछे है। दिल धड़क रहा है मेरा। डर से गला सूख गया। गाड़ी एक समय बड़े रास्ते से उतरकर अली-गली, खेत-मैदानों पर चलने लगी। खेतों को रौंदती हुई गाड़ी चल रही थी, हो सके तो नालियों में भी उतर जाए। मुझे लगने लगा कि यह लोग सचमुच के पुलिस वाले नहीं, इन लोगों ने मेरा अपहरण किया है। आईएसआई नाम का एक भयंकर कुछ है, सम्भवतः ये वही हैं। ये ही मुझे जयपुर से छल, बल और रणनीति से निकाल कर ले आये हैं। किसी गाँव-कूचे के किसी झाड़-जंगल में ले जाकर मार कर फेंक देंगे। मर कर सड़ जाऊँगी, किसी को पता भी नहीं लगेगा।

दिल्ली की सड़क से इन लोगों ने बहुत पहले ही गाड़ी घुमा ली है। कहाँ जा रहे हैं, यह समझना मेरे बूते से बाहर है। आपस में राजस्थानी में बात कर रहे हैं और पीछे मुड़-मुड़कर देख रहे हैं। ड्राइवर की आँखों में अभी भी मुझे कच्चा चबा जाने वाली दृष्टि है। देख ले रहे हैं कि मैं ठीक हूँ कि नहीं, मेरे पीछे की सीट पर जो लोग बैठे हैं, वे ठीक हैं कि नहीं, इस गाड़ी के पीछे वाली गाड़ी में कोई परेशानी तो नहीं और पीछे वाली गाड़ी के पीछे किसी संदेहजनक गाड़ी के होने का संकेत तो नहीं। मैं निश्चित हूँ कि ये लोग पुलिस वाले नहीं, ये मेरे दुश्मन हैं। मेरा फोन बन्द है, दादा जड़ और मैं गूँगी। गाड़ियों पर नम्बर प्लेट नहीं, इन लोगों के शरीर पर पुलिस की वर्दी नहीं, हा-हा कर हँस रहे हैं। उनसे कोई प्रश्न करूँ, या मोबाइल पर किसी को छुप कर कोई एसएमएस करके हालात बताऊँ, मुझमें वह साहस नहीं है। दादा के साथ कानों-कान बात करूँ, वो शक्ति भी नहीं है। गाड़ी जाकर रुकी एक निर्जन जगह में, एक सुनसान घर के बाहर। उस घर में एक भी प्राणी नहीं, वहाँ एक कमरे में हमें बैठने को कहा गया। मैं अच्छे से जानती हूँ कि मेरा रक्तचाप बढ़कर, आकाश छू रहा होगा। बाथरूम में घुसकर, फुसफुसाकर, जिससे कि दुश्मनों को भनक न पड़े, फोन पर बात करती हूँ, 'भ' बाबू के एक घनिष्ठ आदमी से। 'मुझे लगता है मुझे किडनैप किया गया है। ये लोग निश्चित ही मुस्लिम मौलवादी हैं, मुझे खून करने के लिए इतनी दूर ले आये हैं, दिल्ली न जाकर, एक जंगल में, लोगों की बस्ती से दूर, एक घर में ले आये हैं। मुझे डर लग रहा है।' परिचित व्यक्ति ने 'भ' बाबू से खबर लेकर, थोड़ी देर के बाद बताया कि 'भ' बाबू को नहीं लगता है कि मेरा अपहरण हुआ है। मेरे को दुश्चिन्ता करने की कोई जरूरत नहीं। इससे ज़्यादा आश्वस्ति की और क्या बात हो सकती है! जोर से साँस लेती हूँ। कई एक घंटे साँस रोककर पड़ी थी, गाड़ी में। कई

घंटे मेरे खून में, नाड़ियों में आतंक का तूफान बहा है। जोर से साँस खींचकर ध्वस्त, संत्रस्त मन को आराम देने की कोशिश करती हूँ।

एक पुलिस वाले ने आकर बताया कि जयपुर से कुछ ऑफिसर्स आ रहे हैं, मेरे साथ बात करेंगे। अफसरों को देखकर, मौत का जो डर मेरे गर्दन पर शकुन की तरह बैठकर, मेरी खोपड़ी को ठुकुर-ठुकुर ठोकरें मारकर, दिमाग़ को अवश कर रहा था, वह एकदम से दुम दबाकर भाग गया। रात के खाने के समय उन लोगों ने कहा कि इतनी सारी संवाददाताओं की गाड़ियाँ मेरी गाड़ी का पीछा करने लगीं थी कि उनसे बचने के लिए पुलिस ने हमारी गाड़ियों के नम्बर प्लेट्स खोल लिए, अपनी वर्दियाँ बदल लीं, जिससे कोई मेरी गाड़ी का पीछा न कर पाये और वे मेरी गाड़ी पहचान न पाये। जिस समय दिल्ली पहुँचने की बात थी, उस समय, सुरक्षा की ही वजह से समय पर नहीं पहुँच पाये। रिपोर्टरों से, खबर से, सुरक्षित दूरी पर रहना था, इसीलिए।

घटना को इतना गुप्त क्यूँ रखा जा रहा है, समझ में नहीं आता। यह बात मुझे बताई ही जा सकती थी कि संवाददाताओं से बचने के लिए यह सब किया जा रहा है। इतने रहस्य की गुत्थियाँ तो मैं अपने आप खोल नहीं सकती थी!

अब निश्चिन्त हो दिल्ली की ओर चल पड़ी। साथ में चार अफसर। रास्ते में जाते-जाते ही सुना कि राजस्थान की सरकार, बीजेपी सरकार है, मुख्यमन्त्री महिला हैं, वसुन्धरा राजे। यह सब कुछ भी नहीं जानती थी। ऑफिसर्स में से एक बंगाली थे। जैसे प्राण वापस मिल गया हो। उन्हीं के साथ ज़्यादा बातें करती रही।

दिल्ली के राजस्थान हाउस में जाकर गाड़ी रुकी। इतनी सतर्कता बरती गई थी कि रिपोर्टरों के चंगुल में न फँस जाएँ, पर कहाँ, वह तो पड़ना ही पड़ा! कैमरे की तेज रोशनी के बीच से मुझे गाड़ी से तेजी से उतारकर एक दुमंजिले मकान में ले जाया गया। एक सुईट दिया गया आराम करने के लिए। आज रात वहाँ बिताकर, कल सुबह किसी सुरक्षित घर में ले जाया जाएगा मुझको, यह बात मुझे 'भ' बाबू ने फोन पर बतलाई। यह भी बतलाया कि, मेरे लिए कोई कपड़े वगैरह खरीद कर ला रहा है।

त - कपड़े क्यूँ?

भ - कपड़े तो चाहिए ही होंगे। कुछ लायी हैं अपने संग?

त - नहीं, सिर्फ लैपटॉप।

भ - कपड़े-लत्ते और जो कुछ भी जरूरत है, वह सब दिया जाएगा आपको। ऑफिसर लोग आपके पास पहुँचाकर जाएँगे। वे ही आपकी देखभाल करेंगे।

त - मैं तो कलकता लौट जाऊँगी। मेरे को कपड़ों की जरूरत नहीं। कल ही तो लौट सकती हूँ। जो पहना है, उसे पहनकर रात गुजार सकती हूँ, कोई परेशानी नहीं होगी। एक रात के लिए कपड़ों-वपड़ों की जरूरत नहीं।

भ - नहीं, अभी कलकत्ता वापस नहीं जाया जा सकता है। कल आपको एक दूसरे घर में शिफ्ट किया जाएगा। घर की हम व्यवस्था कर रहे हैं।

त - घर?

भ - हाँ, अ सेफ हाऊज़।

त - पर...

भ - आप रहिए वहाँ। आशा करता हूँ, खाना-वाना अच्छा ही देंगे। कोई प्रॉब्लम नहीं होगी। कुछ जरूरत पड़ने पर मुझे फोन करिएगा।

खाने का इंतज़ाम अच्छा है। एक साथ, मेरे लिए बुक किये गये सुईट के बैठक खाने में बैठकर ही सब लोगों ने खाया।

दूसरे दिन सुबह केन्द्र के कुछ ऑफिसर्स आये। कुछ ज़्यादा उम्र के, कुछ कम के। वे बैठे रहे। लक्ष्य करती हूँ कि जयपुर के अफसर, केन्द्र के अफसरों को पसन्द नहीं कर रहे हैं। थोड़ी-थोड़ी देर के बाद किसी न किसी बात पर बहस शुरू कर देते हैं। दादा टेलीविजन को लेकर व्यस्त हैं। टेलीविजन पर, विशेषकर कलकत्ता के चैनलों पर मेरी खबर दिखाई जा रही है। मैं कहाँ हूँ, किस तरह हूँ, क्यूँ हूँ इत्यादि। किसी के पास भी मेरे साथ सम्पर्क करने का कोई उपाय नहीं है। 'भ' बाबू के भेजे गये अफसरों ने बोल दिया है कि मैं किसी भी संवाददाता के साथ कोई बात न करूँ। कहा कि अगर मैंने बात की तो बहुत मुश्किल हो जाएगी। इधर जयपुर के ऑफिसर्स मुझे अलग से कह रहे हैं कि मैं चुने हुए संवाददाताओं से जरूर बात करूँ। बाहर बहुत सारे रिपोर्टरों की भीड़ है। चौबीस घंटे चैनल वाले बाहर ही खड़े हुए हैं। कम से कम कुछ से जरूर बात करूँ। मुझे ठीक से समझ में नहीं आता है कि क्या करूँ। दोनों तरफ से दो तरह का दबाव और बीच में, मैं विमूढ़। वैसे मैं केन्द्र के अफसरों की बात मान लेती हूँ। 'भ' बाबू ने उन्हें भेजा है। वह मेरे हितैषी हैं, जो भी बोल रहे हैं, मेरे भले के लिए ही बोल रहे हैं।

जयपुर के अफसरों ने कहा कि कल मुझे यहाँ से हटा लेने के बाद, वे वापस जयपुर लौट जाएँगे। पर कल आता है, दिल्ली के अफसर आते हैं, गले का स्वर जितना सम्भव नरम कर कहते हैं कि एक दिन का समय और लगेगा सुरक्षित घर ढूँढ़ने में। इसीलिए मैं यहीं रुकती हूँ। संवाददाता भी रुक जाते हैं, दिन-रात के लिए। घर को घेरे हुए पुलिस वाले भी रुकते हैं। दादा टी.वी. में लगे हुए हैं। मुझे दिखाया जा रहा है, थोड़ी-थोड़ी देर के बाद। मैं कहाँ हूँ, किस तरह मुझे निकाला गया कलकत्ता से, इन सबको लेकर आलोचना चल रही है। स्टार आनन्द से लोग भेजे गये हैं बंग्लादेश में, मयमन सिंह में मेरे रिश्तेदारों का साक्षात्कार लिया जा रहा है। अपनी पत्नी और बच्चों की खबर सुनते-सुनते, दादा की आँखें खुशी से भर जाती हैं।

किसी भी संवाददाता से मैं बिल्कुल भी बात न करूँ, यही परामर्श देते रहते हैं

दिल्ली के अफसर। संवाददाताओं के साथ मैं जरूर बात करूँ, यही उपदेश देते रहते हैं जयपुर के अफसर। इसी बीच, दिल्ली के अफसरों की अनुपस्थिति और मेरी लापरवाही का फायदा उठाकर एक फोटोग्राफर, घर में घुसकर फटाफट मेरी कुछ तस्वीरें खींच लेता है। पूछने पर कि कौन था वह आदमी, जयपुर ऑफिसर्स कहते हैं कि इसी हाउस का निजी फोटोग्राफर था। उस फोटोग्राफर को, राजस्थान हाउस का निजी फोटोग्राफर बतलाकर मेरे कमरे के भीतर आ जाने दिया जयपुर ऑफिसर्स ने। बाद में उन चित्रों को विभिन्न पत्रिकाओं में छपा देखा था, मैंने।

जहाँ मैं पत्रकारों के हजारों अनुरोध के बावजूद, किसी से भी नहीं मिल रही हूँ। सभी को एक ही वाक्य में लौटा दे रही हूँ, जानने वाले या अनजान, किसी का भी फोन नहीं उठा रही, किसी का भी आवेदन-अनुरोध नहीं मान रही, ऐसे समय में कमरे के अन्दर कैमरा और एक रिपोर्टर! इस तरह किसी एक की खातिरदारी क्यूँ करूँ मैं! जयपुर के ऑफिसर्स जैसे आसमान से गिर पड़े हों, तुम बरखा दत्त को नहीं पहचानतीं, वो हिन्दुस्तान की सबसे नामचीन संवाददाता हैं। नहीं, मैं बरखा दत्त को नहीं पहचानती, मैं तो करन थापर को भी नहीं जानती थी। साक्षात्कार के लिए मुँह पर ही ना कह दिया था। करन थापर को ही कलकत्ता आना पड़ा था। साक्षात्कार देते समय मैं समझ नहीं पायी थी कि वह इतने मशहूर व्यक्ति हैं और बहुत बाद में, लोगों के मुँह से सुनकर, या सीएनएन पर 'डेविल्स एडवोकेट' देखकर, हिन्दुस्तान टाइम्स में उनके लेखों को पढ़कर जाना कि करन थापर एक नामी व्यक्ति हैं। बरखा साक्षात्कार चाहती हैं, इसे बहुत तरीकों से मुझे समझाने की कोशिश की जा रही है। मेरा बात करना उचित है, मेरे बात करने से क्या कुछ हो रहा है, लोग जान पाएँगे, मुझे जनता का समर्थन मिलेगा। जयपुर वाले दबाव डाल रहे हैं। खिसियायी सी अवस्था है, मेरी। उधर 'भ' बाबू की बात को अमान्य करना भी ठीक नहीं। बहुत कहने-सुनने के बाद, बात करने को राजी हुई मैं, पर साक्षात्कार नहीं। बस एक व्याकुलता की अभिव्यक्ति, 'मैं कलकत्ता लौटना चाहती हूँ', इससे ज़्यादा और कोई बात नहीं।

बीजेपी के एक नेता आये थे। ऐसी कोई भी बात नहीं हुई। वह थोड़ी देर बैठकर चले गये। वैसे महात्मा गाँधी की नातिन तारा गाँधी आयीं मिलने, उपहार में दे गयीं अपने हाथों से बुना एक बैग, उनके साथ ही बातें करती हूँ। तारा गाँधी के साथ वह मेरा पहला परिचय था। उन्होंने कहा कि, मिलती-मिलाती रहेंगी वे। उनके भाई गोपाल कृष्ण गाँधी तब पश्चिम बंगाल के गवर्नर थे। राजभवन में एक बार कविता पाठ किया था, बड़े मन से बांग्ला कविता सुनी थी, बहुत प्रशंसा की थी मेरी। एक बार फोन पर बात भी हुई थी, जब मुझे पश्चिम बंगाल की सरकार, कलकत्ता के घर से निकलने नहीं दे रही थी । सुनकर कि मैं किस तरह जिन्दा हूँ, नाराज़ होकर उन्होंने कहा था कि मैं केन्द्र को बिना देर किये, इस बात की खबर जरूर करूँ।

पहले दिन ही राज्य की मुख्यमन्त्री, वसुन्धरा राजे ने कहा, 'जितने दिन मर्जी

रहिए राजस्थान हाउस में', अफसरों ने भी कहा। इन्हीं लोगों ने फिर तीन दिनों बाद कह दिया, 'आज ही आपको निकलना होगा राजस्थान हाउस से।' हाँ आज ही। मुख्यमन्त्री ने हमें कहा है, आज ही। 'भ' बाबू के लोगों को फोन पर बताया मैंने, 'मुझे निकल जाने को कहा है, आज ही।' मैं शायद दुनिया का बहुत कुछ समझती हूँ, बस सिर्फ राजनीति का सिर-पैर कुछ नहीं समझ पाती। जो ऑफिसर्स इतने आन्तरिक थे, इतने सम्मान से बात कर रहे थे, वे ही अब नाराज हैं, उनकी ही भाषा अब इतनी सख्त है, अब उनके आचरण में स्पष्ट अनादर झलक रहा है। बस मुझे इतना समझ में आया कि वे मुझसे इसलिए असन्तुष्ट हैं क्यूँकि मैंने दिल्ली के अफसरों की बात मानकर, किसी भी संवाददाता को साक्षात्कार नहीं दिया। जयपुर वालों की युक्ति थी, 'तुम्हारा अभी खराब समय चल रहा है और मीडिया तुम्हारे पक्ष में है, तुम मीडिया को एवॉयड कर रही हो, मीडिया को खिजा रही हो। तुम समझ नहीं रही हो कि जब तक तुम मीडिया में हो, मीडिया तब तक तुम्हारे साथ है और तब तक ही कोई भी सरकार, कोई भी पॉलिटिकल पार्टी तुम्हारा कुछ नहीं बिगाड़ सकती। तुम अगर मीडिया में नहीं हो, तो कोई भी, कैसा भी खेल खेल सकता है, तुम्हारे साथ। सीपीएम ने किस तरह तुम्हें निकाल बाहर किया पश्चिम बंगाल से, बताओ सभी को। अगर किसी को कुछ पता ही नहीं चलेगा, तो लोगों का सपोर्ट किस तरह मिलेगा तुम्हें? इस देश के लोग तुम्हें चाहते हैं, तुम उनसे दूर क्यूँ रहोगी? मीडिया को इस्तेमाल करो लोगों तक पहुँचने के लिए।' सारा दिन जयपुर वाले कहते ही जा रहे हैं, 'तुम गलती कर रही हो, चुनकर, गिने-चुने कुछ मीडिया संवाददाताओं से तुम्हें बातचीत करनी चाहिए।' इतना सब कुछ बोलने के बाद भी मैं तैयार नहीं हुई। आउटलुक की संवाददाता, शीला रेड्डी से मिलने को तैयार हुई थी, साक्षात्कार देने के लिए नहीं, सिर्फ मिलने-जुलने के लिए। मेरे को लेकर कई लेख लिखे थे उन्होंने आउटलुक में। शीला रेड्डी ने भी कहा कि जब तक मीडिया मेरे पक्ष में है, तब तक सरकार मेरे खिलाफ कुछ भी नहीं कर सकती।

परन्तु साक्षात्कार नहीं देने की वजह से, एक राज्य के एक सरकारी घर से, मुझे अतिथि की तरह स्वीकार करने के बाद, मुझे उसी घर से ही निकल जाने को कहा जाएगा, यह मुझे विश्वास नहीं होता। हो सकता है कोई दूसरा कारण हो, पर वह वजह मेरे लिए हमेशा ही अनजान रहेगी। रात गये मुझे पिछले दरवाजे से बाहर किया गया। उससे पहले दिल्ली के अफसरों ने एक ऑफिसर को तसलीमा बना, बुर्का पहना, राजस्थान हाउस से निकाल कर गाड़ी में बिठाया। उस गाड़ी के पीछे जब रिपोर्टरों का झुंड भागा, तब सावधानी के साथ, सचमुच ही मुझे पीछे के दरवाजे से निकाल सीधे कैंटोनमेंट की ओर ले गये। वहाँ दो दिन रखकर मुझे दूसरे कैंटोनमेंट में ले जाया गया। पता मालूम नहीं। मेरा अज्ञातवास यहीं से शुरू हुआ। बहुत कुछ दिया गया मुझे, मोबाइल, इंटरनेट, कपड़े-लत्ते, साबुन-शैम्पू, जो भी खाना चाहती हूँ वो सब, पलँग, कुर्सी-मेज, सोफा, टी.वी. और मेरा साथ देने के लिए या पहरा देने के लिए या

फिर मुझे आँखों-आँखों में रखने के लिए दो सरकारी अफसर। सब कुछ है, बस एक ही चीज नहीं है अज्ञातवास में, कहीं जाने. घर से निकलने या किसी से मिलने का अधिकार या आजादी।

अफसर बीच-बीच में कहते रहते हैं, 'आजादी बिना जिन्दा रहना बेकार है।'

मैं चुपचाप सुनती हूँ, वे मेरे मुँह की ओर अपलक देखते रहते हैं कि चमड़ी किस जगह से सिकुड़ रही है, कितनी नसें फड़क रही हैं, कितने स्नायु हिल रहे हैं, पेशियों के क्या हाल हैं।

दादा वापस जाने के लिए बेचैन हो जाते हैं किसी भी तरह उन्हें अब रोकना सम्भव नहीं। बहन को इस हालत में छोड़कर क्यूँ जाना चाहते हो, कोई माया-दया नहीं है क्या, जाने कब क्या हो जाए, अगर मर जाऊँ तो! यह सब बातें, या मेरे आँसू दादा को नहीं रोक पाते। दादा ने भी क्या मन ही मन मुझे अलविदा कह दिया है। मुक्ति पाकर दादा बहुत खुशी के साथ कलकत्ता होकर ढाका लौट गये। मैं अकेली रह जाती हूँ। मेरी लड़ाई, हमेशा से, मुझ अकेली की ही है।

# निरापद घर की कविता

## अ

कुछ लोग हैं, जो मेरे सच बोलने पर बहुत नाराज होते हैं। कहते हैं, 'तसलीमा अब से और सच मत बोलो। यह युग गैलिलिओ का युग नहीं है। पर इस इक्कीसवीं सदी में भी सच बोलने पर समाज बहिष्कृत कर देता है, देश ही देश-निकाला दे देता है। राष्ट्र गृहबन्दी बनाता है, सजा देता है, सत्य मत बोलो।'

उससे अच्छा है कि झूठ कहो, कहो कि पृथ्वी के चारों ओर घूमता है सूर्य, बोलो कि जैसे सूर्य की अपनी रोशनी है, चाँद की भी है, कहो कि पृथ्वी के शरीर पर पहाड़ों को कीलों की तरह ठोका गया है, कहो कि पुरुषों की पसलियों की हड्डी से बनी है औरत, कहो कि औरत की गर्दन की न जाने कौन सी एक हड्डी है, जो बहुत ही टेढ़ी है। बोलो कि प्रलय के दिन सब इंसान अपनी कब्रों से, राख से, नष्ट हड्डी-पसलियों से, ताजे युवक-युवती बन अचानक जाग उठेंगे, स्वर्ग या नरक में अनन्तकाल के लिए जीवन बिताने जाएँगे। तुम झूठ बोलो तसलीमा। बोलो कि विश्व ब्रह्मांड में अनगिनत ग्रह, उपग्रह, नक्षत्रों के झुंड मिथ्या हैं, गुरुत्वाकर्षण शक्ति झूठी है, मनुष्य चाँद पर गया है, यह झूठ है।

मिथ्या बोलने से तुम्हें निर्वासन से मुक्ति मिलेगी, तुम्हें देश मिलेगा, बहुत से दोस्त मिलेंगे, हाथ-पैरों की ज़ंजीरें खोल दी जाएँगी, तुम रोशनी और आकाश देख सकोगी। इस तरह तुम्हें अकेले, अँधेरे में मुँह फाड़े खड़ी मृत्यु के मुख में कोई नहीं फेंकेगा।

तुम सत्य मत बोलो तसलीमा, जिन्दा रहो।

## आ

जिस शहर को अपना कहा था, वह शहर मेरा नहीं, वह शहर धुरधंर राजनीति से ग्रस्त है, बेईमान व्यवसायी और औरतों को खरीदने-बेचने वाला शहर है। वेश्या दलालों का शहर, लम्पटों का शहर है। बलात्कारियों का है, वह शहर। खून, बलात्कार या अत्याचार होने पर किसी को भी कुछ फर्क नहीं पड़ने वालों का शहर है, वह। वह मेरा शहर नहीं। वह मुँह पर कुछ और मन में कुछ रखने वालों का शहर है, वह मेरा शहर

नहीं। बस्तियों के भूखों के बगल से निर्विकार चले जाने वालों का शहर है, फुटपाथ पर मरे पड़े भिखारी को लाँघते हुए चले जाने वालों का शहर है। मुश्किलों की भनक मिलते ही फटाफट खुद को बचाकर निकल जाने वालों का शहर है। अन्यायों के ढेर पर मुँह बन्द कर बैठे रहने वालों का शहर है। इह और परलोक की कल्पनाओं में डूबे रहने वालों का शहर है, ज्योतिषियों का शहर, अपने लिए सहेजने-समेटने वालों का, अपना फायदा ढूँढ़ते रहने वालों का शहर है, वह शहर किसी तरह भी मेरा नहीं। वह झूठों का शहर, कूपमंडूकों का शहर, ठगों का शहर। वह मेरा नहीं है, वह शहर है मौकापरस्तों का, स्वार्थ में अन्धे हो चुके लोगों का और धर्मान्धों का। उनके शहर में हम गिने-चुने कुछ आजाद ख़याल, युक्तिवादी, प्रतिवादी, कुछ सच्चे-सज्जन लोग बहुत डर-डर के रहते हैं।

## इ

रात के तीन बजे नींद खुल जाने पर अब और परेशान नहीं होती। लोग ऐसा बोलते हैं कि रात में नींद ठीक नहीं होने से, दिन अच्छा नहीं कटता। पर दिन अगर अच्छा न भी बीते, तो उससे फर्क ही क्या पड़ता है! मेरा दिन क्यूँ है और रात भी क्यूँ। दिन, दिन की तरह बैठा रहता है दूर और रात भी रात की तरह है, मेरा जागना भी नींद की गोद में मुँह छुपाए, सिकुड़कर लेटा रहता है। ये दिन-रात, ये समय, इनको लेकर मुझे कुछ नहीं करना, जीवन और मृत्यु एक हो जाने पर किसी भी चीज को लेकर, कुछ और करने को नहीं रह जाता है। मैं अब कुछ भी कह-सुन कर जीवन को मृत्यु से, अलग नहीं कर पाती और न ही आजकल मृत्यु को जीवन से अलग कर, कहीं उठा कर रख पाती हूँ।

## ई

बन्दूक हाथों में लिए सेना घूम रही है चारों तरफ और बीच में मैं, निशस्त्र। सेना का कोई भी मुझे नहीं पहचानता, निशस्त्र औरत की तरफ बीच-बीच में अजीब नजरों से देखते हैं। कोई नहीं जानता कि मैं अचानक यहाँ किस वजह से हूँ! मैला शरीर, मलिन कपड़े-लत्ते, अजीब से उड़ते हुए बाल, बदन पर ज़ंजीर नहीं है मेरे, पर कहीं न कहीं तो है, वे समझ जाते हैं, जानते हैं कि मैं चाहने पर भी, दो कदम भी न आगे बढ़ पाऊँगी। उनकी आँखों की पुतलियों में, वीभत्स-सा, जान ले लेने का जज़्बा देखती हूँ। बन्दूकें डराना जानती हैं, बेयनेट, बूट जूते जानते हैं, डराना। अगर न डरूँ तो वे बहुत परेशान होंगे और कानूनन किसी को भी परेशान करने का अधिकार मुझे नहीं है। अगर वे ऊपर वालों को यह खबर भेज देते हैं कि लगता है इसको बिल्कुल भी डर नहीं लगता। पूरे दम से ज़ंजीरें तोड़ना चाहती है! ऊपर के पद वाले लोग निश्चित ही फाँसी देंगे। फाँसी का दिन ठीक होने पर खाने को देंगे मछली का झोल, हिलसा, झींगा इत्यादि।

अगर कहूँ कि नहीं खाऊँगी! फाँसी के तख्ते पर चढ़कर, अगर एक भी दीर्घश्वास न छोड़ूँ तो? गले में फाँसी का फन्दा पहनने के बावजूद अगर मैं न डरने का दुःसाहस करूँ तो?

उ

कई साल से मैं मृत्यु के बहुत करीब हूँ, हम लगभग आमने-सामने खड़े हैं। अपनी माँ के आगे, मेरे पिताजी और कुछ प्रिय लोगों के आगे रुँधे गले से खड़ी हुई हूँ, मैं, कई सालों से। कुछेक सालों से मुझे ठीक से नहीं पता कि मैं जिन्दा हूँ भी या नहीं। कुछेक वर्षों से जिन्दा रहने और न रहने के बीच का अन्तर घटते-घटते सिफर पर आकर धागे सा हिल रहा है। कई सालों से मेरे अन्दर और बाहर जो इंसान रह रहा है, वह एक गूँगा इंसान है, जिसके वृक्ष से आखरी सूखा पत्ता भी झर गया है। पूरे जन्म भर के लिए वसन्त ने जीवन से विदा ले लिया है। आज रात अगर मेरी मौत हो जाती है, तो कोई कुछ मत कहना, बस कहीं किसी हरसिंगार फूल के पेड़ के नीचे एक एपिटाफ़ गाड़ देना, कई सालों से लिखा मेरा एपिटाफ़, सफेद काग़ज़ के बदन पर सफेद रंग से, बड़े यत्न से लिखा गया एपिटाफ़।

ऊ

क्या कभी, किसी भी लेखक को गृहबन्दी बनाया गया था? लेखकों को लेकर हो सकता है बहुत राजनीति हुई हो, मारा-मारी हुई हो, आग लगाई गयी हो, पर किसी भी देश में, लेखक को किसी ने कभी गृहबन्दी नहीं बनाया। इस भारतवर्ष ने, यहाँ की सभ्यता ने, इस इक्कीसवीं शताब्दी ने, एक लेखक को ग्रहण किया था, और क्षण भर में ही उसे बर्जित कर दिया, इस देश के बचकाने धर्म और निष्ठुर राजनीति ने। कोई भी अपराध नहीं किया था लेखक ने, पर आज वह गृहबन्दी है। लेखक अब बिना आसमान को देखे, जानता ही नहीं कि आकाश देखने में कैसा है। कवि के सामने एक अन्धकारमय जगत को छोड़, चले गये हैं तारे, कह गये हैं वे अब इस राह से नहीं गुजरेंगे। आज एक सौ पचपन दिन से लेखक गृहबन्दी है, एक सौ पचपन दिनों से लेखक नहीं जानता है कि जिसके पास हृदय हो, ऐसा कोई और इस दुनिया में रहता है या नहीं, एक सौ पचपन दिनों से लेखक नहीं जानता है कि वह जिन्दा है कि नहीं। किसके पास जाकर अपने दिन वापस माँगेगा वह, अन्धकार को अपने सामने बिठाकर सोचता है लेखक, कौन उसके जीवन में लौटाएगा सूरज की रोशनी, कौन देगा उसको, किसी दिन एकान्त में जीवन का मंत्र। कम से कम लेखक को सांत्वना देने को ही कह दें लोग कि इससे पहले जो भी गृहबन्दी हुए थे, अधिकांश लेखक ही थे, जिससे निःसंगता से उसका मन थोड़ी मुक्ति तो पाये।

## ऋ

चाहा था मनुष्यों के अ़न्धेपन को दूर करना, चाहा था उनके सील बंद हृदय से विषमता, हिंसा, अन्धकार और अस्वस्थता की जड़ें उखाड़ फेंक, प्यार का रोपण कर दूँ। मेरी चाहत की सजा दी है मुझे, प्रिय हिन्दुस्तान ने।

## ए

पर किस तरह दुश्चिन्तामुक्त होंगी इस अज्ञातवास में। एक आजाद मन के इंसान को अचानक, जीवन भर के लिए, उठाकर एक पिंजरे में कैद कर देने से, वह किस तरह दुश्चिन्तामुक्त हो सकता है! पिंजरे से क्या कभी आजादी मिलेगी या नहीं, लोगों के कोलाहल में, लोगों की ही तरह क्या कभी भी अपना जीवन बिता सकेगी या नहीं, यह जाने बगैर वह कैसे दुश्चिन्तामुक्त होगी! रोशनी के लोग कब तक अँधेरे में अन्धों की तरह हाथ-पैर मार सकते हैं! मेरे शरीर में तीर की तरह चुभी हुई है दुश्चिन्ता, जब तक उस पिंजरे से मुक्ति नहीं, तब तक तीर से भी नहीं है मुक्ति।

## ऐ

कल रात देखा कि कहीं से एक छिपकली कूद कर मेरे बदन पर गिर पड़ी और अपनी बाँहें बढ़ाकर मेरी गर्दन की ओर आ गयी, फिर गर्दन से आगे बढ़ते हुए सिर की तरफ और फिर बालों के जंगल में छुपकर दूसरी छिपकली की ओर बिना पलकें झपके घंटे दो घंटे तक देखती रही। दूसरी छिपकली बैठी हुई थी मेरे दाहिने पाँव के घुटने से इंच-दो इंच नीचे। सारी रात बाल भर भी नहीं हिली। उनको हटाने की कोशिश व्यर्थ हो जाने पर, मैं जो हर वक़्त करती हूँ वही करने लगी, आँखें मूँद कर पड़ी रहती हूँ। मन ही मन सौ से एक तक बार-बार गिनती हूँ। कोई भी वजह नहीं है गिनने की, फिर भी गिनती हूँ।

जिस बिस्तर पर मैं सो रही हूँ, बहुत दिनों से उस पर मेरे बिना धुले कपड़ों, जूठे बर्तनों, कटे-पिटे अक्षरों की कॉपियों, चाय के दागों से बादामी हो चुकी पुरानी पत्रिकाओं, बालों से अँटी कंघी, नरम पड़ चुके मुरमुरों, खुली दवाइयों, स्याही खत्म हो चुके कलम वगैरह का अम्बार है। दो सौ के करीब बड़े-बड़े काले चींटे, कई दिनों से, दिन भर बिस्तर पर मैल फेंक रहे थे। जुट गये थे अपने लिए नयी बस्ती बनाने। मुझपर दखल कर ले रहे थे वे। वे बहुत ही क्षुद्र प्राणी हैं। सिकुड़ते-सिकुड़ते, दिन पर दिन मैं भी उन्हीं की तरह क्षुद्र होती जा रही थी। आश्चर्य है! मेरे पूरे शरीर पर ध्रुपदी नृत्य का उत्सव कर रहे थे अब तक, पर भूलकर भी उन्होंने मुझे काटा नहीं। मुझे विश्वास है, उन्होंने मुझे, उनमें से ही एक समझा।

सम्भवतः इंसानों की दुनिया से, इन कीड़े-मकोड़ों की दुनिया में ज़्यादा महफ़ूज़ हूँ मैं।

## ओ

दिन पर दिन बीतते जा रहे हैं, मैं नहाती नहीं हूँ। महीना गुजर रहा है, बदन से दुर्गन्ध आ रही है, नहाने की इच्छा फिर भी नहीं जागती, नहाऊँ भी क्यूँ, क्या फायदा है नहाने से! एक विचित्र-सी उदासीनता मुझ पर अधिकार जमाये रहती है।

तीन बार लोग आते हैं खाना लेकर, पसन्द हो या न हो, खाना पड़ता है। बिना खाये अगर जिन्दा रहा जा सकता, तो बोल देती–कल से जो भी दो, कम से कम खाना मत देना।

सोने के लिए जाने से पहले डर लगता है, अगर कुछ हो जाए तो! अगर फिर नहीं जग पायी तो! सोते हुए बार-बार चौंक कर उठ जाती हूँ, आस-पास देखती हूँ, क्या यह घर मेरा है? नहीं, यह मेरा घर नहीं।

निर्वासन एक निहायत ही बुरा सपना है, पर काश यह सत्य न हो, या यह सच नहीं है–यही सपना सारा दिन देखती हूँ, सोने पर यदि यह स्वप्न चुक जाए, इसीलिए सोने से डर लगता है।

ऐसा ही आदेश आया है अगर घूमना ही है तो चारदीवारी के अन्दर, उस चौकोर कमरे के अन्दर ही घूमा-फिरा करो। कमरा कमरे की तरह ही रहता है, मैं एक कोने में, मिले आदेश से अवश-सी, स्तब्ध बैठकर सोचती हूँ कि यह विशाल, विस्तृत पृथ्वी, कब से इतनी तंग हो गयी!

जेल में भी सुना है कुछ नियम होते हैं, कम से कम मिलने-जुलने का समय तो रहता ही है, बस मेरे ही पास कुछ नहीं है। स्वजन, मित्र कोई भी नहीं होने चाहिए मेरे। हर दिन जेल की सुविधाएँ देने के लिए आवेदन करती हूँ, पर सब निरुत्तर हैं।

## औ

मैं अगर इस देश में रहना चाहती हूँ तो इसी तरह, जैसा रखा गया है मुझे, वैसे ही रहना होगा। इसी तरह कारागार में, बन्द घर में, अकेले! कितने दिन, कितने महीने या साल? इसका कुछ पता नहीं। किसी भी दिन दोबारा जिन्दगी पाऊँगी क्या? कुछ ठीक नहीं।

क्या कारण है इस बन्द घर का? मेरे निकलते ही देश के दस लोगों की मृत्यु हो सकती है।

चौंक उठती हूँ–मेरी वजह से? आँखें नीची करके लोग कहते हैं–हाँ। बोलती हूँ–एक बार आजादी देकर ही देखिए, देखिए कितना युक्तिहीन है यह अभियोग! उधर तो लोग यह सोच कर बैठे हैं कि मेरे लिए ही है यह सब इतंजाम, मेरे लिए ही है अभेद्य सुरक्षा, जिससे कि मैं न मरूँ! हो सकता है कि इस दुनिया का ही नियम हो कि किसी को सुरक्षा देने के लिए, किसी को खो जाना पड़ता है, एक अजीब-से अँधेरे में। मेरी कैद, और दस जनों को सुरक्षा दे रही है, मेरा कारावास दस और लोगों को बहुत निश्चिन्तता दे रहा है।

बहुत जानने का मन करता है कि कौन हैं वे दस जन? क्या वे राह चलते लोग हैं या कि आलीशान घरों में रहने वाले लोग! क्या वे इंसान ही हैं, या कि लोगों की लोकातीत लोकनीति है? किनको बचाने के लिए आज मुझे रोज ही देखना पड़ रहा है, मौत का वीभत्स चेहरा!

### क

ऐसे एक निरापद घर में मुझे रहना पड़ रहा है जहाँ अच्छा नहीं लगने पर भी, मुझे कहने का अधिकार नहीं है कि मुझे अच्छा नहीं लग रहा है। ऐसा एक सुरक्षित घर जहाँ तकलीफ पाते रहने पर भी, मैं रो नहीं सकती। आँखें झुका कर रहना पड़ेगा मुझे, जिससे कोई देख न सके कोई भी अनसुलझा दर्द उनमें।

ऐसा घर, जहाँ इच्छाओं का हर दिन सुबह-सुबह खून हो जाता है और शाम होने से पहले ही, घर के आँगन में गाड़ देना पड़ता है, इच्छाओं की मलिन मृत देह को।

दीर्घश्वास छोड़कर निरापद घर की निस्तब्धता को भंग करती हूँ, गहरी साँसों की आवाज को छोड़, कोई भी और आवाज नहीं है घर के अन्दर-बाहर। हर दिन डर-डर के सोने जाती हूँ, डर-डर के जागती हूँ, अपने साये के साथ जितनी देर जागी रहती हूँ, मन ही मन में बातें करती रहती हूँ। पता नहीं कहाँ से एक विषधारी साँप आकर गाढ़ा क्रोध और घृणा छिड़कता-छिड़कता, सारा दिन मेरे शरीर पर रेंगता रहता है, फुँफकारता हुआ। कहता है, चली जाओ, सीमा के पार, दूर कहीं। कौवे-पक्षी न देखें, किसी दुर्गम पर्वत की ओर कहीं चली जाओ। मेरी छाया के बदन पर भी साँप रेंगता हुआ कहता जाता है, इस जन्म के लिए चली जाओ। मित्रों से प्रार्थना करो कि निरापद इस घर से सुरक्षित निकल कर बच पाऊँ मैं। प्रार्थना करो कि किसी दिन, एक असुरक्षित घर में रहने का सौभाग्य हो मेरा।

### ख

जरा इंसानों को देखने देंगे? देखने देंगे सड़क के लोगों को? लोग चल रहे हैं, हँस रहे हैं, एक आदमी दाहिनी ओर चलते-चलते न जाने क्या सोच कर बायीं तरफ मुड़ जाता है, देखने देंगे उसको मुड़ते हुए? खेतों में, दुकानों में, सिनेमाघरों में, कार्यक्रमों में, थियेटरों में लोग। इंसान दौड़ रहे हैं। गाड़ियों में, बस में, ट्राम में, ट्रेन में, चल रहे हैं लोग, देखने देंगे मुझे?

इंसान देखने देंगे? घरों में लोग, प्यार करते हुए लोग, सपने देखते हुए लोग, सोचते हुए लोग, देखने देंगे?

'खिड़की की दरारों से जितना भी फटा-चिथड़ा बादल या धूप दिख जाती है, उसे ही देख कर जिन्दा रहना होगा', 'लोग?', उन लोगों ने कहा है 'नहीं होगा', और अपना मानव जीवन, इसी तरह गुजारना पड़ेगा मुझे, मनुष्य विहीन।

## ग

तुम्हारा अपना ही देश अगर तुम्हें देश न दे, तो क्या दुनिया का कोई भी और देश तुम्हें देश देगा, बोलो! घूम-फिरकर सारे ही देश एक से ही हैं, शासकों के चेहरे और चरित्र भी एक जैसे। तकलीफ देना चाहेंगे तो एक ही तरह का कष्ट देंगे, एक ही तरह से प्यार से सुई चुभाएँगे, तुम्हारे रोने के आगे पत्थर-सा मुँह बनाये बैठे रहेंगे और मन ही मंन नाच रहे होंगे। नाम, पता अलग हो सकता है पर अँधेरे में भी ठीक पहचान में आ जाएँगे, उनका चीखना, फुसफुसाना, चलने-फिरने की आवाज सुनकर समझ जाओगे कि कौन हैं वे, हवा जिधर की है, उधर ही उनके दौड़ते रहने के समय हवा ही तुम्हें बता देगी कि कौन हैं वे। शासक अन्त में शासक ही होता है।

जितना भी तुम खुद को समझाओ कि किसी भी शासक की सम्पत्ति नहीं है देश, बल्कि उसके लोग जो देश से प्यार करते हैं, देश उनका है। जितना भी तुम जिसको समझाओ कि यह देश तुम्हारा है, तुमने इसका निर्माण किया है, अपने हृदय से, तुमने अपने श्रम और सपनों की तूलिका से चित्रांकित किया है, इसका मानचित्र। शासक अगर तुम्हें दुत्कार कर निकाल बाहर करे तो कहाँ जाओगे! कौन-सा देश अपना दरवाजा खोल देगा, भगाये गये किसी को आश्रय देने के लिए! कौन-सा देश तुम्हें किस मुँह से अपना देश देगा, बोलो!

तुम अब कुछ नहीं हो, शायद इंसान भी नहीं हो। तुमको हराने के लिए बाकी ही क्या रह गया है! यही तो समय है कि सारी दुनिया को घसीट कर बाहर लाकर कहो कि जहाँ देश की सीमा समाप्त हो जाती है, उस 'नो मैन्स लैंड' यानि 'किसी की भी ज़मीन नहीं' के नाम पर जितनी भी जगह है, तुम्हें वहीं खड़े होने की जगह दें, वहीं आश्रय दें, वही अवांछित मिट्टी का टुकड़ा, आज से तुम्हारा देश हो।

## घ

भारतवर्ष सिर्फ आज मेरा भारतवर्ष नहीं, मेरे जन्म के पहले से ही भारतवर्ष मेरा इतिहास है। विरोध और विद्वेष की छुरी से द्विखंडित हुआ, भयावह टूटन को सीने में लिए, अनिश्चित सम्भावना की ओर, दमसाधे दौड़ता, मेरा यह इतिहास। खून-खराबे से सना हुआ मृत्यु का इतिहास। इसी भारतवर्ष ने मुझे भाषा दी है, मेरी संस्कृति को समृद्ध किया है। मुझे स्वप्न में शक्तिमयी किया है। यही भारतवर्ष, अब चाहने पर छीन सकता है, सारा इतिहास, मेरे जीवन से मेरा अस्तित्व, मेरे स्वप्न से मेरा स्वदेश।

नामोनिशान मिटा देना चाहते हैं मेरा, यह सोच के, मैं क्यूँ आज खत्म हो जाऊँ! भारतवर्ष ने तो जन्म दिया है, महात्माओं को। आज उन लोगों ने हाथ बढ़ाया है मेरी तरफ, इस असहाय, अनाथ, अनाकांक्षित की ओर। यह हाथ देश से भी लम्बा है, देश, काल से भी ऊपर, ये कुछ हाथ मुझे जगत की सारी निष्ठुरताओं से, बड़ी ममता के

साथ सुरक्षा देते हैं। उनको ही आज मैं देश कहके बुलाती हूँ, उनके ही हृदय में आज मेरा सचमुच का स्वदेश है।

### ङ

आज मेरे देश को मेरी यंत्रणाओं की ओर देखते हुए एक युग से भी ज़्यादा बीत चुका है। अलग-अलग मुल्कों में मेरे कैद को देख रहा है, मेरा देश, दूरी बढ़ जाने पर दूरबीन लगाकर देखता है, बेदम हँस रहा है, पन्द्रह करोड़ लोग बहुत आनन्द लेकर भोग कर रहे हैं, मेरा सर्वनाश।

मेरा देश पहले ऐसा नहीं था। उसका एक हृदय था, देश में कुछ इंसानों जैसे लोग थे। पर अब ऐसा नहीं है। बस कुछ जरजराई नदियाँ, गाँव और शहर। इधर-उधर कुछ पेड़-पौधे, घर-दुकान और धूसर चराचर में लोगों की तरह दिखते कुछ इंसान।

एक समय मेरा देश बहुत जीवन्त था, एक समय लोग बहुत कविताएँ पढ़ते थे, और अब, कवि को निर्वासन देने से पहले कोई दोबारा सोचता तक नहीं है, अब पूरा देश कवि को निश्चिन्तता के साथ आधी रात को फाँसी दे देता है, पन्द्रह करोड़ लोग बहुत आनन्द लेकर भोग करते हैं इस मर्मान्तक मृत्यु को।

पहले देश, प्रेम करना जानता था, अब हिंसा करना सीख गया है, आँखें दिखाना सीख गया है। अब देश के हाथों में धार लगी तलवार रहती है, कमर में खुँसा होता है मारणास्त्र, भयानक बम, देश अब नहीं जानता है, गाना-बजाना।

एक युग से ज़्यादा हो चुका, दुनिया को तहस-नहस कर ढूँढ़ रही हूँ देश, एक युग हो गया नींद नहीं आयी है, देश-देश करते हुए उन्मादी की तरह, देश के किनारे आकर, उसे स्पर्श करने के लिए दोनों हाथ बढ़ा रखे हैं और सुनती हूँ कि अगर मैं देश के हाथों आ गयी तो मेरी खैर नहीं।

### च

मेरा बंगाल और बंगाल नहीं रहा, सोनार बांग्ला का अब क्षय हो चुका, मेरे रुपहले बंगाल के बदन पर अब जंग लग गया है, पश्चिम और पूर्व बंगाल आज एक से हो चुके हैं। धर्मान्ध लोग अब छड़ी घुमाते हैं, डरपोक सिर नीचा किये चलते हैं, निश्चित ही यह बिना सिर वाले असुरों का युग है। साहस और सत्यता का निर्वासन हो चुका है, बंगाल अब कुचक्री शासकों और उनके हिमायतियों से भरा पड़ा है, बाकी के सब निर्लिप्त हैं, जीवनयापनकारी, या तो जड़ हैं, या फिर जंजाल।

इस बंगाल के लिए जितने आँसू मेरी आँखों में हैं सब दे दिए, जिससे कभी किसी दिन उर्वर हो जाए इसकी मिट्टी, जन्म लें मनुष्य, कभी किसी दिन, दुर्भाग्यग्रस्त बंगाल हो जाए मनुष्यों के बसने योग्य।

### छ

मर जाऊँ तो लाश रख आना वहाँ, मेडिकल के शव चीर-फाड़ कक्ष में। मरणोपरान्त वहीं किया है देह-दान, रख आना कलकत्ता शहर में लाश। जीवित रहने पर नहीं लेगा मुझे वह शहर। मरने पर तो लोगे न? प्रिय कलकत्ता!

### ज

मीनू सिर्फ एक बिल्ली नहीं, मेरी बेटी है। बेटी को छोड़कर आना पड़ा कलकत्ता में, खाना-पीना बन्द करके बैठी रही बहुत दिनों तक, अभी भी उदास मुँह बैठी रहती है खिड़की पर, दिन गिनती रहती है। सर्दी काटनी पड़ी अकेले-अकेले, नरम लिहाफ के नीचे मेरी ऊष्मा पाते-पाते, इस साल उसका सोना नहीं हो पाया। मेरे इन्तजार में उसकी सर्दियाँ निकल गयीं, गर्मियों की छुट्टियाँ न बीत जाएँ! जिस तरह भी हो वह मुझे पाना चाहती है, फिर से पाना चाहती है, बेफिक्री के वह दिन।

गड़ियाहाट से उठाई हुई वह बच्ची, कुछ ही सालों में, धीरे-धीरे मेरे जिगर का टुकड़ा हो गयी थी। स्वजन के नाम पर एक मैं ही थी उसकी, उसकी दुनिया भी बस मैं ही थी। मेरी वह किशोरी कन्या, अपना घर-बार छोड़, अपना तकिया-बिस्तर छोड़, धूप से भरे उसके प्रिय बरामदे को छोड़, खिलौने-चूहे छोड़कर, मरे मन से बैठी है, सीलन भरे अँधेरे में। दिन के अन्त में आँखें भर आती हैं। कलकत्ता मुझे तो नहीं दिया, पर मेरी निराश्रय बेटी को आश्रय देना, मुझे नहीं रखा, पर मेरी अनाथ बेटी को देख लेना।

### झ

कूपमंडूकों का दल विपक्ष में चले जाने पर भी, कट्टरपंथियों के शेखीबाजी और बेसिर-पैर को लोगों के घेरने के बावजूद भी, हितैषी साथ रहते हैं। पर जब राज्य बाहर कर देता है, जब क्षमता विपक्ष में चली जाती है, जब राष्ट्रतंत्र विरोध में खड़ा हो जाता है, लोग खिसकने लगते हैं, भाग जाते हैं। हित चाहने वाले परिचित भी सुरक्षित आड़ खोजते हैं, प्रतिष्ठान हट जाते हैं, गैर-सरकारी छोटे दल भी छोटे गड्ढों में छुप जाते हैं, स्वनामधन्य लोग आँखें मूँदे रहते हैं। दोस्त के नाम पर पहचाने तो जाते हैं, पर फिर वे भी अचानक और कहीं व्यस्त हो जाते हैं।

बस उँगलियों पर गिने चंद लोग ही पास होते हैं, कुछ सच्चे लोग। साहस और सत्यता जुटाकर सचमुच के कुछ स्वार्थहीन दोस्त साथ रहते हैं।

आज वे लोग जुलूस निकाल रहे हैं, वे लोग मोमबत्तियाँ हाथों में लेकर शाम को शहर से निकल कर, एकजुट हो विचार करना चाहते हैं, अविचार का। किसने कहा कि यह संघर्ष मुझ अकेले का है? बोलने की आजादी की रक्षा होने से, इस देश के मनुष्यों की ही होगी, यह मेरे अकेले की ही नहीं, सपने देखने वाले हर इंसान की लड़ाई है। यह बुरा समय मुझ अकेले का ही नहीं, बल्कि हम सबों का दुःसमय है।

अगर किसी भी दिन जीत होती है मुक्तचिंतन की, तो मुझ व्यक्ति विशेष से सौ गुना ज़्यादा बड़ी जीत होगी भारतवर्ष की।

यह कुछ भी मेरे अकेले का नहीं है, मेरे पास वे नहीं, बल्कि उनके पास मैं हूँ, चल रहे उस बंध के साथ, अनशन के साथ, उस जुलूस में लोगों के साथ, भारतवर्ष के साथ, दूर कारावास से भी, घोर अनिश्चितता और अन्धकार में भी, मैं साथ हूँ।

### ञ

जिन्दा हूँ।

### ट

वे तुम्हें तुम्हारे घर से लूट कर ले गये हैं, तुम्हारे जीवन से तुम्हें छीन कर कैद कर लिया है बैलट्बॉक्स में। तुम्हारे पास कोई भी मौका नहीं हैं कि तुम किसी अपने का हाथ भी स्पर्श कर सको, तुम्हारी जिन्दगी का एक कण भी तुम्हारे अधिकार में नहीं है, वश में नहीं है कि एक बार भी अपनी मर्ज़ी से जी सको, घर भर में हाहाकार के सिवा तुम्हारे लिए किंचित भी, कुछ भी रखा नहीं गया है। आजादी, सात समुद्र और तेरह नदियों पार की कोई भुतहा चीज है।

उनकी इच्छा है कि तुम पागल हो जाओ, स्नायुतंत्र को अगर बहुत शक्ति के साथ पकड़ कर रख सको और पागल न हो पाओ, तो फिर देश छोड़ो, जैसे भी हो छोड़ो, यह देश तुम्हारा नहीं है। मिट्टी को दाँत गड़ा भला कौन पकड़ के रख सकता है! इतनी घृणा, इतनी थू-थू, इतनी लातें कोई कितने दिनों तक सह सकता है, सिर उठा के जिन्दा रहने का पाठ सीखा हुआ इंसान? वे चाहते हैं कि पागल अगर न भी हो, देश अगर न भी छोड़ो, कम से कम मरो।

तुमने साफ बता दिया कल, जो हो सो हो, पर फिलहाल कोई भी सम्भावना नहीं है। कृतज्ञता जताते हुए विनीत गले से कहा है कि दिन पर दिन तुम्हें असम्भव सहिष्णु बना देने के पीछे उनका ही अपना सहयोग है। अब आग में भी जलाने से तुम जल कर राख नहीं होगे, बहुत ज़्यादा हुए तो इस्पात बन जाओगे।

### ठ

मैं तो इंसान ही थी, समाज था, संसार था और सपने भी। बरामदे के फूलों के पौधे, बजार-हाट, शाम को थियेटर, तो दोस्तों का घर, और सबों की तरह मेरा भी था। अचानक कुछ लोगों ने चुटकी बजा, क्षण भर में मुझे वर्जित वस्तु बना दिया।

किसका क्या बिगाड़ा था मैंने? कुछ भी तो नहीं था मेरा, बस वह स्वप्न भर ही था, उस सपने को सहेज कर जिन्दा थी सुख में, दुख में, अपनी तरह। व्यस्त शहर की भीड़ में, धूप में भीगी, और सब लोगों की तरह मेरा भी उसी तरह सामान्य सा जिन्दा रहना, बस—क्यूँ छीन लेना होगा किसी को!

निषिद्ध वस्तु को गड्ढे में गाड़ रखा है राजा के लोगों ने। धर्म का ध्वंस करने वाली चुड़ैल को आखिर में पकड़ लिया गया है—यह खबर ढिंढोरा पीट कर पूरी दुनिया को बताई जा रही है, धर्मान्धों के खुले मुँह में डाला जा रहा है स्वादिष्ट भोजन, आतंकवादियों की जीभों से बहने दिया जा रहा है, खौलता लावा।

किसी के खेलने की चीज तो नहीं! मेरा जीवन तो मेरा जीवन ही है! जनता की अदालत के नाम पर, कोई अदालत कहीं है कि नहीं?

ड

घर, तुम कैसे हो? तुम्हें बहुत अकेला लगता है न? मुझे भी बहुत लगता है। रात में इतना डर लगता है न? अचानक अगर खिड़कियाँ धड़ाक से खुल जाएँ तो? क्या कोई आकर दरवाजे का कुंडा खड़काता है? धूल-धूसरित, घर-बरामदे में कोई घुस जाती है क्या? डर-सा लगता है, चोर-डकैत जो बढ़ गये हैं! या कि हवा ही घुस आती है, तूफानी हवा! वैसे हवा ही अब कहाँ है, लगता है मैं ही घुसती हूँ, शायद मन ही मन। घूमती फिरती हूँ कमरों में, अँधेरे में पहचान पाते हो! पाँव की आवाज जान पाते हो कुछ? मेरे घर, मेरे लिखने के कमरे का ध्यान रखना, सब कुछ तो उस कमरे में ही है रे, लिखने का जीवन ही तो जीवन है, क्या नौ अलमारियाँ भरी किताबें, लिखने-पढ़ने की दुनिया को छोड़कर अच्छी रह सकती हूँ! मन ही मन मैं ही शायद अशरीरी घूमती-फिरती रहती हूँ और छूट चुके घर-द्वार पर आँखों का जल बहा आती हूँ! मेरी आँखों में एक नदी पानी है, अगर एक समुद्र चाहिए तो कहो, भेज दूँगी, मेरे घर, बचे रहना तुम। तुम्हारे बिना निर्वासन में एक पल भी मन नहीं लगता है, बिल्ली भी नहीं है घर में, घर काटने को दौड़ता है, तुम धूल से भरे हुए हो, अपने आँचल से मैं पोंछ दूँगी, अपने आँसुओं से धो दूँगी तुम्हें, मेरे घर प्रतीक्षा करो। तुम क्या सिर्फ तुम ही हो। तुम तो मेरे खोए हुए देश हो, तुम तो मेरी मातृभाषा हो। तुम क्या बस एक घर ही हो! एक युग से ज़्यादा तुम्हें अपने दिल में बसा के रखा है, तुम तो जानते ही हो सब। लम्बे समय का स्वप्न हो तुम, स्वप्न हो बोल के ही बुलाती हूँ तुम्हें, घर मेरे, बचे रहना तुम और मुझे भी जरा बचाये रखना।

ढ

धीरे-धीरे आशाएँ आँसुओं की तरह टपटप झर रही हैं आँखों से। निराशा की लू आशाओं को उड़ा लिए जा रही है। इस कठोर निर्वासन में बिछड़ गयी हूँ अपने लोगों और मित्रों से। कोई भी अपराध किये बगैर, मैं अपराधी हूँ, जिस किसी भी समय मृत्युदंड घोषित कर दिया जाएगा। थोड़ी सी आशा की आस में सारा दिन बैठी रहती हूँ, किसी भी दरार-फटने से अगर भूले से घुस आये। सारी रात जगी रहती हूँ, खोजती हूँ अगर धूल के ऊपर औंधे मुँह पड़ी, आशा जैसी कोई चीज अचानक चमक उठे।

कुछ भी नहीं है। जिन्दगी बिछाए खड़ी हूँ, हो सके कुछ आशाएँ दे दो, मामूली होने पर भी कोई नुकसान नहीं। झूठ भी होने पर देना, फिर भी देना आशाएँ।

## ण

अपराधी बड़ी निश्चिन्तता के साथ गुजार रहे है। अपना जीवन, धोखाधड़ी, धर्म का व्यवसाय, सब कुछ ही धुआँधार चल रहा है, सीना फुलाकर चल रहे हैं, और भी क्या-क्या अपराध किये जा सकते हैं, उनका फन्दा कस रहे हैं, अपराधी लोग करामाती ढंग से रहते हैं भारतवर्ष में, उनके बदन पर उँगली रखने का, उन्हें छूने का दुःसाहस नहीं है, किसी का।

उन्होंने अन्याय किया है, पर सजा उन्हें नहीं, मुझे मिल रही है। मुझे सजा मिल रही है क्यूँकि उन लोगों ने मेरे विरुद्ध अन्याय किया है। उन्होंने मुझे देश छोड़ने की धमकी दी है इसलिए, मुझे देश छोड़ने के लिए बाध्य करने की योजना चल रही है पिछले सात महीनों से। मेरी हत्या करने के लिए गैरकानूनी फतवा जारी किया है, देश के कानून को तोड़ा है इसलिए, उन्हें नहीं, मुझे सजा मिल रही है।

अपराध नहीं किया है इसलिए इन्तजार कर रही हूँ। देखती हूँ झटके से खींच कर, एक निरपराध के पूरे जीवन को उठा, कहीं किसी अज्ञात स्थान पर कितने समय तक लटका कर रख सकता है देश! देखती हूँ, सौ करोड़ लोगों के देश को अन्त तक कितना समय लगता है मानवीय होने में!

यह देश मेरे पुरखों की मातृभूमि है इसलिए नहीं, इसकी ही हवा-पानी से बढ़ी हूँ इसलिए नहीं, इसकी ही संस्कृति ने मुझे समृद्ध किया है इसलिए भी नहीं। मैं इंसान हूँ इसलिए दावा है, लोगों की तरफ से दावा है–भारतवर्ष को प्यार करती हूँ इसलिए यह दावा है कि अपराधियों को सजा न देने की अगर नीति है तो हो, पर निरपराध को उत्पीड़ित करने की नीति न हो इस देश की।

## त

गहरे अन्धकार में, अद्भुत अज्ञातवास में पड़े मुझ जैसे निरर्थक जीव के पास कोई भी नहीं आता। चाँद की ओर चातक पक्षी की तरह तकती रहती हूँ। आश्चर्य है, मनुष्य से चाँद ने भी छलावा देना सीख लिया है। जीवन में अमावस्या उड़ेलकर, पूर्णिमा भाग गयी है, पीछे दौड़ती-दौड़ती कितना बुलाती हूँ कि आओ, लौट आओ, पर चन्द्रमा को क्या लेना-देना है! आजकल इंसान ही नहीं रहता है, इंसान के पास, दो पल। दूरियाँ ढूँढ़ती रहती है आमीत्य जनों को, जन्म-जन्म के परिचितों को!

दक्षिण से उद्विग्न हवाएँ दौड़ती हुई छूने को आती हैं। अब से हवा ही भरोसा थी अज्ञातवास में। हाय रे भाग्य! हवा ने भी उजाड़कर, हाहाकार भर दिया, जीवन में जो कुछ था या नहीं था, ले लिया। आसमान से कुछ भी नहीं माँगती, वह और क्या देगा?

देगा तो शून्यता ही देगा! वह मेरे पास भरपूर है, उसी को लेकर ही भारतवर्ष के अज्ञातवास में जिन्दा हूँ।

### थ

तुम सब मिलकर मेरी कोई एक गलती निकालो, कोई एक दोष निकालो तुम सब मिलकर, नहीं तो अमंगल होगा, तुम सबों का। तुम सब मिलकर बताओ, किस कारण से मुझे निर्वासन दिया है। मेरी वजह से कोई महामारी फैली है, मैंने शिशु हत्या, बलात्कार या गणहत्या के जैसा कोई अपराध किया है, कुछ तो ऐसा कहो निर्वासन के पक्ष में, कम से कम दो-तीन, जो भी हों युक्तियाँ तो खड़ी करो। जब तक कोई उपयुक्त गलती नहीं ढूँढ़ पा रहे हो, जितने दिन कठघरे में खड़ा कर घृणा से उँगली उठाकर नहीं दिखा पा रहे हो इस कुलक्षणी को, उतने दिनों तक कैसे क्षमा करोगे खुद को! कोई एक दोष मिलने पर मुझे भी तसल्ली होती। निर्वासन में भी, उतना निर्वासित नहीं लगता। मैं भी चाहती हूँ कि कोई गलती निकले, खुद को तुम लोगों की शुभाकांक्षी समझ कर, मैं तुम लोगों का फिर से आलिंगन करना चाहती हूँ।

किस अपराध में समाज से बहिष्कार किया है, बोलो! कोई भी एक दोष निकाल कर आरोप सिद्ध करो अपना। क्यूँ इतिहास को अवसर देते हो, भृकुटी चढ़ाने का! एक खंड मध्य युग लाकर क्यूँ कलंकित कर रहे हो सभ्यता को, कोई कारण बताओ इसका। अगर नहीं दे सकते हो तो मुझे बचाने के लिए नहीं, कम से कम खुद को ही बचाने के लिए, मुझे मुक्ति दो।

### द

अन्नदाशंकर राय ने एक बार कहा था, 'बंग्लादेश तसलीमा की माँ है, पश्चिम बंगाल तसलीमा की मौसी।'

एक समय लोग ऐसा भी कहते थे कि माँ से मौसी को ज़्यादा दर्द होता है। माँ के शोक में, वन-जंगल, नदी पार कर, मौसी की गोद में मैं रोने आयी थी।

मौसी ने ही अपनी गोद नहीं दी, न रोने के लिए दिया कन्धा, मौसी की प्रिय बनफूल, अचानक बन गयी आँखों का शूल। सुबह-शाम मौसी ही भगाती, कहती जा मर, कहाँ जाएगी अनाथ लड़की, किस मुल्क में ढूँढ़ेगी माँ?

### ध

मैं ठीक नहीं हूँ, तुम ठीक से रहना प्रिय कलकत्ता। ठीक नहीं हूँ मैं, इस तरह कोई भी, कभी भी, कहीं भी अच्छा नहीं रह सकता। इसी तरह तुमने मुझे रखा है कलकत्ता, इसी तरह निर्वासन में, इसी तरह समाज से अलग करके, अन्धकूप में। पैरों तले रौंदा है हर दिन, गला दबोचा है बात करने पर, हाथ काट दिया है, लिखने पर। किसी की

हत्या नहीं की, किसी का अनिष्ट नहीं किया, किसी पर पत्थर नहीं फेंका है, बस मानवता के पक्ष में कुछ अप्रिय सत्य कहे हैं, बस वही तुम्हें पसन्द नहीं। मुझे बेदखल किया, मेरी मातृभाषा से। निष्कासित किया मेरी मिट्टी और मनुष्यों से, जन्म-जन्मान्तर के इतिहास से, घर-बार, निवास स्थान से, दुनिया के मेरे सर्वश्रेष्ठ आश्रय से। मैं ठीक नहीं हूँ, पर उससे क्या! तुम ठीक रहना, तुम बड़े कवियों का शहर हो, साहित्यकारों, दार्शनिकों और सद्बुद्धिजीवियों का शहर हो, भारतवर्ष का सबसे प्रगतिशील शहर हो तुम, तुम ही तो संस्कृति का पीठस्थान हो, कलकत्ता। तुम ठीक रहना। तुम बहुत सुख से रहो प्रिय कलकत्ता, नृत्य-संगीत, उत्सव-आनन्द, खेल-कूद, मेले सब में खुश रहो। तुम तो महान हो, विराट हो, तुम अट्टहास करो, जिसे देखे यह दुनिया।

### न

कलकत्ता में, आजादी की लड़ाई में लड़ने वाले एक व्यक्ति, हर रोज गुलाब का एक गुच्छा भेजते थे मेरे घर। उन्होंने इस देश की आजादी के लिए लड़ाई की थी, गणतंत्र के लिए लड़े थे और वाक्-स्वाधीनता के लिए भी लड़ाई की थी, ऐसे एक व्यक्ति से मिलता था हर दिन मुझे गुलाब। क्षमताओं की चाबुक मार जो मेरे मन को, जीवन को, जीवन के सारे सपनों को हर दिन रक्त-रंजित कर रहे हैं, वे सिर्फ मुझे ही नहीं, बल्कि उस स्वाधीनता संग्रामी को भी चाबुक मार, रक्त-रंजित कर रहे हैं, हर दिन। वे नहीं जानते हैं कि उस इंसान के गुलाबों का रंग, खून के रंग से भी ज़्यादा लाल है। अब और गुलाब नहीं, अब एक बिना पते के ठिकाने पर, हर रोज वह मेरे लिए मन ही मन आँखों के आँसू भेजते हैं, उसी पानी से मैं अपने घावों की शुश्रूषा करती हूँ। गुलाबों की स्मृतियों के विशुद्ध सुगंधित हवा से, इस दमबन्द परिवेश में साँस लेती हूँ। इस स्वाधीन देश की गुप्त कोठरी में पराधीनता की सख्त जंजीरों से बँधी, निर्वासित, निस्व एक नारी, उसे आज मुक्त करने की शक्ति किसी स्वाधीनता संग्राम सेनानी में भी नहीं है। लगता है मेरे लिए इस जीवन में आजादी पाना कठिन है। उन गुलाबों को बुलाऊँगी आजादी के नाम से, वे आँसू ही हैं मेरी स्वाधीनता।

### प

पूरे साल बैठी रहती हूँ इस मेले के आने के इन्तजार में। खो जाने का सपना देखती हूँ, पुस्तक-मेले की इन अलियों-गलियों में, भीड़ के बीच किताबों की गन्ध में, धूल-मिट्टी से भरी हवा में। मेला आने वाला है सोच कर आकाश पार, बेचैन हवा में अपनी इच्छा के मुताबिक पतंग उड़ाती हूँ। हर साल यह मेला आता है, इसीलिए सीलन भरे एक घर के कोने में भी, बहुत गोपन सुख और सपने के साथ जिन्दा रहती हूँ। मेरी तो कोई पूजा-अर्चना, ईद-बड़ा दिन नहीं है, बस एक यह मेला ही है, प्राणों से प्यारा मेला, इस एक मेले में ही देखती हूँ लोग, नजदीकी लोग, सात नदियाँ तैर,

कम से कम छूने तो आते हैं। यह मेला ही मेरा धर्म-कर्म, धूप-अगरबत्ती, धान-दूर्वा है। इस एक पर्व को, एक सुख को, अपने लिए बचाके रखती हूँ। शिल्प, व्यवसाय मेला आदि, शाम होने पर उत्सव या कॉकटेल में आग्रह नहीं है, बस एकमात्र इस मेले के अलावा। यह मेला ही शैशव, किशोरावस्था और ब्रह्मपुत्र के किनारों की चिपचिपी मिट्टी का आनन्द देता है। इस मेले की सारी देह पर मातृभाषा, सिर के ऊपर स्नेहसिक्त माँ का आँचल है। इस मेले को ही दूसरे अर्थ में जीवन कहती हूँ।

इसको भी तुमने छीन लिया? स्वदेशहीन, स्वजनविहीन, साधारण इस सर्वहारा का सब सुख, सीने पर घात कर, एक ही पंजे से नोच-काट कर छीन पाये भारतवर्ष तुम? दाँत गाड़ कर चीरा और फाड़ ही लिया जो था, वह सब कुछ? दिल जैसी कोई भी चीज नहीं है क्या तुम्हारे पास फिर तुम्हारा हृदय कहाँ रहता है भारतवर्ष?

## फ

आज अगर गाँधी जी जीवित होते, जैसे भी हो, मुझे मुक्त कर लाते बन्दी शिविर से। सुरक्षित पहुँचा आते घर। मैं यह कसम खाकर कह सकती हूँ कि वह यह कर पाते। चूँकि दिल के स्थान पर, उनके पास कुछ था, इसीलिए वह कर पाते। घर-बार, आँगन-दहलीज में निश्चिन्तता के साथ चहलकदमी करते हुए, छलकती खुशी और स्वप्न बिन्दुओं से सजाये, संसार समुद्र में मुझे संजीवनी-सा तैरते हुए देखकर, वे बहुत स्नेह से हँसते। क्यूँकि उनके पास हृदय था, इसलिए हँसते। मुझे अपनी तरह अपना जीवन जीने देकर, मैं निश्चित हूँ कि, उन्हें शान्ति मिलती। आज अगर गाँधी जी जिन्दा रहते, तो देश की दुर्दशा को देखकर उन्हें बहुत दुख होता। काले साँप की तरह फुँफकारते हुए असहिष्णुता के आतंक को बन्द करने के लिए, देशव्यापी असहयोग आन्दोलन को आवाज देते वह। निश्चित ही देते। मुझे तो कितना बचाते, मूलतः देश को ही बचाते।

## ब

इंसानों की बात मत करो, मनुष्य बहुत भयंकर है, बल्कि शेर-वेर की बातें करो, कृष्णसार हिरन को लेकर बात करो। खैर शेर को छेड़ोगे तो नहीं, हिरन पर हाथ उठाया, तो मरोगे। इंसान को कोंचने से चलेगा, बम लगाकर उड़ा देने से भी चलेगा। जो आदमी युक्ति दिखाता है, तर्क करता है, सोचता है, सोच को फैलाता है, वह तो आदमी नहीं, आग है।

आग तो किसी तरह भी हो बुझानी पड़ती है। जो इंसान जानवरों की तरह हैं, जिनकी कोई सोच नहीं, मस्त हैं, खाते-पीते और सोते हैं, जैसे दूसरे चलते हैं, वैसे ही चलते रहते हैं। उन्हें बचाकर रखो। जानवर खाते-पीते, सोते हैं और जंगल की शोभा बढ़ाते हैं। इसी तरह, ये चिन्तनहीन लोग भी लोकालय सुशोभित किये हुए हैं, बहुकाल

से। इन्हें ही बचे रहने दो। चिन्तकों की बात छोड़ो, कौशल से बन्दी करो उन्हें, हो सके तो मार दो उन्हें!

उनकी बात मत करो, बल्कि दूसरी बातें करो। हिरन-विरन...

## भ

मेरे मुँह से एक बात सुनने के लिए सब बैठे हुए हैं। बस एक वाक्य सुनने के लिए, दो शब्द सुनने के लिए, मात्र दो शब्द सुनने के लिए। आतंक से, डर से दुखी होकर बोल दूँ एक दिन, 'गुडबाई इंडिया'। दिन बीत रहे हैं, सप्ताह खत्म हो रहे हैं, महीनों पर महीने गुजर रहे हैं। मेरे चेहरे की तरफ कई सौ खून से लाल हुई आँखें, कई सौ सालों पहले बन्द हो चुकी पुरानी घड़ी के काँटे की तरह स्थिर हैं, दाहिने-बायें, ऊपर-नीचे सर्वत्र, चमगादड़ के कानों की तरह उत्सुक कान बिछे हैं, दुनिया का सबसे मधुर शब्दद्वय सुनने के लिए, 'गुडबाई इंडिया'। मैं अभी भी उच्चारण नहीं कर रही हूँ उन दो शब्दों को, अभी भी विश्वास कर रही हूँ सत्य पर, सतता पर। विश्वास कर रही हूँ सौन्दर्य पर, शिल्प पर, सुहानुभूति पर।

जिस दिन मुझे बोलना ही पड़ेगा उन दो शब्दों को यदि कभी अपने मुँह से उच्चारण पड़े उन्हें– जिस दिन भी घृणा उफन कर यह सुनामी ले ही आयेगी– उस दिन शहर-दर-शहर मनुष्यता को पैरों तले रौंदकर लोग धर्मान्धता का ध्वज फहराएँगे–उस दिन अपने ही खून पर लाश बनकर तैर रही होऊँगी मैं और गिद्धों का एक झुंड चोंच मार रहा होगा मेरे फेफड़ों पर–जिस दिन मुझे बोलने ही पड़ जाएँ वे दो शब्द–तो उस दिन वह रात बहुत गहरी हो–मुझे इस देश का चेहरा न देखना पड़े–वो दोपहर का शान्त पोखर, आम के पेड़ की छाँव, दहलीज की धूप, कुछ न देख सकूँ–मैं भूल जाऊँ की इस देश के साथ कभी मेरी कोई आत्मीयता थी। वे दो शब्द–मैं अभी भी नहीं कह रही हूँ, अभी भी मैंने पूरे प्राणपण से अपनी जीभ को पत्थर कर लिया है। मैं एक बात बोलना चाहती हूँ–अभी भी चाह रही हूँ कि प्यार की जीत हो।

## म

जिनके साथ रहने के लिए मैं अन्धकूप में पड़ी हुई हूँ, इन्तजार कर रही हूँ, वह एक-एक क्षण, एक युग की तरह लम्बा है, फिर भी कर रही हूँ इन्तजार। जिनके साथ रहने के लिए त्याग कर रही हूँ, आनन्द-उत्सव का, जीवनयापन, समाज-संसार, आजादी का, जिनके संग रहने के लिए शरीर का क्षय कर रही हूँ, टूट कर चूर-चूर होने दे रही हूँ मन! जिनके साथ वास करूँगी सोच के हर दिन आँसू बहा रही हूँ, निःसंगता के शरीर पर सारी रात, टप-टप कर झर रहा है वह जल, बहे जा रही है उम्र, जिनके साथ रहने के लिए सीने में विशाल एक प्रत्याशा का महल गढ़ा है, वे कौन हैं? क्या वे एकबार भी याद करते हैं, मुझको? कभी भी अचानक? किसी दिन? जिनके साथ

रहने के लिए भयंकर दाँत वालों के खिलाफ, एक बिन्दु मात्र चींटी होकर भी लड़ाई में उतरी हूँ? क्या वे मेरे जैसा प्यार करना जानते हैं? क्या वे कभी भी प्यार करते हैं?

### य

मुझे किसी दिन, किसी बर्फ के देश में निर्वासन देकर भेज देगा भारत। जम जाने से पहले थोड़ा सा ताप माँगूँगी, थोड़ा सा उत्ताप, दूर प्रवास में कौन है जो देगा कुछ! एकमात्र स्मृतियाँ ही हैं, अगर वे बचा कर रख सकें मुझे। वो बीते दिन ही अगर ताप दे सकें, तो देंगे।

मेरे मध्य कलकत्ता के उस बिल्ली वाले घर में, सुष्मिता आती थीं, शाम को, कुछ न कुछ लेकर, किसी दिन रबड़ी, कभी धनिया पत्ती की चटनी। कहानियाँ बताती थीं अपने जीवन की, पहाड़-पर्वत पार कर कैसे वह-वह बनीं। स्वाति और स्वप्ना के तारुण्य का कोलाहल, मेरी सहेली ऊम्री का उच्छ्वास, ढोल की तरह बजता रहता था मेरा घर। शर्मिष्ठा नाम की लड़की कितनी कविताएँ पढ़-पढ़कर पूरी शाम को रोशनी से भर देती थी। बहुत प्यार दिया था शिवानी ने, कितनी आत्मीयता दी थी शर्मिला ने। वर्द्धमान से जयप्रकाश हाथ में सीताभोग, मीहीदाना और मुँह पे लजीला वार्तालाप लेकर चले आते थे। अचानक प्रकट हो, बहुत कौतुकता के साथ जीवन की बातें करने लगता रंजन। सुमिताभ मग्न वो तेज़ बरसातें और सुब्रतमय वो सारे दिन!

बर्फ से जमे मेरे ठिठुरते निर्वासन में, वे दिन ही अगर गरमाहट दे सकें, तो देंगे। जंगीपुर से गियासुद्दीन आते थे, चौबीस परगना से मुज़फ़्फ़र, हमारी आँखों के सरोवर में तैरते थे अविश्वसनीय, सारे सुन्दर स्वप्न।

देश से दादा (बड़े भाई) आते थे बचपने की टोली लेकर, अपने कन्धों पर उठाकर लाते थे देश से घर, दादा के बदन से रात की रानी की गन्ध आती थी। रात की रानी की वह सुगन्ध ही अगर ताप दे, तो दे। दूर प्रवास में जम के बर्फ होती मुझे अगर मेरी स्मृतियाँ ही नहीं बचाएँगी, तो फिर और कौन बचाएगा!

### र

बड़े लोगों के साथ मेरा उठना-बैठना कभी भी नहीं था। मशहूर लोग कभी भी मेरे ज़्यादा करीब नहीं रहे, या फिर मैं ही शायद बहुत सावधानी के साथ, डर या तो संकोच से, हमेशा दूर-दूर ही रही इन लोगों से। शायद इसीलिए ही अपनी तरह से रह पायी उस शहर में, अपनी तरह से माटी में, माटी के लोगों के साथ। सहज, साधारण लोग ही हैं मेरे स्वजन, बाजार में टोकरी में सामान उठाये बेचने वाला, सब्जी बेचने वाला, मछली काटने वाले उमंग से भरे लड़के, मछली वाला, चाय की दुकान वाले भद्र लोग, धनंजय धोबी और मल्लिकपुर से आने वाली मंगला, सोनारपुर की सप्तमी,

इनको छोड़कर कहाँ, किसके पास जाऊँगी? उधर दुर्गा की प्रतिमा जैसी मूना, कल्याणी से दौड़कर आने वाली गार्गी, एक बार छू के देखने की चाह वाली लड़की मानसी, इनको छोड़कर कहाँ, किस निर्वासन में जाऊँगी मैं? आँगन की घास में खिला मन को लुभाने वाला फूल, 'माली दा, माली दा, उस फूल का क्या नाम है?' खिलखिला कर हँसते हुए माली दा ने कितनी बार कहा, 'उस फूल का तो दीदी कोई भी नाम नहीं है!'

दिगन्त तक मैदान भर के, सुगन्ध फैलाते, कितने बेनाम फूल, इन्हें छोड़कर कहाँ, किसके पास जाऊँ?

## ल

जो लोग जेल पर पहरा दे रहे हैं, मुझे बीच-बीच में विस्मय के साथ देखते हैं, और सोचते हैं कि किस वजह से मैं जगत-संसार को बहुत दूर छोड़कर अकेली पड़ी हुई हूँ, जेल में। वे नहीं समझ पाते हैं, हो सकता है दो-चार दया की बूँदें काँप उठती हों, उनकी आँखों की पुतलियों में! कानों में फुसफुसा कर प्रश्न करते हैं कि कौन जिन्दा रहता है इस तरह बिना आजादी के? मैं क्या समझती नहीं, समझती हूँ? अकेले, अँधेरे में बैठे रहने से हड्डियों में असाध्य रोग की व्याधि बढ़ती ही जाती है। कैसे, कहाँ से मिला इतना धैर्य? धैर्य की परीक्षा होने पर किसकी होगी बदनामी? कौन किसकी परीक्षा लेगा और कौन मानेगा हार! मुझे क्षुब्द सरकार ने बन्दी बनाया है। अब परीक्षा मेरी नहीं, उनकी है। देखती हूँ कितने दिनों में इस विष भरे फोड़े से पार पाते है। धैर्य का बांध नष्ट होकर बिखर गया है। वे फिलहाल धर्मवाद की खेती कर रहे है। बाकी सब बाद में होगा।

चूनो, पूँटी छोटी मछलियाँ धैर्य से बिताएँगी पूरा साल, बड़ी तिमि मछलियाँ भला क्यूँ सहेंगी इसे। वे उन्हें साबुत ही निगल जाएँगी। आजकल शायद मेरी आशा क्षीण है। धर्मवाद की फसल को किसी दिन उन्हें उठाकर रखना होगा अपने घरों में, भर जाएँगे सारे घर विषधरों से। पाले हुए कालसाँप दूध, केले के साथ, एक-एक जन को खा जाएँगे, निगलकर या चबाकर। उस दिन को आने में ज़्यादा देर नहीं, जिस दिन वे जानेंगे कि खुद को ही वे धोखा देते आये हैं दिनों-दिन, मनोबलहीन, चालाक दूर-दृष्टिहीन, राजनीतिज्ञ।

## व

मैं जेल में रहूँ इससे किसका क्या! इस तरह कितने ही लोग जेल में हैं! अन्याय नहीं किया, तो भी क्या! कितने निरपराध मरे हैं न जाने कहाँ-कहाँ! फाँसी हो जाती है कितने निर्दोषों की, उम्र कैद तो हर दिन ही हो रही है। मैं जेल में हूँ, यह क्या ऐसी बात है! यह तथ्य तो नया नहीं है। अनेक लेखकों को कष्ट दिया है शासकों ने

विभिन्न देशों में। कुछ ऐसा नया नहीं है कारागार वास में। ऐसा कहकर अपने कर्तव्य से बचते हैं बड़े-बड़े लोग। अचानक कभी रहस्यमयी मृत्यु को आ जाने दो, खबर आएगी, आफतं खत्म हुई, अन्त में। उससे भी क्या किसी का कुछ आएगा-जाएगा! कितने लोग खड़े होंगे मृत्यु का कारण जानने, प्रतिवाद करने वालों के जुलूस में, बहुत हुआ तो बीस एक जन होंगे? हाँ, अनुभवों ने खूब समृद्ध किया है मुझे, क्षमता को कम या ज़्यादा हम सब ही जानते हैं। निर्वासन में जाये बिना क्या इंसान पहचान में आता है! इस मेरुदंडहीन देश में, सोचते हुए भी शर्म आती है कि प्यार करती हूँ इस देश को, इसीलिए रहती हूँ यहाँ। जब तक जिन्दा रहूँगी, उँगलियों पर गिने चंद सच्चे और साहसी लोग ही रह जाएँगे दिल में, अब कुछ और इस देश से प्राप्त करने के लिए है नहीं!

### श

अभिज्ञता के लिए सब को, कम से कम एक बार निर्वासित जीवन जीने की बहुत जरूरत है। पराधीनता नहीं सहने पर स्वाधीनता क्या चीज है कैसे समझोगे, कौन ही भला समझेगा! क्यूँ देगा मर्यादा! प्रायः बचपन से ही आजादी पाने के लिए लड़ाई की है। मैं समझती हूँ इसका गहन अर्थ, इसकी आवश्यकता। जिन्दगी देखी है इसीलिए जी-जान से वापस पाना चाहती हूँ जिन्दगी को, नहीं तो बहुतों की तरह आश्रय लेती पराधीनता का। हर दिन ही जो स्वाधीनता को भोग रहे हैं, वे नहीं जानते हैं इसका असल मायने, शायद बहुत सामान्य है, इसलिए। पराधीन भी गृहस्थ में सड़-गल कर मर जाते हैं, जीवन भर समझ नहीं पाते हैं, कितने असहाय हैं वे।

युद्ध करके ही समझाना चाह रही हूँ कि युद्ध करना पड़ता है। सिर्फ खुद को ही नहीं, सबको आजादी देना चाहती हूँ, खुद नहीं तोड़ने से, कोई भी नहीं आता है ज़ंजीरें तोड़ने। धर्मतंत्र ने मुझे फँसाकर, झूठ को जय दी है। पुरुषतंत्र ने लाखों औरतों को घरों में बन्दी बनाया है, बिक रहे हैं हजारों लोग धर्मान्धों के हाथ। आजादी आज दुर्लभ है, दुर्भाग्यपूर्ण लोगों के देश में।

### स

एक सरल, सीधे इंसान को लेकर राजनीति कर रहे हो तुम लोग, उसका सत्य कहना तुम लोगों को सहन नहीं हो रहा है, उसकी सच्चाई तुम लोगों को पसन्द नहीं आ रही है उससे राज्य छुड़वा दिया, अचानक झूठा डर दिखाकर उसके घर से उसे उठाकर ले गये हवाई अड्डे पर, घरबार जैसा पड़ा था वैसा ही पड़ा हुआ है अभी तक। जो किताब वह पढ़ रही थी, वह उसी तरह खुली पड़ी है, लिखने की कॉपी भी वैसी ही पड़ी हुई है, कलम की निब खुली पड़ी होने की वजह से उसकी स्याही सूख चुकी है। लेखक के कलम की स्याही सुखा देना चाहते हो तुम लोग, लेखक को उसके लिखने के कमरे

में जाने नहीं देना चाहते हो, उसको बन्दी बना लिया है जिस तरह किसी घृणित खूनी को बन्दी बनाते हो, जिस तरह फाँसी देने के लिए कैद में रखते हो किसी अपराधी को, उसी तरह मुझे रखा हुआ है। कहाँ, किस गुफा में रखा है, दुनिया में किसी को भी पता चलने नहीं दे रहे हो, मुझे भी नहीं।

लेखक को सोचने नहीं देना चाहते हो, लेखक को लिखने नहीं देना चाहते हो, लेखक को जीने नहीं देना चाहते हो, तुम्हारे इस न चाहने को स्पष्ट रूप से देखा है दुनिया ने। चिन्ता की क्या बात है! तुम्हारे वशीभूत लेखक, पोषित इतिहासकार तो स्वर्णाक्षरों में लिखकर ही रखेंगे इतिहास में तुम लोगों का नाम।

## ह

मैं अब एक घर में रहती हूँ, जिसमें एक बन्द खिड़की है, जिसे चाहने पर भी मैं खोल नहीं सकती। भारी पर्दे से ढकी हुई है खिड़की, जिसे चाहने पर भी मैं सरका नहीं सकती। अब जिस घर में रहती हूँ, चाहने से ही उस घर का दरवाजा नहीं खोल सकती, चौखट नहीं पार कर सकती हूँ मैं। एक ऐसे घर में रहती हूँ, जिस घर में, मेरे अलावा प्राणी के नाम पर दक्षिणी दीवार पर दो स्वस्थ छिपकलियाँ हैं। इंसान या इंसान की तरह दिखने वाले किसी भी प्राणी का इस घर में प्रवेशाधिकार नहीं है। एक ऐसे घर में रहती हूँ मैं, जहाँ साँस लेने में बहुत तकलीफ होती है मुझे।

सिर्फ सिर ठोंकने की आवाज के अलावा, कोई भी और आवाज नहीं है चारों तरफ। दुनिया का कोई भी नहीं देखता है, बस दोनों छिपकलियाँ, बड़ी-बड़ी आँखों से देखती हैं, पता नहीं कष्ट पाती हैं या नहीं, लगता है, पाती हैं। क्या वे भी रोती हैं, जब मैं रोती हूँ? एक ऐसे घर में रहती हूँ, जहाँ मैं रहना चाहती ही नहीं। एक बन्द घर में, एक अन्धकार में, एक अनिश्चयता में, एक आशंका में, एक कष्ट में, श्वासकष्ट के साथ मुझे दिनोंदिन रहने के लिए बाध्य करता है गणतंत्र। मुझे तिल-तिल कर मार रही है धर्मनिरपेक्षता।

एक घर में रहने के लिये मुझे बाध्य कर रहा है प्रिय भारतवर्ष...

बुरी तरह व्यस्त सारे लोग या लोगों की तरह दिखने वाले प्राणी, उस दिन दो सेकेंड के लिए देखेंगे, पता नहीं समय होगा भी कि नहीं, जिस दिन यह जड़ वस्तु, सड़ा-गला एक पिंड, अस्थिपंजर निकलेगा। अन्त में क्या मौत ही मुक्ति देगी? अंत में मृत्यु ही शायद आजादी देती है, चौखट पार करने की। सम्भवतः कोई सरकारी आदमी गणतंत्र के झंडे में लपेट कर प्रिय हिन्दुस्तान की मिट्टी में गाड़ देगा कोई मुझे, वहाँ भी घर मिलेगा, जिसकी चौखट नहीं होगी, पार करने की चाह रखने के लिए। वहाँ भी घर मिलेगा, जहाँ श्वासकष्ट नहीं होगा।

## क्ष

कभी, किसी दिन अगर तुम्हें नजरबन्द होना पड़े, अगर ज़ंजीर पहनाये कोई पाँवों में, मुझे याद करना। अगर कभी जिस घर में तुम हो, उस घर का दरवाजा भीतर से नहीं, बाहर से कोई बन्द कर के चला जाए, याद करना मुझे। सारे मुहल्ले में कोई नहीं जो तुम्हारी आवाज सुने, मुँह बँधा हो और होंठ सख़्ती से सिल दिये गये हों। बात करना चाह रहे हो पर नहीं कर पा रहे हो। अथवा बात कर रहे हो, पर कोई सुन नहीं पा रहा है, या फिर सुन रहा है मगर परवाह नहीं कर रहा, तब याद करना मुझे। तुम जैसे चाह रहे होगे कि कोई दरवाजा खोल दे, ज़ंजीर तोड़ दे, सिलाई काट दे, वैसे ही मैंने चाहा था। महीनों गुजर जाएँ पर कोई इस राह से न गुजरे और न खोले दरवाजा, यह सोचकर कि दरवाजा खोलने पर न जाने क्या हो जाए, याद करना मुझे।

जब तुम्हें बहुत तकलीफ हो, याद करना मुझे भी वैसी ही तकलीफ हुई थी, बहुत सावधानी से, डर-डर के, नाप-नाप के जीवन में चलने पर भी, अचानक ही नजरबन्द हो सकता है कोई भी, तुम भी। तब तुम और मैं एक हो जाएँगे, दोनों में एक सूत का भी फर्क नहीं रह जाएगा, तुम भी हो मेरी तरह, तुम भी इंतजार करते हो लोगों का, अँधेरा झपट कर आता है, पर लोग नहीं।

## त्र

मै ऐसी अपराधी हूँ , मानवता की ऐसी शत्रु, ऐसी देशद्रोही कि देश बोल के कुछ भी नहीं होना चाहिए मेरा! मेरे बाकी के जीवन से देश ही छीन लेगा तब, मेरा स्वदेश। देश-देश कहकर अन्धों की भाँति उत्तर से दक्षिण, गोलार्द्ध पहाड़ समुद्र और वृक्ष की पंक्तियों, आसमान-चाँद-कोहरा-धूप, घास-लतागुल्म-मिट्टी और लोगों के बीच टटोल-टटोलकर ढूँढ़ा है देश को। दुनिया के अन्त में, जीवन के भी अन्त में, देश के किनारे आकर बैठे, थके हुए, प्यासे इंसान की निश्चिन्तता को, तुम अगर झटके के साथ खींच कर ले जाओ, अंजुरी का जल छिड़क मुझे मृत्युदंड दो, तब किस नाम से पुकारूँगी तुम्हें, देश?

सीने के ऊपर मस्त पहाड़ की तरह खड़े होकर, बूटजूते वाले पाँव से गला घोंटा है, नोच कर उखाड़ ली हैं दोनों आँखें, मुँह से खींच निकाला है जीभ, टुकड़े-टुकड़े कर दिए हैं, चाबुक मार कर चमड़ी उधेड़ दी है, चूर-चूर कर दिया है पाँव, पाँव की उँगलियाँ, खोपड़ी खोलकर कुचल दिया है मस्तिष्क को, बन्दी बनाया है जिससे कि मर जाऊँ मैं, तब भी मैं बड़े प्यार से तुम्हें देश कहकर ही पुकारती हूँ। कुछ सत्यों का उच्चारण किया है बोलकर मैं देशद्रोही हूँ, झूठों के जुलूसों में तुम कन्धे से कन्धा मिलाकर चलते हो बोलकर मैं आज देशद्रोही हूँ। तर्जनी उठाकर बोल दिया है मानवता पर मिट्टी डालूँ नहीं तो सातवें आसमान में उड़ा दूँ। और कुछ हो चाहे न हो, देश बोल के कुछ नहीं होना चाहिए मेरे पास। मेरे जीवन से तुम देश, हृदय से खोद कर ले गये मेरा ही स्वदेश।

## झ

तो फिर उनको ही आजादी दी जाए, उनके लिए ही खोल दिया जाए फिर अस्त्रागार। तलवारें उठा लें, कमर में खोंस लें पिस्तौलें, हाथों में बम, दारुल इस्लाम का मंत्र सर पर लेकर वे निकल पड़ें, जिधर जितने भी मुरताद पाक हों, सिर काट लें। लड़कियों को मार दें। नतमस्तक औरतों के बदन पर बुर्का चेप दें, घरबन्दी बना लें। लड़के पैदा करने के लिए घर-घर में बलात्कार चलता रहे। दुनिया के जितने पुरुष हैं, एक ही बार में सब, न हो तो तालिबान बन जाएँ, अर्जेंटीना से आइसलैंड, मालद्वीप से मोरोक्को, बंग्लादेश से बाहरीन तक उनका दखल हो जाए। इस्लाम के पाक जमीन पर परम श्रद्धा के साथ सर झुकाये हमारी जनता। धर्मान्धों के पाँव धुले पानी को पीकर पुण्यवान हो जाएँ हमारे लोग।

## डायरी के पन्ने

**24 नवम्बर**

हिन्दुस्तान टाइम्स में करन थापर ने लिखा, 'डू वी पास द तसलीमा टेस्ट?' 'The India I would be proud of would welcome Taslima Nasreen and grant her sanctuary. The India I am embarrassed by wreaks violence on the streets of Calcutta, vandalises art schools in Baroda and threatens peaceful worshippers in Sirsa. Alas, that is the India I live in.'

अद्भुत लेख, पर लेख के शुरू में उन्होंने लिखा, 'Taslima Nasreen may not be a great novelist. She may even be motivated by a quest for publicity, and many say she deliberately and calculatedly compromises other people by revealing their personal secrets. But those are literary or moral judgments. No doubt each of us will accept or reject them as we deem fit. The question is, do we have a right to silence her voice because of them.'

करन थापर ने मेरा लिखा नहीं पढ़ा है, यह मैं अनुमान कर सकती हूँ। लेखन न पढ़ने के बावजूद वह लेखक के मत प्रकाश के अधिकार के पक्ष में खड़े हुए। जिन्होंने मेरे लेखन को समझा है, जो मुझे व्यक्तिगत रूप से ठीक से पहचानते हैं, वे जानते हैं कि मैं क्या लिखती हूँ, क्यूँ लिखती हूँ। पब्लिसिटी पाने के लिए लिखती हूँ, विमर्श खड़ा करने के लिए लिखती हूँ, मैं एक अच्छी साहित्यकार नहीं हूँ, वगैरह बातें बहुत सालों से ही हवा में तिर रही हैं। तब से, बंग्लादेश के जमाने से। बंग्लादेश और भारत में तो कोई ज़्यादा अन्तर नहीं है और अगर हो भी तो हवा में तो कोई फर्क नहीं है, इसीलिए यह सब बातें बहती रहती हैं। इस हवा के मंत्र से मन को हटा कर किसी दूसरे विश्वास और धारणा को तैयार करना, कम कठिन नहीं है। बहुत से लोग ऐसा मुश्किल काम भी करते हैं और बहुत से हवा के जोर पर ही चलते रहते हैं। अगर मैं अपना ख़याल रखती तो अपने लिखने का भी ख़याल रखती, अंग्रेजी एवं दूसरी और भाषाओं में अनुवाद प्रकाशित करवाने की कोशिश करती, पर इन सब मामलों में हमेशा से ही मुझमें एक उदासीनता रही है। कितने लिटरेरी एजेंटों को भगाया है। फर्जी किताबों से बंग्लादेश और भारत भर

गया। किताबों को लेकर बहुत मिट्टी पलीद हुई और उधर दुनिया के कितने ही लोग पढ़ना चाहते थे पर उन्हें मौका ही नहीं मिला।

**27 नवम्बर**

'...तसलीमा नसरीन को पश्चिम बंगाल से हटाने का फैसला पहले से ही पक्का कर लिया गया था, पर इस फैसले को जिस तरह क्रियान्वित किया गया, वह पूर्णतया अनावश्यक व अनैतिक था। पहली बात तो यह है कि तसलीमा नसरीन की सुरक्षा के लिए, उनको राज्य से बाहर भेजने की कतई जरूरत नहीं थी। इसी शहर में उनके लिए अच्छा बन्दोबस्त करना सरकार के लिए नामुमकिन नहीं था। कई तर्कसंगत कारणों से सन्देह होता है कि सुरक्षा की बात बस बहाना मात्र है। उनके कट्टरपन्थी विरोधियों को सन्तुष्ट करने की मंशा से ही, तसलीमा को वहाँ से हटाया गया। दूसरा, जिस प्रक्रिया से स्थानान्तरण कर उन्हें हटाया गया, वह अत्यन्त आपत्तिजनक है। प्रशासन एवं राजनैतिक दल और इन दोनों के करीबी और प्रभाव सम्पन्न व्यक्तियों की मिलीभगत का यह परम्परागत तंत्र, समग्र रूप से एक बीमार परिवेश का संकेत देता है, जो कि एक उदार, आधुनिक शासनतंत्र के लिए घातक है। तीसरा, यह मौलवादियों के अन्यायपूर्ण दावों के आगे आत्मसमर्पण है और यही सबसे ज्यादा चिन्ताजनक विषय है। पश्चिम बंगाल के सत्ताधारी लोग उठते-बैठते अपनी धर्मनिरपेक्षता की बड़ाई करते हैं, पर कार्यक्षेत्र में बार-बार ही देखने को मिलता है कि मुसलमान कट्टरपंथियों को सन्तुष्ट करने के लिए वे बहुत ज्यादा तत्पर रहते हैं। तसलीमा नसरीन से जुड़ा घटनाक्रम इसका प्रमाण व प्रतीक है। ...पश्चिम बंगाल के 'धर्मनिरपेक्ष' शासक, मुसलमानों को खुश कर रहे हैं या मौलवादियों को खुश कर रहे हैं। दल के नीतिनियन्ता शायद यह विश्वास करते हैं कि इस चापलूसी के नतीजतन, लघुसंख्यकों का वोट बैंक सुरक्षित रहेगा परन्तु वोट बैंक की राजनीति के चलते ऐसे भयानक अन्याय की खुशामद का परिणाम अशुभ होना निश्चित है।'—**आनन्दबाज़ार पत्रिका**

आनन्दबाज़ार दूसरे समय साथ हो या न हो, मुझे कलकत्ता से निकालने के शुरुआत से ही वह मेरे साथ है। स्टार आनन्द में इस बात के बाबत खबर प्रसारित कर रहे हैं, आलोचना हो रही है। मेरा साक्षात्कार लिया सुमन डे ने। आनन्दबाज़ार के मिलन दत्त एक बड़ा साक्षात्कार लेंगे। हैदराबाद से लौटने के बाद मुझे किस तरह बन्द करके रखा गया था घर में, किसने क्या बोला, किस तरह मुझे कलकत्ता से विदा कर दिया गया, वह शुरू से सब कुछ सुनना चाहते हैं। प्रश्न किया जा रहा है और मैं उत्तर देती जा रही हूँ। अचानक एक गूँज। फोन पर ही सुन पा रही थी कि कोई मिलन दत्त को बुला रहा है, बातें कर रहा है, बहस कर रहा है। अन्त में मिलन दत्त ने मुझे बतला ही दिया कि अभीक बाबू ने साक्षात्कार बन्द करने को कहा है, क्यूँकि प्रणव बाबू के साथ उनकी बात हुई है और प्रणव बाबू ने कहा है

कि अभी मेरी कोई भी खबर या साक्षात्कार वगैरह का बिल्कुल भी प्रचार न किया जाए, उन्होंने वादा किया है कि पन्द्रह दिनों के अन्दर मुझे कलकत्ता वापस ले आएँगे।

उधर स्टार आनन्द ने भी सारी आलोचनाएँ बन्द कर दीं। मेरे पक्ष में लोकमत तैयार होने की सम्भावना का यहीं अन्त हो गया।

**28 नवम्बर**

'तसलीमा नसरीन के प्रसंग में सबों को, विशेषकर बुद्धिजीवियों को एक बात सोचने के लिए अनुरोध करूँगा। उस भद्र महिला ने अपने मतविरोधियों पर पत्थर फेंक कर नहीं मारा, गाड़ियाँ नहीं जलाईं, खून कर देने की बात भी नहीं कही। वैसे, विशेषकर मुसलमान औरतों पर होते उत्पीड़न के विषय में उन्होंने जो लिखा है वो एकांश बुद्धिजीवियों के मतानुसार इस्लाम विरोधी है, पर उन्हें उनकी बात न कहने देने पर, तसलीमा के समालोचक अनुच्चारित इस्लाम विरोधी वक्तव्य का समुचित जवाब नहीं दे पाएँगे। इससे लोकतंत्र परेशान होगा और लोकतंत्र के न रहने पर सबसे ज़्यादा क्षतिग्रस्त अल्पसंख्यक धर्म के लोग ही होंगे। इसीलिए तसलीमा का स्वाधीन रूप से व निष्कपट लिखने के अधिकार की रक्षा का दावा अन्ततोगत्वा लोकतंत्र की रक्षा करने का ही संग्राम है।'– **सुनंद सान्याल**

प्रणव मुखर्जी मेरे बारे में लोकसभा में बोलेंगे, कल से ही पता था। वे बारह-साढ़े बारह बजे बोलेंगे, ऐसा सुनने में आया था, बैठी हुई हूँ इन्तजार में। जो बोला उन्होंने वो यूँ था– 'Throughout history, India has never refused shelter to those who have come and sought our protection. This civilizational heritage which is now a government policy will continue and India will provide shelter to Ms. Nasreen. Those who have been granted shelter here have always undertaken to eschew political activities in India or any action, which may harm India's relation with friendly countries. It is also expected that the guest will refrain from activities and expressions that may hurt the sentiments of our people. While these guests are in India the Union and the State governments provide them protection – this policy will also apply in Ms. Nasreen's case.'

दादा ने कहा, 'सचमुच एकदम डिप्लोमेट हैं।'

जो डूब रहा है उसे एक तिनके के सहारे की जरूरत है। मुझे इस देश से निकाला नहीं जा रहा है व रहने दिया जाएगा, यह ही मेरे लिए सबसे बड़ी खबर है। मैंने उम्मीद की थी दूसरे किसी वक्तव्य की, जिसका बांग्ला में अनुवाद करने पर ऐसा होता–'भारत एक ऐसा देश है, जो उदार, अतिथिपरायन है, जिसने दुनिया

के विभिन्न देशों की विभिन्न संस्कृतियों के लोगों को, विभिन्न समयों में स्वीकार किया है एवं समृद्ध हुआ है। तसलीमा एक उत्पीड़ित एवं निर्वासित लेखिका हैं, बंग्ला उनकी मातृभूमि है। पूर्वी बंगाल न भी हो पर पश्चिम बंगाल में उनके वास करने की इस इच्छा का हम स्वागत करते हैं। भारत एक धर्मनिरपेक्ष देश है और दुनिया का सबसे बड़ा गणतंत्र। यहाँ जो रहते हैं, उन सबको गणतांत्रिक पद्धति से अपना मत प्रकाश करने का अधिकार है। परन्तु 21 नवम्बर को कलकत्ता की सड़कों पर जो घटा, वह बर्बरता के अलावा कुछ और नहीं। सेक्युलर गणतांत्रिक राष्ट्र की प्रथम व प्रधान शर्त है, मत प्रकाश करने की स्वाधीनता। मत प्रकाश की आजादी और बोलने की स्वाधीनता और सबों की तरह, तसलीमा नसरीन को भी है। इसीलिए उनके मत प्रकाश करने के अधिकार को छीनने के उद्देश्य से जिन्होंने सड़कों पर उतर कर लूटपाट की, आगजनी की और आम नागरिकों के जीवन को असुरक्षित किया, उनके इस गैरलोकतांत्रिक आचरण की वजह से सरकार उनके खिलाफ जरूर कार्यवाही करेगी और वे भविष्य में इस तरह के अशुभ कार्य न कर सकें इस मामले में प्रशासन सतर्क रहेगा। सेक्युलर भारत की छवि नष्ट न हो, इस मामले में हर व्यक्ति को सचेत रहना होगा। तसलीमा नसरीन को उनकी इच्छा के विरुद्ध क्यूँ जबरदस्ती किसी दूसरे राज्य में स्थानान्तरण करना पड़ा, इस मामले में तहकीकात होगी और दोषी व्यक्तियों को सजा देने की व्यवस्था की जाएगी तथा 21 नवम्बर के उपद्रवियों को कड़ी से कड़ी सजा दी जाने की व्यवस्था की जाएगी। तसलीमा को कल केन्द्र से कलकत्ता भेजा जाएगा। केन्द्र सरकार पश्चिम बंगाल में तसलीमा के लिए पूर्ण सुरक्षा चाहती है। सिर्फ इतना ही नहीं, पश्चिम बंगाल के बाहर भी उन्हें भारत सरकार व राज्य सरकार पूरी सुरक्षा देगी। सिर्फ तसलीमा नहीं, इस देश के हर नागरिक, अतिथियों एवं शरणार्थियों के लिए भारत का नियम एक ही है, यह किसी के लिए भिन्न नहीं।'

हाँ ऐसा ही होगा, मन ही मन सोचा था, पर जो हुआ क्या ठीक हुआ? कुछ समझ नहीं पा रही, एक ही निश्चिन्तता महसूस हो रही है कि अब रेसीडेंट्स परमिट लेना नहीं होगा, वैसे ऐसा कुछ बोला नहीं गया था।

### 30 नवम्बर

'सिंगुर, नंदीग्राम की पुलिस और पार्टी के किरायेदारों के बंदूक की जोर पर निर्मम दखलदारी के प्रकरण से निकल, तसलीमा के मामले पे आने पर सीपीएम का इतने दिनों के जतन से पाला हुआ धर्मनिरपेक्षता का मुखौटा एक तूफानी हवा से उड़ गया।

...तसलीमा देश-पे-देश, राज्य-पे-राज्य, इसी तरह जड़ से कटी घूमती रहें और हम उँगलियों पर वोटों का हिसाब रखते रहें। तराजू में तोल कर देखते रहें कि

तसलीमा के यहाँ रहने से लाभ ज़्यादा है, या चले जाने से। क्या करने और कहने पर मुस्लिम वोट खींचे जा सकते हैं। कौन से मामले में मौलवादियों के हाँ में हाँ मिलानी है और कौन से मामले में सड़क पर उतर कर उनके खिलाफ जुलूस निकाल नारे लगाने हैं, सब कुछ ही वोटों के तराजू में तौला हुआ है।'– **आशिष घोष**

सुबह, इनामुल कबीर ने फोन किया वीरभूम से। नहीं, अभी तक किसी भी राजनैतिक पार्टी ने नहीं कहा है कि सीपीएम ने जो किया, गलत किया है, इस तरह से किसी भी लेखिका को निकाल बाहर करना अन्याय है।

आज 'द्विखंडितो' से कुछ वाक्य निकाल दिए। पूरे देश में इस दुखभरी खबर को बहुत खुश होकर छापा गया।

### 2 दिसम्बर

एक दिन कैंटोनमेंट के प्रधान आकर मुझसे मिलकर गये। बड़े सम्मान से मिले। शिक्षित और सज्जन व्यक्ति हैं। कहा, 'लज्जा' की लेखिका के साथ कभी मुलाकात होगी, इसकी कल्पना भी नहीं की थी। 'लज्जा' की लेखिका के रूप में सब मुझे पहचानते हैं। हिन्दुस्तान के शिक्षित वर्ग में ऐसे बहुत कम ही लोग हैं, जिन्होंने 'लज्जा' न पढ़ी हो। पेंगुइन ने घोषणा की है कि लज्जा भारतवर्ष की, मुद्रणशिल्प के इतिहास में सबसे ज्यादा बिकने वाली किताब है।

सज्जन व्यक्ति का उपनाम है, सेन। मैं उन्हें बंगाली जान कर कितनी खुश हुई! बाद में पता लगा कि वे बंगाली नहीं थे।

### 4 दिसम्बर

'She does not have any choices, She is just like a person who has now got the protection of the mafia which is the state in some way. She has nowhere to go. She has no protection. She just has to blunder her way through this kind of humiliation and I really feel for her'.– **Arundhati Roy**

आज दादा की शादी की पच्चीसवीं सालगिरह, यानी रजत जयन्ती है। हर साल दादा इस दिन को मनाते हैं, पर दिल्ली के अज्ञातवास में मनाने के लिए कुछ भी नहीं है। आज सुबह ही दादा नहा-धो कर तैयार हो गये थे। दिन का भोजन करते ही दिल्ली से कलकत्ता के लिए रवाना हो गये। शाम पाँच बजे कलकत्ता उतरेंगे। हम एक साथ कलकत्ता से आये थे और अब दादा अकेले ही लौट गये। मैं नहीं जा पायी। मेरा जाना सम्भव नहीं। दादा को चले जाते हुए देखने की भी इच्छा नहीं। सीना फट रहा है। शायद दादा भी कष्ट में थे, पर यहाँ रहकर भी वे क्या करते! इस तरह छुपकर रहना भी, कहीं अच्छा लगता है!

## 5 दिसम्बर

'Secularism is not appeasing fundamentalism and terrorism. The November 21 incidents could have led to communal riots in Kolkata. Fundamentalism, where Muslim or Hindu is a challenge which must be taken very seriously. The Taslima Nasreen issue is no longer about Taslima Nasreen the writer. It has revealed a much larger conspiracy in the making.

It was a test case, and the CPMs decision has conveyed to the Islamic fundamentalists that they have won the round one.' – **Bhaskar Roy**

आज उल्लेख करने लायक तीन चीजें मिलीं, 'द हिन्दू' का सम्पादकीय, 'आनन्दबाज़ार' का उपसम्पादकीय और एक घटना। सर्वपल्ली राधाकृष्णन की किताब में मुहम्मद नबी की एक तस्वीर छपी थी इसलिए कलकत्ते में विक्षोभ शुरू होते ही, दिल्ली के प्रकाशक को क्षमा माँगनी पड़ी। 'हिन्दू' ने लिखा, इस 295(क) का ही तो सरकार ने मेरे विरुद्ध प्रयोग किया था बंग्लादेश में। पन्द्रह-सोलह साल के उस वाक्-स्वाधीनता विरोधी कानून को खत्म करने की बात कह रही हूँ मैं। मेरे व मेरे जैसे दो-एक लोगों की बात सुनता ही कौन है!

आज के आनन्दबाज़ार पत्रिका के लेख को देख मुँह खुला ही रह गया। कुछ दिनों पहले तक मेरा समर्थन करने वाला, आज एक सौ अस्सी डिग्री घूम गया! अचंभित हो जाती हूँ मैं। गला रुँध गया हो, ऐसी हालत में बैठी रह जाती हूँ मैं। कल्याण सान्याल ने मेरे विरुद्ध एक उपसम्पादकीय लिखा है। लेख अगर विमर्श के लिए छापा गया है, तो मुझे कोई आपत्ति नहीं। स्वस्थ विमर्श हमेशा ही अच्छा है, पर यदि यह वाक्-स्वाधीनता के विपक्ष में स्थापित किया गया है, तब निश्चित ही आशंका का कारण ही है। मेरा अनुमान है कि आनन्दबाज़ार ने अब मेरे पक्ष में लिखा गया कोई भी लेख या चिट्ठी नहीं छापने का प्रण कर लिया है। कल्याण सेन के वक्तव्य के अनुसार शिल्प का मतलब ही शुद्ध नहीं, राजनीति का मतलब ही दूषित नहीं। सीपीएम की राजनीति दूषित नहीं और मेरा लेखन शुद्ध नहीं। क्यूँकि मेरा लेखन शुद्ध नहीं, इसीलिए राजनीतिज्ञ या क्षमतावान मुझे बाहर निकाल ही सकते हैं, इसमें कोई परेशानी नहीं और भी लिखा है कि मेरी लिखने की शैली व कथ्य दोनों ही वह पसन्द नहीं करते, चूँकि वे पसन्द नहीं करते इसीलिए निकाल बाहर करने में कोई अन्याय नहीं। वह नंदीग्राम के मामले में सीपीएम के विरुद्ध हैं, पर मेरे मामले में वह सरकार का पक्ष ले रहे हैं। मेरी धारणा है कि ज़्यादातर कलाकार, साहित्यकार और बुद्धिजीवी कल्याण सान्याल के मत के पक्ष में हैं, नहीं तो सीपीएम द्वारा मेरे खिलाफ किये गये अन्याय के विरुद्ध कोई भी प्रतिवाद क्यूँ नहीं उठ रहा है?

## 6 दिसम्बर

आज बाबरी मस्जिद पर आक्रमण हुए पन्द्रह साल पूरे हो गये। 'लज्जा' लिखा था पन्द्रह साल पहले। दिन कैसे उड़ जाते हैं! लगता है बस उस दिन की ही बात है। प्यार जन्मा था ठीक पन्द्रह साल पहले, 6 दिसम्बर, 1992 को। आज के दिन ही सुना कि हर्कतुल जिहादी दल के सदस्य एक सफेद गाड़ी में उत्तर प्रदेश के देववंद से दिल्ली घुसे थे, चाहते थे कुछ भीड़-भाड़ वाली जगहों पर बम गिराकर लोगों को संत्रस्त करेंगे। जहाँ तक याद आता है, यह हर्कतुल जिहादी दल बंग्लादेश में संगठित हुआ, जब मेरे विरुद्ध धर्मवादियों का आन्दोलन चरम पर था, तब। क्या फायदा हो रहा है उनका लोगों को मारकर, मुझे नहीं पता।

आज सुबह, बहुत देर तक प्रशान्त राय के साथ फोन पर बात की। वह आशावादी हैं कि कलकत्ता में मेरे पक्ष में कोई आन्दोलन जरूर होगा। मैंने कहा आन्दोलन होना होता तो शुरू में ही होता। आँखों के सामने ही लोगों ने देखा कि कितने भयंकर अन्यायपूर्ण तरीके से मुझे पश्चिम बंगाल से निकाल दिया गया। दिनोंदिन मन पर अत्याचार करने के बाद, फिर निकाला। उसके बाद भी, एक भी जुलूस नहीं निकला कलकत्ता की सड़कों पर! अपने हाथों से लिखे प्लेकार्ड्स लेकर खड़ा होना पड़ा मेरे चार-पाँच मित्रों को। कोई नहीं है मेरे लिए? मेरे लिए कोई न रहे, कम से कम एक बर्बर घटना के विरुद्ध क्या किसी को खड़ा नहीं होना चाहिए था? हाँ, इधर-उधर, छुट-पुट कुछ लिखा जा रहा है, पर वह सब लोगों को उतना क्षुब्ध नहीं कर पा रहा, जितना कि होने पर जुलूस निकल सके।

तपन राय चौधरी ने फोन किया था, मैं पागलों की तरह रोयी। मैंने कहा कि मुझे किसी भी हाल में अपने साथ कलकत्ता वापस ले जाएँ। अगर कलकत्ता न ही जा पाऊँ, अगर पश्चिम बंगाल मुझे वापस न ही ले, तो मुझे बंग्लादेश ही भेज दें। वहाँ अगर हुजी-फुजी कभी मार कर फेंक देंगे, तो वही सही। फिर भी दूसरे देश को अपना देश समझ कर जो भूल की, इंसान को प्यार करने पर भी इंसान अन्त में प्यार नहीं करता, बल्कि दूर बैठ कर मजे से देखता है। अपनी आँखों से कम से कम मुझे यह तो देखना नहीं पड़ेगा।

मेरा सर फटा जा रहा है, मैं अब और नहीं सह पा रही हूँ। प्रभु को कहा, मुझे बंग्लादेश फेंक आइये। वहीं जो होना है सो हो। प्रभु ने सुना, कंठ में उनके आग्रह है और भी कुछ सुनने का। ऐसा ही कुछ सुनने के लिए वह बहुत दिनों से इन्तजार कर रहे थे। याद है, प्रभु के जैसे ही एक और बड़े अफसर ने राजस्थान में कहा था कि मैं जहाँ पर सुरक्षित हूँ, मेरा वहीं रहना उचित है।

पूछा था, 'कहाँ हूँ सुरक्षित?'

उन्होंने कहा था, 'दुनिया में क्या सुरक्षित जगहों की कमी है?'

'कहाँ है वह सुरक्षित जगह, मैं भी सुनूँ!'

'क्यूँ, यूरोप या अमेरिका!'

'नहीं, मैं विदेश नहीं जाऊँगी।'

पता नहीं कैसा-सा डर लग रहा था, मुझे।

## 7 दिसम्बर

आज के वीकेंड डेली में निकले जय गोस्वामी के लेख को सुबह कलकत्ते से शर्मिला ने फोन पर पढ़कर सुनाया। 'किसी भी लेखक को अगर अपना ही लिखा कोई लेख वापस लेना पड़ता है तो उसको क्या अनुभूति होती है? कितने असीम कष्ट से गुजरना पड़ा है तसलीमा को, इस प्रत्याहार के फैसले को लेने में, यह हम मात्र अनुमान ही कर सकते हैं। क्यूँकि, हममें से किसी को भी अपने देश से निर्वासित अवस्था में दिनोंदिन, देश-दर-देश, सुरक्षाकर्मियों के घेरे में घूमना नहीं पड़ा है। हममें से किसी के लिए भी अपने ही देश में वापस आने का रास्ता बन्द नहीं है। हमारी किताबों का निकलना अपने ही देश में एक के बाद एक निषिद्ध नहीं हुआ है और हममें से किसी को भी यह नहीं पता है कि सिर पर मौत के फतवे के लटके होने का एहसास क्या होता है।

हम सिर्फ तसलीमा की समालोचना ही कर सकते हैं। तसलीमा का यह लिखना उचित नहीं था। वह बोलना सही नहीं। यहाँ तक कि हमने यह भी कहा है कि तसलीमा यह सब अपने प्रचार के लिए कर रही हैं। खुद उनकी जिन्दगी भी खत्म हो सकती है किसी उन्मादित, धर्मान्ध हत्यारे के हाथों और यह जानने के बावजूद भी शायद हम यही कहेंगे कि उन्होंने यह अपने प्रचार के लिए ही किया है।'

बस इतना ही नहीं, मेरे हालात समझाते-समझाते जय, गैलिलिओ का प्रसंग भी ले आये। गैलिलिओ को जला कर मार देने का डर दिखाया गया था। असहनीय दबाव के आगे अन्त में गैलिलिओ भी टूट गये। वापस ले लिया अपना सिद्धान्त। कहा, 'चर्च ही ठीक है, सूर्य पृथ्वी के चारों ओर घूम रहा है।' आँखें तरेरने पर गैलिलिओ ने बोल ही दिया कि पृथ्वी नहीं घूम रही है। फिर भी पृथ्वी घूम रही है, घूमती ही रहेगी– चाहे जितना भी आँखें दिखाओ।'

शिवनारायन राय को फोन किया था, उनका शरीर व मन दोनों ही अच्छा नहीं हैं। बताया कि लिख भी नहीं पा रहे हैं। मैंने कहा, 'ब्लड प्रेशर शायद बहुत ज़्यादा है, डॉक्टर को दिखाइये।' नहीं, डॉक्टर को दिखाने का ज़्यादा आग्रह नहीं है। उम्र बढ़ जाने पर, सब कैसे सिकुढ़ से जाते हैं, 'नहीं भी जिन्दा रहने से चलेगा, बहुत तो जी लिए' जैसे वाक्य दोहराते हैं।

उम्र छियासी साल। मैंने कहा, 'ज्योति बाबू की तो उम्र पंचानवे है। आपसे तो कहीं ज़्यादा बड़े हैं।'

मैंने कहा, क्या अन्याय किया है जो मुझे सजा भुगतनी होगी? शिवनारायन राय ने कहा, 'किसने कहा कि मनुष्य अन्याय करने पर ही सजा पाता है? तुमने एक क्षमतावान/सत्तासीन शक्ति के स्वार्थ पर आघात किया है, इसलिए सजा पा रही हो।'

आज 'न्यूयॉर्क टाइम्स' में एक लेख को पढ़कर बहुत अच्छा लगा। मन के माफिक कहा है। सऊदी अरब की एक लड़की, अपहरण और सामूहिक बलात्कार का शिकार होती है। इस्लाम के विचार के अनुसार बलात्कारियों को कोई सजा नहीं हुई। सजा मिली उस लड़की को। जेल गयी, चाबुक पड़े। सुदान में एक स्कूल शिक्षिका को सजा दी गयी, क्यूँकि पढ़ाते हुए उसने टेडी बियर का नाम रखा था, मुहम्मद। इधर मुझे सजा मिली क्योंकि कभी, कहीं, किसी किताब में कुछ लिखा था, जो उन्हें पसन्द नहीं आया। सुना कि इस्लाम में ज़्यादातर मुसलमान ही गैर-मौलवादी हैं! इस्लाम को कुछ मौलवादियों ने हाईजैक किया है। नहीं तो इस्लाम बहुत ही बढ़िया है, अच्छाइयों का तो अन्त ही नहीं है। लेखक की तरह मेरा भी प्रश्न है, वो मॉडेरेट्स या नरमपंथी या आधुनिक मुसलमान अब कहाँ हैं? वे तो कभी कट्टरपंथियों के किसी दंगे, हंगामें, किसी भी शठता, शैतानी, किसी भी बलात्कार, लूटपाट के विरुद्ध कुछ नहीं बोलते, वे तो सड़कों पर दल बाँधकर नहीं उतरते! मुट्ठी भर मुसलमान इतना बड़ा, जघन्य अपराध कर रहे हैं और ज़्यादातर मुसलमान चुप बैठकर देख रहे हैं, ऐसा कैसे हो सकता है? मुझे कभी-कभी लगता है कि 'मॉडेरेट' के नाम पर कुछ भी नहीं है। मुसलमान समाज में दो तरह के लोग हैं, एक इस्लाम पर विश्वास करने वाले और दूसरे इस्लाम पर अविश्वास करने वाले। इस्लाम पर अविश्वास करने वालों की संख्या तुलना में बहुत कम है, बहुत ही कम। बाद बाकी पूरे ही इस्लाम-विश्वासी हैं। इन्हीं इस्लाम-विश्वासियों में से कोई-कोई टोपी पहनता है, चोगा पहनता है, दाढ़ी रखता है। कोई-कोई इस पोशाक से बाहर कोई दूसरी पोशाक पहनता है। विश्वासियों में से कोई-कोई नमाज, रोजा इत्यादि रखता है, कोई नहीं रखता। यह है सारी बात। विश्वासियों में से कोई-कोई जब मानवता के विरुद्ध उतरता है, उसका प्रतिवाद विश्वासियों के बीच से नहीं आता है। इसीलिए मॉडेरेट्स नजर नहीं आते हैं। मॉडेरेट्स या नरमपंथी कहकर कुछ नहीं है, इसीलिए वे नजर भी नहीं आते हैं।

सारे दिन में कुछेक फोन। पटना से केया, वीरभूम से इनामुल। 24 परगना से मुजफ्फर का और हाँ, आज एक चिट्ठी पाकर मन भर आया। पाचू की चिट्ठी। चिट्ठी कहने पर ई-मेल को ही समझती हूँ। कई महीनों से कोई भी सम्पर्क नहीं था, पाचू के संग। इतने अच्छे दोस्त के साथ सम्पर्क न रहने के पीछे कारण था, अभिमान। पाचू ने लिखा, 'सुरक्षित हो यह समझ सकता हूँ, पर तुम्हारा मन जो एकदम तहस-नहस हो गया, उसके बारे में सोचकर बहुत परेशान हूँ। क्या फिर, हमारा यह समय सिर्फ धर्म से ही शासित होगा, वोट केंद्रिकता की चक्की में, मौलवाद से? किस भयानक राष्ट्रीय आतंक का सामना करते हुए तुमने तीन पन्ने वापस लिए, सोचकर शरीर व

मन काँप जाता है। आशा करता हूँ कि यह दुर्दिन फिर से बीत जाएँगे, तुम अपने आप में फिर वापस आ जाओगी, फिर चमक उठेगी तुम्हारी कभी न बुझने वाली कलम! अच्छी रहना। इस हाल में जितना भी अच्छा रहा जा सके।' जवाब में लिखा, 'पाचू, इस असहनीय कष्ट में भी तुम्हारा पत्र मिलने पर बहुत अच्छा लगा। पता नहीं मैं क्या करूँगी। मैं कलकत्ता जाना चाहती हूँ, परन्तु प्रगतिशील कलकत्ता तो मुझे नहीं ले रहा है। मैं एक अँधेरे घर में हताशा और अनिश्चयता में डूबी हुई हूँ। ये लोग शायद चाहते हैं कि मानसिक यंत्रणा भोगते हुए एक दिन या तो मैं आत्महत्या कर लूँ, या फिर इस देश को छोड़ कर चली जाऊँ।' जवाब दिया पाचू ने, 'तसलीमा, तुम किसको प्रगतिशील कलकत्ता कहती हो, नहीं जानता। हम जानते हैं कि जिस कलकत्ते में, लाल झंडे वाला एक दल, मौलवाद को निर्लज्ज रूप से व्यवहार करता है, सिर्फ मुस्लिम वोटों के लिए, जिनके खिलाफ प्रतिवाद में गरजते हुए दूसरे ध्वजधारी लोग इकट्ठे होकर, गला फाड़कर तेज धिक्कार से, सर्वव्यापी आवाज नहीं उठा पाते हैं—जो नहीं समझते हैं कि किस असहनीय राष्ट्रीय आतंक के सम्मुख असहाय होकर, एक लड़ने वाले लेखक को उसकी अभिव्यक्ति के तीन पन्ने फाड़कर फेंकने पड़ते हैं—उस कलकत्ता को तुम प्रगतिशील कलकत्ता कहोगी? इस घोर अन्याय का प्रतिशोध तुम एक-न-एक दिन ले पाओगी। इतने अन्धकार में भी मैं विश्वास करता हूँ कि, मौलवादियों की कही बात ही अन्तिम बात नहीं है।'

अन्तिम बात नहीं है? बंग्लादेश में तो आज भी मौलवाद ही अन्तिम बात ही कहता है, तेरह साल हो गये, लौट नहीं सकी और कौन सी बात बाकी है बंग्लादेश को बोलने के लिए? चुप है पश्चिम बंगाल, आखिर और क्या अन्तिम बात है उसकी। नीरवता, प्रतिकार, अवज्ञा, अपमान, मौलवाद ही तो आखरी बात है।

जहाँ मैं हूँ, वहाँ एक कमरा, सामने छोटा-सा बरामदा और उससे लगी हुई एक छत है। छत पर खड़े हुए, या टहलते हुए, कहीं से किसी के देख लेने पर, फिर कुछ हो न जाए, इसलिए उधर जाती ही नहीं। जैसे कि मुझे कहा गया है, वहाँ न जाऊँ। यह कैसी बात है! घर में बन्द होकर तो रह ही सकती हूँ, मैं। महीनों बिताये हैं, देश में-विदेश में। सुरक्षा के नाम पर कम तकलीफ़ें झेली है! ज़ंजीर तोड़ने की बात कहते हुए, खुद अपने ही पाँवों में ज़ंजीर पहननी पड़ी, वह भी क्या आज से!

### 8 दिसम्बर

'I think the Taslima Nasreen case has tested, and will test, the integrity of the Left intelligentsia even more than Nandigram' – **Ramchandra Guha**

6 दिसम्बर को बाबरी मस्जिद ध्वंस होने के पन्द्रह वर्ष पूरे होने के उपलक्ष में, बुद्धदेव भट्टाचार्य एक कार्यक्रम में गये थे, उन्होंने कहा, राम कवि की कल्पना हैं। रामसेतु प्राकृतिक सेतु है। रामसेतु को लेकर जो कुछ भी हो रहा है, वह धार्मिक

उन्माद है। कल टेलीविजन पर इस खबर को देखकर ताज्जुब में पड़ गयी, कुछ दिनों पहले उन्होंने मुसलमान कट्टरपंथियों के दावे को मान लिया, शहर में चल रहे उनकी बर्बरता और उन्माद के विरुद्ध एक भी शब्द खर्च नहीं किया, बल्कि कहा कि किसी को भी अधिकार नहीं है, उनकी धार्मिक अनुभूतियों को आघात पहुँचाये और इधर, मुजरिमों को सजा देने के बदले एक निर्दोष को राज्य से निकाल दिया। उसके बाद आज वह हिन्दुओं की धार्मिक अनुभूतियों को खुद ही आहत कर रहे हैं!

**9 दिसम्बर**

'अधिकांश लोगों के राय या विचारों से सहमत न होने का अधिकार चिन्ताशील मनुष्य के लिए प्राथमिक, मौलिक व सर्वश्रेष्ठ है। एक लेखक को, 'तुम इतनी दूर तक लिख सकते हो, पर उससे ज़्यादा आगे मत बढ़ना' कहना और 'तुम कुछ भी नहीं लिखोगे' कहने के बीच कोई भी फर्क नहीं है क्यूँकि, असल में कहा जा रहा है कि 'बाप तुम वाक् पराधीन हो, वैसे मेरी पूँछ पर पैर न रखने तक तुम बोलने के लिए आजाद हो'। इस थ्रेट के साथ छूट, आजादी नहीं, पिंजरे के अन्दर घूमने की अनुमति भर है।

बोलने की आज़ादी की कोई चौखट नहीं होती, सीमा नहीं होती। नहीं तो कोई भी क्षमतावान संस्था (राष्ट्र/मौलवादी/सड़क छाप व उसके चेले) जब मर्जी अपनी खुशी से, चौखट तैयार कर लेगी और दुनिया के किसी भी कला को, अपनी सुविधानुसार, किसी न किसी भावावेग में—आघातकारी के रूप में चिन्हित कर, उसके बाद गोली दाग देगी।'—**चन्द्रिल भट्टाचार्य**

एक पत्र लिखा उनको। पत्र उन तक पहुँचाना सम्भव नहीं, फिर भी लिखने का मन हुआ।

माननीय बुद्धदेव भट्टाचार्य,

मेरी ओर से अशेष श्रद्धा ग्रहण कीजिएगा। एक समय आपके साथ मेरा परिचय था, कई एक बार आपसे बात भी हुई थी। मैं आपको एक करीबी इंसान के रूप में ही जानती थी। याद है मुझे कि एक बार नन्दन में बैठकर आपने मुझे बम्बई होकर पैरिस जाने के बदले, दिल्ली होकर पैरिस जाने का सुझाव दिया था, क्यूँकि बम्बई के मौलवादी मुसलमान मेरे बम्बई जाने के खिलाफ विक्षोभ दिखा रहे थे कि हवाई अड्डा जला देंगे, मुझे जिन्दा जला देंगे। मैं आपका प्रस्ताव मानना चाह रही थी, पर शबाना आजमी, जावेद अख़्तर, जावेद आनन्द और तिस्ता शीतलवाड ने जब बार-बार फोन कर के मुझे कहा कि बम्बई आना ही पड़ेगा, मुझे समझाना ही होगा कि ये कट्टरपंथी जो भी दावा करते हैं, उसे होने नहीं दिया जा सकता है, बम्बई नहीं जाने का मतलब उनके आगे हार मान लेना होगा, नहीं जाने का मतलब उनके अन्यायपूर्ण दावों को मान लेना और उन्हें विजयी बनाना होगा। मैं आपकी बात मान कर चल रही थी,

इसीलिए वे लोग आपकी शरण में गये। आपको समझाया कि मेरा बम्बई जाना कितना जरूरी है। आपने समझा और मान लिया मेरे बम्बई होकर पैरिस जाने की बात को।

उसके बाद नन्दन में ही दो-एक बार और मुलाकात हुई। अमजद अली ख़ान के सरोदवादन के कार्यक्रम में भी एक बार मुलाकात हुई, एक-दूसरे से बातचीत भी हुई। श्रद्धेय अमजद अली ख़ान ने आपको और मुझे नमस्कार कर वादन शुरू किया था। वो 2002 साल था, कलकत्ता में स्थायी रूप से रहूँगी, ऐसी इच्छा मन में लेकर चारों तरफ फ्लैट ढूँढ़ती फिर रही थी, खरीदने के लिए। आपने मेरी मदद की थी फ्लैट खरीदने में। मन्त्री गौतम देव के लिए जिस फ्लैट को ठीक किया गया था उदिता में, आपने कहा कि मेरे उस फ्लैट को खरीदने में कोई असुविधा नहीं। मैं तैयार थी। उसके काग़ज़ भेजे गये थे, दिल्ली या बम्बई कहीं। रिजर्व बैंक से अनुमति पत्र आने वाला था। नहीं, वह अनुमति वैसे मुझे कभी नहीं मिल पायी। कोई काग़ज़-वाग़ज़ भी वापस नहीं मिले। फ्लैट भी नहीं खरीदना हुआ। कुछ भी नहीं हुआ। आपके साथ भी फिर कभी कोई मुलाकात नहीं हुई। सम्भव ही नहीं हुआ फिर आपसे सम्पर्क कर पाना। आपके मित्र जो मेरे भी दोस्त थे, अचानक मेरे अपरिचित हो गये।

लग रहा है कि यह सब बस उसी दिन की ही बात है। क्या से क्या हो गया, अविश्वसनीय ढंग से सब उलट-पलट हो गया।

मैं तब हार्वर्ड विश्वविद्यालय में सेक्युलरिज़्म पर फेलोशिप कर रही थी। वहीं पर सुना कि आपने मेरी किताब 'द्विखंडितो' पर प्रतिबन्ध लगा दिया है। सच, जैसे आसमान से गिर पड़ी थी। क्या यह भी सम्भव है? कलकत्ते के दोस्तों ने बताया कि सम्भव है। बचपन से ही वामपंथ पर विश्वास है मेरा। वामपंथी रूसी लेखकों को पढ़ कर बड़ी हुई हूँ। मैंने तो 'द्विखंडितो' में मौलवादियों के खिलाफ अपनी लड़ाई की बात लिखी है, नारी की आजादी और अधिकारों की बात लिखी है, मैंने तो समता की बात लिखी है! तब कहाँ वामपंथ के साथ संघात हुआ मेरा? मैंने सुना आपने कहा है कि कई बुद्धिजीवियों ने मेरी किताब को निषिद्ध करने के लिए कहा और आपने भी एकाधिक बार पढ़ कर देखा है उसे, वह सच में निषिद्ध करने लायक ही किताब है। ऐसा क्या? क्या आपने मन से कही हैं यह सारी बातें, क्या आपको सच में लगता है कि मैंने जो लिखा है, उसका एक भी शब्द या वाक्य गलत है? अगर आपको लगता है कि गलत नहीं लिखा है, तो कैसे इस आशंका ने आपके अन्दर जन्म लिया कि शहर में कोई साम्प्रदायिक दंगा शुरू हो जाएगा, किताब की वजह से? कहीं भी तो दंगे का आभास नहीं मिला। हाईकोर्ट से मुक्त हो जाने के बाद से यह किताब महीने-दर-महीने, सालों-साल से चल रही है। कहीं भी तो दंगा नहीं भड़का! किसी एक मुसलमान ने भी आपत्ति नहीं की। किताब पर प्रतिबन्ध लगाने का कारण बताते समय कहा गया था कि साम्प्रदायिक सौहार्द नष्ट होगा। दो सम्प्रदायों के बीच दंगा हो जाएगा। बाद

में हाईकोर्ट में इस कारण को उड़ा दिया गया, यह कह के कि दोनों सम्प्रदाय इससे जुड़े हुए नहीं हैं। तब प्रतिबन्ध लगाने के पक्ष में आपने एक नया कारण दिखाया कि यह किताब लोगों की धार्मिक अनुभूतियों पर आघात करेगी। तीन विचारकों ने राय दी किताब पर प्रतिबन्ध लगने के खिलाफ। नहीं बुद्ध बाबू, सविनय बताना चाहती हूँ कि यह राय मेरी नहीं है। प्रतिबन्ध के विरुद्ध मामला भी मेरा नहीं, कलकत्ते के एक मानवाधिकार कर्मी द्वारा दायर किया हुआ है। आपने मेरी किताब को निषिद्ध किया है, इसके बाद भी आपके प्रति मेरी श्रद्धा कम नहीं हुई। कोशिश की आपसे मिलने की पर सम्भव नहीं हो पाया। आप तक पहुँचने के सारे खिड़की-दरवाजे आपने बन्द कर रखे हैं। आपके जो करीबी लोग हैं, जिनके साथ मेरा भी सम्पर्क था, वे भी सब दूर हो गये अचानक। फिर भी आप पर से विश्वास नहीं खोया। 'भालो छोबि' नाम का एक सिने क्लब शुरू किया था, इच्छा थी कि विदेश से संग्रह की हुई सारी अच्छी फिल्में कलकत्ता के लोगों को दिखाऊँगी। नन्दन में दिखा सकती हूँ, इस तरह का एक आश्वासन, अंशु सुर से मिलने पर दुनिया भर की तकरीबन दो हजार श्रेष्ठ फिल्में जुटाने के बाद देखती हूँ कि नन्दन में, मैं निषिद्ध हूँ। मैं सबसे बड़ी बुद्धू हूँ, बहुत बाद में धीरे-धीरे समझी कि मैं वह इंसान हूँ, जो सारी सरकारी जगहों पर निषिद्ध है। सरकार के द्वारा आयोजित किसी भी उत्सव, कार्यक्रम में जाने का मुझे अधिकार नहीं, भाग लेने का तो प्रश्न ही नहीं उठता है। मैं कितनी बुरी तरह से अकेली हो गयी।

मेरे प्रति आपको इतनी घृणा क्यूँ है? मैंने इस्लाम धर्म के बारे में लिखा है, इसीलिए? सच में आप बताइये तो, क्या आप इस्लाम धर्म में विश्वास रखते हैं? इस्लाम गया, इस्लाम गया कहके जो चिल्ला रहे हैं, मेरा सर माँग रहे हैं, पुतले जला रहे हैं, मुझे राज्य से निकाल देने की बात कर रहे हैं, क्या वे आपको अच्छे और भले इंसान लगते हैं? उनके दावों को क्या आप जायज मानते हैं? यदि नहीं मानते हैं, तो बोल क्यूँ नहीं रहे हैं? हिन्दू कट्टरपन्थी जब नाजायज दावा करते हुए, राम सेतु को लेकर उछलते हैं, तब तो आप पसन्द नहीं करते हैं उनके चीखने-चिल्लाने को, बिना किसी हिचकिचाहट के आप कहते हैं कि यह धार्मिक उन्माद है। सुना है कि मुसलमान उग्रपंथियों के सामने आपने मुझे 'खराब महिला', 'हौरेबल वुमेन' कहा है और उनसे वादा किया है कि मुझे राज्य से निकाल देंगे। अपने विश्वास, आदर्श और चेतना में मैंने तो सोचा था कि मैं आपकी करीबी इंसान हूँ, परन्तु आश्चर्य है कि आपने उन्हें अपना समझा, जो समाज को अँधेरे में धकेलना चाहते हैं, हर दिन जिस अन्धकार में औरतें प्रताड़ित हो रही हैं, जहाँ सत्य और समता के पक्ष में मुँह खोलना मना है।

मैंने क्या गुनाह किया है? आपने मुझे किस अपराध की सजा दी है, मेरा यह जानने का बहुत मन करता है। आपके दल की पत्रिका एवं आपके दोस्त की पत्रिका में, मुझे सालों से बुरी भाषा में गाली दी जा रही हैं। मेरे बारे में मनगढ़ंत झूठी बातें

लिखी जा रही हैं। यह देख कर भी मैं सालों से मुँह बन्द किये हुए हूँ। जगह-जगह लोगों ने सिंगुर को लेकर, नंदीग्राम को लेकर, रिज़वान को लेकर प्रतिवाद किया, पर मैं कभी भी कुछ बोल नहीं पायी, लिख नहीं पायी। इस देश की नहीं हूँ मैं, इसीलिए इस देश की राजनीति को लेकर मेरा मुँह खोलना उचित नहीं। मित्रों ने कहा कि मेरे सड़क पर उतरते ही, आप मुझसे बदला लेंगे, पश्चिम बंगाल में मुझे और रहने नहीं देंगे। अन्याय का प्रतिवाद नहीं करना मेरे स्वभाव के विरुद्ध है, फिर भी मैं निर्लज्ज की तरह मुँह बन्द किए रही। हाँ, पश्चिम बंगाल में रहना मेरे लिए बहुत जरूरी है इसलिए मुँह बन्द करके रही। आज अगर बंग्लादेश ने मुझे, देश से निकाला नहीं होता और वहाँ रहना मेरे लिए सम्भव होता, तो वहीं रहती। यहाँ नहीं रहना चाहती। ग्यारह साल, मैं यूरोप में एक देश से दूसरे देश भटकती रही। कहीं मन नहीं रमा पाई। किसी भी देश को अपना देश कह के स्वीकार नहीं कर पायी। उन देशों में मुझे बहुत सम्मान दिया गया, वाक्-स्वाधीनता को लेकर कभी कोई शर्त नहीं रखी गयी, आश्रित हूँ इसलिए संयम रख के बात करने को किसी ने नहीं कहा मुझे, कभी भी, इसके बावजूद भी मैं अपने देश, अपने माता-पिता, भाई-बहनों के पास लौट जाना चाहती थी। अपने दोस्तों के पास लौट जाना चाहती थी। निर्वासन का जीवन शुरू होने के बाद, यूरोप में बैठे-बैठे, हताशा भोगते-भोगते, बंग्लादेश के दरवाजे का कुंडा खड़का-खड़का के नाकाम हो जाने के बाद मैंने भारत का दरवाजा खटखटाया। भारत ने दरवाजा खोला, पर छह साल लगा दिए दरवाजा खोलने में, जो थोड़े दिनों की अनुमति मिलती थी भारत भ्रमण करने के लिए, उतने दिन आकर रह जाती थी, पश्चिम बंगाल में। जी भर कर स्वाद लेती थी, देश का। उस पार से इस पार आते थे, रिश्तेदार मुझसे मिलने। भारत में रहने की अनुमति मिली तीन साल पहले, मिलने के बाद एक पल भी देर किये बिना, रहना शुरू कर दिया।

तीन साल से कलकत्ता में रह रही हूँ, किसी का भी तो अनिष्ट नहीं किया। अपने घर में बैठकर, अपना लिखना-पढ़ना करती हूँ, कुछ दोस्तों से मुलाकात होती है, बातें होती हैं। किसी के मामलों में हस्तक्षेप नहीं करती। राजनीति भी नहीं समझती। राजनीति से कोसों दूर रहती हूँ। मेरे शान्त, शिष्ट जीवन ने किसकी भरी थाली में राख डाली है? पश्चिम बंगाल का घर मेरे लिए सिर्फ एक घर ही नहीं था, उससे भी कहीं ज़्यादा कुछ था। बंग्लादेश में मेरा जो अपना घर था, जिसको छोड़कर मुझे निर्वासित होना पड़ा, उस घर को मैं जी-जान से वापस पाना चाहती थी। इन्तजार के प्रहर बीते हैं, सिर्फ उस स्वप्न के पास जाने में। वह घर, वह स्वप्न, दूसरी भाषा या संस्कृति के बीच नहीं पाया जा सकता है। वह घर, मेरा अपना वह घर, ग्यारह वर्ष के लम्बे समय, सड़कों पर भटकने की थकान के बाद, मुझे मिला कलकत्ता, पश्चिम बंगाल में, मेरे बंगाल में। बंगाल को मैंने कभी भी विभाजित करके नहीं देखा है, इसीलिए इतनी जल्दी मान पायी पश्चिम बंगाल को अपने देश के रूप में, कलकत्ता को अपने शहर

के रूप में। पश्चिम बंगाल का घर सिर्फ एक घर नहीं था, बहुत पहले खो चुके सपने को वापस पाना था। अपने जिस घर को, जिस सपने का मुझे त्याग करना पड़ा था, उस घर को, उस स्वप्न को वापस पाना था, उस निश्चिन्तता को पाना, मेरे जीवन का सबसे बड़ा प्राप्य था। लम्बे सालों की साधना के बाद, साधना के फल को वापस पाना था। मेरी माँ बहुत चाहती थीं कि देश की लड़की देश ही लौट आये। विदेश में मुझे दुखी पड़े हुए देखकर, वह बहुत रोती थीं। चाहती थीं, जैसे भी हो मैं अपने घर-परिवार, नाते-रिश्तेदार और दोस्तों के बीच ही रहूँ। माँ का वह स्वप्न सफल नहीं हुआ, हजारों कोशिशों के बावजूद मैं अपने देश नहीं लौट सकी, पर जिन्दा रहने पर, यह सोच कर वह आश्वस्ति की साँस लेतीं कि कम से कम बंगालियों के बीच, अपना देश न होने पर भी, देश की तरह की ही जगह में रह रही हूँ।

निश्चिन्त, निर्विघ्न रह रही थी कलकत्ता में। अचानक हैदराबाद में मौलवादियों द्वारा मेरे ऊपर आक्रमण हुआ। आम लोगों ने सहानुभूति दिखाई। नहीं, बुद्धबाबू, आपने पलट कर भी नहीं देखा। मैं मार खाऊँ या मर जाऊँ उससे आपका कुछ लेना-देना नहीं है। एक बार भी नहीं कहा कि हैदराबाद में जो हुआ, वह उचित नहीं था। नहीं, बुद्धबाबू, हैदराबाद के कार्यक्रम में मैंने धर्म को लेकर एक भी शब्द नहीं बोला था, फिर भी अनहोनी घट गयी, जिसे कठमुल्लों ने अंजाम दिया। इस घटना के बाद मुझे सुहानुभूति तो क्या ही मिलती और मिली भी नहीं बल्कि आपके इस शहर में, धर्मतल्ला के मोड़ पर, कुछ मुल्लाओं ने मेरे सिर की कीमत की घोषणा कर दी। उनमें से किसी को भी कानून की अवमानना करने के जुर्म में गिरफ्तार नहीं किया गया। इस तरह के फतवों के मिलने का अभ्यास है मुझे। मेरी जिन्दगी तो कभी भी मुआफिक नहीं रही। सहनी पड़ी हैं, कट्टरपंथियों की धमकियाँ, कइयों फतवे, बहुत-सा अत्याचार, अनेक निषेधाज्ञाएँ। मेरी जिन्दगी ऐसी ही है। मैं इन फतवों से कभी नहीं डरी। आपने अनुग्रह करके सुरक्षा की व्यवस्था की, इसीलिए कभी कोई दुश्चिन्ता नहीं हुई और सच बात तो यह है कि मुझे कभी नहीं लगा कि कलकत्ता में कोई मुझे मार देगा। सुरक्षाकर्मियों को विदा कर, कितनी बार गड़ियाहाट, जदुबाबू बाजार अकेले ही जाकर खरीददारी की है, भीड़ भरे रस्तों में अकेली ही घूमी हूँ। कहाँ, कभी भी तो कोई मारने नहीं आया। जो भी आया, प्यार से ही पास आया।

ऐसी एक जिन्दगी में अचानक मुझे कहा गया कि बस अब और घर से बाहर निकलना नहीं होगा। क्यूँ, बाहर क्या है? सुरक्षाकर्मियों ने कहा, ऊपर से ऑर्डर मिला है उनको, मेरा बाहर जाना पूरी तरह से बन्द। सड़क, बाजार-हाट में तो नहीं ही जा सकती, किसी के घर भी नहीं। चुपचाप, किसी को पता नहीं चलेगा, नहीं वह भी नहीं। यहाँ तक कि अंगरक्षकों को लेकर भी नहीं निकला जा सकेगा। दरअसल नहीं समझी थी कि पाँवों में ज़ंजीर पहनाई जा रही है। सोचा, सच में ही शायद, घर के बाहर मुझे मारने के लिए कोई जाल बिछाया गया है। प्रसून मुखर्जी ने जिस दिन घर

पर आकर मुझसे दो घंटे बातें कीं, उन्होंने मुझे समझाया कि मेरे बाहर निकलते ही मुझे मार दिया जाएगा, उन्मत्त धर्मान्ध सब मुझे मारने के लिए मेरे घर पर धावा बोल देंगे और मेरे लिए कलकत्ता में रहना, पश्चिम बंगाल में रहना बिल्कुल भी सुरक्षित नहीं, मैं जरूर चली जाऊँ, चाहे यूरोप, अमेरिका, या सिंगापुर, थाईलैंड, केरल या मध्यप्रदेश, कहीं भी, पर पश्चिम बंगाल में हरगिज न रहूँ। रहने से दंगा हो जाएगा–उस दिन भी समझ नहीं पायी, असल में आतंक पैदा कर मुझे देश से या राज्य से निकालना ही असल उद्देश्य था। मेरी सुरक्षा के बारे में सोचकर कुछ भी नहीं किया जा रहा था। इसके बाद भी प्रसून बाबू फोन करके लगातार चले जाने की बात कहते रहे। धमकियों की तरह सुनाई देती थीं, उनकी बातें। आखरी फोन जिस दिन मुझे किया, खुद ही कहा कि सी एम ने आपको कहा है, ऐज सून ऐज पॉसिबल चले जाने को। उन्होंने केरल में सब इन्तजाम कर दिया है। वहाँ की सरकार के साथ भी बात हो गयी है सी एम की। वहाँ आपको सिक्योरिटी दी जाएगी।

मैं, विश्वास करिए बुद्धबाबू, यकीन ही नहीं कर पा रही थी कि आप प्रसून मुखर्जी को भेजते थे, मुझे समझाकर, न समझने पर डर दिखाकर, विभिन्न तरीकों से आतंक पैदा कर देश छोड़ने या फिर राज्य छोड़ने के लिए मजबूर करने के लिए। मैंने कहा था कि पश्चिम बंगाल राज्य मुझे सुरक्षा नहीं दे पा रहा है और मुझे दूसरे राज्य में जाने को कहा जा रहा है, यह बात लोगों को तो पता चलनी चाहिए, क्यूँकि केरल जाने पर आततायी तो वहाँ भी हमला कर सकते हैं। क्या भरोसा है कि मैं वहाँ बच जाऊँगी! मैं जो केरल अपनी मर्जी से मरने नहीं जा रही हूँ, वह फिर मैं बता देती हूँ सबको। प्रसून मुखर्जी ने कहा नहीं, छुप कर जाने को, किसी भी हालत में किसी को भी नहीं बतलाने को। सिर्फ प्रसून बाबू के माध्यम से ही नहीं, आपने अपने दो-एक मित्रों से, जिन्हें मैं श्रद्धा करती हूँ, कहलवाया है कि मैं चली जाऊँ। अन्याय किया है मैंने, आपके आदेश को न मान कर, मैं कलकत्ता छोड़ कर कहीं भी नहीं गयी। नहीं गयी क्योंकि मैंने सोचा, आप मेरी सुरक्षा को लेकर परेशान हैं, तभी मुझे जाने को कह रहे हैं। शहर तो शान्त है, सुरक्षा की कमी कैसे होगी, सोच नहीं पा रही थी। उसके बाद एक दिन शहर अशान्त हो गया। अशान्त होने की जरूरत नहीं थी, पर हो गया।

आपने मुझे कलकत्ता में ही सजा दे दी। मेरे लिए घर से एक कदम भी बाहर रखना मना है। मैं पागल हो जाती थी। विश्वास करिए बुद्धबाबू, पागल हो जाती थी मैं। मेरी जगह खुद को रखकर देखा है कभी आपने, कैसा लगता है? मान लीजिए आपको अगर उस तरह बन्दी बनाकर रखा जाता, जिन मित्रों को आप अपने पास पाना चाहते और देखते कि वे अब नहीं आते हैं आपके पास, क्यूँकि आपके दरवाजे पर पुलिस बैठी है, वह पुलिसवाले मुझसे मिलने जो भी आते थे, उनका नाम, पता लिख कर रखते थे कि पता नहीं कब क्या हो जाए। इस डर की वजह से अगर दोस्तों का आना बन्द हो जाता और आप अकेले बैठे रहते घर में, दिनोंदिन, महीनों-महीनों,

तब कैसा लगता आपको? निश्चित ही आपका दम घुट जाता। एक घर का दरवाजा जब बाहर से बन्द रहे और कोई भी शक्ति या कोई भी उपाय न रहे उसे खोलने का, तब जरूर मौत का सा सन्नाटा घेरे रहता है, चारों ओर से निस्सहायता और हताशा घेरती चली जाती है, गहरे अन्धकार में। बहुत गोपन में, क्या एक बार भी आपको दुख नहीं हुआ मेरे लिए?

प्रसून बाबू के कमिश्नर के पद से चले जाने के बाद, मुझे गृहबन्दी करने, डर दिखाने, धमकी देने का भार आ पड़ा सुरक्षा प्रधान विनीत गोयल के ऊपर। वह प्रायः ही फोन करते। केरल या मध्यप्रदेश या फिर विदेश, उन्होंने किसी अनजानी जगह मुझे नहीं फेंका। उन्होंने पहले से ही कहा जयपुर जाने के लिए। जयपुर में मेरे लिए सारा इन्तजाम रहेगा, एक चामत्कारिक रिसोर्ट होगा, कुक रहेगा, मैं वहाँ दो दिन रह कर आऊँ, जाने की व्यवस्था वह खुद ही करेंगे। क्यूँ जाऊँगी? कारण यहाँ कलकत्ते में मुसलमान मौलवादी मुझे मार देंगे। जिन्दा रहने के लिए जयपुर जाना होगा। एक तो नजरबन्द, ऊपर से जिन्होंने मेरी सुरक्षा की व्यवस्था की है, वे बार-बार मुझे कह रहे हैं कि मैं अगर सरकार का आदेश नहीं मानती हूँ तो, अपनी जिम्मेदारी पर कहीं भी जा सकती हूँ। पर जयपुर ही क्यूँ, बाद में मुझे समझ में आया, जब विनीत गोयल की जगह संदीप भुटोरिया ने मुझे फोन करना शुरू किया। उसके बाद से संदीप भुटोरिया का ही काम था मुझे समझाना कि मैं जयपुर चली जाऊँ। वहाँ रहने का सारा बन्दोबस्त वह खुद करेंगे। मुझे चिन्ता करने की कोई जरूरत नहीं। कुछ दिन बिताकर, यहाँ परिस्थिति थोड़ी शान्त होते ही लौट आ सकूँगी। प्रसूनबाबू मेरे पहचान के ऐसे किसी को नहीं ढूँढ़ पाये थे, जिस पर विश्वास कर दूसरे राज्य में मैं ठहर सकती। विनीत गोयल ने पहले उस इंसान को ढूँढ़ा, जब मिल गया, तब वह मुझे पार लगाने उतरे। दूसरे राज्य में कैसे जाऊँगी, कहाँ रहूँगी, सुरक्षा की क्या व्यवस्था है, इन सब मामलों को निश्चित करने के लिए विनीत गोयल और उनके दोस्त तथा मेरे परिचित संदीप भुटोरिया लग गये। मैं कितनी बड़ी गलती कर रही हूँ कि जिन्दगी दाँव पर लगाकर, पड़ी हुई हूँ कलकत्ते में। कुल मिलाकर, मुद्दे की बात यह है कि जिन्दगी बचाने के लिए, मुझे जयपुर चले जाना चाहिए, यही बात लगातार बोलते रहे दोनों।

जिस पन्द्रह नवम्बर को सिद्दिकुल्लाह चौधरी व उनके लोगों द्वारा 'बंध' पालन करने की बात थी और उस डर की वजह से, पहले से ही पुलिस मुझे देश या राज्य छोड़ने के लिए बोल रही थी, उस पन्द्रह नवम्बर को तो बन्द हुआ ही नहीं, बस एक जुलूस निकला, जबकि सुबह हड़बड़ी कर मुझे निकाल कर, रास बिहारी ऐवेन्यू में डॉली रॉय के घर ले जाया गया। वहाँ मुझे अकेला छोड़कर पुलिस वाले सब चले गये। कहाँ गये? मालूम करने पर पता चला कि सारे पुलिस के दफ्तर में जाकर, ख़्वामखां ही बैठे हुए हैं। शाम ढलने पर मैंने विनीत गोयल को फोन किया जानने के लिए कि कब मैं घर लौटूँगी। वह मेरे ऊपर बहुत क्रोधित थे, कहा, 'कब घर वापस जाएँगी,

वह मैं क्या जानूँ?' वह नाराज थे कि मैं जयपुर नहीं गयी, उनके जयपुर के दूत को हर बार ही लौटा दिया। सारा दिन आतंक में कटा। आतंक पैदा करने की कोशिश 15 नवम्बर के पहले से ही शुरू हो गयी थी, जब मेरे घर से सुरक्षाकर्मी कम कर दिये गये। कहा कि, जो घर के सामने बैठे हैं वे अब से पुलिस दफ्तर में बैठेंगे। पुलिस ऑफिस में क्यूँ? बस ऐसे ही। पन्द्रह नवम्बर की शाम को मिल्ली इत्तेहाद परिषद अर्थात् सिद्दिकुल्लाह चौधरियों द्वारा रास्ता रोका गया। मुद्दे हैं नंदीग्राम, रिज़वान, सचर कमेटी की रिपोर्ट और मैं। टेलीविजन में देखा कि मेरे घर से ज़्यादा दूर नहीं, उन्मादी लोग मेरा पुतला जला रहे हैं। ये उन्मादी मेरे घर तक भी पहुँच सकते हैं, सच में डर लगा। सफेद पोशाक में जो पुलिस वाले अगस्त महीने की नौ तारीख से मेरे घर के सामने तैनात थे, वे सब तब दफ्तर में बैठे हुए हैं। जिस दिन उनका रहना सबसे जरूरी था, उसी दिन वे नहीं हैं। मैंने उन्हें अनुरोध किया आने के लिए। वे आये, पर पन्द्रह मिनट रुक कर चले भी गये, पुतले जलने की आग अभी बुझी भी नहीं थी।

इक्कीस तारीख को कुछ भी होने की कोई बात नहीं थी, पर हुई। सोचा था इदरीस अली का संगठन ऐसा क्या करेगा, जब बारह संगठन मिलकर भी पन्द्रह नवम्बर को ऐसा कुछ हंगामा नहीं कर सके, पर इक्कीस तारीख के भयावह कांड को टेलीविजन पर देखकर मैं स्तम्भित बैठी रही। स्तम्भित इसलिए कि यह लोग कौन हैं, ये तो मेरी किताब पढ़ने वाले लोग नहीं, ये क्यूँ मुझे भगाना चाहते हैं, इनकी धार्मिक भावनाओं को तो आघात लगने का कोई भी कारण नहीं है। बहुत दिनों से क्या इनकी ब्रेन वाशिंग चल रही है, या कि किसी ने इन्हें उकसा दिया है आज? निश्चित ही कोई षड्यन्त्र पीछे चल रहा है। लड़के अपनी लुंगियाँ उठाकर पुलिस वालों को अपना पुरुषांग दिखा रहे हैं। अश्लील भंगिमाएँ दिखा रहे हैं, इशारे कर रहे हैं। पुलिस को मारने के जोश से कुछ लोग दिशाहारा हुए जा रहे हैं। ये तो मुझको जानते भी नहीं, पहचानते भी नहीं, कभी पढ़ा भी नहीं है, मुझे। केवल मुझे ही क्या, इन्होंने तो लगता है कि अपने धर्मग्रंथ को भी कभी नहीं पढ़ा होगा। क्यूँकि उन्होंने सुना है कि मैं इस्लाम विरोधी हूँ, इसीलिए मुझे देश से निकालना होगा, क्या यही दावा लेकर वे पुलिस पर पत्थर फेंक रहे थे, गाड़ियाँ जला रहे थे? उनके चेहरों को देखकर लग रहा था कि उनका गुस्सा पुलिस पर था, जैसे कि वे रिज़वान की हत्या का बदला ले रहे हो। नहीं, ऐसा लगता है कि नंदीग्राम को लेकर इनको कोई भी सिर दर्द नहीं था। मैं यह सब देखकर बर्फ की तरह ठंडी हुई जा रही थी कि पुलिस वाले तटस्थ दर्शक की तरह बैठे हुए थे। पुलिस वालों ने गोलियाँ नहीं चलाईं, रैफ आयी, उसने भी गोलियाँ नहीं चलाईं, सेना को लाया गया, उन्हें भी बोला गया था कि किसी की ओर भी गोली न चलाई जाए। मेरी धारणा है कि वे वहशी लड़के अगर मेरे घर की तरफ आते, मेरा खून करने, पुलिस, रैफ और सेना इसी तरह चुपचाप बैठी रहती हिलती-डुलती नहीं। उन्हें कहा गया है, मार खाने के लिए, मारने के लिए नहीं।

इक्कीस तारीख की रात को संदीप भुटोरिया घर पर आये। मुझे, बहुत मानने वाले की हैसियत से बीच-बीच में मिलने आते रहते हैं। गरीब बच्चों को सहायता देने के लिए एक बार, एक कार्यक्रम में उन्होंने मुझे बुलाया था और मैं गयी भी थी। राजभवन में कार्यक्रम हुआ था। सभा की नेत्री थीं प्रतिभा पाटिल जी और मैं थी मुख्य अतिथि। संदीप की वही एक ही बात, 'आप तो जानती ही हैं कि जयपुर में मैंने पूरी व्यवस्था कर रखी है। वहाँ की सरकार को सब बोला हुआ है, आपके प्रोटेक्शन का पक्का इन्तजाम किया जा चुका है। कुछ दिन, खा-पीकर, घूम-फिर कर वापस लौट आइयेगा। यहाँ तो किसी भी पल ये आपको मार देंगे। बेवकूफ़ों की तरह क्यूँ काम कर रही हैं।' संदीप को साफ और स्पष्ट रूप से बोल देती हूँ कि मैं कहीं भी नहीं जाऊँगी।

अगले दिन टेलीविजन पर, सुबह से ही पार्क सर्कस के मोड़ पर लोगों की भीड़ का नजारा दिखा रहे थे। कोई कह रहा था, 'मैं तसलीमा का खून करूँगा, इसमें अगर मेरी जान जाती है तो जाए।' उनकी आवाज़ भयानक, बर्बर और हिंसक थी। दोपहर में विनीत गोयल के साथ बात हुई। कल, शुक्रवार नमाज के बाद मेरे घर पर आक्रमण होगा, उन्होंने खबर दी। मैंने कहा कि ऐसा होने की सम्भावना में मैं सॉल्ट लेक या बेलघरिया, बेहाला या गोलपार्क, या ऐसी ही किसी और जगह चली जाती हूँ। नहीं, उन जगहों पर मुझे सिक्योरिटी के बगैर ही रहना पड़ेगा। सिक्योरिटी रहने पर लोग जान जाएँगे। किसी भी हालत में, सिक्योरिटी के बिना रहना तो सुरक्षित नहीं। हम उसकी जिम्मेदारी नहीं ले सकते हैं। विनीत बाबू का साफ कहना है कि बचने के लिए जयपुर जाना होगा। उन्होंने सारी व्यवस्था पक्की कर रखी है। जयपुर नहीं जाने पर जिन्दा नहीं बचूँगी, इस शहर में जिन्दा रहने के लिए, मेरे लिए कोई भी रास्ता खुला नहीं है। अगले दिन जुम्मे की नमाज है, नमाज के बाद मुसलमान मौलवादी, इक्कीस तारीख की जीत में उन्मत्त, निकल पड़ेंगे। पिछले चार महीनों से मेरे अन्दर जबरदस्ती, डर और आतंक घुसाने की कोशिश में, अन्त में सफल हो गये विनीत बाबू। मेरा सारा शरीर भयाक्रान्त है, जिन्दा रहना है मुझे, लिखना है मुझे, तो ठीक है दो दिनों के लिए चली जाती हूँ, जयपुर। संग-संग एक सफेद रंग की ऐम्बैसेडर भेज दी उन्होंने, जो कि शीघ्रातिशीघ्र मुझे लेने पहुँच गयी। सिर्फ लैपटॉप लिया और कुछ लेने का समय ही नहीं मिला। हवाई अड्डे पर पुलिस वालों ने हाथ में टिकिट थमा दिया। इस तरह से कलकत्ते ने मुझे गुडबाई कहा। स्टालिन शायद इसी तरह लोगों को गुलाग भेजते थे। वह उनको ही भेजते थे जो कट्टर स्टालिन विरोधी थे। पर मैं तो बुद्धदेव विरोधी नहीं थी।

उसके बाद जयपुर जाकर समझ में आया कि विनीत बाबू और उनके जयपुर के दूत ने जो कुछ भी कहा था, सब झूठ था। जयपुर की पुलिस को बताया गया था कि मैं एक साहित्यिक कार्यक्रम में जा रही हूँ। मुझे एक सस्ते से होटल में ठहराया गया, जिसे विनीत गोयल व उनके जयपुरिया दूत ने कलकत्ते से ही ठीक किया था। देर रात पुलिस ने सूचना दी कि मुझे राजस्थान छोड़कर चले जाना होगा, क्यूँकि लॉ ऐंड ऑर्डर

प्रॉब्लम शुरू हो जाएगी, या हो चुकी है। शरीर बर्फ-सा हो गया। ठीक है, कलकत्ता वापस चली जाऊँगी। परन्तु सुबह देखा कि मुझे एयरपोर्ट नहीं ले जाया जा रहा है, कलकत्ता के रास्ते पर नहीं, बल्कि दिल्ली की ओर ले जाया जा रहा है। हवाई जहाज में नहीं, गाड़ी में। किसलिए, यह बाद में जान पायी कि जिस तरह पश्चिम बंगाल ने मुझे लात मारकर राजस्थान में फेंका था, उसी तरह राजस्थान की राज्य सरकार मुझे लात मारकर वापस पश्चिम बंगाल फेंकना चाहती थी, पर पश्चिम बंगाल ने कहा कि वह नहीं चाहते हैं, गेंद उनके इलाके में आये। इसीलिए डम्प कर दें दिल्ली, केन्द्र में। किसी नो मैन्स लैंड की ओर एक शरणार्थी, राज्यहारा, यतीम, अनाथ, असहाय को लेकर चल दी पुलिस। बैठी हूँ राह देखती, कब वापस लौटूँगी, कलकत्ता, जबकि आपने जताया कि आप कुछ नहीं जानते हैं इस विषय में, केन्द्र सरकार ही जानती है, केन्द्र सरकार ही फैसला लेगी, पर केन्द्र को असल में आप अपना निर्णय दे ही चुके थे। आप मुझे कलकत्ता में नहीं चाहते हैं, नहीं चाहते हैं पश्चिम बंगाल में।

लोग कहते हैं, मेरे पश्चिम बंगाल में रहने से आपको मुसलमान कट्टरपन्थियों का समर्थन नहीं मिलेगा और नहीं मिलने पर पूरी मुसलमान कौम का ही वोट नहीं मिलेगा। इसीलिए, मुझे भगाकर अपना वोट निश्चित किया है आपने। धर्मान्धता मिटाने के लिए मैं लिखती हूँ, आपने मेरा समर्थन न कर के वहशी धर्मान्धता का समर्थन किया। उनको जितवा दिया। आप क्या सोचते हैं कि वे आपको प्यार करते हैं? क्या वे लोग फ्रैंकेनस्टाईन की तरह आपका सिर भी नहीं माँग लेंगे एक दिन?

कलकत्ता में मेरा घर-बार पड़ा है, मेरा लिखना-पढ़ना पड़ा हुआ है। हर चीज से विच्छिन्न हो गयी मैं, अपने जीवन से भी, मुझे ठीक से नहीं पता कि मैं कहाँ पर हूँ। यहाँ आपकी अनुमति के इन्तजार में कितने दिनों तक रहना पड़ेगा, नहीं पता! हताशा, अनिश्चितता और अस्थिरता से मैं पागल हुई जा रही हूँ। मेरा रक्तचाप बढ़ रहा है, प्रचंड उद्वेग और उत्कंठा मुझे आत्महत्या करने के लिए प्रेरित कर रही है। आप खुश होंगे इसलिए कि आपकी आँखों का शूल, उस 'द्विखंडितो' किताब की जिन लाइनों को आप सह नहीं पाते थे, हटा दिया है। नहीं, कट्टरपंथियों के डर से नहीं हटाया है, उन लाइनों को। मुझे डर लग रहा है आप लोगों से, सेक्युलर एवं लोकतांत्रिक, राजनैतिक दलों से, आश्रितों के लिए जो धर्म तय किया गया है, उससे। डर लगा है उन अनगिनत बुद्धिसम्पन्न लोगों के भयावह ढंग से चुप रहने से। अभिव्यक्ति की स्वतन्त्रता मेरे अपने देश में नहीं थी इसीलिए तो मैं आज अपने देश से बाहर हूँ, यहाँ मुझे वह अधिकार मिलेगा इसी वजह से तो मैं आज इस देश में हूँ। एक लोकतन्त्र अगर मुझे यह अधिकार नहीं देता है, तो और कौन देगा? मुझे जो मुँह बन्द करके रहने के लिए कहा गया, मुझे जिस तरह बाध्य किया गया, अपने ही लिखे को अस्वीकार करने के लिए, अपनी ही किताब को फाड़कर फेंकने के लिए, यह किसका अपमान है? मेरा?

बुद्धबाबू, मुझे विश्वास नहीं होता है कि मेरे कारण से आपकी पार्टी को वोट मिलने में कोई हेर-फेर होगी। आपका दल बहुत ही शक्तिशाली दल है। डरिए मत, आपकी पार्टी किसी भी निर्वाचन में जीत जाएगी, फिर भी अगर आपको लगता है कि, मुझको निकाल बाहर करने से आपके दो-चार वोट बढ़ जाएँगे, तो आपके वो वोट निर्विघ्न रूप से जुटें, आपको चैन मिले। वोट खत्म होने के बाद, आपके विजयी होने पर तो मुझे मेरे घर लौटने देंगे! इन्तजार कर रही हूँ, आपकी अनुमति का। मैंने आपका कोई नुकसान नहीं किया है। करना भी नहीं चाहती हूँ। मुझे बस बिना किसी झंझट के, अपनी तरह से अपना लेखन करने दीजिए। मैं आपकी शत्रु नहीं हूँ। शत्रु वह हैं, वह मौलवादी जिनको आपने मित्र कहकर गले लगाकर रखा है, जो समाज को अन्धकार, कुसंस्कार और भयावह संकीर्णता से लील जाना चाहते हैं, यह सब आप नहीं जानते हैं, मैं यह विश्वास नहीं करती।

आप अगर सच में सेक्युलरिज़्म, समता, सतता पर विश्वास करते हैं, तब तो मुझे अपना मित्र मानने में आपको कोई परेशानी नहीं होनी चाहिए थी। वोट ही जगत और जीवन की अन्तिम बात नहीं है। मानवता नाम की भी एक चीज है, आदर्श बोल के भी एक बात है, ये सब खो देने से और क्या रह जाता है! जीतते तो कितने ही राजा हैं। राजा के सिंहासन से कई बार गिर भी जाते हैं। राजा कितने दिन सिंहासन पर थे, उससे उनके चरित्र का विचार नहीं किया जाता है। राजा के काम से ही राजा के चरित्र को आँका जाता है।

इति, तसलीमा

## 10 दिसम्बर

'तसलीमा को इस तरह बन्दी करके रखना, भारत जैसे एक देश की मर्यादा के लिए हानिकारक है। हाल ही में जो सब घटनाएँ घटी हैं, उनसे तुलना करने पर कहा जा सकता है कि इस घटना ने हम सब को बहुत छोटा कर दिया है।... Taslima has suffered too much and has gone through prolonged distress and agony. This must be brought to an end without delay. She should also, without much ado, be allowed to return to Kolkata, her preferred place for stay. Moreover, she should be granted Indian citizenship before her current visa expires so that her creative work does not suffer and she is never again rendered fugitive and stateless. The award of citizenship would also make it easier for her to protect her rights. In urging this, I am not alone; hundreds of millions of Indians desire likewise.'—**Muchkund Dubey**

आज मानवाधिकार दिवस है। दीर्घ, दीर्घ, दीर्घश्वास छोड़ी जीवन के बारे में सोचकर। लम्बे तेरह सालों का है मेरा निर्वासित जीवन। आज भी अपने देश,

बंग्लादेश में जाने का, रहने का कोई अधिकार नहीं है मुझे। किस वजह से बंग्लादेश सरकार मेरे नागरिक अधिकार का उल्लंघन कर रही है, मुझे वह बताने की जरूरत नहीं समझते हैं वे।

आज मानवाधिकार दिवस है। मैं पड़ी हुई हूँ एक अनजाने पते पर, अपने प्रिय बंग्ला से हजारों मील दूर। पूर्व बंगाल ने निर्वासन दिया, पश्चिम बंगाल ने भी भेज दिया निर्वासन पर। बंग्ला में मेरी जगह नहीं। मैं कहाँ हूँ वह तो कोई नहीं जानेगा, उसको जानने का किसी को अधिकार नहीं है। कोई मुझसे मिल नहीं सकेगा। मैं भी किसी से मिल नहीं सकती।

अकेले ही सुबह होती है। अकेले ही दोपहर, शाम और अकेले ही रात होती है। जीवन भर की आधारहीनता को लेकर, मानवाधिकार दिवस को घेरकर बैठी रहती हूँ। असहाय, अनाथ, अबला। हाँ, अबला ही तो। बात करने का भी तो अधिकार नहीं है, मुझे। बोलने की आजादी या राय ज़ाहिर करने के अधिकार को भी तो मानवाधिकार ही कहा जाता है। बात न करते-करते, राय जाहिर न करते-करते, मुझे लगता है कि मैं बोलना ही भूल जाऊँगी। मैं भूल जाऊँगी सोचना। भूल जाऊँगी कि कोई निजी राय भी होनी चाहिए, भिन्न होने पर भी होनी चाहिए और उसे प्रकट भी करना चाहिए। भूल जाऊँगी कि मानवाधिकार का मूल अर्थ क्या है। हर साल 10 दिसम्बर आएगा और चला जाएगा, पर मेरा कुछ नहीं आएगा-जाएगा।

आज रात को ही प्रभु आए। प्रभु का आना, मतलब किसी नयी खबर का आना है। उन्होंने जो असल बात कही वह यह थी कि स्वीडन से मुझसे मिलने मिस्टर सुयेनसन आ रहे हैं, उनको मेरे अज्ञात पते पर लाने का कोई अधिकार नहीं है मुझे, यहाँ तक कि मुझे यह भी अधिकार नहीं है कि मैं उनसे, उनके होटल में जाकर मिलूँ। अगर मिलने की अनुमति के लिए दरख़्वास्त करती हूँ और यदि ऊपर वाले राजी हो जाएँ तो बहुत ज़्यादा हुआ तो घंटे भर के लिए, तीसरी किसी जगह पर दोनों को अलग-अलग ढंग से ले जाकर मिलने की व्यवस्था करनी होगी। मैं इससे ज़्यादा कुछ और की आशा न करूँ। यहाँ ऊपर वाले भगवान या उनकी जाति में से कोई नहीं, पर सच बोलूँ तो, भगवान से भी ज़्यादा शक्तिशाली हैं।

दुनिया भर में न जाने किस जमाने से, विभिन्न मंचों पर, विश्वविद्यालयों में, अभिव्यक्ति की स्वतन्त्रता और व्यक्तिगत आजादी की आवश्यकता को लेकर बोलती आ रही हूँ। कितने देशों में कितने लोग, प्रेरित हो रहे हैं और यहाँ मुझे किसी घर में बन्द रखकर कहा जा रहा है कि यह करना नहीं चलेगा, वो करना नहीं चलेगा? जिन्होंने मुझे कैद में रखा हुआ है और तरह-तरह की निषेधाज्ञाएँ जारी कर रहे हैं, बेड़ियाँ पहना रहे हैं पाँवों में, आँखों में पट्टी बाँध दी है, वे बिल्कुल भी नहीं जानते हैं कि मैं कौन हूँ, कभी भी नहीं सुना है उन लोगों ने मेरे जीवन का थोड़ा सा भी इतिहास!

मेरे तो कलकत्ता में रहने की बात थी और सुयेनसन को मेरे पास वहीं जाने की बात थी। मेरे कलकत्ता में रहने से, सुयेनसन निश्चिन्त, बिना किसी परेशानी के मेरे घर रुक कर, मेरे साथ कुछ दिन बिताते। स्टॉकहोम-कलकत्ता का टिकट था उनका। तीन-चार महीने पहले से ही टिकट बुक किया था। मैं दिल्ली में हूँ जानकर बस अपना गन्तव्य कलकत्ते की जगह दिल्ली बदलवा लिया। उनको फोन पर बताया था कि दिल्ली में मैं गृहबन्दी की-सी हालत में हूँ, नहीं जानती कि उनके साथ मेरा मिलना सम्भव होगा भी कि नहीं। सुयेनसन मेरी बातों को सुन खुश नहीं हुए। उनका कहना था कि जो भी मुझे बोला जा रहा है वो क्यूँ मान रही हूँ मैं। उनके मेरे पास आकर रहने में जो बाधाएँ पैदा की जा रही हैं, मैं उसके खिलाफ़ क्यूँ नहीं लड़ रही हूँ! लड़ना मेरे लिए सम्भव नहीं जानकर भी सुयेनसन ने अपनी टिकट कैंसिल नहीं कराई। सस्ती टिकट कैंसिल करने पर पैसे वापस नहीं मिलते, सो वह आराम से उड़कर आ गये।

मेरी ऐसी मानसिक हालत में, अगर मैं अपने गिने-चुने दो-एक मित्रों से भी न मिल पाऊँ, तो इस अज्ञातवास में किस तरह जिन्दगी जिऊँगी मैं? मेरा तो दम ही घुट जाएगा, मर ही जाऊँगी मैं! कम से कम कलकत्ता के बन्दी जीवन में, दोस्त तो आ पाते थे मेरे घर। यहाँ तो दुनिया से कट गई हूँ मैं। प्रभु ने जो कहा, वह बहुत कुछ प्रसून मुखर्जी की बातों के जैसा सुनाई दे रहा था, उन्होंने कहा, 'अगर उनसे मिलना इतना ही जरूरी है तो आप स्वीडन जाकर उनसे मिल आइये न!' तो क्या ये लोग यही चाहते हैं कि मैं देश छोड़कर चली जाऊँ?

आह, आज तो मानवाधिकार दिवस है! क्या प्रभु जानते हैं कि आज मानवाधिकार दिवस है!

### 11 दिसम्बर

मैं अगर यह लैपटॉप न लेकर आती और इसमें इंटरनेट न होता तो, अवश्य ही मर गयी होती मैं! दो दिनों के लिए जयपुर जाना पड़ रहा है, दो दिनों में ऐसा क्या लिख लूँगी, क्या जरूरत है लैपटॉप ले जाने की! ऐसा सोचा था एक बार। बाद में फिर सोचा कि शायद दो-एक कविता ही लिखी जाए। हाथ में सिर्फ लैपटॉप, और कुछ नहीं। बस ऐसे ही घर से निकल आयी थी मैं।

लिखने-पढ़ने ने ही मुझे जिन्दा रखा हुआ है। जब रॉबेन द्वीप की जेल में, नेलसन मंडेला के उस सेल को देखा, जहाँ उनके बन्दी जीवन के सत्ताईस सालों में से अट्ठारह साल बीते थे, अपने आँसू नहीं रोक पायी थी मैं, अविरल झर रहे थे। सोच रही थी, वह लाइम स्टोन काटने के अलावा और क्या करते थे? छोटे से एक कमरे में पढ़ने की किताबें थीं, लिखने के लिए काग़ज़-क़लम था! लिखने-पढ़ने को मिल जाए तो बहुत से कष्टों को भूल कर रहा जा सकता है।

कलकत्ते से आये दिन फोन आता है, वहाँ के अखबारों में मेरे बारे में अगर किसी ने कुछ अच्छा लिखा हो, पढ़ कर सुनाने के लिए। आजकल इनामुल कबीर ने फोन पर इनको पढ़कर सुनाने का जिम्मा लिया है। सुबह वर्तमान पत्रिका के उपसम्पादकीय को पढ़कर सुनाया। सुखरंजन दासगुप्ता का लिखा। उन्होंने इतिहास से नमूना निकाल-निकाल कर दिखाया है कि भारत की आजादी के बाद से, कितने ही लोगों को राजनैतिक आश्रय दिया गया है, पर कभी भी कोई शर्त नहीं रखी गयी उन पर। मेरी जैसी निराश्रित लेखिका को अगर आश्रय न दिया जाए तो ऐसे गणतंत्र, ऐसी धर्मनिरपेक्षता, ऐसे भारत और ऐसी भारतीय जाति को हजारों धिक्कार हैं। सुखरंजन दासगुप्ता से मेरा परिचय नहीं है। अपरिचित, अनजान ऐसे कितने ही लोग आकर खड़े हुए हैं मेरे पक्ष में। अब मेरे पक्ष में खड़े होने का मतलब है, एक भयानक किस्म के अन्याय के विपक्ष में खड़े होना।

अरुन्धति रॉय ने एसएमएस भेजा कलकत्ते से, 'आई एम इन कैलकटा। एवरीबडी आई मीट वॉन्ट्स यू बैक हियर। आई ऐम श्योर इट विल हैपेन। स्टे स्ट्रॉन्ग। आई ऐम इन अ क्राऊड। विल कॉल व्हेन आई कैन। सी यू। लॉट्स ऑफ लव'।

इतना अच्छा लगा अरुन्धति का भेजा उतना सा लिखा पढ़ के। उनके साथ बात हुई थी इस 'सेफ हाउस' में घुसने के पहले ही दिन। करन थापर के माध्यम से ही मेलजोल हुआ था। अरुन्धति को सब बताया था, शुरू से, हैदराबाद से लौटने के बाद मुझे घर से न निकलने देना, कलकत्ते के पुलिस कमिश्नर का मेरे घर आना, मुझे चले जाने को कहना, इक्कीस नवम्बर का तांडव, बाईस नवम्बर को झूठ बोलकर मुझे हवाई जहाज पर बैठाकर, जयपुर रवाना कर देना, सब कुछ। अरुन्धति को बाद में, मेरे बारे में बात करने के लिए करन थापर ने डेविल्स एडवोकेट जगह पर बुलाया। असाधारण बातें कहीं उन्होंने। मेरे ऊपर जैसा अत्याचार किया गया, अगर ऐसा उन पर किया गया होता तो वह लिखना-लिखाना बन्द कर कुछ और करतीं। उनको लगता है, मुझे पश्चिम बंगाल से निकाल देने की वजह, आम लोगों की दृष्टि को, सिंगुर और नंदीग्राम में पश्चिम बंगाल सरकार द्वारा किये गये दमन और हत्याओं के हवन से हटाने के लिए था। पार्क सर्कस की सड़क पर जुलूस का नाटक कर, मुझे उस बहाने से राज्य से निकाल दिया। गाँवों में मुसलमानों को मारा, रिज़वान नाम के एक मुसलमान लड़के को भी पुलिस ने प्रताड़ित कर मार डाला यह खबरें हवा की तरह फैल गयी थीं। एक लम्बे अर्से से सत्ता में रहने वाली वामपंथी सरकार, पहली बार मुसलमान वोट खो देने के डर से कातर थी। हाथों के आगे और कुछ न हो, मैं तो थी। मेरे सीने पर इस्लाम विरोधी का तमगा लगाने जैसा आसान काम और क्या हो सकता है, मेरे जैसे एक असहाय, अकेले प्राणी का धड़ पकड़ कर निकाल देने से ऐसा क्या नुकसान है! इससे हो सकता है कोई तसलीमा विरोधी मुसलमान, कोई इक्का-दुक्का वोट खुश होकर दे ही दे!

उस दिन तेईस नवम्बर की रात को 'भ' के साथ जो बात हुई थी, उसके बाद फिर कभी उनसे बात नहीं हुई, जबकि उन्होंने कहा था कि जब भी जरूरत महसूस हो उन्हें फोन कर लूँ, पर जरूरत महसूस करने पर भी नहीं किया। इतने बड़े एक व्यक्ति को परेशान करने की इच्छा नहीं होती। आज उनको फोन करने का कारण था, सुयेनसन। मेरी इच्छा है कि मैं जहाँ रह रही हूँ, वहाँ दो सप्ताह के लिए सुयेनसन आकर रुकें। 'भ' ने कहा, एक दरख़्वास्त लिख दूँ। उन्होंने यह भी कहा कि कट्टरपंथियों ने सिर्फ मुझे ही नहीं तंग किया, बल्कि उन्हें भी किया है। वह सब नहीं बताया। अनुमान कर सकती हूँ कि उन्होंने मेरी देखभाल करने का जिम्मा लिया है, मुझे देश से न निकालकर, उलटा मेरा भरण-पोषण कर रहे हैं, इसीलिए शायद मुसलमान उनका तिरस्कार कर रहे हैं।

कब तक लौट पाऊँगी? अचानक मेरा प्रश्न। कब लौट पाऊँगी कलकत्ता उसके बारे में वह कुछ नहीं बता पाये। बस कहा, सब निर्भर करता है सनक पर, जो कुछ हुआ वह एक झक थी। लोगों में अगर कोई और सनक जाग जाए तो हो सकता है मेरे लिए स्थिति फिर से स्वाभाविक हो जाए। पर तब तक मुझे पश्चिम बंगाल से बाहर ही रहना पड़ेगा, कम से कम रहना उचित है।

ब्रात्य मैं। मुझे पश्चिम बंगाल सरकार वापस नहीं ले रही। ब्रात्य, पश्चिम बंगाल के लोग मुझे नहीं चाहते हैं। कुछ लोग चाहते हैं, पर बहुत शिद्दत से कोई नहीं चाह रहा है। ऐसा कुछ हो सकता है दुनिया में, या हो ही जाएगा किसी दिन, मेरे ख़यालों में भी नहीं आया था कभी।

### 12 दिसम्बर

दिन बीत रहे हैं, कैसे कट रहे हैं ठीक समझ में नहीं आ रहा है। एक काले रंग का स्वेटर खरीद कर दिया है इन लोगों ने। त्वचा सूख रही है। त्वचा विशेषज्ञ मालाकर ने विनोशिया नाम की क्रीम लगाने को कहा है। वह भी नहीं खरीद कर दिया इन लोगों ने। दो जोड़े मोजे खरीद कर दिए हैं। सुबह नाश्ता, दोपहर वही एक ही किस्म का खाना, रात में भी वैसा ही। दिन एक से ही बीतते जा रहे हैं। खाने के लिए आवाज लगाई जाती है, खाती हूँ। क्यूँ खाती हूँ समझ में नहीं आता। बहुत भूख लगती है, ऐसा भी नहीं, सारी अनुभूतियाँ जैसे कुंद होती जा रही हैं। महसूस होता है, धीरे-धीरे मौत मेरी ओर आ रही है। कुछ दिनों पहले चीख कर रोयी थी मैं। प्रभु को कहा, जहर ले आइये। प्रभु ने मेरी इस रिक्वेस्ट को भी सीरियसली लिया था। इस रिक्वेस्ट को भी पुटअप किया था निर्दिष्ट दफ्तर में।

बीच-बीच में दो-तीन पत्थर-से कठोर चेहरे दिखते हैं मेरे सामने। वे मेरी सुरक्षा के लिए हैं या नजरबन्द रखने के लिए हैं, नहीं जानती। घरबन्द और नजरबन्द, इन दोनों स्थितियों के बीच पेंडुलम की तरह झूल रही हूँ मैं। पत्थर भी मेरे धैर्य को देखकर

बेचैन हो रहे हैं। कब एक बार मुँह खोलकर कहूँगी, 'नहीं और नहीं, इस देश से चली जाऊँगी मैं'। सम्भवतः तभी पत्थर-से चेहरों में जान आएगी, कहेंगे, 'कौन से देश मैडम? टिकट क्या इकनॉमी क्लास की दें या बिजनेस क्लास की?' मुझे साँस लेने में तकलीफ हो रहा है, कोई नहीं देख पा रहा है इसे। किसी को नहीं समझ में आ रहा, कोई सुन नहीं पा रहा है इस श्वासकष्ट की आवाज को। क्या इस आवाज को कोई किसी दिन सुन पाएगा! श्वासकष्ट की ध्वनि छुपी रहती है, सन्नाटे की तहों में।

नहीं जानती कैसे समय के बीच से गुजर रहे हैं हम लोग। नहीं जानती कभी बंगाल लौट पाऊँगी कि नहीं। हो सकता है हमेशा के लिए ही, एक स्वप्न या दुःस्वप्न बन के रह जाएगा, बंगाल।

जय गोस्वामी ने मेरे को लेकर एक बहुत अच्छा लेख लिखा है। उनके साथ बात की फोन पर। उन्होंने कहा, हमें आप पर गर्व है।

अपर्णा सेन ने शाम को फोन किया। दुख जाहिर करते हुए कहा, जो अपराधी हैं उन्हें सजा न देकर, निरपराध को सजा दी गयी है। दी गयी है, पर क्या इसे मान लिया जाएगा? अन्त में कहा, कुछ करने की कोशिश करेंगी।

जयश्री दासगुप्ता ने भी फोन किया, मेरे लिए दुःख प्रकट किया। उन्होंने सोचा था कि कलकत्ते के बाहर, आस-पास ही कहीं रहूँगी, पर मुझे तो कलकत्ता लौटना है, जयश्री दी!

रात को डॉली रॉय और सौगत रॉय ने फोन किया। सौगत रॉय ने कहा, 'सीपीएम तुम्हें नहीं चाहती। हमारी क्षमता नहीं है तुम्हें लाने की।' मैंने जब कहा, 'क्या कह रहे हैं, क्या मैं कलकत्ता नहीं लौटूँगी? मुझे तो लौटना ही है।' सौगत रॉय ने कहा, 'देखता हूँ एक बार प्रियदा और प्रणवदा से बात करके। कैसे हालात हैं समझने की कोशिश करता हूँ।'

मैंने भीगी आवाज में कहा, 'आज भी फोन नहीं किया आपने?'

शायद वह थोड़े अप्रस्तुत हो गये। वहाँ कलकत्ता में, मुझे लगता है लगभग सबों ने यही सोच लिया है कि मुझे अब वहाँ वापस लौटने नहीं दिया जाएगा। मेरे लिए लौटना शायद अब सम्भव भी नहीं। कोई न कोई मेरा प्रसंग उठने पर, दुःख जताता होगा, कोई कहता होगा, 'मिस कर रहे हैं उसे', कोई कहता होगा, 'बेचारी', कोई-कोई मेरी क़िस्मत की भी बात करते होंगे, 'उसकी तो क़िस्मत ही ख़राब है।'

और जो लोग मुझे जानते नहीं, पहचानते नहीं, समझते नहीं वह तो बोलते ही होंगे, जानबूझ कर यह सब किया है, जिससे नाम हो, लोकप्रियता बढ़े, किताब की बिक्री बढ़े, कोई विमर्श खड़ा हो। पर यह सब कुछ करने के लिए, मैंने असल में क्या किया है, वे नहीं बता पाएँगे। बहुतों को शान्ति मिलेगी यह कहके कि मेरे लेखन में साहित्यिक गुण छटाक भर भी नहीं है। साहित्यिक गुण न होने पर राज्य से किसी भी लेखक को निकाला

जा सकता है, निकाल देने से ज़्यादा कुछ नुकसान नहीं है। या फिर गड़बड़ी होने की आशंका का झाँसा देकर भी निकाला जा सकता है। बस निकालने से मतलब है।

### 13 दिसम्बर

जब तुम अकेले होते हो, तुम्हारे पास तुम्हारा कोई भी नहीं होता। सॉलिटरी कन्फाइनमेंट रहती है बस। एक घर भर बंदित्व। जब तुम अकेले होते हो, बस अकेले ही होते हो। दुनिया का कोई भी नहीं होता है तुम्हारे लिए।

### 14 दिसम्बर

तपन रॉय चौधरी कलकत्ता से अक्सर फोन करते हैं। वह एक नामी आदमी हैं। किताबें लिखी हैं। भारत सरकार से पद्‌म विभूषण मिला है उन्हें। उन्होंने मुझे एक दिन कहा, 'उनके (सरकार) एक बहुत महत्त्वपूर्ण व्यक्ति से बात की है मैंने। मुझे कहा है कि हालात बहुत ही खराब हैं।'

त - खराब हालात, कहाँ?

चौ - देश में।

त - क्यूँ खराब होंगे हालात! मैं तो ऐसा कुछ भी नहीं देख रही हूँ।

चौ - कैसे नहीं खराब हैं? लश्कर-ए-तोयबा के एक आदमी ने तो कहा है कि तुम्हें मार देगा, ढूँढ़ रहा है तुम्हें।

त - नहीं, ऐसी कोई भी खबर मैंने नहीं पढ़ी।

चौ - टेलिग्राफ में निकला है।

त - मुझे नहीं लगता है कि ऐसा कुछ टेलिग्राफ में लिखा है। आपने शायद बंग्लादेश के हुजियों की खबर पढ़ी है। बहुत सालों पहले उन लोगों ने मुझे मारने का एक प्रोग्राम बनाया था, पर अब ऐसा कोई भी नहीं चाहता है। जो गुंडे-वुंडे और ऐंटी सोशल लोग इक्कीस नवम्बर को कलकत्ता में हंगामा करने निकले थे, उन लोगों ने मेरी किताबें नहीं पढ़ी हैं। उनको सड़क पर उतारने के पीछे कोई दूसरी ही साजिश थी।

चौ - अब एक नेगोसिएशन हो जाए। तुम्हें कुछ लिखित में देना है या नहीं, कट्टरपन्थियों ने अभी और क्या दावा किया है, वह सब जानने की कोशिशें चल रही हैं। वे जो भी माँग करें, उसी के हिसाब से उनसे समझौता कर लेना अच्छा होगा।

त - मैंने 'द्विखंडितो' से थोड़ा सा अंश निकाल दिया है। उसके बाद उनके बड़े-बड़े नेताओं ने ही कहा था, मैटर क्लोज्ड। बस अब और क्या है? जो कोई भी जो भी दावा करे, मुझे क्यूँ मानना होगा?

चौ - लिखित में देने से शायद वे लोग शान्त होंगे।

त - लिखित में मतलब?

चौ - लिखित में कि तुमने अपनी किताब में से कुछ आपत्तिजनक पन्ने निकाल दिए हैं।

त - वह तो बोला ही जा चुका है। टीवी चैनलों पर भी दिखाया गया है। सारा दिन प्रचार किया गया था इस खबर का। किताब के उस अंश को काटकर नया एडिशन भी छप चुका है।

चौ - वे नहीं मान रहे हैं।

त - कौन कहता है कि नहीं मान रहे हैं? वे मान रहे हैं। मान विमान बाबू नहीं रहे हैं। वह कह रहे हैं कि और भी किताबें लिखी हैं मैंने। उनमें से भी अंश काट कर निकाल दो। पता है असल में क्या है, अगर नहीं मानना चाहते हैं, तो लिखित में भी देने से नहीं मानेंगे वे। बदमाशी करना चाहने से क्या आप रोक सकते हैं, बदमाशी करने वालों को?

चौ - परिस्थिति तो अशान्त है।

त - परिस्थिति अशान्त सोचने से ही अशान्त है। न सोचने से शान्त। किसने कहा कि हालात शान्त नहीं हैं?

चौ - उन लोगों ने कहा है कि मौलवादी बहुत उपद्रव मचा रहे हैं।

त - कुछ भी नहीं कर रहे हैं। उनको उकसाने से वे हंगामा करेंगे। अगर मीडिया उनकी खबर कवर करेगी, पॉलिटिशियंस नमो-नमो करेंगे, तब तो वे जो मर्जी वही करेंगे। फिलहाल नहीं कर रहे हैं, कुछ करने पर अपने आप दिख जाता। देखा है किसी धरने-जुलूस को! कुछ भी तो नहीं दिखा है। टीपू सुल्तान मस्जिद के इमाम ने बस एक बार कहा है कि वह पता नहीं, क्या नहीं मानते हैं। इमाम को एक धमक लगाने पर, क्या मानते हैं और क्या नहीं, इसको लेकर वह और सर नहीं खपाएगा। पिछली बार एक फतवा दिया था उन्होंने। बहुत उछल-कूद की, जैसे ही पुलिस कमिश्नर ने उनको बुलाकर धमकाया, या हाथ में कुछ रुपये पकड़ा दिए, वैसे ही घर से निकलकर टेलीविजन पर जाकर कहा, 'नहीं तो, कोई भी फतवा नहीं दिया है! मुझ जैसे आदमी को फतवा देने का इख्तियार ही नहीं है'। सारी मुश्किल इस चाहने को लेकर ही है। वैसी धमक इस समय कोई देना नहीं चाह रहा है। माहौल को सँभालने के लिए, जो यह कर सकते हैं, वे करना ही नहीं चाह रहे हैं।

चौ - वह तो समझ सकता हूँ, पर ये लोग तो सब पॉलिटिक्स कर रहे हैं। यह क्या कोई सभ्य देश है! सब सूअर के बच्चे हैं।

यह सब बातें तपन रॉय चौधरी के साथ हुई थीं। उन्होंने कहा था, आज व कल में वह, किसी बहुत बड़े व्यक्ति के साथ मिलने जा रहे हैं। मेरे बारे में ही बात करने जा रहे हैं। पूछा था, वह एक बड़े व्यक्ति कौन हैं। बताया नहीं, बस कहा, 'मैं नाम

नहीं बताऊँगा, वैसे मैं जानता हूँ कि वह ही एकमात्र ऐसे व्यक्ति हैं जो तुम्हारी मदद कर सकते हैं, सच बात तो यह है कि वह तुम्हें, तुम्हारी इस भयंकर दुर्दशा से बचा सकते हैं।'

मैं उम्मीद लगाए रही। जानती हूँ तपन रॉय चौधरी मुझसे बहुत स्नेह करते हैं। परन्तु उस विराट पुरुष के साथ बात कर के आने के बाद जो कुछ भी उन्होंने बताया, उसे सुनकर दंग रह गयी मैं।

चौ - सुनो, बात की मैंने, उन्होंने कहा कि सबसे अच्छा है, इस समय अगर तुम विदेश चली जाओ। तुम्हारा कोई पैसा खर्च नहीं होगा, भारत सरकार ही तुम्हें प्लेन का टिकट देगी, विदेश में तुम्हारे रहने का खर्च भी देगी।

त - क्या कह रहे हैं? किसने कहा है यह सब?

चौ - उनका नाम नहीं बताया जा सकता है। उनका नाम तुम मुझसे मत पूछो। वैसे वे बहुत बड़े व्यक्ति हैं।

त - तो मुझे क्यूँ भेज देना चाहते हैं वे लोग!

चौ - बिल्कुल भी नहीं। तुम्हारे वीज़ा एक्सटेंशन हो जाने के बाद ही तुम जाओगी। इसीलिए चिन्ता की कोई बात नहीं। वीज़ा रहने पर लौट तो सकोगी ही।

त - वीज़ा रहने पर भी इमिग्रेशन रोक सकता है।

चौ - नहीं कभी नहीं हो सकता।

त - बिल्कुल हो सकता है। सरकारी फैसला होने पर हो सकता है।

चौ - हिन्दुस्तान में कभी ऐसा नहीं होता। कभी ऐसा होते नहीं सुना है।

त - हिन्दुस्तान में कभी किसी राज्य से, किसी भी लेखक को निकाल बाहर करने के बारे में सुना है, इससे पहले।

चौ - नहीं।

त - देखिये न मुझे निकाल दिया गया! मेरे पास तो रेजिडेंस परमिट है। कलकत्ते में रहने का अधिकार है मुझे, पर जा पा रही हूँ कलकत्ता?

चौ - नहीं।

त - एक बार भारत से चले जाने पर फिर मुझे आने ही नहीं दिया जाएगा। जिस तरह इस समय मुझे पश्चिम बंगाल में नहीं घुसने दिया जा रहा है, क्या और एक बात आपके मन में नहीं आयी कभी, कि क्यूँ मुझे भारत के बाहर जाना होगा?

चौ - एक नेगोसियेशन करने की कोशिश की थी। कहा था वह मेरी बेटी के जैसी है। उसे कलकत्ता लौटना है। लिखना-लिखाना करेगी। क्या करना होगा उसके लिए कहिए।

त - कैसा नेगोसियेशन?

चौ - जिससे कि तुम लौट सको।

त - लौटना होगा तो कलकत्ता लौटूँगी। विदेश क्यूँ जाऊँगी?

चौ - वे लोग अपने वोट का मामला निश्चित करना चाहते हैं।

त - क्या बहुत नहीं हो चुका? राज्य से निकाला। किताब से अंश काट कर निकाल दिया। चरमपन्थी चुप हैं, खुश हैं। उसके बाद भी उनकी किस माँग को पूरा करना चाहते हैं? उनके इतने सारे दावों को पूरा करने के बाद भी वोट नहीं मिलेगा, क्या ऐसा लगता है उन्हें? अब मुझे क्यूँ हिन्दुस्तान छोड़ना पड़ेगा? उसके बाद मुसलमान कट्टरपन्थी माँग करेंगे कि तसलीमा को मार डालो, तब तुमको वोट देंगे। तब क्या मुझे मारने आएँगे वोटों के लिए? माँगों की कोई सीमा है क्या? उनको पूरी करने की कोई सीमा है क्या? लगता है माँगें वे खुद ही उठा रहे हैं, खुद ही माँग करके, फिर खुद ही पूरा कर रहे हैं, अशिक्षित, मूर्खों से वोट माँग रहे हैं।

रात में प्रभु आये। 'भ'बाबू के परामर्श के अनुसार जो दरख़्वास्त प्रभु के हाथों दी थी, प्रभु के उसको यथास्थान विवेचना के लिए पहुँचाने के बाद, आज उसका जवाब आया है। जवाब सुनने के लिए कान तरस रहे हैं। प्रभु ने कहा, नहीं होगा, मेरे स्वीडन का मित्र मेरे पास नहीं आ सकता है और मैं भी उसके पास नहीं जा सकती हूँ। अगर हम कहीं मिल सकते हैं तो वह किसी एक तीसरी जगह पर। इतंजाम मेरे या मेरे दोस्त की मन के मुताबिक नहीं होगा। मैं आवेदन पेश करूँगी, उस आवेदन को ऊपर वाले मंजूर करने पर, प्रभु मुझे तीसरे स्थान पर ले जाने की व्यवस्था करेंगे।

क्यूँ नहीं मिल सकते हैं? किस वजह से मेरे दोस्त मेरे पास नहीं आ सकते हैं या मैं उनके पास नहीं जा सकती! इसके जवाब में प्रभु ने कहा, उन्हें नहीं पता। उन्होंने सिर्फ ऊपर वालों के दिये गये निर्देश को बताया है।

मैं जितना भी क्यूँ न कहूँ कि मुझे बहुत तकलीफ हो रही है, इस तरह कोई इंसान जी नहीं सकता, मैं एक स्वाभाविक जीवन जीना चाहती हूँ, जहाँ मैं साँस ले सकूँ, जब मन हो बाहर जा सकूँ, मेरे मित्र मेरे घर आ सके। मैं भी जा पाऊँ उनके घर–प्रभु की कोई प्रतिक्रिया नहीं। वह मुझे मछली का सा मुँह बनाकर सुनते रहते हैं। रोबोट के सामने बात करने का कोई मतलब नहीं होता। प्रभु रोबोट से भी ज़्यादा प्राणहीन हैं। दीवार की तरह, सर ठोकने पर सर फूटता है, दीवार का कुछ नहीं जाता।

रात को फोन कर प्रभु ने जानना चाहा, जिस लेखक के साथ मेरी बातचीत हुई उनका पूरा नाम, पता वगैरह।

त - तपन राँय चौधरी।

प्र - राइट, तपन रॉय चौधरी। उन्होंने और क्या कहा?

त - सब तो बताया है आपको।

प्र - उन्होंने तो नेगोसियेशन के बारे में बात की है।

त - हाँ, पर मैंने नहीं माना, चाहे और जो कुछ भी मान लूँ, देश छोड़ने की बात तो मैं मान नहीं सकती।

प्र - क्यूँ नहीं मान सकती?

त - इसलिए नहीं मान सकती क्यूँकि कलकत्ता वापस लौटने के लिए विदेश जाने की शर्त बिल्कुल ही युक्तिहीन है।

प्र - युक्तिहीन?

त - हाँ युक्तिहीन। अच्छा आप ही बताइये, विदेश चले जाने से क्या कलकत्ता वापस जाने का रास्ता आसान हो जाएगा, इस बात को तपन बाबू ने इतनी बार कहा, क्या आप इसका सिर-पैर कुछ समझ सकते हैं? हो सकता है मैं नहीं समझ पा रही होऊँ, पर आप समझ पा रहे हों। वैसे मैं कोई छोटी बच्ची तो हूँ नहीं। अरे भई, मुझे भी तो देश छोड़ने का अनुभव है। अभी भी जख़्म बहुत हरा है। मुझे तो इसी तरह ही कहा गया था, कुछ दिनों के लिए जाओ, फिर वापस आ जाना। जो देश से निकाल देते हैं, वे ही 'विदेश' हैं, 'कुछ दिनों के बाद' जैसे शब्द इस्तेमाल करते हैं। और जो नहीं निकालते हैं, वे कहीं भी, किसी को रोककर नहीं रखते, जिसको जहाँ जाना है, उसकी व्यवस्था, जैसे भी हो कर देते हैं। किसी बात का बहाना बना यात्रा भंग नहीं करते।

### 15 दिसम्बर

सुबह मुझे एक सुरक्षित घर से दूसरे सुरक्षित घर में ले जाया गया। वहाँ मेरा खून लेने के लिए एक आदमी को पकड़ कर लाया गया, उसने खून लिया। काग़ज़ पर मेरा नाम लिखा गया, मिकू श्रीवास्तव।

### 16 दिसम्बर

दिन उसी तरह बीत रहे हैं। जिसे मैं दिन कहती हूँ, वह एक मृत कछुए-सा पड़ा हुआ है।

आज बंग्लादेश में विजय दिवस है। बंगालियों का बांग्ला भाषा को बचाने का आन्दोलन बढ़ते-बढ़ते युद्ध पर जाकर रुका था। आज इस दिन, बंगाल की एक लड़की, बांग्ला भाषा की एक लेखिका, बन्दी है। विजय जैसा कुछ नहीं है मेरा। कानून एवं विवाचन केंद्र की हामिदा हुसैन, बंग्लादेश में, मेरे चरम दुःसमय में मेरे साथ थीं, उनको लिखा था मैंने–'बहुत सालों से कोई भी सम्पर्क नहीं। आशा करती हूँ कि आप अच्छी होंगी। मेरे जीवन की तकलीफ़े तो आज भी कम नहीं हुई हैं। देश लौटना तो हर समय ही चाहती हूँ। क्या अब लौट सकूँगी? अगर मेरे खिलाफ किये गये मामले हटा लिए जाएँ, सरकार मेरी वापसी में रूकावट न डाले, और सुरक्षा दे सके, तो लौट

सकती हूँ, पर क्या यह सम्भव होगा? आप अगर मेरे लौटने के मामले में मेरी मदद करें तो कृतज्ञ रहूँगी।'

जवाब में उन्होंने लिखा, 'तुम्हारी इस बात को भूलने से नहीं चलेगा, यदि तुम्हारे विरुद्ध कोई मामला न भी हो, फिर भी कुछ ऐसे लोग तो हैं ही, जो अपने फायदे के लिए तुम्हारे विरोध में सड़क पर उतरेंगे। तुमने निश्चित ही 'प्रथम आलो' के कार्टूनिस्ट के बारे में सुना है। वह अब जेल में है। उसकी जमानत की कोशिशें चल रही हैं। देखते हैं क्या होता है। असल में उस तरह की स्वाधीनता हमारे पास अभी भी नहीं है, हम जो भी बोलना चाहें बोल सकें। मुझे लगता है, धर्म को राजनीति में व्यवहार करना अब हमारे संस्कृति का अंग हो गया है। लेखक, संवाददाताओं को सतर्क रहना पड़ता है। सांस्कृतिक और राजनैतिक रूप से हम और भी ज़्यादा संकीर्ण हो गये हैं।'

अरिफ़ुर रहमान की बात जानती हूँ मैं, बेचारा जेल में पड़ा है। क्या अपराध था उसका! 'प्रथम आलो' के कार्टून मैगजीन के ऑलपिन पे कार्टून बनाया था। गाँव के एक मुल्ला ने, एक बिल्ली को गोद में लेकर जाते हुए एक गरीब बच्चे को बुला कर पूछा, 'ए क्या नाम है तेरा?' लड़के ने कहा, 'बाबू'। मुल्ले ने धमका कर कहा, 'नाम से पहले मुहम्मद बोलना चाहिए, पता नहीं तुझे?' लड़का डर से सिमट गया। इसके बाद मुल्ला ने फिर पूछा, 'तेरे पिता का क्या नाम है?' लड़के ने कहा, 'मुहम्मद अबू'। मुल्ला खुश हो गया। अबकी बार पूछा, 'तेरी गोद में यह क्या है?' लड़के ने कहा, 'मुहम्मद बिल्ली'।

अशिक्षित कठमुल्ले जो सोचते हैं कि हर नाम के पहले ही मुहम्मद लगाना होगा, यह गलत है, हास्यास्पद है, यही समझाने के लिए शायद अरिफ़ुर रहमान ने वह कार्टून बनाया था। परन्तु बीस-पच्चीस हजार लोग निकल आये उस कार्टून के खिलाफ जुलूस में। 'प्रथम आलो' के सम्पादक, पहले कम्युनिस्ट रह चुके, मतिउर रहमान ने इसके बाद एक शर्मनाक काम किया। उन्होंने कार्टूनिस्ट और उस कार्टून पत्रिका के सम्पादक, दोनों को नौकरी से निकाल दिया। देशवासियों से माफी माँगी। बस इतना ही नहीं, घुटने टेक कर क्षमा माँगी बायतुल मोकारम के ख़तीब से भी।

किसी ने कहा था, कम्युनिस्ट जब सड़ते हैं तो, भयानक रूप से सड़ जाते हैं। देश भर जाता है दुर्गन्ध से।

जिस देश में बोलने की आजादी नहीं, वह देश मेरा नहीं। यह बंग्लादेश मेरा बंग्लादेश नहीं है। इस बंग्लादेश को पाने के लिए तीस लाख लोगों ने जान नहीं दी, दो लाख औरतें बलात्कार का शिकार नहीं हुईं!

**17 दिसम्बर**

सुयेनसन के होटल के कमरे में चूहे घूम रहे हैं, और केरोसीन की तेज गन्ध आ

रही है। बाथरूम की खिड़की खुली है, खींचने पर भी बन्द नहीं हो रही है। अशोका पैलेस में बैठकर सुयेनसन ने ये शिकायतें की।

प्रभु ने मुझे बताया कि सुयेनंसन को कोई भी तकलीफ़ नहीं हो रही है, उन लोगों ने ही सुयेनसन को हवाई अड्डे से लाकर होटल में ठहराया है, उसे खिला-पिला व घुमा रहे हैं वे। इन सुविधाओं में रहकर भी सुयेनसन आभार प्रकट नहीं कर रहे हैं, बल्कि गलतियाँ पकड़ने की कोशिश कर रहे हैं। वह कभी भी, दुनिया की किसी भी जगह, सरकारी लोगों की खातिरदारी में नहीं रहे हैं। यूरोप में कहीं, कभी अगर ऐसा होता कि उनको हवाई अड्डे से ले जाकर, खिला-पिला, शहर घुमाकर, शहर के किसी पाँच सितारा होटल में ठहराया गया होता, तो वह दिन-रात सिर नीचा किए पड़े रहते। उनके हाथ में अगर कोई गोरा आदमी एक लॉलीपॉप थमा देता, तो अनन्त काल तक उस गोरे और लॉलीपॉप की प्रशंसा करते रहते और काले और बदामी लोग चाहे दुनिया एक कर दें, वह नाक ही सिकोड़ते रहेंगे। अन्दर ही अन्दर बहुत ज़्यादा वर्णवादी हैं सुयेनसन, आज से नहीं, बहुत पहले से ही महसूस कर रही थी मैं। मैं सुयेनसन से मिलना चाहती हूँ, इसीलिए मैंने, 'वह मेरे घर में रहेंगे' लिखके आवेदन पत्र भेजा, जितना सुयेनसन के लिए नहीं, उससे दुगुना, तिगुना, चौगुना, खुद अपने लिए। अपनी आजादी के लिए। बोलने की आजादी के लिए।

दोपहर को मुझे उसी घर में ले जाया गया, जहाँ एक बार खून लेने के लिए ले गये थे। सुयेनसन को एक दूसरी गाड़ी में वहाँ लाया गया। केवल मिलने की ही अनुमति थी। प्रभु ने कहा, 'समय उन्होंने खुद से ही बढ़ा दिया है। एक के बजाय तीन घंटों का समय दिया है।' क्या चाहते हैं प्रभु, कृतज्ञता से झुक जाऊँ मैं! क्योंकि एक घंटे को तीन घंटे कर दिया गया है? चोर, डाकू या खूनी हूँ मैं? क्या मुझे जेल हुई है! मुझे सोचकर बहुत हैरानी होती है कि मैं कितनी देर बाहर रह सकती हूँ, कितनी देर दोस्त के साथ बात कर सकती हूँ, इसका फैसला कोई और कर रहा है, मुझे यह फैसला लेने का अधिकार नहीं है।

दिन के खाने का इन्तजाम प्रभु ने ही किया, उसी घर में। कोई नहीं रहता है उस घर में। बहुत ही निर्जन और शान्त घर है। सरकारी घर है, अचानक किसी गोपनीय बैठक या मिलने-मिलाने के लिए प्रयोग में लाया जाता है। विशाल से एक मेज पर तरह-तरह के खानों को ऐसे सजा कर रखा गया था कि कोई समझ ही नहीं सकता है कि यह सब घर में नहीं पकाया गया है, बल्कि बाहर से मँगवाया है। इस घर के बारे में मैं ज़्यादा कुछ नहीं जानती हूँ, क्यूँकि प्रभु मेरे कौतूहल का कोई भी जवाब नहीं देते हैं।

शाम को जीवन के दुर्भोग के बारे में सोचते-सोचते बुरी तरह रोना आ गया। रोना रात में सोने से पहले तक नहीं रुका।

### 18 दिसम्बर

आज अच्छी नींद नहीं आयी। रात गये जग गयी। इंटरनेट पर ख़बरें देखते हुए देखा कि ग्लोरिया स्टाईनेम कलकत्ते में हैं। मेरे बारे में कह रही हैं। 'दिस इज़ ऐन आउटरेजियस वायलेशन ऑफ हर ह्यूमन राइट्स। शी हैज़ अ राइट टू बी सेफ।' मैंने 'द्विखंडितो' से अंश निकाल दिए हैं, उसको लेकर ग्लोरिया ने कहा, 'एक लेखक अगर अपनी मर्जी से अपना लिखा काट दे, वह एक बात है, और काटने पर मजबूर हो जाए तो वह दूसरी बात है।' कितनी सहज भाषा में ग्लोरिया सच कह पाती हैं! कहा कि उनकी 'मेज़' मैगज़ीन में उन्होंने मेरे बारे में लिखा है, मेरा लेख भी छापा है। बताया, मुलाकात हुई थी दिल्ली में साउथ एशियन लेखक सम्मेलन में। मैंने भी ग्लोरिया को लेकर कितना लिखा है। आज यदि कलकत्ता में मेरा वैसा ही जीवन रहता तो ग्लोरिया को घर लेकर जाती। उनका सान्निध्य मिलता। उनकी उपस्थिति का जश्न मनाती!

साठ-सत्तर के दशक की दुनिया को हिला देने वाली, नारीवादी लेखिका हैं, ग्लोरिया। उस साठ के दशक में वह जो सोचती थीं, जो बोलती थीं, ग्लोरिया की किसी भी किताब या लेखों को बिना पढ़े ही, अस्सी के दशक में मैंने एक सी ही यन्त्रणा का अनुभव किया है, एक सी ही भाषा में प्रतिवाद किया है, एक ही युक्ति व्यवहार की है, एक ही बात सोची व कही है।

### 19 दिसम्बर

लेखक खुशवंत सिंह से मिलने का आमन्त्रण मिला। उनके घर मुझे जाना होगा शनिवार शाम, सात बजे। दरख़्वास्त पेश की। खुशवंत सिंह का नाम, पता, फोन नम्बर लिख कर दिया प्रभु को। उन्होंने यथास्थान पहुँचा दिया मेरा आवेदन, पर वह खारिज हो गया। कम्युनिस्ट पार्टी की वृंदा करात के साथ भी मिलने की तारीख पक्की की थी, उसके लिए भी मना हो गया।

वृंदा करात के साथ फोन पर जिस दिन पहले बात हुई थी, उन्होंने कहा, 'तुम्हें पश्चिम बंगाल में वापस लेने की सारी जिम्मेदारी केन्द्र के हाथ में है, राज्य के हाथ में नहीं।' बहुत घबरा गयी थी। बहुत से लोग, बहुत सी बातें बोलते हैं, किस पर विश्वास करूँ और किस पर नहीं। सबकी बातों पर ही विश्वास होता है। कोई झूठ कह सकता है, बनाकर कुछ भी कह सकता है, मैं ऐसा नहीं सोच पाती, मुझे इस पर विश्वास नहीं होता। इतने झूठ सुनकर, इतने धोखे खाकर भी बुद्धि नहीं खुली है मेरी। मैं राज्य, केन्द्र नहीं समझ पाती। छल-प्रपंच नहीं समझती। बहुत सरल, सीधी और सच्ची बात समझती हूँ। समझती हूँ कि मैंने कोई अन्याय नहीं किया है। समझती हूँ जो सजा मुझे मिल रही है, वह मेरे लिए उचित नहीं है।

समझती हूँ कि समय बीता जा रहा है। पहले संवाददाता पागल हो जाते थे जानने के लिए कि क्या कर रही हूँ, कैसी हूँ, क्या सोच रही हूँ मैं। अब वैसा पागलपन नहीं है। पहले की तरह फोन नहीं बजता है, वैसे जब फोन लगातार बजता रहता था, तब भी मैं फोन उठाती ही नहीं थी। मीडिया वालों से बच के चलती थी, किसी को भी साक्षात्कार नहीं दिया, किसी के साथ भी बात नहीं की। प्रभु बार-बार ही मीडिया वालों के बारे में सतर्क करते रहते हैं। ये सब लोग लालची हैं, ये सबकुछ पैसे या नाम के लिए करते हैं। इनका काम निकलते ही ये भाग जाते हैं। तुम मर गये या जिन्दा हो, घूम कर भी नहीं देखते। प्रभु हर समय ही गलत बोलते हैं, ऐसा नहीं है।

ग्लोरिया स्टाईनेम का एक ई-मेल मिला। लिखा, 'प्लीज़ प्लीज़ टेल मी इफ़ आई कैन डू एनीथिंग—ऐंड यू हैव अ रूम विद मी इन न्युयॉर्क।' दुखी मन पल में अच्छा हो जाता है। इतनी बाधाएँ, इतने निषेध, इतने अनाचार, अविचार पर इसके बाद भी जीने की इच्छा करती है।

आज वह हादसा हुआ, जिसका इस देश में होना उचित नहीं था। यह देश एक लोकतन्त्र है। लोकतन्त्र का मतलब ही है कि सबको बोलने की आजादी होगी इस देश में। इस मुल्क का दिल बहुत बड़ा है, ऐसा ही तो मैं जानती हूँ। एक बड़े मन्त्रालय से एक बड़े ऑफिसर आये थे। किस पद पर हैं, बताया नहीं। पता नहीं नाम भी क्यूँ बताया। मान लेते हैं उनका नाम सनातन सेनगुप्त है। यह भी बहुत कुछ प्रभु के ही जैसे हैं, नाम बताया बस, कहाँ नौकरी करते हैं, क्या कर रहे हैं, नहीं बताया। मुझसे छुपाने का क्या मतलब है, पता नहीं। अनुमान करती हूँ कि 'भ' बाबू ने ही भेजा है। वह क्या बोलने आये हैं? नया कुछ नहीं, बहुत कुछ वैसा ही बोलने आये थे, जैसा कि प्रसून मुखर्जी ने कलकत्ता में कहा था।

स - आप चली जाइये।

त - कहाँ?

स - भारत छोड़िये।

त - क्यूँ?

स - आप क्यूँ रह रही हैं इस देश में? कलकत्ता जाने के लिए ही तो! उसका ही तो इन्तजार कर रही हैं? है न?

त - हाँ कर रही हूँ। वहीं तो मेरा सब कुछ है, मेरा घरबार, किताबें, कपड़े-लत्ते वगैरह।

स - पर आपका कलकत्ता जाना नहीं हो सकता है।

त - क्यूँ नहीं हो सकता है?

स - वहाँ आपको मार दिया जाएगा। उससे भी बड़ी बात है कि हमें अपने लोगों को बचाना है।

त - अपने लोगों को बचाना है का मतलब?

स - मतलब यह है कि आपकी वजह से लोग मरेंगे इस देश में।

त - यह क्या बात हुई!

स - क्या आप चाहती हैं कि आपकी वजह से लोग मारे जाएँ?

त - मैं क्यूँ कारण बनना चाहूँगी लोगों की मृत्यु का! मैं मानवता पर विश्वास करती हूँ। मानवता की बात करती हूँ, लिखती हूँ। मनुष्य के जीने की बात करती हूँ। मैं क्यूँ उन्हें मारूँगी।

स - आपकी वजह से जुलूस निकलेंगे, उसमें गोलियाँ चलेंगी, लोग मरेंगे।

त - मुझे नहीं लगता है कि ऐसा कुछ भी होगा। जुलूस निकलने का कोई अंदेशा ही नहीं है। कोई भी नहीं कर रहा है जुलूस निकालने की बात। कोई कारण भी नहीं है, अचानक जुलूस निकालने का और अगर निकले भी तो लोग क्यूँ मरेंगे?

स - आप क्या चाहती हैं, आपकी वजह से कोई बूढ़ा आदमी मर जाए?

त - मैं क्यूँ चाहूँगी मेरे लिए कोई बूढ़ा मरे। पर किस वजह से किसी बूढ़े को मरना होगा? कौन मारेगा उनको?

स - क्या आप चाहती हैं कि आपकी वजह से मासूम बच्चे मर जाएँ? उनकी मौत का कारण बनना चाहती हैं आप?

त - आश्चर्य की बात है! क्यूँ मरेंगे बच्चे? मैं यह क्यूँ चाहूँगी कि वे मरें?

स - नहीं चाहती हैं तो चली जाइये।

त - मैं नहीं चाहती हूँ कि किसी भी प्राणी की मृत्यु हो, पर मैं नहीं चाहती कि मुझे यह देश छोड़ना पड़े। जुलूस निकलेगा तो निकले। कितने ही लोगों के विरोध में निकलते हैं जुलूस, क्या उनको देश छोड़कर चला जाना पड़ता है?

स - यह तो आपका देश नहीं है।

त - मुझे पता है यह मेरा देश नहीं है। यहाँ मैं रेजिडेंस परमिट लेकर रहती हूँ। आज रेजिडेंस परमिट है तो रह रही हूँ। कल अगर नहीं रहेगा तो वैसे भी मुझे चले ही जाना होगा।

स - हाँ। आप चली जाइये, आपको अगर यह लगता है कि आपको रेजिडेंस परमिट मिलना बन्द हो जाएगा, नहीं, ऐसा नहीं होगा। आपको परमिट जिस तरह मिल रहा था, वैसे ही मिलता रहेगा। मैं आपको वादा करता हूँ। आप जरूर चाहेंगी कि इस देश के लोग सलामत रहें।

त - मैं नहीं जाऊँगी। मैंने किसी का कोई नुकसान नहीं किया है, कोई अन्याय नहीं किया है, कोई भी अपराध नहीं किया है। सिर से पाँव तक एक सद् इंसान हूँ। कई सालों से कलकत्ता में रह रही थी। न ही किसी दिन कोई मुझे वहाँ मारने आया और न ही कभी कोई मेरी वजह से मरा है। हो सके तो मुझे कलकत्ता भेज दीजिए।

मुझको लेकर आपलोगों को इतनी दुश्चिन्ता करने की जरूरत नहीं।

स - आप विदेश नहीं जाएँगी?

त - नहीं, मैं भारत छोड़कर कहीं नहीं जाऊँगी।

स - यह आपका अपना देश नहीं है।

त - फिर भी, मैं इसी देश में रहूँगी। इसलिए नहीं कि यह देश मेरे पूर्वपुरुषों का देश है बल्कि मैं इस देश को, इस देश के लोगों को प्यार करती हूँ, इसीलिए मैं इस देश में रहती हूँ, रहना चाहती हूँ और रहूँगी। गर्दन पकड़कर, धक्का देकर निकालेंगे तो निकालिए।

### 20 दिसम्बर

अरुन्धति रॉय ने कहा, 'पॉलिटिशियंस पर कभी विश्वास मत करना। ये तुम्हें इंसान नहीं करेंसी समझेंगे। तुम्हें लेकर व्यवसाय करेंगे, प्यार नहीं करेंगे।'

आज पूरे दिन से मन बहुत खराब है। बहुत ही ज़्यादा खराब। आज मैं बिल्कुल टूट-सी चुकी हूँ। शाम को प्रभु आये मिलने के लिए। सम्भवतः सनातन सेनगुप्त का कल मुझको चले जाने की बात कहने के बाद, मेरा क्या फैसला है जानने के लिए ही आये हैं। मैंने सनातन बाबू को भी कहा था और प्रभु को भी बता दिया कि मैं कहीं नहीं जाऊँगी। दंगे-हंगामों के पीछे लेखक, कलाकार नहीं होते हैं, होते हैं दूसरी तरह के लोग। इसके पीछे रहती है, राजनीति। लोगों को मारने के पीछे कुछ और कारण होते हैं। लेखक और कलाकार किताबें लिखते हैं, तस्वीरें बनाते हैं, वे दंगे नहीं करते।

### 21 दिसम्बर

आज इक्कीस तारीख है। एक महीना हुआ है कलकत्ता के छोकरों का सड़क पर उतर गुंडागर्दी करने की वारदात को। लग रहा है जैसे बस उस ही दिन की बात हो। अभी भी आँख बन्द करते ही तैर उठता है, सड़क पर उन अभद्र, अशिक्षित लड़कों के बेहूदा आनन्दनृत्य का दृश्य।

रात में और नहीं रुक पायी। 'भ' बाबू फोन नहीं उठा रहे हैं, इतने व्यस्त आदमी हैं, उनके फोन ना उठाने का कारण मैं समझ सकती हूँ। जहाँ तक सम्भव हो कोशिश करती हूँ एसएमएस न करने की। व्यस्त लोगों को क्या एसएमएस पढ़ने की फुर्सत होती है! फिर भी भेजा, 'बहुत किया है आपने मेरे लिए। मैं बहुत कृतज्ञ हूँ। आपके ऊपर ही भरोसा करती हूँ। इस तरह कारावास जैसा जीवन काटने में बहुत तकलीफ हो रही है। दिल्ली में तो थोड़ी स्वाभाविक जिन्दगी जी सकती हूँ? दोस्तों से मिलना-मिलाना बन्द करके तो जिन्दा नहीं रह पाऊँगी। क्या एक दिन आपसे मिल सकती हूँ?'

## 22 दिसम्बर

'In response to demands from a few religious fundamentalists, India's democratic and secular government has placed a writer of international repute under virtual house arrest. Shorn of all cant, that is what the Centre's treatment of Taslima Nasreen amounts to. She was forced into exile from her native Bangladesh because of the books she had written and it looks as if the UPA government is about to repeat the same gesture by placing intolerable restrictions on her stay in India.

She is living under guard in an undisclosed location. She will not be allowed to come out in public or meet people, including her friends. Without quite saying so, the government is clearly sending her a message that she isn't welcome in India and ought to leave. Earlier, she was turfed out of West Bengal by the state government. It's not quite clear who's ahead in the competition to pander to fundamentalist opinion, the Centre or the West Bengal government. Earlier, Left Front chairman Biman Bose had said that Taslima should leave Kolkata if her stay disturbed the peace, but had to retract the statement later. Now external affairs minister Pranab Mukherjee echoes Bose by asking whether it is "desirable" to keep her in Kolkata if that "amounts to killing 10 people". In other words, if somebody says or writes something and somebody else gets sufficiently provoked to kill 10 people, then it is not the killer's but the writer's fault.

That is an astounding statement for the foreign minister of a liberal democratic state to make. The Greek philosopher Plato thought that artists were dangerous people and exiled them from his ideal Republic. But such views can hardly be reconciled with modern democracy, which survives on tolerance. Democracy also accords a valuable place to the arts, where boundaries are pushed and new thinking becomes possible. Taslima's views on women's rights may seem threatening from the point of view of patriarchal codes governing society. That would explain why the animus towards her is not confined to Muslim conservatives, but includes Congress and Left luminaries.

The ministry of external affairs must think through the implications of what it is doing. If it forces Taslima out of the country, India will be placed on the same platform as Bangladesh, which is close to becoming a failed state. At a time when India's image is ascendant in world affairs the official guardians of that image must not act like weaklings who cave in to every illiberal or funda mentalist threat to this republic's constitutional values:— **Times of India**

मुझे वापस लाने की माँग करते हुए कल कलकत्ता में एक जुलूस निकला था। किसी ने कहा कि पाँच सौ लोग थे, किसी ने कहा कि हजार। वहाँ तो कई हजार लोग थे। पिछले साल सिद्दीकुल्लाह के जुलूस में थे एक लाख लोग, और इक्कीस तारीख को सड़क पर जमा हुए लड़के भी शायद दस से पन्द्रह हजार थे। गाड़ियाँ वगैरह न रुकने पर बड़ा जुलूस नजर में नहीं आता है। ईंट नहीं फेंकने पर किसी को चोट नहीं लगती। शब्द तो कम खर्च नहीं किये गये। बहुतों ने तो बहुत कुछ लिखा। इसके बाद भी क्या सच में कुछ हुआ?

**23 दिसम्बर**

संवाददाताओं से बात करने में भी मुश्किल, न करने में भी मुश्किल। बात करने पर लोग कहते हैं कि मुझे पब्लिसिटी चाहिए और नहीं बोलने पर, जिन सब पत्रिकाओं को साक्षात्कार नहीं देती, जिन सब पत्रकारों से बचकर रहती हूँ, उनकी जो मर्जी वही छाप देते हैं। आज 'डीएनए' पत्रिका में लिखा था, नरेन्द्र मोदी दिल्ली आये थे, मैंने उनसे मुलाकात की और मुझे गुजरात ले जाने का अनुरोध किया। याद है मुझे, बम्बई की मिड-डे पत्रिका में मेरी कोई तस्वीर इंटरनेट से उठा कर, सारे बदन और सर पर काला रंग लगा, उसके पीछे बम्बई शहर का दृश्य जोड़, पत्रिका के पहले पृष्ठ पर छाप दिया, कैप्शन था, तसलीमा बुर्का पहन बम्बई चली आयी हैं। कितने ही लोगों ने इस झूठी खबर पर विश्वास कर लिया। साधारण आदमी हर छपे अक्षर को सच मान कर विश्वास कर लेता है।

प्रभु ने झुँझलाई आवाज में कहा कि हिन्दुस्तान में बैठकर मैं कोई 'पॉलिटिकल गेम' न खेलूँ। मैंने कब गेम खेला, कैसे खेला, वह मैं नहीं जानती। मुझे नहीं पता लोग मुझे क्यूँ गलत समझते हैं। क्या मेरे आचरण में ऐसा कुछ है, जिससे लगता है कि मैं राजनीति जैसी किसी दुरूह चीज को लेकर खेल रही हूँ! मुझ जैसी अति सरल, सीधी, थोड़ी मूर्ख, थोड़ी सी बुद्धू को, वे लोग ही खिलाड़ी समझते हैं—जिनकी आँखें तरह-तरह के खेल और खिलाड़ियों को देखकर पूरी तरह नष्ट हो चुकी हैं उनकी आँखों के आगे जो भी आये, उन्हें वे खिलाड़ी ही समझते हैं।

टेलिग्राफ़ में आजकल झूठी खबरें छप रही हैं, जो लोग मेरी देखभाल कर रहे हैं, सुना है कि मैं उनको एक हेयर-ड्रायर के लिए तंग कर रही हूँ। शैम्पू करूँगी तो हेयर-ड्रायर की जरूरत नहीं पड़ेगी, यह क्या बात हुई! 'अन ऑफिशियल' सूत्रों से

झूठी खबरें फैल रही हैं। एक बार लिखा कि मैं मछली खाने के लिए पागल हो गयी हूँ, तरह-तरह की मछलियों के ऑर्डर देती हूँ। सर का पसीना पाँव तक चुआ कर, मेरी जिह्वा की तृप्ति के लिए सरकार सब जुगाड़ कर रही है। ऐसा एक चित्र गढ़ रहे हैं मेरा, जैसे मैं सरकारी घर में सिर्फ एक राजा की तरह ही नहीं रह रही, बल्कि एक अत्याचारी राजा की तरह रह रही हूँ। अपनी जिद और आदेशों से सबको परेशान किये जा रही हूँ। प्रभु से पूछा, 'ऑफिशियल सूत्रों की खबर है, इसका मतलब है कि ये खबरें आपके दफ्तर से जा रही हैं, पर दे कौन रहा है!'

प्रभु ने साफ कह दिया, 'मन्त्रालय से कोई उन्हें खबर नहीं देता है। वे लोग अपने से बना-बनाकर लिखते हैं।'

दिनोंदिन तक टेलिग्राफ़ के जैसा एक प्रतिष्ठित अखबार, किसी दूसरे के नाम पे मन-गढ़ंत खबरें छापेगा! मैं पसोपेश में पड़ जाती हूँ। एक पत्रकार मित्र से बाद में जाना कि मन्त्रालय से ही यह सब कुछ लिखने को कहा गया था। किसी के नाम का उल्लेख न करते हुए 'ऑफिशियल सूत्रों से' लिखने की शर्त थी। ऑफिस द्वारा समय-असमय के अनुसार स्वीकार या अस्वीकार किया जा सकता है। इससे किसी भी व्यक्ति का कन्धा इन बातों की जिम्मेदारियों से मुक्त रहेगा। यह सब तो कमजोर, दुर्बल संवाददाताओं की बात है। वीर संवाददाता भी कम नहीं हैं। मशहूर वीर सिंघवी ने भी मेरे विरुद्ध लेख लिखा। मैं क्षुद्रता और तुच्छता से बहुत ऊपर उठ चुकी हूँ, फिर भी इंसान जब मुझे देखता है या मेरे बारे में विचार करता है, वह इन सबों से ऊपर उठकर नहीं करता। अपनी जगह पर खड़े होकर, अपनी ही देखी तुच्छ राजनीति, क्षुद्र समाज, अपने खुद के और अपने साथियों के, स्वार्थीपन और मौकापरस्ती की नीच मानसिकता की नींव पर कायम करते हैं मेरे बारे में कोई राय। उनके लिए कभी भी यह सोचना सम्भव नहीं हो पाता है कि वे गलत हैं और किसी दिन भी उनकी इस भूल का सुधार नहीं हो पाएगा। उन्हें मेरे जीवन को करीब से देखने का, मुझे समझने का मौका कभी भी नहीं मिला। कौन जाने क्या खुशी मिली वीर सिंघवी को मेरे बारे में बोरियाँ भरके झूठी बातें लिखकर! एक बुरी तरह असहाय इंसान, गृहबन्दी की तरह जी रहा है, अनिश्चितता के अन्धकार में पड़ा हुआ है, जिसको लेकर राजनीति का खेल चल रहा है चारों तरफ और उसे ही बोला जा रहा है कि वह खबरों की हेडलाइन बनने की कोशिश कर रहा है। मेरा तो सारा दिन बीतता है संवाददाताओं को फोन करके! लिखने का समय ही नहीं है! ठीक इसी तरह बंग्लादेश के चरमपंथी भी शिकायत करते थे। जब भी सच्चाई का चाबुक आकर पड़ता उनके शरीर पर, कहते कि मैं यह सब कुछ ही ख्याति पाने के लिए कर रही हूँ।

लगता है सुना होगा कि मैंने बरखा दत्त और करन थापर को फोन किया था। हाँ किया था। किया था जानने के लिए कि मुझको लेकर क्या चल रहा है। जिस दिन सरकारी लोगों ने बता दिया कि कुछ भी सम्भव नहीं होगा, न कलकत्ता जाना, न दिल्ली में स्वाभाविक जीवन बसर करना, न दोस्तों से मिलना। आउट ऑफ साइट

होना पड़ेगा मुझे, देश छोड़ना होगा—मेरे पैरों तले की जमीन खिसक गयी, टुकड़ा-टुकड़ा हो गया आसमान, स्तब्ध हो गयी दुनिया। इतनी बड़ी शक्ति के आगे मुझ जैसे तुच्छ आदमी का खड़ा होना तो सम्भव नहीं। विदेश की तो दुनिया मेरी देखी हुई है, और मैं उस दुनिया में जाना नहीं चाहती। बंग्लादेश नहीं, एकमात्र भारत ही रह गया था और यही भारत काँप उठा है, हिल गया है, परे होता जा रहा है मेरी पहुँच से—उसी समय फोन किया था, मैंने करन थापर और बरखा दत्त को, क्यूँकि वे राजनीति बहुत अच्छे से समझते हैं। क्या हो रहा है, जो हो रहा है वह क्यूँ हो रहा है, मेरे रहने से दस लोगों की मौत हो जाएगी, इस बात को जो भी कह रहे हैं, इतना जोर देकर क्यूँ कह रहे हैं!

टेलीविज़न के लिए करन थापर ने साक्षात्कार माँगा, नहीं दिया। कहा, 'सरकारी लोग ऐसी मुश्किल और पेचीदा बातें कह रहे हैं, क्या आप दया करके मनमोहन सिंह या सोनिया गाँधी के साथ बात करके देखेंगे कि वे लोग क्या चाहते हैं!' करन थापर ने कहा, उनके जानना चाहने पर भी, उन्हें कोई कुछ नहीं बताएगा। उनके कुछ कहने पर कोई सुनेगा भी नहीं।

उसके बाद शाम को सीएनएन ने बताया कि उस दिन स्वराष्ट्र मन्त्रालय में, सेक्रेटरी और आईबी के बीच, एक मीटिंग हुई थी। मेरे बारे में कहा गया कि या तो दिल्ली में जिस तरह मैं रह रही हूँ, उसी तरह रहना होगा, या फिर देश छोड़कर चले जाना होगा। मैं बिखर गयी, चूर-चूर हो गयी हूँ, मैं अब और मैं नहीं रह गयी। प्रतिक्रिया माँगने पर मैंने बता दिया, जो कुछ भी मुझे कहा था सरकारी लोगों ने। यह भी बोला कि मुझे एक तरह से गृहबन्दी बनाया हुआ है।

वीर सिंघवी नाराज हैं, मैंने क्यूँ बताया कि मैं गृहबन्दी की हालत में हूँ। एक ही साथ छह एक्सक्लुसिव बाइट्स दे रही हूँ। बाथरूम तक जाने का वक़्त नहीं। फॉरेनर होकर सुरक्षा पा रही हूँ। क्या जरूरत है इतनी खातिरदारी की, इतने रुपये-पैसे मेरे जैसी एक खराब लेखिका पर खर्च करने की! मैं एक खराब लेखिका हूँ, यह वीर सिंघवी ने मेरी किताबों को पढ़कर नहीं जाना, कलकत्ता के किसी ने शायद बताया है, किसने बताया है, वह वैसे उन्होंने नहीं बताया। उधर सरकारी अफसरों ने कहा कि मैं उनसे आश्रय माँगती हूँ, उसके बाद संवाददाताओं के पास दौड़ कर उनके ही खिलाफ बोलती हूँ। वीर सिंघवी का प्रश्न है, विदेशी होकर क्यूँ उनके विरुद्ध बोलूँगी! मैं तो हेडलाइन बनी हूँ तरह-तरह के कांड करके। मन ही मन बोलती हूँ, कांड क्या मैंने किया है? मैं तो कलकत्ता में अपने घर में लिखना-पढ़ना कर रही थी, किसी का कोई नुकसान नहीं किया। तुम्हारी सरकार ने ही तो बाहर निकाल कर, मुझे हेडलाइन बनाया है। तुम्हारी सरकार ने ही तो मुझे बन्द कर रखा है, बाहर नहीं निकलने दे रही है, मेरे पास किसी को आने नहीं दे रही है। हेडलाइन तो तुम्हीं लोग बना रहे हो। अरे भई, मेरे ऊपर राजनैतिक अत्याचार करके, मुझे हेडलाइन तो तुम्हीं लोग बना रहे हो न! तुम लोगों ने

ही मुझे अपने धर्म और राजनीति का शिकार बनाया है। विक्टिम तो विक्टिम होना नहीं चाहती है। विक्टिम तो सर ऊँचा करके जीना चाहती है। आज से पाँच साल पहले कब उसने कुछ लिखा था, जिसे प्रतिबंधित कर तुम लोगों ने ही तो उसे हेडलाइन बनाया है। हाईकोर्ट ने दुनिया को यह कहकर कि उस लेख में, निषिद्ध करने जैसा कोई विषय नहीं है—किताब को मुक्त कर, फिर से एक हेडलाइन बना दिया। उसके बाद तुम्हारे ही धार्मिक कट्टरपंथियों ने दोबारा उस लिखे पर हमला किया, तुम्हारे गैर-धर्मावलम्बी भी इन धार्मिक कट्टरपंथियों को खुश करने के चक्कर में, मेरे ऊपर झपट पड़े। तुम लोगों की उछल-कूद, तुम्हारे तांडव ने ही तो बार-बार मुझे हेडलाइन बनाया है। पाठक बिना किसी परेशानी के मेरी किताब पढ़ रहे थे। किताब तो सालों से बाजार में थी। किसी ने कुछ भी नहीं कहा। हंगामा तुम करो और आरोप मुझ पर लगाओ और फिर तुम लोग ही गुस्सा दिखाकर कहो, फॉरेनर होकर इतना बढ़ने की जुर्रत, इतने हेडलाइंस किस लिए!

पूरे दिन मन बहुत खराब रहा।

शाम के समय एक मित्र ने कहा कि वीर सिंघवी को वो लेख 'भ' बाबू ने लिखने को कहा था। कुछ और भी सम्पादकों और संवाददाताओं को कहा है कि मेरा नाम वह कहीं भी छपे अक्षरों में देखना नहीं चाहते हैं।

लोग क्यूँ धार्मिक कट्टरपंथियों को दोष देते हैं! उनका उतना दोष नहीं है, जितना कि इन राजनीतिज्ञों, संवाददाताओं, लेखकों और बुद्धिजीवियों का है, जो कट्टरपंथियों के शिकार व्यक्ति और उसकी आहत भावनाओं की ओर तो पलटकर भी नहीं देखते, बल्कि उन आक्रामक मौलवादियों की धार्मिक भावनाओं के तुष्टीकरण के लिए परेशान रहते हैं और उनसे सहानुभूति जताते है।

**24 दिसम्बर**

सुयेनसन से मिलना चाहा। मना कर दिया गया। उनको मैंने अपने हिन्दी प्रकाशक अरुण माहेश्वरी के पास जाने को कहा। मेरे प्रकाशक ने ही ली उनकी देखभाल की जिम्मेदारी।

और इधर मैं मन खराब किये हुए हूँ, वैसे आज कुछेक फोनकॉल्स पाकर मन थोड़ा अच्छा है। कलकत्ता से विभूतिभूषण नंदी, सुनंद सान्याल और देवव्रत बंद्योपाध्याय ने फोन करके सुहानुभूति प्रकट की। एक ने कहा, नेलसन मंडेला को याद करने को। मंडेला दो युगों से भी ज़्यादा जेल में थे। मेरा ऐसा हाल ज़्यादा दिनों तक नहीं रहेगा, ऐसा ही आश्वासन दिया सबों ने। लिखने को कहा। उन्होंने कहा कि लिखने से बड़ा आश्रय मेरे पास और कुछ नहीं। क्या यह मैं नहीं समझती! लिखने जाती हूँ तो पता नहीं क्या आकर मुझे उदास कर देता है। देखती रहती हूँ खिड़की के उस पार, दीर्घश्वास मुझे डुबोता रहता है।

आऊटलुक की शीला रेड्डी ने कहा, लेखकों, बुद्धिजीवियों ने मेरे समर्थन में

दस्तख़त किये हैं। यह भी बताया कि वृंदा करात नहीं करना चाहती थीं।

युनेस्को के गुडविल ऐम्बैसेडर मदनजीत सिंह ने ज्योति बसु को चिट्ठी लिखी, जिसके साथ उन्होंने टाइम्स ऑफ इंडिया के एक सम्पादकीय में मेरी लिखी हुई एक चिट्ठी को भी जोड़ दिया। मदनजीत सिंह की तुलना नहीं की जा सकती है। उनके साथ कभी ढंग से बातचीत भी नहीं हुई, फिर भी उन्होंने मेरे लिए आश्चर्यजनक काम किये हैं।

अरुण माहेश्वरी ने कहा, उनके सारे लेखक एकजुट होकर आन्दोलन कर रहे हैं।

कलकत्ता से कुछ दोस्त दिल्ली आकर अनशन पर बैठना चाहते हैं। सीधा मना कर दिया मैंने। यह सब करके कुछ फायदा नहीं होगा, वह मैं समझ चुकी हूँ। क्योंकि, इस सौ करोड़ की आबादी वाले देश में, अगर लाखों में लोग जुलूस निकालें तो शायद कुछ काम भी बने, वरना कौन परवाह करता है, दो-चार लोगों द्वारा किए गए अभियान व अनशन की।

मन अच्छा था, रात में खराब हो गया। देखा 'द स्टेट्समैन' में, कलकत्ता में बैठकर लिखे लेख 'निर्वासित बाहिरे अन्तरे–निर्वासित बाहर भी, अन्दर भी', का अनुवाद 'बैनिश्ड विदिन ऐंड विदआउट' छपा है, परन्तु लेख के अन्त में लिखी तारीख का उल्लेख नहीं है। तारीख हटाकर, यह कहकर छापा गया कि दिल्ली सरकार की करतूतों को देखकर, मैंने चिढ़कर उसे लिखा है। स्टेट्समैन की करतूत देखकर मैं चिढ़ गयी। तारीख लिखने से जाने क्यूँ उनको यह डर लगता है कि पाठक नहीं पढ़ेंगे, तो क्या इतिहास का कोई मूल्य नहीं? 'तुई निषिद्ध, तुई कथा कोईस ना– तुम निषिद्ध हो, तुम बात मत करो', मेरे विभिन्न समय में लिखे गये लेखों का संकलन है। हाल ही में प्रकाशित हुआ है। उसमें पहला लेख उन्नीस सौ तिरानवे का लिखा हुआ है और आख़री इस साल का है। बीच के सारे लेख विभिन्न समयों में, अपने देश की बातें याद करके या तो यूरोप में बैठकर या फिर कलकत्ते घूमने आने के वक़्त के लिखे हुए हैं। वर्ष का उल्लेख किए बिना प्रकाशक ने यह दिखाना चाहा कि सब इसी साल के लिखे हुए हैं। सिर्फ इतना ही नहीं, उसमें भाव ऐसा था जैसे कि मैंने कलकत्ता से निर्वासित होने के बाद, उन लेखों को बहुत रो-धोकर लिखा हो। घटनाचक्र की घनघोर घटाओं में घिरकर, दिल्ली में छिटक कर आ गिरी हूँ और यहीं से ही भेजी है, पांडुलिपि। यह सब पाठकों को ठगने के अलावा और क्या है? ऐसा झूठ मैं बिल्कुल भी बर्दाश्त नहीं कर पाती हूँ।

आसमान में एक बड़ा-सा गोल चाँद है। आज शायद पूर्णमासी है। पूर्णिमा होने से भी क्या! क्या मैं चाँदनी में भीगकर कहीं, किसी के साथ खुले मैदान में गीत गा सकती हूँ! खिड़की से अनमना-सा चाँद दिखता है। कितने दिनों के बाद देखा चाँद का चेहरा! मैं भी चाँद की ही तरह बिल्कुल अकेली हूँ। चारों तरफ घोर काला अँधेरा है। बस मैं और चाँद जगे रहते हैं, अकेले-अकेले।

## 25 दिसम्बर

उस घर में मेरे और सुयेनसन के अलावा अशेष और मूना को भी लाया गया। अशेष और मूना मुझसे मिलने कलकत्ता से आये हैं। वे एक छोटा सूटकेस भरकर मेरे कलकत्ता के घर से, मेरी कुछ जरूरी चीजें लाये हैं। जहाँ मैं हूँ, वहाँ कोई आ नहीं सकता है, इसीलिए इस तीसरी जगह में मुलाक़ात करके, प्रभु ने सूटकेस लेने की व्यवस्था की है। उन लोगों को होटल से लेने के बाद, किसी भूल-भुलैया का चक्कर लगवाकर यहाँ लाया गया है। जिस किसी को भी इस खुफिया जगह पर लाया जाता है, इसी तरह लाया जाता है। बीच में सूटकेस का मामला था इसलिए अशेष और मूना से मिलना हो पाया, प्रभु जिनसे साथ लियाजों रखे हुए हैं, उनकी सम्मति मिलने पर ही प्रभु मिलने की व्यवस्था कर सकते हैं, नहीं तो कुछ भी सम्भव नहीं। अकेले प्रभु को कोई भी निर्णय लेने का अधिकार नहीं है। यदि होता तो मुझे बहुत पहले ही कलकत्ता भेज चुके होते।

भारत सरकार द्वारा सुयेनसन को एक बड़ा क्रिसमस ट्री और उसे सजाने का सामान दिया गया। सरकार द्वारा दोपहर को बढ़िया खाने-पीने का इतंजाम भी किया गया, खाने के बाद चॉकलेट केक। यहाँ तक कि सुयेनसन को एक किताब भेंट की गई। मैंने इस सबकी व्यवस्था करने को नहीं कहा था, सिर्फ इतना ही कहा था कि सुयेनसन निश्चित ही 'बड़ा दिन' मेरे साथ बिताना चाहेंगे। सुयेनसन नास्तिक आदमी हैं। नास्तिक होने के बावजूद भी 'बड़ा दिन' का उत्सव खूब मनाते हैं। बिना वजह पेड़ सजाना और परस्पर को ये-वो उपहार देना धार्मिक उत्सव से भी ज़्यादा सामाजिक उत्सव है।

अशेष और मूना कुछ समय के बाद चले गये। उन्हें कलकत्ते की ट्रेन पकड़नी थी। मैं देखती रह गयी उनका जाना। मेरा भी तो घर है उस शहर में। सिर्फ मेरे ही लौटने का कोई उपाय नहीं। गधे, घोड़े, गाय, भैंस, चोर, डाकू, खूनी, आतंकवादी, सभी कलकत्ता लौट सकते हैं, सिवाय मेरे।

'बड़े दिन' का उपहार आया, टेलीविज़न। कलकत्ता से एक दोस्त ने फोन करके कहा कि ज्योति बसु ने मुझे कलकत्ता जाने के लिए स्वागतम कहा है। टेलीविजन के सब चैनेलों पर दिखा रहे हैं ज्योति बसु को यह कहते हुए। स्वागत तो कर रहे हैं मेरा, पर उसके बाद ही कह रहे हैं कि मेरी सुरक्षा का दायित्व केन्द्र का होगा। यह बात तो तब बहुत कुछ कम्युनिस्ट नेता बुद्धदेव भट्टाचार्य, विमान बसु, सीताराम येचुरी की बातों की तरह ही हुई। वे लोग भी बीच-बीच में बोलते रहते हैं कि सुरक्षा की जिम्मेदारी केन्द्र को लेनी होगी। वैसे ज्योति बसु के मुँह से 'स्वागतम' शब्द और 'सुना कि लड़की का मन खराब है' जैसे वाक्य मन को छू जाते हैं। जानती हूँ, इसके बाद की सारी बातें पूरी तरह से राजनैतिक हैं, केंद्र के

कंधों पे ज़िम्मदारी डाल देना है। 'द्विखंडितो किताब में मैंने जो भी लिखा है, मेरा उसे लिखना उचित नहीं था, उन बातों को कोई भी मुसलमान नहीं मान सकता है।' ऐसा ज्योति बसु ने कहा। यह बातें क्या किसी नास्तिक के मुँह से शोभा देती हैं! क्या बस हिन्दू, बौद्ध, ईसाई या यहूदियों का ही नास्तिक होना सही है, बस उनको ही अधिकार है धर्म को लेकर आलोचना करने का। मुसलमानों को नहीं है, क्यूँकि मुसलमान चरमपन्थी यह सब सह नहीं सकते हैं? पिछड़े हुए, किसी अन्धकार में डूबे समाज को केवल संस्कारों से रोशन नहीं किया जा सकता है, पहले आघात करके जगाना पड़ता है। वे चेतन नहीं हैं, अन्धकार में डूबे हुए हैं, इस बात की भी खबर उन्हें कैसे होगी! और सच बात तो यह है कि मुसलमान समाज को रोशन करने के लिए मैं कोई लिखा-लिखी नहीं करती। मैं तो लिखती हूँ अपनी मन की बातें, विश्वास की बातें। लिखते समय कोई भी सम्प्रदाय या लिंग भावना मुझे नहीं जकड़ती है। मैं मनुष्य को मनुष्य के रूप में ही देखती हूँ, मनुष्यों को सम्प्रदायों में नहीं बाँटती। खुद धर्ममुक्त, सम्प्रदायमुक्त, संस्कारमुक्त होने पर ही, सबको समान नजरों से देख पाना सम्भव है।

शाम को तीसरे घर में प्रभु लौटे। प्रभु का लौटना मतलब विदा होने की घंटी का बजना था। अब मुझे वापस लौट जाना होगा फिर उसी घर में, लोगों की नजरों से ओझल होकर, जिस घर में रहने का कारण सुरक्षा नहीं, राजनीति है। जिस राजनीति को मैं समझ सकती हूँ, पर मान नहीं सकती। सारे रास्ते प्रभु एक ही तथ्य पेश करते रहे, मेरे साथ यू टी वी के राम मीरचंदानी की मुलाकात नहीं हो पाएगी। यू टी वी मेरे ऊपर फिल्म बनाना चाहता है। उसके मालिक मुझसे बात करने के लिए मिलना चाहते हैं। मिलने के लिए प्रभु को आवेदन दिया था, जिसे नकार दिया गया। किसने मना किया, प्रभु ने भी नहीं बताया, मैंने भी नहीं जानना चाहा। प्रभु ने कहा था कि मेरे आवेदन-निवेदन वह यथास्थान पहुँचा देते हैं और वहाँ से जो आदेश मिलता है, उसका ही वह सर झुकाकर पालन करते हैं।

प्रभु बिना विदा लिए ही चले गये। ऐसा कभी भी नहीं होता है। उनके गुस्से की वजह मैं समझ रही हूँ, क्यूँ मैंने ज्योति बसु के वक्तव्य के जवाब में टीवी पर अपने विचार व्यक्त किये। बहुत सारे संवाददाताओं के फोन बजे ही जा रहे थे, एक पहचान के रिपोर्टर को बस कहा, 'ज्योति बाबू की बातों को सुनकर बहुत अच्छा लग रहा है, आशा है कि एक दिन लोगों में सद्बुद्धि का उदय होगा, एक दिन मैं भी लौट पाऊँगी, अपने प्रिय शहर में।' इतनी बात भी क्यूँ नहीं बोलूँगी मैं! ज्योति बाबू मुझसे स्नेह करते हैं, उनके स्वागतम कहने पर भी मुझे क्यूँ अपना मुँह बन्द रखना पड़ेगा, मैं क्यूँ अपनी इच्छाओं का मुँह खोलकर इजहार नहीं कर सकती! प्रभु का कड़ा आदेश एवं अनुरोध था, प्रेस खराब है, उनकी पीढ़ी-दर-पीढ़ी खराब हैं, प्रेस वालों के साथ फोन पर बात मत करना। प्रभु का आदेश मैं पहले दिन से ही मान कर चल रही थी।

धीरे-धीरे जितना प्रभु को देख रही हूँ, उतना ही जान रही हूँ कि प्रभु व प्रभु के ऊपर वाले, कोई भी देवता नहीं है।

### 27 दिसम्बर

शाम को प्रभु के साथ बैठ कर बात कर रही थी। टेलीविज़न के 'टाइम्स नाउ' चैनेल की हेडलाइन्स में प्रणव मुखर्जी का मन्तव्य दिखा रहे थे, किसी को भी सुरक्षा देना राज़्य का दायित्व है, परन्तु राज्य अगर इस बाबत बढ़ती सुरक्षा के लिए केन्द्र को कहता है, तो केन्द्र सहर्ष उसकी व्यवस्था करेगा। इस खबर के बीच अचानक रावलपिंडी में बेनज़ीर की निर्वाचन सभा में बम हमले की खबर देखी। टेलीविजन पर मेरी आँखें जमी हुई हैं। कुछ लोग मरे पड़े हुए हैं, किसी का पैर नहीं है, किसी का भेजा उड़ गया है, लोगों की भागम-भाग, वे चीख रहे हैं, रो रहे हैं। कितना भयंकर! कितना वीभत्स दृश्य है! नीचे के स्ट्रिप्स पर देख रही हूँ, बेनज़ीर सेफ़। इसके एक मिनट के बाद बेनज़ीर इनज्यर्ड, इसके और थोड़ी देर बाद बेनज़ीर अन्कॉन्शयस। उसके आधे मिनट के बाद एक विशाल ब्रेकिंग न्यूज, बेनजीर डेड। स्तब्ध हो गयी। सिर्फ एक अस्फुट उच्चारण, यह क्या! यह क्या कांड है! क्या सच है यह! क्या ऐसा हो सकता है!

हाँ हो सकता है। पाकिस्तान नाम के देश में सब कुछ हो सकता है। आतंक फैलाने एवं आतंकवादी तैयार करने में इससे ज़्यादा चमत्कारी देश इस दुनिया में और कोई नहीं है। डर है कि उस देश के किसी पागल को अगर परमाणु बम का पता लग जाए तो! दुनिया को पलक झपकते ही राख बनाकर उड़ा देगा।

बेनज़ीर ने इसी महीने मुझे दो चिट्ठियाँ लिखी थीं। पहली चिट्ठी का जवाब मैंने बहुत दिनों के बाद दिया था। थोड़ा-सा सन्देह था। क्या सच में ही बेनज़ीर भुट्टो ने मुझे खत लिखा है। इतनी मसरूफियत के बीच क्यूँ वह मुझ जैसी, एक ग़ैर राजनीतिक इंसान को चिट्ठियाँ लिख रही हैं! मुझे समर्थन देने का मतलब तो उनका 'मुस्लिम वोट' न पाना है। मेरी ऐसी ही एक संज्ञा तो इस उपमहादेश के गुप्त शब्दकोश में दर्ज है। यह खबर अगर लोगों को मालूम हो जाए, तो उनकी ही मुश्किलें बढ़ जाएँगी। जिन्दगी में किसी भी राजनैतिक व्यक्तित्व से कभी कोई चिट्ठी-विट्ठी नहीं मिली। यही पहली है। फिर भी हॉटमेल की ई-मेल आईडी देख मन में तो एक खटका लगा ही हुआ है, हो सकता है बेनज़ीर नहीं, कोई और मजा लेने के लिए या किसी गलत मकसद से चिट्ठी लिख रहा है। जिस प्रभु को मैं सब बातें बताती हूँ, इसके बारे में पर कुछ नहीं बताया। क्या कर रही हूँ, क्या सोच रही हूँ, कुछ भी। पहली चिट्ठी मिलने के काफी दिनों के बाद मैंने एक चिट्ठी भेजी बेनज़ीर को। सीधा सा धन्यवाद पत्र। चिट्ठी भेजने के दो दिनों के अन्दर ही उनका दूसरा पत्र आ गया। दूसरे खत का कोई जवाब नहीं दिया मैंने। क्यूँकि किसी बड़े राजनैतिक दल का हॉटमेल से कोई पत्र

आएगा, बहुत सोचने पर भी, मान नहीं सकी। अगर कष्ट करके हॉटमेल को मान भी लूँ, तो भी 'सोनिया' शब्द को नहीं माना जा सकता है। वह एक नेत्री हैं, एक नेत्री किसी दूसरी नेत्री को मिसेज सोनिया गाँधी अथवा सोनिया गाँधी न सम्बोधित कर, सिर्फ सोनिया कहकर सम्बोधित नहीं करेंगी। कहीं कोई गड़बड़ है। निश्चित ही यह चिट्ठी बेनज़ीर की भेजी हुई नहीं है, जरूर कोई मज़ाक कर रहा है, पर किसको ऐसा मज़ाक करने की पड़ी है! क्या फायदा ऐसे मज़ाक करने से! सोनिया गाँधी को सोनिया कहने के अपराध में, मेरी तरफ से उनकी दूसरी चिट्ठी का कोई जवाब नहीं मिला बेनजीर को।

यही वह चिट्ठियाँ हैं, जिनको पढ़कर एक बार को लगेगा कि हाँ, बेनज़ीर ने ही लिखी हैं। फिर लगेगा कि नहीं उनकी लिखी हुई नहीं हैं। हो सकता है उनकी ही लिखी हुई हों। बस आठ-नौ दिन पहले भेजी है। हो सकता है कि दूसरे पत्र का जवाब न देकर मैंने गलती ही की है। नहीं चिट्ठी बड़ी बात नहीं। एक जीती-जागती इंसान थोड़ी देर पहले आतंकवादियों के विरुद्ध भाषण देकर, मंच से उतरकर गाड़ी में चढ़ी, गाड़ी के जरा सा आगे बढ़ते ही उसपर गोली चलाई गयी और उसका खून कर दिया गया। आत्मघाती बम विस्फोट हुआ। पर आतंकवादी उनकी गाड़ी के इतने पास तक आ पाये! पाकिस्तान के राष्ट्रपति, परवेज़ मुशर्रफ़ के लिए जिस तरह की कड़ी सुरक्षा का इन्तजाम है, वैसा बेनज़ीर के लिए नहीं था।

पहली चिट्ठी–

Dear Ms. Taslima Nasreen,

I have been impressed by your courage and determination in the face of such backwardness and fundamentalism. I was not able to contact you before due to my pressing engagements at home. I would extend my unflinching support to you. I have contacted Sonia and have urged her to provide you with all legal avenues of protection. I was saddened to know that you had to make amends in your book. Your prose and poetry have been an integral part of my collection and I would like it to bloom further with fresh and bold ideas like yours. Keep up the struggle but please remember that some times discretion is the better part of valor.

With warm regards.

Benazir Bhutto

Chairperson - Pakistan Peoples Party

दूसरा ख़त–

Dear Ms Taslima Nasreen,

I am so glad that you arefine. I know what it is like to live under the puritanical yoke of our backward looking societies. It is like trying to find fresh oxyg in a room filled with smoke. I hope you reach a safe and functional destination soon. I am sure Sonia will chalk out something for your safety. Congress shot enhance its liberal image by extending all support to you.

Remember dear, home is where your human soul finds resonance. Wishing you all the best.

Sincere regards
Benazir Bhutto
Chairperson - Pakistan Peoples Party

सुना है कि ज़रदारी एक बेकार आदमी है। बहुत से बोलते हैं कि बेनजीर जैसी एक शिक्षित महिला, ज़रदारी जैसे एक चोर और निकम्मे आदमी के साथ कैसे शादी कर सकती है। ठीक इसी तरह मैंने भी शादी की थी एक बेकार और बदमाश से। भूल तो कोई भी कर सकता है। बेनज़ीर और मुझमें ये फर्क है कि मैंने उस अकर्मण्य को तलाक़ दे दिया था, बेनज़ीर ने नहीं दिया और भी एक बड़ा फर्क है, बेनजीर ने वोटों के लिए कट्टरपंथियों के साथ समझौता किया, मैंने किसी स्वार्थ या किसी भी और कारण से चरमपंथियों के साथ कोई समझौता नहीं किया।

**28 दिसम्बर**

'निर्भीक, सत्यनिष्ठ, विश्व विख्यात बंगाली लेखिका तसलीमा नसरीन आजकल दिल्ली में वस्तुतः निस्संग गृहबन्दी हैं। जबकि उनकी अनेक रचनाएँ विभिन्न भारतीय भाषाओं एवं पश्चिम की अधिकांश प्रधान भाषाओं में अनूदित होकर प्रकाशित हुई हैं, उनकी मातृभाषा बंगाली है एवं उसी भाषा की वह एक असामान्य और शक्तिशाली लेखिका हैं। उनके साहसी सत्यकथन के लिए वह बंग्लादेश से निर्वासित हैं। तसलीमा, शिल्प के लिए शिल्प है, इस तत्त्व की शिल्पी नहीं हैं। वह समाज और संस्कृति में व्यापक परिवर्तन चाहती हैं–और दोनों ही क्षेत्रों में चाहती हैं स्वाधीनता, साम्य, न्याय, सतता और प्रतिष्ठा। भाषा उनके निपुण हाथों में वह यंत्र है, जिसका वह प्रयोग करती हैं मनुष्य द्वारा बनायी गयी बेड़ियों को तोड़ने के लिए, उस महत् प्रयास में अत्याचारियों की चेतना में उत्साह के उद्दीपन के लिए'।– **शिवनारायन राय**

आखिर में, पत्रिकाओं में बुद्धिजीवियों के वक्तव्य को छापा गया। शीला रेड्डी ने यह वक्तव्य, जिसे उन्होंने विभिन्न समय में लिखा था, विशेषकर मेरे बहुत ख़राब समय में मैंने जो बातें उन्हें बताई थीं, उनको ही सजाकर लिख दिया। पढ़कर मैं सचमुच बहुत आहत हुई। क्या इसी वजह से शीला ने एक बार भी अपना वक्तव्य मुझे

पढ़कर नहीं सुनाया? सुनाने पर मैं आपत्ति करूँगी इसीलिए! उस पर दस्तख़त किया खुशवंत सिंह, अरुन्धति रॉय, श्याम बेनेगल, गिरीश कर्नाड, एम. ए. बेबी, और आउटलुक के सम्पादक विनोद मेहता ने। ये कितने हुए! शीला ने तो कहा था कि बहुत से बुद्धिजीवी दस्तख़त करने वाले हैं। उन लोगों को अपनी बात कहनी चाहिए थी। मुझे अपने अभियोगों का उल्लेख कर, बयान तैयार करवाना, ऐसा महसूस हो रहा है जैसे, मेरा मुक्त चिन्तन या मत प्रकाश करने के अधिकार को चाहना, मेरा व्यक्तिगत मामला है। मैंने अभियोग, बयान में व्यवहार करने के लिए नहीं लगाया था। सरकार के विरुद्ध आक्षेप करने की वजह से अगर मेरे ऊपर अभी बुल्डोजर चल जाए, तो क्या कोई मुझे बचाएगा! इन्हीं सब वजहों से मन खराब है।

बेनज़ीर की मौत अभी भी मेरी आँखों के सामने है। अल-क़ायदा ने आज बता दिया कि उन्होंने बेनज़ीर को मारा है। क्या इसी तरह मुझे भी किसी दिन मार देंगे, अल-कायदा के लोग? जब बंग्लादेश में थी, तब अल-क़ायदा ख्यात, या कुख्यात कुछ भी नहीं हुआ था, ओसामा-बिन-लादेन भी कोई पहचाना नाम नहीं था उसी समय लिखा गया था कि ओसामा-बिन-लादेन और अफगानिस्तान से जंगी ट्रेनिंग लेकर आये बंग्लादेशी तालिबान भी मेरी मौत चाहते हैं। उसके बाद तरह-तरह के वजहों से ओसामा विख्यात व कुख्यात हो गया। मुझे भूलकर या मुझसे भी बड़ा टार्गेट पाकर, मुझको बचा दिया। ठीक उसी समय बंग्लादेश में, हरकतुल जिहादी उभर रहे थे, उठते ही मेरी फाँसी की माँग करने लगे। उनका अब विश्व बाजार में हुजी नाम है। हुजी अब एक बड़ा संत्रासी दल है। सिर्फ बंग्लादेश में ही नहीं, भारत में भी समय-समय पर बम फोड़ता रहता है। बहुत से निरीह लोगों को बिना सोचे मार कर चला जाता है।

क्या मुझे सचमुच ही कोई भी इस्लामी आतंकवादी दल मार देगा। विश्वास नहीं आता, पर अगले ही पल लगता है कि सीना गोलियों से छलनी हो गया है, लगता है छिन्न-भिन्न हो गयी हूँ किसी आत्मघाती बम के हमले से। हो सकता है ऐसे ही मरना पड़े मुझे। पर इस डर से चूहे की तरह बिल में छुपकर क्यूँ रहना होगा मुझको? एक दिन मरूँगी इसलिए क्या जिऊँ नहीं?

रात में टीपू सुल्तान मस्जिद के इमाम के वक्तव्य को नेट पर पढ़ा। प्रेस कॉन्फ्रेंस की थी इमाम ने। इमाम का वक्तव्य है, मेरे कलकत्ता वापस जाने पर आग जलेगी, पुलिस के पास इतनी बुलेट्स नहीं हैं कि उन्हें खत्म कर सकें, इतना बड़ा जेल नहीं है कि इतने मुसलमान भर सकें। ज्योति बसु का वक्तव्य उन्हें पसन्द नहीं आया। सारी बात यही है वे मुझे कलकत्ता में नहीं चाहते हैं। मेरे 'द्विखंडितो' से कुछ पन्ने निकाल देने से ही सब खत्म नहीं हुआ। माफ़ी माँगनी होगी मुझे, इतने दिनों तक जितनी इस्लाम विरोधी बातें लिखी हैं, उनके लिए। उसके बाद क़लमा पढ़कर मुसलमान बनना पड़ेगा। ऑल इंडिया माइनॉरिटी कमिटी के इदरीस अली भी भिड़

गये हैं, दल में। खूँखार ढंग से बता दिया है कि सड़कों पर मुसलमानों की बाढ़ उतर आएगी मेरे कलकत्ता लौटने पर।

किस देश में वास कर रही हूँ मैं? क्या यह पाकिस्तान है, या फिर बंग्लादेश!

इन मुल्लाओं को सीपीएम और कांग्रेस के नेता, चाहने पर क्या सँभाल नहीं सकते थे। सुना है कि इमाम सीपीएम का दलाल है और इदरीस अली कांग्रेस का। इनकी बचकानी उग्रता के लिए, क्या किसी भी पार्टी द्वारा इन्हें धमकाया गया है। कोई तो इन्हें कुछ भी नहीं बोल रहा है। सुनने में आया है कि कुछ लोग कह रहे हैं, वैसे कहीं पढ़ा भी है कि इन लोगों से इस वज़ह से दंगा-हंगामा करवाया जा रहा है, जिससे इनकी धमकियों से मैं कलकत्ता वापस न जाऊँ। इससे मुस्लिम वोटों को खोने का ख़तरा भी नहीं रह जाएगा।

जिस इदरीस अली को 21 नवम्बर की कीर्ति के लिए कांग्रेस ने बहिष्कार कर दिया था, उसी कुख्यात इदरीस अली को देखने कांग्रेस के नेता जेल में गये। कांग्रेस ने उसे वापस तो ले ही लिया, बदस्तूर स्वागत भी किया। अगर यही हाल है, अगर इतनी अनावश्यक रियायत इदरीस अली को दे दी जाए, जो मर्जी वही करने की छूट अगर हो, तब क्यूँ नहीं देगा वह धमकी!

**29 दिसम्बर**

क्या करते हुए पूरा दिन बीता? नहीं कुछ भी नहीं। मैं अपनी इस हालत को हाउज़ अरेस्ट नहीं कहती। इसीलिए नहीं कहती, क्यूँकि हाउस अरेस्ट होने पर लोग आ सकते थे, मुझसे मिलने। हाउस अरेस्ट होने से देश से बाहर नहीं जाने दिया जाता है, पर मैं देश से बाहर जाना चाहूँ तो ये लोग खुशी से कूद कर मुझे हवाई अड्डे ले जाकर, हवाई जहाज़ की सबसे अच्छी सीट पर बिठा कर आएँगे।

इसको मैं जेलखाना भी नहीं कहती। नहीं कहती क्यूँकि जेलखाने में विजिटिंग आवर्स होते हैं। यहाँ नहीं हैं। जेलखाने का पता होता है, मेरा कोई पता नहीं है। जेल में जो बंद हैं उन्हें पता है कि कितने दिनों के लिए उन्हें जेल हुई है। उन्हें पता है कि वे कब निकलेंगे। मुझे नहीं पता कि मैं कब आजाद होऊँगी।

ऐसी जगह, तथाकथित 'सेफ़ हाउस' में बड़े क्रिमिनल्स को रखा जाता है। जासूस लातें मारकर, नोच-खसोटकर, मुक्के मार, बाल नोचकर, बदन पर गरम पानी डाल, अपराधियों के पेट से बातें उगलवाते हैं। पर एक लम्बे अर्से से किसी को ऐसे रखा नहीं गया है। मुझे ही रखा है। मैं क्रिमिनल नहीं हूँ, मेरे पेट में कोई गुप्त बात नहीं है, जिसे कुरेद कर निकाला जा सके। जब भी मुझसे पूछा जाता है कि किसने फोन किया था, क्या बात हुई, कहाँ क्या हो रहा है मुझको लेकर, मेरे मन में क्या चल रहा है, मैं क्या सोच रही हूँ, क्या नहीं। मैं प्रभु को सब बोल देती हूँ।

फोन टैप करने का मामला मुझे समझ में नहीं आता है, पर कुछ दोस्तों ने बिना किसी प्रमाण और दुविधा के कहा कि मेरा फोन टैप होता है। उनके बोलने के बाद मैंने समझने की कोशिश की, यह फोन टैपिंग का मामला क्या है। काफी दिनों के बाद समझ में आया कि उनके दिए हुए फोन पर जब कोई फोन करता है तो आवाज बहुत धीरे सुनाई पड़ती है। पर प्रभु के बात करने पर उतनी धीरे नहीं सुनाई पड़ती है। मुझे नहीं पता कि टैप किये जाने वाले फोन का सिस्टम क्या ऐसा ही होता है!

मैं नजरबन्द हूँ या गृहबन्दी। ऊपर वालों ने कहा है कि मैं घरबन्द नहीं हूँ। कोई तो आके देख नहीं सकता है, मेरे कैद का तरीका। कोई भी नहीं आ सकेगा मेरी परिसीमा में। कोई भी किसी दिन नहीं जान पाएगा, कैसी हूँ या किस तरह हूँ मैं। अकेली ही सड़ कर मरूँगी, यहाँ। किसी को भी मैं समझा नहीं सकती कि मेरे ऊपर पाबन्दी किस वजह से है और किस तरह की है। क्या मैं खुद भी बहुत समझती हूँ! मेनस्ट्रीम पत्रिका के सम्पादक सुमित चक्रवर्ती, शीला रेड्डी व कुछ और लोग मुझे नियमित रूप से फोन करते हैं। ये लोग बहुत कुछ, मुझसे कहीं ज़्यादा समझते हैं। शीला रेड्डी से एक बार जानना चाहा था कि कलकत्ता न जाने देकर, यहाँ क्यूँ रखा हुआ है मुझे। उन्होंने कहा, तुम्हारे ऊपर इतना मानसिक अत्याचार करेंगे जिससे तुम बाध्य होकर इस देश को छोड़कर चली जाओ।

'पर संसद में तो कहा गया है कि अतिथि को रहने दिया जाएगा, यह भारत की संस्कृति है!' मेरा स्वर टूटा हुआ है, 'मैंने तो कोई गलती नहीं की!'

'गलती तो की है तुमने।'

'क्या गलती?'

'कट्टरपंथियों को भड़काया है, यही दोष है।'

शीला रेड्डी रहस्यमयी हँसी हँसती हैं।

क्या जरूरत है! इतना मानसिक कष्ट देने की! खींच-घसीटकर हवाई अड्डे पर फेंक आने से ही हो सकता है। चले जाने पर बाध्य हो ही जाऊँगी और अगर आने वाली फरवरी में वीज़ा नहीं बढ़ाएँ, तब तो चले ही जाना होगा मुझे।

जिस सिगरेट को चार साल पहले छोड़ दिया था, उसी को मँगवाने का इन्तजाम किया। मँगवाने का इन्तजाम करने का मतलब है कि प्रभु के अफसरों में से, किसी एक से अपनी इच्छा जाहिर करूँगी, जो आदमी खाना देने आता है, वह उसे पैसे दे देंगे। जब वह आदमी खाना देने आएगा, तब सिगरेट लेता आएगा। पिछले चार सालों से, जिस सिगरेट की गन्ध तक नहीं सह पा रही थी, आज वही सिगरेट। जीवन अर्थहीन लग रहा है। जिन्दगी खत्म होती जा रही है। सिगरेट क्या मेरा दुख कम कर देगा? अगर कर ही दे, देखूँ तो! सिगरेट मँगवाई है, इस घटना को भी ऊपर ऑफिसरों को बताना पड़ेगा। मेरी हर पल की गतिविधि, बातचीत, कौमा, खड़ी दंडी, सबकुछ बताना पड़ता है। कुछ

भी यहाँ प्रभु के अफसरों से छुप कर नहीं हो सकता है, जो कुछ भी करना हो, उनके सामने ही करना होगा। वे बस मेरी भावनाओं को न तो देख सकते हैं, न सूँघ सकते हैं, न स्पर्श कर सकते हैं, न अनुमान कर सकते हैं, न ही दस्तावेजों में दर्ज कर सकते हैं।

यहाँ पर उन लोगों की चौबीस घंटे की ड्यूटी है। मेरे कमरे के बगल वाले कमरों में रहते हैं। एक दल आ जाने पर दूसरे दिन दूसरा चला जाता है, जो दूसरे दिन आते हैं वे उसके अगले दिन चले जाते हैं। किसी की दिन में ड्यूटी है तो किसी की रात में। प्रायः सबों का ही मेरे साथ बहुत अच्छा सम्बन्ध बन जाता है। सब बहुत आत्मीय, सहानुभूतिशील, नम्र और भद्र हैं। सब मेरी तरह इंसान ही तो हैं। मैं उनके जीवन की सुख-दुख की कहानी जान सकती हूँ सिवा इसके कि वे क्या नौकरी करते हैं, किस पद पर हैं, उनके नाम की पदवी क्या है।

आज फिर ज़ार-ज़ार रोयी। रो-धोकर शान्त हुई, तो गफ़्फ़ार चौधरी को फोन किया।

उनको कहा कि देश (बंग्लादेश) की सरकार में किसी के साथ भी परिचय रहने पर, वह मेरी तरफ से उन्हें कहें कि मुझे जैसे भी हो वापस जाने दिया जाए। जिस किसी भी शर्त पर मैं अपने देश लौट जाना चाहती हूँ। हाथों के सामने है मेरा अपना देश, जिस देश में मेरा जन्म हुआ है, बड़ी हुई हूँ, जिस देश में मेरे माता-पिता, मेरे नाते-रिश्तेदार हैं, जिस देश में मेरा बचपन-यौवन बीता है, जिसकी स्मृतियाँ हैं मेरे साथ, क्या उस देश में मुझे जाने का अधिकार नहीं है? क्यूँ नहीं है? और कितने दिनों तक इस तरह, इस देश-उस देश घूमती रहूँगी? मुझे अब लौटने दो। गफ़्फ़ार चौधरी ने कोई भी उम्मीद जगाने वाली बात नहीं कही।

यह कारावास का जीवन और मुझसे सहन नहीं हो रहा है। मेरे लिए अब और सम्भव नहीं है यहाँ रहना। फोन टैप होता है। न जाने कौन लोग कान लगाकर सुनते हैं मेरी बात! सुनके निश्चित ही मन ही मन खुश होते होंगे कि मैं रो रही हूँ, निश्चित ही जानकर खुश होते होंगे कि मैं यह देश छोड़कर चली जाना चाहती हूँ। दिल नाम की कोई चीज नहीं है किसी के पास? क्यूँ नहीं है? किसी में, एक असहाय मनुष्य के लिए सामान्य-सी भी करुणा नहीं है?

मैं टूटती जाती हूँ। मेरे सपनें, इच्छाएँ सब टूटते जाते हैं। पाँव के नीचे की जमीन खिसकती जा रही है। कहाँ जाऊँगी? अपना देश और भारतवर्ष को छोड़, मेरे लिए खड़े होने के लिए, और कोई जमीन भी नहीं है।

शंख घोष से बात की। रोना नहीं रोक पा रही थी। मैं क्यूँ इतना रो रही हूँ? इतना तो कभी नहीं रोयी थी! माँ की तबियत खराब होने की खबर पाकर कुछ दिन रोयी थी। वही मेरा आख़री रोना था। शंख घोष ने भी कोई उम्मीद नहीं दी।

बहुत दिनों के बाद पाचू ने फोन किया। कहा, मुझे जिस तरह रखा गया है, बाहर

कोई भी नहीं जानता है इस बात को। सब सोच रहे हैं कि मैं अच्छी हूँ। मैं किस तरह रह रही हूँ, कितनी पराधीनता की बेड़ियाँ मेरे शरीर से, मेरे पैरों से लिपटी हुई हैं, इसकी कल्पना भी नहीं है, किसी को।

पाचू ने कहा, यह बर्बरता छोड़कर और कुछ नहीं है। कहा, तुम राष्ट्रीय आतंकवाद का शिकार हो, कट्टरपन्थ का नहीं।

कैसा अजीब-सा डर लगता रहता है मुझे। चरमपन्थी अगर नहीं चीखते तो राष्ट्र का कोई भी मुझको लेकर सर नहीं खपाता। ऊपरवाले अगर चाहें तो कट्टरपंथियों को सजा देने की व्यवस्था कर सकते हैं, और अगर चाहें तो उनको प्रसन्न या सन्तुष्ट भी कर सकते हैं। उनके साथ ऐसा करने से वैसे नुकसान तो मेरा ही है। मेरा अब तक जो नुकसान किया है, वह कट्टरपंथियों नहीं किया है, बल्कि राष्ट्र के लोगों ने मुझ बेघर, समाजहीन, स्वजनहीन और बंधुहीन किया है। राष्ट्र के लोगों ने ही मुझे राष्ट्र से बहिष्कृत किया है, सुरक्षाविहीन कर तड़पाया है, फेंक दिया है शून्य में, महाशून्य में।

मुझे नहीं पता मौलवादियों एवं मौलवादियों को प्रसन्न करने वालों के अत्याचार में क्या सचमुच कुछ फर्क है!

### 30 दिसम्बर

'तसलीमा को सुझाव दिया जा रहा है कि वे सतर्क हो जाएँ, किसी को आघात देकर बात न करें। पर यह सद् परामर्श सिर्फ तसलीमा को दिया जा रहा है, मौलवादी नेताओं को क्यूँ नहीं दिया जा रहा है? इस पक्षपात का दूर तक, यहाँ तक कि नजदीकी परिणाम भी भयंकर ही है। प्रचलित धारणाओं के विरुद्ध जो लोग आवाज उठाते हैं, उनकी बातों से कुछ लोग अनिवार्य रुप से आहत होते हैं। पृथ्वी सूर्य के चारों ओर घूम रही है, इस बात ने एक दिन यूरोप के कुछ धर्मविश्वासी लोगों को आघात पहुँचाया था। सभी नयी धारणाएँ कुछ मनुष्यों को आहत करती हैं। तसलीमा ने अपने मानवीय परिचय को साम्प्रदायिक परिचय से ऊपर उठकर निर्द्वन्द्व भाव से स्थापित किया है, इस साहसिक आत्मविश्वास की बजह से आज वह विशेष रूप से श्रद्धा के योग्य हैं। उनके लिए उदार आतिथ्य के आसन की रक्षा की जानी चाहिए।'— **अम्लान दत्त**

मैं जिस तरह जिन्दा हूँ, उस तरह जिन्दा रहने को जिन्दा रहना नहीं कहते हैं। कोई अन्याय नहीं किया मैंने। फिर भी कलकत्ता में मुझे अपने ही घर में गृहबन्दी बना के रखा गया। चार महीने के लम्बे समय तक मुझे घर से नहीं निकलने दिया। सिर्फ इतना ही नहीं, बार-बार ही सरकार की ओर से मुझे बोला गया, या तो देश या फिर राज्य छोड़कर चले जाने को। मैं मिट्टी को दाँत गड़ाए पकड़े रही। मेरे प्रिय शहर कलकत्ता को छोड़कर, इतने लम्बे समय से सजाई अपनी गृहस्थी को छोड़कर, अपने

घर को छोड़कर, कहीं भी नहीं गयी। नहीं गयी क्यूँकि जान का कोई कारण नजर नहीं आया। मैंने विश्वास नहीं किया कि मेरी वजह से शहर में दंगा होगा या मेरी वजह से शहर में लोग मरेंगे। मैं जानती हूँ, इसी शहर में मैं अपने आपको सबसे ज़्यादा सुरक्षित महसूस करती हूँ। इस शहर में, बिना सुरक्षाकर्मियों के मैं दिनोंदिन निश्चिन्त, निर्विघ्न घूमती-फिरती रही हूँ। किसी भी दिन कोई भी उग्रवादी सामने नहीं आया, जो भी पास आया, प्यार से आया। दो-एक मुसलमान नेता मेरे खिलाफ, बीच-बीच में बोलते रहे हैं, उनका राजनैतिक उद्देश्य रहा है, इसीलिए। वे जब साधारण लोगों को उकसाते हैं, किसी धार्मिक अनुभूति के तहत नहीं, उनका उद्देश्य पूरी तरह से राजनैतिक होता है। 21 नवम्बर के हंगामे का, मुझे विश्वास है, मेरे लिखने से कोई सम्बन्ध नहीं। यदि सम्बन्ध होता तो 'द्विखंडितो' से विवादित अंश निकाल देने के बाद मैं कलकत्ता लौट सकती थी।

मैं निश्चित हूँ कि 21 नवम्बर को जो लड़के सड़कों पर उतरे थे, उनमें से किसी ने भी मेरा लिखा नहीं पढ़ा है। जिस घृणा व क्रोध से उन्होंने पुलिस की ओर पत्थर फेंके, वो घृणा व क्रोध किन्हीं और कारणों से था, मैं कलकत्ता में रहती हूँ, इस वजह से नहीं। जो उत्तेजना उनके अन्दर थी, वह आरोपित थी।

देश, या राज्य से मुझे निकालने का षड्यन्त्र, जो बहुत समय से चल रहा था, उसे 22 नवम्बर को येनकेन प्रकारेण सफल बनाया गया, पर मैंने क्या गुनाह किया है? कौन सी गलती की जिस वजह से मुझे कलकत्ता में घर में कैद रहना पड़ा, किस गलती के कारण मुझे कलकत्ता से निकाल दिया गया और किस गलती की सजा में मुझे चरम अनिश्चितता, हताशा और शून्यता के साथ दिल्ली में पड़े रहना पड़ रहा है, बिना पते के किसी घर में, जहाँ से मुझे बाहर जाने का कोई अधिकार नहीं है! जिस घर में मेरा कोई रिश्तेदार या दोस्त कभी भी, किसी भी दिन नहीं आ सकेगा! किस जुर्म में मुझे इस दमघोंटू माहौल में फेंक रखा है? क्या किया है मैंने? केन्द्र सरकार ने कहा है, मुझे सुरक्षा दी गयी है, पर क्या सुरक्षा इसी को कहते हैं? इस तरह कैद करके, मुझे क्या सुरक्षा दी गयी है, या सुरक्षा किसी और को दी गयी है? जेल में भी विजिटिंग आवर्स होते हैं, मेरे यहाँ पर नहीं हैं। जेल के कैदी भी जानते हैं, वे कब छूटेंगे। मुझे नहीं पता कब इस दुस्सह अकेलेपन से, भयावह अनिश्चयता से, मृत्यु जैसी निस्तब्धता से मेरी मुक्ति होगी। कलकत्ता में गृहबन्दी करने के पीछे उद्देश्य था कि मैं देश या राज्य छोड़कर कहीं चली जाऊँ, और दिल्ली में इस बिना पते के घर में, इस तरह अनिश्चित समय के लिए मुझे बन्द रखने का कारण क्या यह है कि छटपटाकर इस देश को छोड़कर कहीं चली जाऊँ? यदि यह नहीं है तो फिर क्यूँ मुझे पराधीनता की ज़ंजीरों में बाँध के रखा गया है? किन वजहों से, हजारों बार मिन्नतें करने के बावजूद भी मुझे कलकत्ता नहीं जाने दिया जा रहा है? किस वजह से मुझे दिल्ली में स्वाभाविक और सामाजिक जीवन जीने से वंचित रखा जा रहा है!

नहीं, दिल्ली में कहीं भी मेरे विरोध में कोई भी सभा नहीं हुई, न ही कोई जुलूस निकला है। मेरी जिन्दगी पर भी कोई धमकी नहीं है, बल्कि व्यवहारशील समाज के सच्चे सेक्युलर, सचेतन लोगों ने मेरे ही पक्ष में सभाएँ की हैं, जुलूस निकाले हैं, बुद्धिजीवियों ने लिखा है, लिख रहे हैं। इन सबके बाद भी, क्यूँ मुझे कैद में जीवन काटना पड़ रहा है? अगर कोई धमकी देता है, तब सुरक्षा की व्यवस्था करनी चाहिए? जैसा कि इस देश में बहुत से लोगों के लिए सुरक्षा की व्यवस्था है। (विदेश में, हर देश में ही मुझे सुरक्षा दी जाती है, उन सब देशों की मैं नागरिक नहीं हूँ, तब भी। भारत भी तो जातिसंघ या राष्ट्रपुंज का ही एक देश है।) क्या कोई अपना जीवन यापन रोक कर बैठा हुआ है? मुझे क्यूँ रुक जाना होगा? क्या युक्ति है इसके पीछे?

ऐसा नहीं है कि अब तक मुझसे किसी भी नहीं मिलने दिया गया। मिलने दिया गया, पर जिस तरीके से मिलने दिया गया, वह भयंकर था। सम्भवतः फाँसी की सजा हुए कैदी या किसी बड़े क्रिमिनल के साथ ऐसा किया जाता है। मैं अगर किसी से मिलना चाहूँ, तो जिन लोगों ने मुझे यहाँ रखा है, उनको बताना पड़ेगा कि मैं फलाने से मिलना चाहती हूँ। वह फलाने कौन हैं, उनका घर कहाँ है, क्या करते हैं, इत्यादि सबकुछ जानकर वे यथास्थान मेरा लिखित या मौखिक आवेदन भेजेंगे। वहाँ मेरे मामलों में जो लोग भी फैसला लेते हैं, वे कौन हैं मैं नहीं जानती, कुछ दिनों का समय लेंगे। कुछ दिनों के बाद वे मेरे आवेदन का जवाब देंगे, मिलना होगा कि नहीं। ज़्यादातर आवेदन, मिलना नहीं होगा की कतार में फेंक दिया जाता है। अगर वे मिलने देने का फैसला लेते हैं, तो कब, किस वक़्त, कहाँ, कितनी देर के लिए, उसका निर्देश भी वे ही देते हैं। इस सब में मुझे निर्णय लेने की कोई आज़ादी नहीं है, उसके बाद मिलने का समय जो कि वे ही निर्धारित करते हैं, उसके अनुसार मुझे काली काँच की गाड़ी में ले जाया जाता है, तीसरी किसी जगह, जहाँ ले जाकर मुझे बिठाया जाता है। मैं अपने जिस दोस्त से मिलूँगी, उसे भी इसी तरह, वह जहाँ ठहरा हो, वहाँ से काली काँच की गाड़ी में तीसरे स्थान पर लाया जाता है। वहाँ उनके द्वारा निर्धारित समय तक मैं अपने दोस्त से बात कर सकती हूँ। क्या बोलूँगी, क्या करूँगी, इन सब पर नजर रखी जाती है। रोंगटे खड़े कर देने जैसा होता है यह मिलना। क्या अर्थ है इस सबका? जिससे कि मैं आतंक से, डर से, कुंठा से सिमटी रहूँ? मर ही जाऊँ? जिससे कि यह सब कुछ न सह पाने की वजह से, मैं देश छोड़कर चली जाऊँ? इन बातों को छोड़के और क्या है? और कुछ नहीं। पर मैं इस देश को छोड़कर नहीं जाऊँगी। नहीं जाऊँगी, वजह, इस देश को छोड़कर दुनिया में कोई भी ऐसा देश नहीं जिसे मैं अपना देश समझ सकती हूँ। इस देश में, सबसे बड़ी धमकी पाने वाली इंसान नहीं हूँ मैं। धमकी तो दुनिया के किसी भी देश में कोई भी दे सकता है। आज तेरह सालों से मुझे एक देश से दूसरे देश भटकते रहना पड़ा है। जितनी मैं कट्टरपंथियों की धमकियों का शिकार हुई हूँ, उससे कहीं ज्यादा मैं कट्टरपंथियों को सन्तुष्ट करने की राजनीति का

शिकार हुई हूँ। मुझे कट्टरपंथियों ने नहीं निकाला था बंग्लादेश से, निकाला था बंग्लादेश की सरकार ने। मुझे आज भी देश में लौटने नहीं दिया जा रहा है, किसके निर्देश पर? किसी चरमपन्थी के निर्देश पर नहीं, सरकार के निर्देश पर। मैं नहीं विश्वास करती कि सरकार मेरी सुरक्षा को लेकर चिन्तित थी। बंग्लादेश की सरकार बराबर ही अपनी ही सुरक्षा को लेकर चिन्तित रही है।

मैं भारत को बंग्लादेश समझना नहीं चाहती। मैं गहराई से विश्वास करती हूँ कि जितनी सुरक्षा की मुझे जरूरत है, उतना देकर, मुझे स्वाभाविक-सामाजिक जीवन जीने दे सकती है, भारत की सरकार। मेरी वजह से कहीं दंगे होंगे, लोग मरेंगे यह सब आशंकाएँ पूर्णतः निराधार हैं। ऐसा आतंक तैयार करने के पीछे एक उद्देश्य था, और है। मेरी वजह से दुनिया में कभी भी, कहीं भी दंगा नहीं हुआ है। किसी भी लेखक की वजह से कहीं भी दंगा नहीं होता है। कुछ कट्टरपंथियों ने मेरी 'द्विखंडितो' किताब के अंशों को लेकर आपत्ति जताई। किताब पर प्रतिबन्ध लगने से पहले, एवं हाईकोर्ट से निषेधाज्ञा हट जाने के बाद, किताब बिना किसी बाधा के बाजार में बिकी है। एक दिन भी किसी ने किताब के विरुद्ध कोई विक्षोभ नहीं दिखाया। दंगों का डर मुझे बहुत दिखाया गया। भय दिखाकर मुझे भगाने की बहुत कोशिशें की गयीं। मैं सिर्फ इतना कहना चाहती हूँ कि मैं दोषी नहीं हूँ। मैंने यह भी कहा है कि मैंने किसी की भी भावनाओं को ठेस पहुँचाने के उद्देश्य से कुछ नहीं लिखा है, किसी को कोई ठेस पहुँची हो तो उसके लिए मुझे खेद है। 'द्विखंडितो' से, अपनी ही लिखी किताब में से दो पैराग्राफ निकाल देने के बाद जमातुल उलेमा हिन्द के प्रधान, मौलाना मदानी, जिन्होंने मेरे खिलाफ बहुत ज़हर उगला है, उन्होंने भी कहा, बस, मैटर क्लोज्ड। तसलीमा इस देश में रह सकती हैं। जिस शहर में उनकी रहने की इच्छा हो, वह रह सकती हैं, हम और विरोध नहीं करेंगे। तब कौन सी विरोधी शक्ति मुझे कलकता जाने में बाधा दे रही है?

इमाम बरकति और इदरीस अली उस दिन बढ़ावा पाकर चिल्लाये थे। याद है, सन् दो हजार छह में, इमाम बरकति ने तब फट-से, तहेदिल से खुश होते हुए फतवा दे दिया था, सर की किसी कीमत की भी घोषणा कर दी थी, उसके बाद पुलिस कमिश्नर प्रसून मुखर्जी ने इमाम को अपने घर बुलाकर कुछ समझाया। घर से निकलकर इमाम बरकति ने फतवे की बात से पूरी तरह इनकार कर दिया, कहा कि उन्होंने कोई फतवा दिया ही नहीं था। इमाम बरकति या इदरीस अली को गणतंत्र, मानवाधिकार, मत प्रकट करने के अधिकार के बारे में ज्ञान देने वाला क्यूँ आज कोई नहीं है? दंगा करने का, फतवा देने का, आतंक फैलाने का अधिकार, गणतांत्रिक राष्ट्र में किसी को भी नहीं है, आज यह बात उन्हें समझाने वाला कोई नहीं है। यह भी तो बात है कि आतंक फैलाने के बाद अगर उनको साधुवाद मिले, तो क्यूँ रुकेंगे वे दहशत फैलाने से?

मैंने क्या अन्याय किया है? हिन्दू, मुसलमान, बौद्ध, ईसाई सबों को मैं इंसान की

तरह देखती हूँ। क्या यह अन्याय है? मैं लोगों में समता देखना चाहती हूँ। मानवता के लिए, समानाधिकार के लिए मैं अथक लिखे जा रही हूँ। कट्टरपंथी, रक्षणशील, अनुदार, संकीर्ण मन के लोग मेरे खिलाफ बोल रहे हैं, उसके बाद भी मैं लिखे जा रही हूँ, लोगों के लिए, लोगों की बातें। जो लोग गरीबी के शिकार हैं, शिक्षा व स्वास्थ्य से वंचित हैं, भिन्न धर्मविश्वास के कारण जिनके मानवाधिकारों का उल्लंघन किया जाता है, मैं उनके साथ हमेशा खड़ी रहती हूँ। पश्चिम बंगाल के मुसलमानों के साथ भी ठीक उसी भाव से खड़ी हुई हूँ, जिस तरह बंग्लादेश में अल्पसंख्यक हिन्दुओं के साथ खड़ी हुई थी। इस्लाम को लेकर राजनीति करने के अनैतिक उद्देश्य से, जो स्वार्थी कट्टरपंथी अपनी आवाज ऊँची कर रहे हैं, वे किसी भी सूरत में पश्चिम बंगाल के मुसलमानों के प्रतिनिधि नहीं हैं।

क्या अभी चिह्नित करने का समय नहीं आया कि कौन समाज का शत्रु है, और कौन नहीं? क्या अभी भी मेरे इस अनुचित बन्दी दशा से मुक्ति पाने का समय नहीं आया है? तब क्या भारतवर्ष में, मानवता के लिए लिखकर, विचारों की अभिव्यक्ति के पक्ष में लिखकर, अपना मत प्रकाश कर, मैंने गलती की है? किस भूल की सजा दे रही है भारत सरकार मुझे? तब क्या सारे भारतवासी ही देखेंगे मुझे तकलीफ़, परेशानी, श्वासकष्ट, हताशा और खालीपन को भुगतते-भुगतते, अंधेरे में सबकी आँखों से ओझल होते-होते, धीरे-धीरे निश्चिंत हो जाते हुए? क्या मैं देशहीन, राष्ट्रहीन, राज्यहीन, समाजहीन और बंधुहीन होकर मर जाऊँ? मेरे किस अपराध की सजा, यह सेक्युलर, गणतांत्रिक राष्ट्र दे रहा है मुझे?

मैंने कभी भी राजनीति नहीं की। मैं राजनीति समझती भी नहीं। अनुरोध करती हूँ कि एक लेखक को लेकर राजनीति बन्द की जाए। एक लेखक को लिखने का माहौल और चिन्ता मुक्त परिवेश दिया जाए। एक लेखक को निर्भय होकर लिखने का अधिकार दिया जाए। यही मेरा विनम्र अनुरोध है। इस देश से, इस राष्ट्र से बस यही मेरी माँग है। आदिकाल से जिस भी मनुष्य ने आश्रय माँगा है, भारतवर्ष ने उसे आश्रय दिया है। भारतवर्ष की इस महान, उदार परम्परा पर मैं गौरव करती हूँ। चाहती हूँ, एक लेखक के नाते, भारतवर्ष को लेकर, बाकी का जीवन भी मैं गर्व कर सकूँ।

आप लोग जो भी आज मेरे साथ खड़े हैं, जो आज अन्याय का प्रतिवाद करने के लिए एक साथ हुए हैं, उनके लिए मैं अन्तर से कृतज्ञ हूँ। मैं आप सब से हाथ जोड़कर बोल रही हूँ, मेरा उद्धार कीजिए आप लोग। निरन्तर मानसिक पीड़ा से मुझे बचाइये। आप लोग ही मेरे आत्मीय मित्र हैं। दुनिया में आप लोगों के अलावा मेरा कोई भी स्वजन नहीं है। सद्बुद्धि के लोगों की कोशिशों से ही किसी दिन मैं मुक्ति पाऊँगी, मैं इसी विश्वास पर अभी तक यहाँ साँस ले रही हूँ। अब मेरे सामने, यही एक रोशनी, यही एक आशा है, बाकी सब अन्धकार है।

## 1 जनवरी

'मौलवादियों को याद रखने के लिए ही बुद्धदेव ने तसलीमा नसरीन को यहाँ से भगाया है।'—**महाश्वेता देवी**

आज सुयेनसन के साथ मिलने की व्यवस्था करने की बात थी। मुलाकात हुई। बेचारा वह विदेशी, दिल्ली के रास्ते तक नहीं पहचानता है। उसको भी घुमा-फिरा कर, वन-जंगलों के बीच से, हर दिन एक नये रास्ते से लाया जाता है, मिलने वाली, उस खुफिया जगह पर।

बहुत सा समय बिताया। अच्छे खाने-पीने की व्यवस्था की गयी। लॉन में घूमने का भी मौका दिया। नंगे पैरों टहली। टहलने के लिए एक मैदान पाना, दुनिया पाने के जैसा है। पिछले साल के अगस्त माह से मिट्टी की छुअन नहीं पायी थी।

## 2 जनवरी

आज कलकत्ता के महाबोधि सोसाइटी हॉल में, मुझे कलकत्ता वापस लाने की माँग करने के लिए एक कार्यक्रम किया, कलकत्ता के मानवाधिकार संगठन अथवा गणतांत्रिक अधिकार रक्षा संगठन, एपीडीआर ने। महाश्वेता देवी कार्यक्रम की अध्यक्षा थीं। दीपंकर चक्रवर्ती, सुजात भद्र, शुभाप्रसन्न, अनन्या चट्टोपाध्याय ने भाषण दिया। शंख घोष, अपर्णा सेन और शाँओली मित्र के उपस्थित रहने की बात थी। पर विभिन्न परेशानियों में घिरे होने की वजह से जा नहीं पाये। कार्यक्रम में प्रतुल मुखोपाध्याय ने गीत गाया, फोन पर सुना। असाधारण! कितना सुन्दर गीत लिखा है, मेरे लिए, 'हाय-हाय-हाय क्या शर्म, क्या बात, मार्क्सवादी पार्टी नाचे मौलवाद के साथ, देशहीन एक तेज लड़की रहती थी कलकत्ता में, उसका समय कटता था लिखने-पढ़ने, सभा और अड्डों में'। उसके बाद कैसे मुझे निकाल बाहर किया गया, उसकी कहानी। कभी भी मुलाकात नहीं हुई प्रतुल मुखोपाध्याय के साथ। उनके गानों की मैं मुग्ध श्रोता हूँ। कलकत्ता जाने पर निश्चित ही एक दिन मुलाकात होगी।

आज सुयेनसन का आखिरी दिन है। शाम एक साथ गुजारी, पर क्या मेरे मन में उसके प्रति कोई चाह है? मेरी जगह कोई दूसरा होता तो! कोई भी आत्मविश्वासी, सचेतन लड़की उसका मुँह नहीं देखती। शाम को खा-पीकर चला गया वह। विचित्र आदमी है। हाथ-पैर फैला खूब आनन्द उठाया भारत सरकार के आतिथ्य सत्कार का। क्या मैं ऐसा कर पाती? उसकी जगह खुद को रख सोचकर देखती हूँ, तो असम्भव लगता है। मुझे जरूर संकोच होता। अगर कोई भी देश मुसीबत में पड़कर मेरा खर्च उठाना चाहता भी तो मैं किसी तरह यह नहीं होने देती। अपना खर्च खुद ही उठाती, अपने सामर्थ्य के अनुसार चलती। आज तक इतना विदेश में रही हूँ, कभी किसी

सरकार की दया व दान स्वीकार नहीं किया। जबकि राजनैतिक शरणार्थी होने के नाते, लेने की ही बात थी।

कोई एक सरकारी आदमी सुयेनसन को ताजमहल तक दिखा लाया, उसे जयपुर ले गये, उदयपुर भी और दिल्ली की भी कई सारी जगहें दिखाईं। रहने और खाने का खर्चा दिया। मैंने कहा भी था, 'यह खर्चा तो तुम भी दे सकते हो।' सुयेनसन ने कहा, 'जब वे दे ही रहे हैं, तो देने दो।' वैसे मैंने प्रभु से कहा था कि सुयेनसन को थोड़ा घुमा-फिरा दें, मेरे साथ समय नहीं गुजार पा रहा है, तो थोड़ा बहुत घूम-फिर लेने से मन लगा रहेगा। उसकी थोड़ी मदद कर दीजियेगा, गाइड कर दीजियेगा, पर जिसकी आशा भी नहीं की या चाहा भी नहीं, वह भी किया प्रभु ने। पता नहीं क्यूँ किया। प्रभु ने कहा कि अतिथि की तरह देखभाल करेंगे सुयेनसन की। मुझे खुश करने के लिए ही सुयेनसन का सारा भार उठाया प्रभु ने। प्रभु ने क्या सोचा, मेरी दयनीय हालत देखकर सुयेनसन मुझे भारत छोड़कर चले जाने को कहेगा, या फिर मुझे जिस तरह भी हो अपने साथ स्वीडन ले जाएगा! प्रभु ने जो भी सोचकर, जो कुछ भी किया हो, सुयेनसन का ऐसे भुक्खड़ों की तरह सब कुछ ग्रहण करना उचित नहीं था। धन्यवाद कहकर बोल सकता था कि, अपना खर्चा वह खुद उठाएगा। भीख मिलने पर कई लोग विष्ठा भी खा लेते हैं। विदेशियों के बारे में, विशेषकर स्वीडिश लोगों के बारे में सोचा जाता है कि ये लोग दूसरों को ठगते नहीं हैं, दूसरों को परेशान नहीं करते हैं। यह पूरी तरह गलत धारणा है। मौका मिलने पर ये खून चूस लेते हैं। अपने लोगों के साथ ऐसा नहीं करते हैं, पर जैसे ही कोई दूसरी जात वाला मिल जाए, वैसे ही उसकी गर्दन दबोच लेते हैं। जितना विदेशियों में मैंने स्वार्थीपन और ढिठाई देखी है, देशी लोगों में उतनी नहीं देखी। देशी लोगों में जो उदारता, जो दया और स्वार्थहीनता मैंने पायी है, उसकी तुलना नहीं हो सकती है। अच्छी-बुरी दोनों तरह की संस्कृतियाँ हैं। किन लोगों के साथ मिल रहे है, किनके साथ हम मेल-जोल कर रहे हैं– उसके ऊपर बहुत कुछ निर्भर करता है। सुयेनसन के ऊपर जो रुपया सरकार ने खर्चे हैं, सुनकर सिहर गयी मैं। जैसे भी हो, मैं यह रुपये वापस करना चाहती हूँ। मेरे लिए जो हो रहा है, सो तो हो ही रहा है, पर मेरे दोस्त की वजह से क्यूँ हो! मैं जहाँ हूँ, अगर मेरे मित्र को वहाँ न आने दिया जाए, तब तो बाहर कोई बन्दोबस्त करना ही पड़ेगा, पर इसका मतलब यह तो नहीं कि सुयेनसन को दूसरों के कन्धों का सहारा लेकर चलना पड़ेगा! मेरे पास वह रुक नहीं पायेगा, यह तो वह जानकर ही आया है। नहीं रह पाएगा मेरे पास, इसका मतलब यह तो नहीं कि मुझे ही उसकी सारी जिम्मेदारी लेनी होगी! क्यूँ है इतना दर्द लोगों के प्रति। कम तो नहीं देखी है, सुयेनसन की खुदगर्जी, ओछापन, क्षुद्रता। उसने कम तो नहीं रुलाया है मुझे। असहाय पाकर भी तो कम नहीं पीसा है उसने मुझे! और उसे ही इतना भव्य आतिथ्य मिला। उसकी योग्यता नहीं थी, यह सब पाने की, पर जो कुछ

मिला, लपक लिया उसने। आज अगर मैं उसे बताती भी हूँ कि सरकार ने उसके ऊपर जो रुपया खर्चा है, वह मुझे सरकार को वापस करना होगा। मैं जानती हूँ, वह सिर्फ 'ठीक है' बोलकर मामला टाल देगा।

मेरी डीएनए में मेरी माँ का चरित्र है। किस तरह भागूँगी मैं उससे। दुनिया के सारे बदमाशों को क्षमा करते-करते, खत्म हो चुकी हूँ मैं। क्षमा और प्यार यह दोनों ही हैं मेरे खून में। जैसे मेरी माँ के अन्दर था। माँ जबकि जिन्दगी भर लोगों से दुखँ ही पाती रहीं। मेरी भी यही नियति है।

### 3 जनवरी

कल एक कार्यक्रम हुआ, सिर्फ दैनिक स्टेट्समैन को छोड़कर, किसी भी बांग्ला पत्रिका में उसकी कोई भी खबर नहीं छपी। जबकि सीपीएम के नेताओं ने मेरे ऊपर अमानवीय आचरण किया है और क्यूँकि दैनिक स्टेट्समैन अभी भी सीपीएम के विरोध में है, इसीलिए मेरे पक्ष में उन्होंने लिखा। इस मामले में यह एक साहसिक कदम ही है। जबकि ममता बैनर्जी भी सीपीएम की विरोधी हैं, पर मेरे पक्ष में उन्होंने एक भी बात नहीं कही। सीपीएम की तो जरा सी बात पर वह झपट कर वार करती हैं, पर सीपीएम ने मेरे साथ जो किया, उसको लेकर समालोचना का एक वाक्य भी उच्चारित नहीं किया उन्होंने। कोई कहता है, आनन्दबाज़ार ने समझौता कर लिया है, कोई कहता है सन्धि की है। आनन्दबाज़ार जो किया है, उसे समझौता कहते हैं या सन्धि, नहीं जानती, पर बहुत समय से आनन्दबाज़ार चुपचाप है। महाबोधि के कार्यक्रम को लेकर एक भी वाक्य नहीं खरचा। आनन्दबाज़ार की भूमिका को लेकर लोगों में तब संशय तैयार हुआ, जब सिंगुर, नंदीग्राम को लेकर, लोगों के पक्ष में न खड़े न होकर, वह सरकार के पक्ष में खड़ा हुआ।

प्रसून भौमिक ने उस कार्यक्रम में पढ़ने के लिए, एक लेख लिखकर देने के लिए मुझे फोन पर अनुरोध किया था, वह तभी लिख दिया। यह तो मेरा स्वभाव ही है, आग्रह रहने से लिखा जाता है, नहीं तो नहीं। बार-बार कह दिया था, लेख मंच पर पढ़ने के लिए है, कहीं छपवाने के लिए नहीं है, पर मंच पर पढ़े जाने के बाद सुना कि महाश्वेता देवी ने घोषणा की कि वह लेख दैनिक स्टेट्समैन में छपेगा।

पत्रिका में छपना मतलब हवा से पहले ही सर्वत्र फैल जाना है। सरकार की कोई भी समालोचना मेरे मुँह से निकलते ही लपक लेते हैं सारे संवाददाता। एक बार भी सोच कर नहीं देखते हैं कि उससे मेरा तो कोई नुकसान नहीं होगा। उग्रपंथी आक्रमण कर सकते हैं, इस आशंका के बावजूद भी क्या जयपुर के होटल का नाम और रूम नम्बर बता नहीं दिया, पूरी दुनिया को? बता दिया। पत्रकार अच्छे होते हैं, पर खराब भी कम नहीं होते। पीटीआई का एक लड़का, जिसके साथ बहुत अच्छे सम्बन्ध थे मेरे, कहाँ तो था बार-बार ही कह रहा था कि मेरे लिए वह

दुश्चिन्ता में दिन काट रहा है, पर महाबोधि हॉल में नहीं गया। दिल्ली ऑफिस से दबाव आने पर डेस्क पर बैठे-बैठे इससे-उससे सुनकर खबरें लिखता है। मैं तो बस चंद नम्बरों डायल करने की दूरी पर हूँ, मुझे बड़ी आसानी से पाया जा सकता है, पर वह न करके इधर-उधर से जानकर कि मैंने क्या कहा है, कोई सरकार विरोधी बात कही है क्या, फिर बिना उसे जाँचे-परखे, मेरे नाम से छाप देता है। मैं जो युक्ति की बातें कह रही हूँ, समझाकर कह रही हूँ, उस पर कोई कान नहीं देना चाहता। ये लोग बस विस्फोटक कुछ बातों से भरना चाहते हैं खबरों की हेडलाइंस।

तपन राय चौधरी कलकत्ता से दिल्ली आये हैं। मुझसे मिलना चाहते हैं। प्रभु ने, उसी खुफिया जगह पर मिलने की व्यवस्था की। वैसे मिलने के मामले में प्रभु मुझसे भी ज़्यादा उत्साहित रहते हैं। तपन राय चौधरी को देखकर इतना अच्छा लगा! मुझे बहुत प्यार करते हैं, नहीं तो क्यूँ मिलना चाहते! दिल्ली में आकर पहले 'भ' बाबू से मिले, दूसरा काम था मुझसे मिलना। कलकत्ता से दौड़कर आये हैं बस एक ही कारण से, मेरे बारे में 'भ' के साथ बात करने। मैं तत्पर बैठी हूँ सुनने के लिए, बार-बार पूछा, 'भ' बाबू ने क्या कहा? मुझे कब जाने देंगे कलकत्ता?

इसका जवाब न देकर दूर से प्रभु की ओर बहुत देर तक देखकर कहने लगे, लगता है 'र' का आदमी है।

– 'र' का आदमी? लगता तो नहीं है।

– मुझे लगता है ये लोग 'र' के ही आदमी हैं।

– ये बहुत अच्छे लोग हैं। मेरा बहुत ख़याल रखते हैं, पर मेरे लिए जो सबसे जरूरी है, वह कलकत्ता वापस जाना है, आजाद-स्वाभाविक जीवन जीना है, जो मैं इतने दिनों तक करती आ रही थी।

मैं जितना कलकत्ता की बात कर रही थी, जानना चाह रही थी वह दिन और तारीख कि कब लौट सकूँगी, उतना ही तपन बाबू मेरी बात को टाल रहे थे। कट्टरपंथी कितने भयंकर हैं, वे मेरी हत्या के लिए छुरी में धार लगाकर बैठे हैं, पिस्तौलों में गोलियाँ भरकर रखी हुई हैं, तलवारों को मयान से निकाल रखा है, यही बातें वह बार-बार सुना रहे थे। बहुत लम्बे समय तक विदेश में सुरक्षित जीवन जीने के अभ्यस्त लोग इस सबसे बहुत डरते थे। वह सोच रहे थे कि किसी बहुत बड़े मुस्लिम कट्टरपंथी आतंकवादियों के दल ने शायद मुझे टार्गेट बनाया है। सुरक्षा की बात सोच रहे थे। 'भ' के साथ बात करने पर उन्हें समझ में आया कि बहुत जल्दी मेरा कलकत्ता लौटना सम्भव नहीं होगा।

### 4 जनवरी

दोपहर में थोड़ा धूप में बैठना, पेड़-पौधों को विस्फारित, खाली आँखों से देखते रहना, यह है मेरी हर दिन की साँय-साँय करती दोपहर की कहानी। आज,

वैसी ही एक दोपहर को शीला रेड्डी को बताया, कल तपन राय चौधरी के साथ हुई मुलाकात की बारे में। ऐसा नहीं है कि मैं ही सारी बातें आगे बढ़-बढ़ कर बताती हूँ, शीला ही खोद-खोदकर जानना चाहती हैं सब कुछ, क्या हुआ, क्या हो रहा है, क्या कर रही हूँ, क्या सोच रही हूँ। शीला ने कहा, 'तुम उन्हें ही मदद करने को बोलो। अगर तुम्हें कलकत्ता भेजना सम्भव नहीं, तो कम से कम दिल्ली में ही स्वाभाविक जीवन जीने देने के लिए, तुम क्यूँ कहती हो, तपन बाबू को ही 'भ' बाबू से कहने को कहो।'

शीला के और भी उपदेश हैं, 'श्याम बेनेगल को फोन करो, उनके साथ मिलने के लिए कहो।' मैं इन बड़े लोगों को फोन करने की अभ्यस्त नहीं हूँ, विशेषकर जिनके साथ मेरा मित्रता नहीं है, पर शीला बहुत कुछ मनोवैज्ञानिक की तरह हैं, पता नहीं क्या-क्या करके मुझे पूरी तरह से अपनी मुट्ठी में कर लिया है। वह जो बोलती हैं, उसे पूरी तरह से न मानने के बावजूद भी मान लेती हूँ। श्याम बेनेगल को फोन न करने पर शीला कहेंगी, 'तुम दरअसल अपनी इस हालत से खुद ही नहीं निकलना चाहती हो। इसीलिए कोशिश भी नहीं करती हो।' ऐसा वह तब बोलती हैं, जब भी वह देखती हैं कि मैंने उनके उपदेश को अक्षरशः नहीं माना है। जिस दिन वह नसीहत देती हैं, उसके दूसरे दिन से ही वह खबर लेना शुरू कर देती हैं, उनकी नसीहत कहाँ तक मानी गयी है।

श्याम बेनेगल फोन पर नहीं मिले। उन्होंने बम्बई से फोन किया। पेटिशन साइन करने के लिए मैंने उनको धन्यवाद दिया। उनका फरवरी के बीच में बम्बई से दिल्ली आना होगा। इसका मतलब मुलाकात नहीं होगी। मित्र व शुभाकांक्षियों के साथ मिलने के बारे में जो सोच रखा है, किसी और के साथ भले ही हो, फिलहाल श्याम बेनेगल के साथ नहीं हो रही है मुलाकात। न हो, कम से कम यह सोचकर अच्छा लग रहा है कि वह मेरी हालत को लेकर सोच रहे हैं। अपने से ही उन्होंने कहा, सरकारी किसी व्यक्ति से बात करेंगे, और कल ही मुझे बतायेंगे। श्याम बेनेगल भले ही बताएँ या न बताएँ, हिन्दुस्तान के वे मेरे सबसे प्रिय निर्देशक हैं। उनके प्रति मेरी श्रद्धा हमेशा, एक सी रहेगी। एम ए बेबी ने भी कहा था कि वह मुझे बतायेंगे। वह मुझसे उस तीसरे घर में मिले थे। पुरानी बातें बताते हुए उन्होंने कहा था कि असल में बुद्धदेव बाबू ने मुझे केरल भेजने की ही व्यवस्था की थी। उन्हें जब मैंने बताया कि मैं इस समय कहाँ हूँ, 'सेफ हाउस' का जीवन असल में कैसा है, सोचा था वह बोलेंगे कि जैसे भी हो मुझे इस हालत से निकालने के लिए हर सम्भव प्रयास करेंगे। नहीं कहा उन्होंने, वैसे यह जरूर कहा कि मैं अपनी पसन्द के गाने सुनूँ। बाद में एम ए बेबी ने भी कुछ नहीं बताया, क्यूँ नहीं बताया! हो सकता है बताने के लिए, आस बँधाने के लिए और आश्वासन देने के लिए उनके पास कुछ और हो ही न।

## 5 जनवरी

बहुत समय के बाद आज दो कविताएँ लिखीं। कलकत्ता से ग़ौतम घोष दस्तिदार ने ई-मेल भेजकर, उनकी लिटिल मैगज़ीन 'रक्त-मांस' के लिए कविताएँ भेजने का अनुरोध किया। किसी के न माँगने पर, देख रही हूँ कि आजकल मैं लिख नहीं पाती। किसी के माँगने पर ही लिखना हो पाता है। कविता लिखते-लिखते आँखों से आँसू बहने लगते हैं। बहते रहते हैं और मैं लिखती रहती हूँ। 'लांग लिव डेमोक्रेसी!' 'किसी भी कवि को क्या गृहबन्दी बनाया गया था कभी?'

## 6 जनवरी

बंग्लादेश सम्भवतः मेरे लिए भूला हुआ नाम है। बंग्लादेश मेरे सुख और दंर्द की स्मृति है। मैं सोच भी नहीं पाती कि बंग्लादेश में मेरे बाबा और माँ, अब और नहीं हैं। उनका घर खाली पड़ा हुआ है, यह सोचने का भी साहस नहीं होता! मैं सोचती ही नहीं। उन भावनाओं के आने से पहले ही, मैं पूरी ताक़त से उन्हें आड़ में कर देती हूँ। बहुत सूना-सूना लगता है। सीना फटने लगता है। मुझसे यह खालीपन बर्दाश्त नहीं होता। इसीलिए मैं कभी भी माँ और बाबा के न होने की बात को याद ही नहीं करती हूँ। उनके न-होने की स्मृति को पोंछ देना चाहती हूँ।

आज कैसी एक घटना घटी। नेट पे मेरे बारे में क्या कोई नयी खबर है, ढूँढ़ते हुए सुबह देखा, डेली स्टार में, के एम सुब्हान पर लिखा हुआ एक लेख। लेखक ने लिखा, के एम सुब्हान ने तसलीमा का साथ दिया था। 'था' शब्द ने मुझे हिला दिया। तो क्या अब वह नहीं हैं? सुबह कलकत्ता से फोन आया। के एम सुब्हान का लेख दैनिक स्टेट्समैन में छपा है। के एम सुब्हान बंग्लादेश के उच्च न्यायालय के पूर्ववर्ती न्यायाधीश थे, उनका देहान्त हो गया पिछले सोमवार को। यही लेख उनके जीवन का आखिरी लेख था। मेरे को लेकर जीवन का अन्तिम लेख। गले में एकत्र होने लगे दुख के बादल। हाँ, बंग्लादेश में, उँगलियों पर गिने-चुने जो चंद बुद्धिजीवी मेरे साथ खड़े हुए थे, उनमें से ही एक थे, के एम सुब्हान।

उन्होंने लिखा, 'तसलीमा नसरीन को बंग्लादेश रख नहीं पाया, इस शर्म से बंगालियों के लिए खड़े होने की भी जगह नहीं है। बंग्लादेश, इस बंगाली लेखिका को उसका संवैधानिक अधिकार नहीं दे पाया। वामफ्रंट सरकार ने जंगी धर्मान्धों के आगे सर झुकाकर समझौता किया है।'

बहुत गुस्सा आता है अपने ऊपर, जिन्दगी में कितने बेकार कामों में वक़्त बर्बाद किया है, कभी भी ऐसे महान लोगों के साथ मिलने की कोशिश नहीं की। कितने ही लोगों को दुनिया में फोन किया है, किसी भी दिन के एम सुब्हान को फोन नहीं किया। उनको भी शायद अच्छा लगता, कभी-कभार अगर बातचीत कर लेती। किनके ऊपर

अभिमान है मेरा? इन लोगों ने तो बहुत ज़्यादा समर्थन दिया था मुझे, उनकी क्षमता नहीं थी मुझे वापस देश बुला लेने की। शम्सुर रहमान भी नहीं रहे अब। वहिदुर रहमान भी चले गये। वहिदुर रहमान मुझे बहुत प्यार करते थे। सुना बहुत बातें किया करते थे मेरी। 'जनकंठ' में क़लाम लिखते थे। उनका भी आखिरी लेख मेरे बारे में ही था। सुनकर आँख भर आती हैं। इतने बड़े और उदार व्यक्तियों से दूर रखा हुआ है मुझे, बंग्लादेश की सरकार ने। मुझे मेरे प्राप्य स्नेह से वंचित किया है, बंग्लादेश की घृणित राजनीति ने।

चारों तरफ बस एक शून्य है। जिल्लुर रहमान सिद्दिक़ी, ख़ान सरवर मुर्शीद, कलीम शराफ़ी, कबीर चौधरी, इन सबों की बहुत उम्र हो गयी है। डर लगता है, पता नहीं कब चले जाएँ और रहने से भी क्या! मैं तो इन लोगों से योजन-योजन दूर हूँ। शमीम सिकदार, रूबी रहमान, फ़िरदौसी प्रियभाषिनी की भी बहुत याद आती है। इतनी दूर चली आयी मैं! इतना जाना चाहती हूँ अपने देश! क्या कोई समझ सकता है? क्या कोई समझ सकता है कि मैं जा नहीं सकती हूँ! क्यूँ निकली थी देश से? मौत होती तो वहीं होती। विदेशों में घूमते-घूमते क्या कुछ कम हुई है मेरी मौत?

बंग्लादेश के जितने बड़े लोग हैं, मेरे पक्ष में ही थे हर समय। कलकत्ता में थे अन्नदा शंकर राय। अब वह नहीं हैं। शिवनारायण राय बहुत करीब हैं, अम्लान दत्त भी हैं। ये लोग मध्य अस्सी के हैं। अगर ये लोग भी चले जाएँगे तो मैं बहुत अकेली हो जाऊँगी। दुनिया में और कोई नहीं बचेगा मेरे साथ खड़े होने के लिए। जितना, बड़ी उम्र के लोग मुझे समझते हैं, मैंने गौर किया है कि बीच की उम्र वाले या छोटे, उतनी अच्छी तरह नहीं समझते हैं मुझे। वैसे उम्र होने की वजह से ही समझते हैं मुझे, ऐसा नहीं है। समझने लायक मन है इसीलिए समझते हैं।

मुझे राजनीति ने बहुत अकेला कर दिया है। बाबा और माँ से दूर रहना पड़ा। रिश्तेदार, स्वजनों से दूर रहना पड़ा। जो स्नेह करते हैं, श्रद्धा करते हैं—उन सबों से दूर रहना पड़ा है। कितना अद्भुत है यह जीवन! जैसे भी हो, जिस तरह भी हो, अगर बंग्लादेश जा पाती! मन करता है 'भ' बाबू से बोलूँ, मुझे बंग्लादेश भेजने की व्यवस्था कर दें। 'भ' बाबू के निश्चित ही अच्छे सम्बन्ध हैं वहाँ की सरकार के साथ। भारत के साथ बंग्लादेश का सम्बन्ध अब पहले से भी ज़्यादा बेहतर होना चाहिए। कुछ दिनों पहले, बाढ़ से क्षतिग्रस्त बंग्लादेश को भारत ने सौ करोड़ रुपयों का मुआवजा दिया है। अगर 'भ' बाबू कोई भी कोशिश करें मुझे भेजने के लिए! अगर हसीना मेरे विरुद्ध जारी किये गये तमाम उल्टे-पुल्टे मामले हटा लें, सुरक्षा दे दें। आह! काश जा पाती मैं अपने घर! माँ को बहुत आशा थी, सपना था कि मैं देश लौटूँ। माँ का सपना पूरा करने का मन करता है। उनके जिन्दा रहते तो कोई भी सपना पूरा नहीं कर पायी। क्या मेरा खुद का भी यह सपना नहीं है कि मैं अपने देश लौट सकूँ? सीने के अन्दर,

बहुत ही गुप्त कोठरी में रहता है मेरा वह स्वप्न। वहीं रख देती हूँ उसको, पूरे न हो सके सपनों को मैं अपनी आँखों के आगे नहीं आने देती। छुपा के रखती हूँ। उन्हें छुपा कर, जीवन जीती हूँ, वह जीवन जो शायद असल जीवन नहीं है, बनाया हुआ है।

**7 जनवरी**

कल सारा दिन टेलीविज़न पर सूचना व प्रसारण मन्त्री, प्रियरंजन दासमुंशी की नाराज़गी दिखायी गयी। वह बुरी तरह से क्रोधित हैं मेरे ऊपर। क्यूँ मैंने इस्लाम की समालोचना की है। मेरा किसी भी धर्म को लेकर आलोचना करने का कोई अधिकार नहीं है। यह भारतवर्ष है, यहाँ यह सब नहीं चलता है। कहा, मुझे हाथ जोड़कर सब मुसलमानों से माफ़ी माँगनी होगी। इस्लाम को लेकर अब तक जो कुछ भी लिखा है, उस सबके लिए क्षमा माँगनी होगी। धर्म को लेकर मेरी किताबों में जो कुछ भी लिखा गया है, सब हटा देना चाहिए। असल में 'द्विखंडितो' किताब को निषिद्ध करना ही उचित है। इसका नाम भारतवर्ष है, यहाँ रहना है तो धर्म को लेकर बात करने से नहीं चलेगा।

इन्हीं प्रियरंजन दासमुंशी ने हैदराबाद में मेरे ऊपर आक्रमण होने पर, तीव्र भर्त्सना की थी उस आक्रमण की, यहाँ तक कि यह भी कहा था, तसलीमा को नागरिकता देने के विषय में केन्द्र अब विचार करेगी। सुन कर लगा था कि नागरिकता बस मिलने ही वाली है, आज या कल में ही उस शुभ दिन की घोषणा कर देंगे, प्रियरंजन दासमुंशी।

प्रियरंजन दासमुंशी क्या इस्लाम पर विश्वास करते हैं? मुझे तो नहीं लगता है, विश्वास करने पर उनका धर्मान्तरण हो चुका होता। सम्भवतः वह हिन्दू धर्म को मानते हैं, अथवा किसी भी धर्म पर विश्वास नहीं करते हैं। वह जरूर जानते होंगे कि 'द्विखंडितो' के कुछ अंश मैंने निकाल दिये हैं, दुखी भी हुई हूँ अगर इस बात से किसी को दुख पहुँचा हो तो। तो फिर किसके कहने पर, या किस बात ने उन्हें अचानक मेरे ऊपर आग बबूला कर दिया! लोग कहते हैं, मुसलमानों का वोट पाने के लिए राजनीतिज्ञ ऐसा कर रहे हैं। मुझे बड़ी हैरानी होती है, वोटों के लिए क्या नीति और आदर्श, सब विसर्जित कर देना पड़ता है! इन सबको तिलांजलि देकर वोट पाने में क्या सचमुच किसी को कोई खुशी मिलती है? नीति और आदर्श की बात इसलिए कही, क्यूँकि लोकतन्त्र की भी तो एक नीति है। सबको ही बोलने का अधिकार है, किसी की बात पसन्द न आये तो पलट कर कहो। हाथ क्यूँ उठाते हो? सिर क्यूँ माँगते हो? हंगामा क्यूँ करते हो? लोगों का नुकसान क्यूँ करते हो? आग क्यूँ लगाते हो? वह इन सब के विरुद्ध हैं वह यह सब नहीं मानते हैं, इसीलिए ही तो 9 अगस्त को, हैदराबाद में मेरे ऊपर हमला होने के अगले दिन उन्होंने मेरे पक्ष में कहा था। 10 अगस्त का वह प्रियरंजन मुझे एक इंसान लगा। तब उन्होंने सचमुच ही अपने विश्वास की ही

बात कही थी। उसके बाद अब वह जो बोल रहे हैं कि मुझे मुसलमानों के आगे घुटने टेक कर, हाथ जोड़ कर माफी माँगनी होगी, यह वह राजनीतिज्ञ के हिसाब से बोल रहे हैं। इंसान प्रियरंजन और राजनीतिज्ञ प्रियरंजन एक नहीं, भिन्न आदमी हैं। राजनीतिज्ञ होने से इंसान नहीं रहा जा सकता है इंसान को निकाल बाहर कर, तब राजनीतिक बनना पड़ता है।

अगर उन लोगों की उम्र बीस साल कम होती तो उन लोगों के लिए दुख भी करती। अब अपने लिए करती हूँ। अपने दुर्भोग के लिए करती हूँ।

एक अति साधारण जन्म, अति साधारण ढंग से बड़ा होना, अति साधारण जीवन-जीने वाले इंसान का यह क्या हाल है! वह लोगों की राजनीति की वस्तु बन गयी? वह भी इतने बड़े भारत देश में? नहीं, मैं ऐसी वस्तु बनने योग्य नहीं हूँ। ऐसी वस्तु बनने के लिए शायद और योग्यता की जरूरत होती है। जो मेरी अतिरिक्त प्रशंसा करते हैं, जैसे उस प्रशंसा को पाने की योग्य मैं नहीं हूँ, वैसे ही जो अतिरिक्त निन्दा करते हैं, वह भी पाने की योग्य नहीं हूँ मैं।

आज टाइम्स नाउ टेलीविज़न ने प्रियरंजन दासमुंशी के मन्तव्य के बाद कहा कि जिस दिन से तसलीमा को कलकत्ता से निकाला गया है, उसी दिन से तसलीमा राजनैतिक दलों के लिए अछूत हो गयी हैं। जिसे कहते हैं–अनटचेबल। यह ठीक है कि तसलीमा अब भारतवर्ष में एक अनटचेबल हैं। कलकत्ता में इस समय लौटना तभी सम्भव हो सकता था, यदि मेरे पक्ष में एक बड़ा जनआन्दोलन होता। पर मेरे पक्ष में, किसी भी देश में कोई जनआन्दोलन होना सम्भव नहीं। क्यूँकि कोई भी जनमत खड़ा करने का काम नहीं करेगा। मैं एक लेखक हूँ। मेरा कोई दल नहीं है, संगठन नहीं है। मैं बस एक पूरी तरह अकेली इंसान हूँ। प्यार से लिखती हूँ, आग्रह से लिखती हूँ, लिखकर जिन्दा रहती हूँ। शरीर बचाने से भी ज़्यादा बड़ा है मन को बचाना। एक बहुत निरीह, बहुत शान्त प्राणी हूँ मैं। कुछ धर्म के व्यवसायी और राजनीतिज्ञों ने मेरा उपयोग किया है अपने स्वार्थ के लिए, यह आज से नहीं है, बहुत समय पहले से शुरू हुआ है। आज भी खत्म नहीं हुआ। बिना अपराध के ऐसी सजा, क्या किसी और लेखक ने पायी है! बहुत देशों में अनेक लेखकों को जेल या फाँसी हुई है, पर क्या इतना दुर्भोग किसी और को सहना पड़ा है! आज जो लेखक निर्वासन में है, कल सरकार के बदल जाने पर उसके निर्वासन की इति हो जाती है। पर मेरे जीवन के निर्वासन का कोई भी छोर नहीं, किनारा नहीं।

शंख घोष ने फोन किया, सोचा कोई अच्छी खबर देंगे। नहीं अच्छी खबर के लिए नहीं, द स्टेट्समैन में छपे मेरे लेख 'बैनिश्ड विद ऐंड विद आउट' का बांग्ला में अनुवाद करके कोई लिटिल मैगज़ीन में छापना चाहता है। इसलिए कोई भी और, कैसी भी अच्छी खबर नहीं दे रहा है। शंख घोष के पास भी और कोई अच्छी खबर नहीं है। चाहने पर क्या वह बुद्धदेव भट्टाचार्य को फोन करके नहीं बोल सकते हैं, मुझे कलकत्ता

वापस लाने के लिए? उन दोनों में तो अच्छी दोस्ती है! हो सकता है सोच रहे हों, बोलने से भी कुछ काम नहीं बनेगा। पर यह कोई भी नहीं सोच रहा है कि 'क्या पता, काम बन ही जाए!'

जितने दिन बीतते जा रहे हैं, मेरी अस्थिरता उतनी ही बढ़ती जा रही है। जितने दिन बीतते जा रहे हैं, उतना ही मेरा कलकत्ता लौटना मुश्किल होता जा रहा है। जितने दिन बीतते जा रहे हैं, उतनी ही मुझको लेकर राजनीति बढ़ती जा रही है।

### 8 जनवरी

टाइम्स ऑफ इंडिया के सम्पादकीय में, 'राइटर ब्लॉक्ड' के हेडलाइन के अन्तर्गत प्रियरंजन दासमुंशी ने जो मुझे, हाथ जोड़कर मुसलमानों से क्षमा माँगने के लिए कहा, उसी की समालोचना करता हुआ एक लेख लिखा गया। लेख का आखिरी हिस्सा इस प्रकार था... "The problem with such a political strategy is that the more one appeases fundamentalists, thinking their point of view to be representative of a community, the more demands they'll raise. And the more powerful they'll become, once they're seen to be effective in translating their views into state policy.

A secular state has to draw the line somewhere; otherwise it will give rise to a game of competitive fundamentalism that will damage the nation's multicultural fabric. Moreover, a democracy cannot stifle individual, after all, is the smallest minority. It's on his defence that democracy rests. When calling on Tasilma to bend and scrape before religious authorities, it's these democratic basics that the good information and broadcasting minister appears to have lost sight of."

आज खबर में देखा कि प्रियरंजन दासमुंशी के वक्तव्य को कांग्रेस पार्टी मान ले रही है। कांग्रेस के प्रवक्ता कह रहे हैं, ठीक बात ही कही है प्रियरंजन ने, और कांग्रेस इस बात को मानती है कि मेरा मुसलमानों से क्षमा माँगना ही उचित है।

क्या भयंकर संवाद!

यह सब सुनकर बीजेपी कह रही है कि सोनिया गाँधी और मनमोहन सिंह को भी क्षमा माँगनी होगी रामसेतु के मन्तव्य के लिए। राम कह कर कोई भी नहीं था कभी, राम तो कवि की कल्पना हैं, यह बात कहने पर हिन्दुओं की धार्मिक भावनाओं को चोट लगती है। इसलिए, यदि क्षमा माँगने का प्रश्न उठे तो एक धर्म के मनुष्यों से ही क्यूँ, सभी धर्मों के लोगों से क्यूँ नहीं? अगर उन्हें आघात लग सकता है तो, इन्हें भी चोट लग सकती है!

मैं एक अविश्वसनीय मूर्ख हूँ। गधियों की भी गधी हूँ। देश-देश में तरह-तरह से प्रताड़ित हुई हूँ। मन के खींचने पर बंगाल में रहने आयी थी, अपनी तरह से थी, अपने

छोटे से दायरे में, ज़्यादातर समय ही भीषण रूप से एकाकीपन को भोगा है, और मुझे लेकर की जा रही है राजनीति! भारतवर्ष में! डर से मैं साँस नहीं ले पाती। मेरा शरीर काँपता है। हाथ-पाँव थरथराते हैं। इसकी परिणति क्या है! इस तरह एक दड़बे में मुझे कब तक रहना पड़ेगा।

### 9 जनवरी

आश्चर्य है, यह भी घट सकता है! सात मुस्लिम संगठन, जमाते इस्लामी, जमियते उलेमा हिन्द एवं कई और संगठनों ने सरकार को कहा है कि मुझे देश से निकाल दिया जाए। कोई वीज़ा नहीं दी जाए। जमियते उलेमा हिन्द के जिन मदानी, जिन लोगों ने 'द्विखंडितो' से कुछ अंश निकाल देने के बाद कहा था कि वे अब और मेरे विरोध में नहीं जाएँगे अब वो सारी बातें भूल कर मेरे खिलाफ बड़ा आन्दोलन खड़ा करने में लग गये हैं। जमियत के एक और प्रधान, नुमानी बोलना चाह रहे हैं कि मैंने हिन्दू धर्म के विरुद्ध भी लिखा है, इसलिए सारे धर्मों के लोग इकट्ठे होकर, मेरे खिलाफ आन्दोलन शुरू करें। वे इस बीच प्रधानमन्त्री के पास जा रहे हैं, मुझे भारत से निकलवाने के लिए। सोलह तारीख को शायद फिर से सर्व धर्म समन्वय से एक सभा भी करेंगे।

उधर कलकत्ता की खबर है कि वहाँ समाजवादी दल मेरे विरोध में उतरा है। इदरीस अली, जिसको फुरफुरा के तब्हा सिद्दिक़ी ने कहा था कि वे पहचानते ही नहीं हैं, जो खुद को 21 नवम्बर के हादसे से बहुत कसरत कर अलग करना चाह रहे थे, कहा था कि इदरीस ने लगाई थी बंद की गुहार, जिसमें फुरफुरा वालों का कोई हाथ बिल्कुल ही नहीं है, वही फुरफुरा वाले तबहा सिद्धिकि अब इदरीस के गले में माला डाल रहे हैं। जिस कांग्रेस दल से इदरीस को निकाल दिया गया था, 21 तारीख के बाद, अगर उसको ही वापस दल में शामिल कर लिया जाए। प्रदेश कांग्रेस के नेता लोग हंगामा करने वालों के लिए ईंधन जुटाने वाले आदमी को जेल में देखने जाएँ, फूल माला गले में डाल, स्वागत करें, तो फुरफुरा क्यूँ नहीं देगा समर्थन! अब फिर समाजवादी दल के नेता विजय उपाध्याय मेरे खिलाफ ज़हर उगल रहे हैं। पुस्तक मेले की कमेटी को चिट्ठी लिखी है कि वह नहीं चाहते हैं कि तसलीमा किसी भी पुस्तक मेले में शरीक हों। अगर तसलीमा की किताबें मेले में बिकेंगी, तो घोषणा कर दीजिए कि फिर से उत्तेजनापूर्ण हालात होंगे। इसको लेकर गुप्तचर विभाग चिन्तित है। क्या होगा फिर! मैंने पहले ही प्रशान्त राय को कहा था, मेरी कोई भी किताब न रहे पुस्तक मेले में। कुछ भी हंगामा होने से, वही एक बहाना बन जाएगा मुझे निकाल देने का।

आज शीला रेड्डी ने कहा, 'क्यूँ नहीं रहेगी किताब मेले में, जरूर रहेगी। जो होगा, सो होगा। आग लगायेंगे? लगाने दो। इतने पीछे हटने की क्या बात है। बड़े राजनैतिक

दल से, उन्हें कुछ भी करने की छूट मिली हुई है, इसीलिए कर रहे हैं। अब सरकार कहाँ सीमा रेखा खींचती है, उसके बारे में सोचने का समय आ गया है।'

दिन-पर-दिन अकेली होती जा रही हूँ।

हालात देखकर नहीं लग रहा है कि बहुत अच्छे हैं। सबसे जरूरी जो प्रश्न है, वह यह कि मुझे क्यूँ बन्दी बनाया गया है। सरकार कह रही है कि मुँह बन्द करके रहो। आनन्दबाज़ार, जो जनमत तैयार कर सकता था, नहीं कर रहा है, बल्कि कह रहा है, मुँह बन्द करके रहो। शंख घोष, जिनके ऊपर भरोसा करके बैठी हुई हूँ कि सरकार के साथ बात करेंगे, कह रहे हैं कि मुँह बन्द रखो कुछ दिन, शीला रेड्डी कह रही हैं, तुम मुँह बन्द रखो, तुम्हारे बारे में अब दूसरे बोलें, पर दूसरे तो कुछ नहीं बोल रहे हैं।

श्याम बेनेगल ने कहा था, खबर देंगे। जवाब नहीं आया। एम ए बेबी ने कहा था, कांग्रेस में किसी के साथ बात करने के बाद बताएँगे, नहीं बताया। 'भ' बाबू के एक करीबी व्यक्ति, पहले प्रायः ही फोन किया करते थे, खबर लेने के लिए, अब नहीं करते हैं। वह जो कुछ भी करते हैं, 'भ' बाबू की अनुमति से करते हैं। तो क्या मेरे साथ सम्बन्ध खत्म कर देने की बात, किसी ने कही है उनसे? 'भ' बाबू भी कुछ नहीं सूचित कर रहे हैं। तपन राय चौधुरी मिले थे उनसे। मेरे बारे में बात हुई। शायद सुना 'भ' बाबू ने कहा है कि वह मुझे कलकत्ता भेज देंगे, चिन्ता की कोई बात नहीं परन्तु तपन राय चौधुरी को भरोसा नहीं आ रहा है। कहा, पॉलिटिशियंस पर उन्हें विश्वास नहीं। टाइम्स नाउ से सम्बित पाल ने एक दिन फोन करके बताया, 'दीदी, भरोसा तो कुछ नहीं दिख रहा, जितना सम्भव है, हम तो खबर प्रसारित कर ही रहे हैं, पर आपके पक्ष में वैसा कोई आन्दोलन नहीं खड़ा हो रहा है। जनमत तैयार करने की कोशिश करके भी, जनमत नहीं तैयार हो पा रहा है।'

ढेर सारी परेशानियों के बीच, दूर से एक अच्छी खबर तिरती हुई आती है। सिमोन द बोवेयर के सौ वर्ष पूरे होने के उपलक्ष में, औरतों की आजादी के लिए लड़ने के लिए, मुझे 'सिमोन द बोवेयर पुरस्कार' प्रदान किया गया है। कल रात अपना वक्तव्य लिख कर भेजा था। कार्यक्रम में क्रिस्चन बेस ने उसे फ्रेंच में अनुवाद कर पढ़ कर सुनाया था। मेरा पुरस्कार भी उन्होंने ग्रहण किया। शाम को क्रिस्चन बेस ने बताया कि लोगों ने ढेरों तालियाँ बजाकर मुझे अभिनन्दन जताया। सबने मेरी सुरक्षा और मुक्ति के लिए आवाज उठाई।

भारतवर्ष की मिट्टी को दाँत गड़ाये पड़ी हुई हूँ, क्यूँकि मिट्टी से प्यार है और जो मिट्टी मुझे खींच नहीं पाती, उस मिट्टी के लोग मुझे प्यार से पुरस्कार दे रहे हैं।

मैं किसकी हूँ? मिट्टी की या लोगों की?

## 10 जनवरी

### एक

कलकत्ता में पुस्तक मेला है। हर साल की तरह इस साल भी, मैं नहीं रहूँगी। जब से भारत आने की अनुमति मिली, किसी भी साल मैं कलकत्ते के पुस्तक मेले में, अनुपस्थित नहीं रही। विदेश में जितना भी काम हो, भागी-भागी गई हूँ कलकत्ता, सिर्फ पुस्तक मेले के लिए। और जब से कलकत्ता में रहना शुरू किया, पुस्तक मेला घर के नजदीक होता था, हाथ बढ़ाने पर छुआ जा सके, बस इतनी दूरी पर। मेरा विश्वास है कि एक लेखक के लिए पुस्तक मेला, सबसे प्रिय जगह है। चारों ओर किताबें, पाठकों के साथ लेखक बात कर रहे हैं। लेखकों के साथ लेखकों की मुलाकातें हो रही हैं। किताब लेकर आलोचना चल रही है। नये विचार घूम रहे हैं। पुस्तक मेला ही तो हमें मुक्त चिन्ता के लिए, सबसे सुन्दर परिवेश देता है। मुझे आशंका है, इस साल कलकत्ता के पुस्तक मेले में, मेरी होने की सम्भावना है ही नहीं। क्यूँ नहीं है, इस प्रश्न का उत्तर मुझे नहीं पता। बहुत बुरा समय आने पर बस प्रश्न रह जाते हैं, उत्तर नहीं।

खबर आयी, मेरी किताब अगर पुस्तक मेले में रही तो कट्टरपन्थी उपद्रव करेंगे। बहुतों के लिए हंगामा करना अब बहुत आसान हो गया है। जब पता हो कि हंगामा करने से, उनके नुकसान होने की कोई आशंका नहीं, बल्कि कुछ फायदा ही होगा, तो क्यूँ नहीं करेंगे वे!

मुझे खुद अपने लिए बहुत कष्ट हो रहा है। मेरा कुछ चाहना, कभी भी बहुत बड़ा कुछ चाहना नहीं था। बंगाल की लड़की, बंगाल की मिट्टी में, एकान्त में, अपनी तरह से रहना चाहती थी, उस पार नहीं तो, इस पार। कलकत्ता में जितने साल थी, मैंने किसी का भी कोई नुकसान नहीं किया। किसी का कुछ नहीं बिगाड़ा। किसी का कुछ नहीं छीना। बल्कि उदारतापूर्वक दिया है। जो भी सम्भव हुआ, जितना भी सम्भव हुआ। अपने विश्वास की बात लिखी है। लगभग दो युगों से मानवाधिकार और नारी अधिकार के पक्ष में तीस एक किताब लिखने के बाद, मुझे इस्लाम विरोधी करार दिया गया। जैसे कि इस्लाम का विरोध करना ही मेरे लिखने-लिखाने का मकसद है, और कुछ नहीं! इतनी गलत बातें, इतने झूठ शरीर पर जड़ देने से, कितनी भयंकर परिस्थिति पैदा होती है, मैं क्या देख नहीं रही हूँ! समाज के प्रति एक सचेतन लेखक के लिए इससे नुकसानदेह और क्या हो सकता है! राजनीति के आस-पास भी न फटकने वाले किसी लेखक को अगर राजनीति का मोहरा बनना पड़े, तब तो दुर्योग के लिए कुछ भी और बाकी नहीं रह जाता है।

कहा जाये तो इस बार कलकत्ता में पुस्तक मेला, मेरे अकेले पड़े घर के आँगन

में हो रहा है, यानि पार्क सर्कस में। मेरे दोस्त, जान-पहचान के लोग, परिचित अपरिचित चेहरे, सब जाएँगे मेले में, बस मेरे ही जाने का कोई उपाय नहीं है। जितने दिन कलकत्ता में पुस्तक मेला चलता रहेगा, उतने दिन दिल्ली के एक बिना पते के घर में, सारा दिन अकेले बैठे रहना पड़ेगा, धूलधूसरित होकर मेले में घूमते रहने की स्मृतियों को लेकर। मेरे तो हाथ-पैर बँधे हुए हैं। लोगों की आजादी की बातें लिखकर अपनी आजादी ही खो देनी पड़ी है मुझे। अब मेरे अन्दर पहले की तरह मेले में घूमने-फिरने की, उत्सव में शामिल होने की ऊर्जा ही नहीं रही।

मैं विश्वास नहीं करना चाहती हूँ कि मेरे जीवन से बंगाल का पुस्तक मेला, हमेशा के लिए खो गया है। विश्वास नहीं करना चाहती हूँ कि मेरा सुख, स्वप्न, चाहत, प्रेम, सब कुछ ही कब्र में दफन हो गया है।

मैं अभी भी स्वप्न देखती हूँ। अभी भी प्रेम पाने के लिए सात समुद्र पार करती हूँ। जब अकेली, एक अन्धकार से भरे हुए घर में, भीषण वेदना में पस्त पड़ी रहती हूँ, जब हताशा का चाबुक जिन्दगी को खून से लथपथ कर रहा होता है, उस समय कोई एक हाथ अगर मेरे हाथ को थाम लेता है, तो आश्चर्यजनक रूप से जी उठती हूँ मैं! बस उतना सा ही स्पर्श रोशनी की गति से मुझे, फिर से, सपनों की ओर खींच ले जाता है।

एक लेखक के साथ जैसे शब्दों का एक गहन सम्बन्ध होता है, वैसे ही एक बंगाली पाठक का भी बांग्ला पुस्तक-मेले के साथ एक सम्बन्ध होता है। इस साल तो मुझे, मेरे प्रिय पुस्तक-मेले से विच्छिन्न कर दिया है, अगले साल से जैसे भी हो, बाकी का पूरा जीवन, बंगाल से मेरा सम्पर्क अविच्छिन्न रहे, अविच्छेद्य रहे।

कुछ लोग मेरी सुरक्षा की बात कर रहे हैं। मुझे पता है, लोगों का प्रेम ही मेरी सबसे बड़ी सुरक्षा है। पिछले तीन साल से, कलकत्ता की सड़कों की भीड़ में, किसी सुरक्षाकर्मी के बिना ही, मैं निर्विघ्न घूमती रही हूँ। मुझे कभी भी बुलेट-प्रूफ गाड़ी का इस्तेमाल नहीं करना पड़ा। अचानक क्या ऐसा घट गया! दो लोग सीटियाँ बजाएँगे, इसलिए क्या हम सिनेमा देखने नहीं जाते हैं, बाजार-हाट नहीं करते हैं! क्या हमें पता नहीं कि दो लोगों के सीटी बजाने को बढ़ावा देने से, दस और लोग सीटियाँ बजाते हैं! हम सब जानते हैं, इसके बाद भी हम मुँह बन्द किये रहते हैं। मुँह बन्द करके रहते-रहते, सालों गुजर जाने के बाद, उम्र निकल जाने के बाद, हम जान पाते हैं कि मुँह बन्द करके रहना ही हमारी संस्कृति बन गयी है।

## दो

सुबह सिगरेट पी रही थी। मरना चाह रही हूँ शायद। हाँ, वही तो। नहीं तो सिगरेट क्यूँ मँगवाती? एक के बाद एक सिगरेट क्यूँ पी रही हूँ? क्या मुझे पता नहीं, सालों-साल, सिगरेट ने कैसे मुझे पिया है! कितनी तकलीफ हुई थी सिगरेट छोड़ने में, उसे भूलने का कोई भी तो वजह नहीं है! सब जानते हुए, समझते हुए, मैं सिगरेट

सुलगाती हूँ। खुशमिजाज महिला ऑफिसर की आँखों में, मेरे लिए दया है।

— क्यूँ, सिगरेट क्यूँ?

— जवाब तो बहुत सीधा-सा है।

— कैसा सीधा?

— डिप्रेशन।

— इनकी राजनीति की वजह से तुम क्यूँ अपना एसेंस नष्ट कर रही हो? तुम क्यूँ अपने-आप को बर्बाद कर रही हो? तुम इन सबसे ऊपर हो। यह तुच्छ राजनीति है, गन्दे कीचड़ में क्यूँ तुम डूबोगी? क्या तुम इस सब को तुच्छ नहीं कर सकतीं?

— क्या होगा...

— क्या होगा! जो होता है वही होगा। इसमें सोचने की बात ही क्या है। तुम बहुत बड़ी इंसान हो। तुमने कोई गलती नहीं की। तुम्हें कैद करके रखा है, इसलिए तुम क्यूँ खुद को झर जाने देती हो? तब तो उनकी ही विजय होगी। जिन्दा रहो, अपने आदर्श, अपनी दृढ़ता, सब कुछ को लेकर तीव्रता के साथ जिन्दा रहो। तुमको लेकर हम सब गर्व करते हैं। यहाँ की राजनीति को लेकर गर्व करने का कुछ नहीं है।

— कब जाकर खत्म होगा यहाँ का वास...

— एक दिन तो जरूर होगा। इस तरह तो चल नहीं सकता। निश्चित ही किसी न किसी समाधान पर पहुँचेगी सरकार।

— बहुत दुश्चिन्ता हो रही है। यह जो सिगरेट पी रही हूँ, वैसे तो फेफड़ों के अन्दर धुआँ नहीं ले रही हूँ। डर लग रहा है, फिर से नशा न हो जाए...

— सिगरेट छोड़ो। जिन्दा रहो। इंडिया इज़ नॉट एवरीथिंग।

इंडिया इज़ नॉट एवरीथिंग, इस वाक्य ने मुझे शायद थोड़ी शक्ति दी। दोपहर में कुछ लिखा। शाम को नहाई। साफ-सुथरे कपड़े पहने। साँझ को जब पक्षियों को अपने घोंसलों की ओर लौटते हुए देखकर कहा, 'पक्षी अपने घोंसलों में लौट रहे हैं, मेरा ही कोई घोंसला नहीं है, लौटने के लिए', पास बैठी महिला अफसर ने कहा, 'उनके घोंसले टूट जाते हैं। वे फिर बनाते हैं।'

— हाँ मेरी तरह। कितने नीड़ गढ़े, कितने देशों में। टूटे। फिर गढ़े।

— कभी तुम्हारी इच्छा होती है कि कोई तुम्हारे जीवन में हो? कोई साथ है, पास में है, ऐसी अनुभूति की इच्छा नहीं होती।

— हाँ होती है, पर हर समय गलत इंसान को संगी समझ कर भुगता है।

— अकेला नहीं लगता है?

— लगता है कभी-कभार, पर बहुत लम्बे समय से अकेली ही तो रह रही हूँ। नहीं चाहती, कोई आकर मेरी आजादी में बाधा डाले। प्रेम से कोई आपत्ति नहीं।

4.27 पे एक दुःस्वप्न ने मेरी नींद तोड़ दी। दुःस्वप्न! मेरी उस नीली किताब को, भारतवास की अनुमति की किताब को, पता नहीं किसने टुकड़े-टुकड़े कर फाड़ दिया। कहीं लड़ाई-झगड़ा चल रहा है। मैं टुकड़ों को उठाने की कोशिश कर रही हूँ, उनको जोड़ने की कोशिश कर रही हूँ। कहीं से अचानक हवा का झोंका आकर, टुकड़ों को उड़ाये लिये जा रहा है। मुझे ठीक से याद नहीं, मैं उन काग़ज़ के टुकड़ों के पीछे दौड़ रही थी या कि ठिठक कर खड़ी हो गयी थी।

4.30 पे सीलिंग की तरफ देखती रहती हूँ। सफेद सीलिंग, सफेद एक पंखा लटका हुआ है। पंखा स्थिर है। इस देश में स्थिर पंखे का दृश्य, बहुत जाना-पहचाना नहीं है। लोग पंखे को घूमते हुए देखने के ही अभ्यस्त हैं। पंखे की तरह मैं भी लटकी हुई हूँ। पता नहीं कहाँ से लटकी हुई हूँ और अगर बन्धन खुल जाए, तो लटके रहना मेरा पतन होगा कहीं; कहाँ पता नहीं।

4.40, दिल बहुत खाली-खाली लग रहा है। बहुत ज़्यादा ठंड लग रही है।

4.42, माँ की बहुत याद आ रही है। मैं आँखें मूँद लेती हूँ। माँ को स्पर्श करने की इच्छा होती है। माँ को जकड़ कर पकड़ने का मन करता है। माँ के कानों में फुसफुसाने का मन करता है, माँ तुम मुझे यहाँ से ले चलो, माँ तुम मुझको घर ले चलो।

4.45, आँसू तकिये पर गिरते रहते हैं।

4.46, सिर्फ मेरी भारी साँसों की आवाज है। चारों तरफ और कोई आवाज नहीं। चारों ओर कब्रिस्तान जैसा सन्नाटा है। आँसू गिरने की कोई आवाज नहीं होती। वे निःशब्द गिरते हैं।

4.48, बिस्तर से उठ पड़ती हूँ। बिस्तर से एक कदम की दूरी पर, छोटे एक टेबिल के ऊपर, मेरा लैपटॉप है। लैपटॉप चालू करती हूँ। जब घर से निकली थी, इसी लैपटॉप को लेकर निकली थी। दो दिनों के लिए जाने को कहा था, कहा एक रिसोर्ट है, वहाँ रहकर, इतवार या सोमवार को वापस आ जाऊँगी। अभी भी सोचने पर बदन सिहर उठता है। मुझे भगाने के लिए कितना भीषण जाल बिछाया था उन लोगों ने!

4.50, गूगल में खबरें देखती हूँ। मेरीन्यूज डॉट कॉम पर एक खबर जानकर, बहुत मन खराब हो जाता है। लेखक कह रहा है, मैंने सरकार के खिलाफ शिकायत की है। कहा है कि मैं गृहबन्दी की सी हालत में हूँ। यहाँ सुखी नहीं हूँ। कितनी बड़ी मेरी जुर्रत कि मैं सुख माँग रही हूँ। मेरी माँगों की कोई इन्तहा नहीं है। कितने रुपये खर्च हो रहे हैं मेरे पीछे, जबकि सात से दस हजार लड़कियाँ, दिल्ली की सड़कों पर बेघर पड़ी हुई हैं।

लेखक मुझे स्तब्ध कर देता है। मैं क्या अपनी मर्जी से यहाँ आयी हूँ? सरकार

का पैसा खाने की मर्जी थी मेरी, या है? मैं तो अपने पैसों पर रहती हूँ, इस देश में। कोई मुझे दो पैसों की भी मदद नहीं करता है। बल्कि मैं ही करती हूँ। जब भी हो, जैसे भी हो गरीब की मदद करती हूँ। यहाँ मुझे गृहबन्दी बनाने को किसने कहा था? एक चीज ही मैं दिलो-जान से चाहती हूँ, वो है आज़ादी। स्वाधीनता और आत्मनिर्भरता वापस पाना चाहती हूँ। जिसको पाने के लिए जीवन भर कठिन संघर्ष किया है।

4.50, दीर्घश्वास, दीर्घश्वास, दीर्घश्वास।

5.00, ई-मेल पढ़ती हूँ। एक मेल पैरिस से है। मुझे कल ही वह पुरस्कार मिल गया, जो सिमोन द बोवेयर की जन्म शताब्दी पर दिया गया है। बहुत बड़े-बड़े दार्शनिक व लेखक थे, केट मिलेट भी थे ज्यूरी में।

5.20, एक सुन्दर कल्पना मुझे छू जाती है। मैं कल्पना कर पाती हूँ, पैरिस के किसी बड़े ऑडिटोरियम में कार्यक्रम ठीक-ठीक कैसा हो सकता है, ऐसे कई कार्यक्रमों में मैंने वक्तव्य दिया है। हजार-हजार शिक्षित, सचेतन बुद्धिजीवी, लेखक, कलाकार, दार्शनिकों के सामने मैंने अपनी बात कही है, फिर भी उस दूर देश का समर्थन मुझे किसी दन्त कथा के जैसा लगता है। इस कैद के जीवन में, सुदूर का समर्थन मुझे मुक्ति की कोई भी कहानी नहीं सुना पाता है।

**12 जनवरी**

## एक

बीच-बीच में सोचती हूँ कि क्यूँ मैं कलकत्ता में रहने के लिए इतनी पागल हूँ? कलकत्ता ने मुझे क्या दिया है? क्या वहाँ बहुत सामाजिक जीवन था मेरा! क्या दिनोंदिन वहाँ मैंने एकाकीपन को नहीं भोगा था? कितने साहित्यिक अड्डे होते थे, मेरे घर पर? वहाँ चारों तरफ कार्यक्रम, उत्सव चलता ही रहता था, कहीं से बहुत बुलावा आता था क्या मुझे? कभी-कभार रंजन कहीं जाने को कहता था, वह भी अकस्मात, कभी अगर उसे मेरी याद आ जाती थी तो, या फिर अगर कोई उसे कहता था, मुझे बुलाने के लिए, तब। उँगलियों पर गिनकर कुछ शाम की पार्टियों में गयी थी, मुझे अच्छा नहीं लगा। शराब पीना पसन्द करती या फिर सजने-सवँरने की आदत होती तो वह सब कुछ बहुत पसन्द आता, पर उस सब को पसन्द करने का कम से कम मेरे पास कोई कारण नहीं था। अच्छा लगने में शामिल था, कुछ लोगों से मिलना-मिलाना। चंद लोगों के साथ दो-चार बातें करना। हर बात तो मुझे पसन्द नहीं आती है। बहुत बुद्धिमानी की बातें ज़्यादा नहीं सुनी हैं। यश और ख्याति के पीछे, देखा है लोगों को, गिरते-पड़ते-मरते-भागते हुए।

कलकत्ता में रहना शुरू करने के साल भर बाद से ही ध्यान दिया कि आनन्दबाज़ार मुझसे कतरा रहा है। बड़े लोगों का ख़याल है। 'नारीर कोनोओ देश नेई—नारी का

कोई भी देश नहीं', किताब की पांडुलिपि, आनन्द पब्लिशर्स को देने के बावजूद भी, नहीं छापेंगे कहकर उन्होंने वापस कर दिया। कभी-कभार मेरी कोई खबर छाप देते ये, क्यूँकि वे न्यूज हैं इसीलिए। परन्तु दो-दो बार आनंद पुरस्कार देने के बाद भी, एक लेखक के रूप में मेरा नाम मिटा दिया उन लोगों ने। दुख करने के अलावा मेरे पास कुछ और करने को नहीं है। दैनिक स्टेट्समैन में हर बुधवार को लिखती थी। नियमित कहीं लिख पाने से, रंज काफी कम हो गया था। सामाजिक जीवन के तौर पर सचमुच कुछ भी नहीं था। गिने-चुने कुछ मित्र ही घर आते थे। वे ज़्यादातर साहित्य-शिल्प जगत के बाहर के लोग होते थे। उस दुनिया के जिन लोगों के साथ सम्पर्क था भी, वह भी धीरे-धीरे फीका पड़ गया था। सुनील गंगोपाध्याय के, मेरी किताब को निषिद्ध करने के लिए सरकार को आवेदन करने के बाद से और सरकार का उस आवेदन को समर्थन देने के बाद से, सुनील एवं सुनील के कलाकार, साहित्यकार मित्रों व शिष्यों एवं सरकार के घनिष्ठ शिल्पी-साहित्यिक चेलों, सबों ने मुझे अपना शत्रु मान लेने को ही राजनैतिक एवं सामाजिक तौर पर युक्तिकर समझा और मुझसे दूर रहने लगे, जबकि मैं बेहद आन्तरिक एवं जीवन्त इंसान हूँ, पर मुझे ही महीनों, निःसंग जीवन काटना पड़ा था कलकत्ता में तो, तो क्या था ऐसा कलकत्ता में? क्या केवल भाषा के लिए? क्या केवल दो-चार बंगालियों के साथ बंगाली में बात करने के लिए? बीच-बीच कोई बांग्ला का नाटक देखने का मौका मिल जाता था, इसीलिए? सुबह नींद से उठकर, चाय पीते-पीते बांग्ला पत्रिका पढ़ पाती थी, इसलिए? नहीं तो और किसलिए?

मुझे कोई संकोच नहीं है कहने में कि मुझे कभी भी बहुत ज़्यादा साहित्यिक या सांस्कृतिक परिवेश नहीं मिला है। बदनाम थी या सेलिब्रिटि थी। कभी-कभार दोनों के बीच ज़्यादा फर्क नहीं रहता है।

बहुत-से लोग मेरे पास सहूलियतें लूटने आते थे। रंजन सेनगुप्त नाम के एक वयस्क व्यक्ति अचानक दोस्त बनके उदय हुए। छल, बल और कौशल से बस रुपये लेते रहते थे। दो दिन बाद वापस कर देंगे कहकर, एक बार बयासी हजार रुपये लेकर गये, फिर कभी वापस नहीं किये।

घर के नौकरों को लेकर भी बहुत तकलीफ उठाई है। ऐसा कोई दोस्त नहीं था, जो किसी विश्वस्त को, घर के कामों में मेरी मदद करने के लिए दे देता। विश्वास कर जिसको भी घर में आने दिया, उसी ने विश्वास को तोड़ा।

## दो

मुझे नजरबन्द रखने के लिए या मेरे साथ रहने के लिए, या फिर मेरी सहायता के लिए, जो दो लोग रहते हैं, अगर वे भी कहें कि वे मेरे पास, मुझे देश से निकालने के किसी उद्देश्य से नहीं आते हैं, मुझे लगता है कि वे भी शायद सच नहीं बोल रहे

हैं, वे सब जानते हैं, बड़े कायदे से मेरे भीतर की खबर ले लेते हैं—कुछ सोच रही हूँ क्या, अगर सोच रही हूँ तो क्या सोच रही हूँ, चले जाने की बात दिमाग में चल रही है क्या। कोई न कोई अचानक बोल ही देता है, 'इससे तो विदेश ही अच्छा है। जिस देश में फ्रीडम है, वही देश अच्छा है। बीच-बीच में न हो तो भारत आ गये घूमने।' क्या ये बात वे मेरे शुभचिन्तक हैं इसीलिए बोलते हैं, मुझे अपना दोस्त समझ कर बोलते हैं, या फिर ऊपर वालों ने सिखाया है बोलने के लिए, इसीलिए बोलते हैं! मैं यह समझ नहीं पाती। मेरा मन शायद बहुत संशयवादी है, या फिर परिस्थितियों ने मुझे संदेह करने वाला इंसान बना दिया है। अथवा चारों तरफ जो चल रहा है, वह और भी ज़्यादा गहरे पानी का खेल है। मैं बस ऊपर से देख कर विचार कर रही हूँ, मैं निरी बेवकूफ हूँ।

सारे दिन लिखने की कोशिश के साथ लिख पाना या न लिख पाना मिलकर जो होता है, वही हुआ। सारे दिन में और भी कुछ घटा। कुछ लड़के-लड़कियाँ, मुझे कलकत्ता वापस ले जाने के मामले में, दस्तख़त संग्रह करने के लिए निकले थे कलकत्ता में। सुनील गंगोपाध्याय ने दस्तख़त किये, पर कहा, 'उसके बारे में जो कुछ प्रचार किया जा रहा है कि दिल्ली में उसको उसकी तरह से रहने नहीं दिया जा रहा है, वो सही नहीं है। वो बहुत अच्छे से है।' मृणाल सेन के पास भी गये थे वे लोग। यहाँ तक कि मृणाल सेन ने मुझसे फोन पर बात भी की। मैं कैसी हूँ सुनकर उन्होंने कहा, 'यह क्या, यह तो सोचा भी नहीं जा सकता है।' पर हस्ताक्षर नहीं किये। उन लोगों को कहा, 'यह लेख बहुत कड़े लहजे में लिखा हुआ है, थोड़ा और 'नरम' करके लिखकर लाओ, दस्तख़त कर दूँगा।'

उन लोगों ने जब बोला, 'आप ही नरम-सा लिखकर दस्तख़त कर दीजिए।' तब उन्होंने खुद लिखने के बजाय, मनसिज मजुमदार को नरम लहजे में लिखने को फोन पर कहा।

विजया मुखोपाध्याय ने हस्ताक्षर किये, पर कुछ बातें सुनाकर, बिना एपॉयंटमेंट लिए क्यूँ आये, वगैरह। शरत कुमार मुखोपाध्याय सो रहे थे, हस्ताक्षर नहीं दे पाये। बांग्ला के कवियों में सतता इतनी तेज़ी से खत्म होती जा रही है, पर शरत के अन्दर अभी भी कुछ बचा हुआ है। अभी भी वह तसलीमा जैसी निषिद्ध लेखिका के लिए, तेजतर्रार दो-तीन कविताएँ लिखकर, लोगों को चौंका सकते हैं। दिव्येंदु पालित ने दस्तख़त किये, कहते हुए, 'यह सब सरकार का मामला है, दस्तख़त करने का कोई अर्थ नहीं है।'

क्या होता है दस्तख़त से? इससे पहले दो दर्जन लड़के, मेरे साथ परिचय भी नहीं, सुना और पत्रिकाओं में पढ़ा कि सड़क पर खड़े होकर, मुझे कलकत्ता वापस लाने की माँग करते हुए दस्तख़त संग्रह कर रहे थे। छह हजार दस्तख़त दिल्ली में, प्रधानमन्त्री या प्रेसिडेंट के पास भेजे। कहाँ गये वे काग़ज़? निश्चित ही कूड़ेदान में।

## 13 जनवरी

सुबह इनामुल कबीर ने, आज के अख़बार में आया गियासुद्दीन का लिखा एक लेख पढ़कर सुनाया। इनामुल कबीर लगभग, हर दिन ही यह काम करते हैं। तसलीमा, आपका अपराध है कि आप मुसलमान माता-पिता की सन्तान हैं। गियासुद्दीन बिना कपट के बताते हैं, पश्चिम बंगाल में हिन्दू कट्टरपंथियों को छोड़कर, मुसलमान कट्टरपंथियों से सब डरते हैं। महान नेता, बुद्धिजीवी, लेखक, कलाकार, साहित्यकार, सब। मुसलमानों में जो दुराग्रही नहीं हैं, वे डर से कातर रहते हैं और जो गैरमुसलमान और असाम्प्रदायिक हैं, उनको डर है, कहीं अगर उनकी धर्मनिरपेक्ष छवि पर दाग लग जाये तो। हिन्दू उग्रपंथियों द्वारा जो पीड़ित हैं, उनके साथ विद्वान लोग खड़े होते हैं, पर मुस्लिम मौलवादियों द्वारा आक्रान्त लोगों के साथ वे खड़े नहीं होते हैं।

गियासुद्दीन कहते हैं, वह यह सवाल राजनीतिज्ञों से नहीं कर रहे हैं। क्यूँकि वे क्षमता के दास हैं, कठमुल्लाओं को तुष्ट करना उनका धर्म है। उनका प्रश्न है लेखक, शिल्पी, साहित्यकार व विद्वानों से, जो हिन्दू कट्टरपंथियों द्वारा आक्रमण किये जाने पर अल्पसंख्यकों के साथ खड़े होते हैं, पर मुसलमान चरमपंथियों के हाथों पीड़ित किसी के साथ, विशेषकर अगर वह मुसलमान परिवार का ही हो, खड़े क्यूँ नहीं हो पाते? जवाब आगे वह खुद ही देते हैं। जवाब है कि मुसलमान कट्टरपंथियों का डर है उन्हें, और वे सोचते हैं कि अगर आक्रान्त और आक्रमणकारी दोनों ही मुसलमान हैं, तो यह मुसलमानों के आपस का मामला है।

गियासुद्दीन कह रहे हैं– तसलीमा, आपका सवाल है कि आपको किस गलती की सजा मिल रही है? आपके विरुद्ध जिन दोषों की बात की जा रही है, वह सब तो आरोपित हैं, सब मन-गढ़न्त हैं, सब बिना मतलब के हैं। असल में आपका एक ही दोष है, आपका जन्म मुस्लिम परिवार में हुआ है। मुसलमान परिवार में जन्म होने पर, युक्तिवादी नहीं हुआ जा सकता है, नारीवादी नहीं हुआ जा सकता है, मानवतावादी नहीं हुआ जा सकता है, प्रतिवादी भी नहीं हुआ जा सकता है और आप यह सब कुछ हैं, इसीलिए मुल्ला-मुफ्ती लोग आपको क्षमा नहीं करेंगे। कुरान-हदीस ने आपको बरी करने को नहीं कहा है और मुल्ला लोग जिसको एक बार शत्रु घोषित कर देते हैं, हमारे विद्वान उनके साथ खड़े नहीं होते हैं। हमारे मनीषी जो 'धर्मनिरपेक्ष' हैं, आपके साथ खड़े होकर क्यूँकर साम्प्रदायिक होंगे!

यह सब बातें पहले भी हुई हैं। बहुत सच्चे और साहसी हिन्दू, या हिन्दू वंशधर, सेक्युलरों ने लिखा है पर इन सब के बारे में मुसलमान नहीं लिखते हैं, इस तरह। गियासुद्दीन आपादमस्तक नास्तिक हैं, इसलिए ही लिख पाये। वैसे भारतवर्ष में मुसलमान परिवार में जन्मे किसी के लिए, नास्तिक होने का चलन ज्यादा नहीं है। एक

समय में मैंने गियासुद्दीन जैसे और भी कइयों को खोज कर, एकत्रित किया था। धर्ममुक्त मानवतावादी मंच तैयार किया था, जिससे मुसलमानों में वैज्ञानिक सोच पैदा हो तथा धर्मान्धता व कुसंस्कारमुक्त मानसिकता तैयार हो सके। धार्मिक संत्रासमुक्त समाज एवं धर्ममुक्त शिक्षा की माँग, नारी का समानाधिकार, मानवाधिकार इत्यादि दावों को लेकर ही गढ़ा गया था मानववादी मंच।

गियासुद्दीन को फोन पर शुक्रिया कहा। कल उन लोगों का प्रेस कॉन्फ्रेंस है कलकत्ता में।

आज मन अच्छा रखने के लिए एक और अच्छी खबर मिली है। हिन्दुस्तान टाइम्स में करन थापर ने बहुत अच्छा लिखा है। प्रियरंजन दासमुंशी, भारत के सूचना व प्रसारण मन्त्री ने जो मुझे हाथ जोड़कर मुसलमानों से माफी माँगने को कहा है, क्यूँकि मैंने उनकी भावनाओं पर आघात किया है, मूलतः उसी की समालोचना करता हुआ लेख है। थापर कह रहे हैं, 'कौन हैं वे लोग, जिनकी भावनाओं को बिल्कुल भी ठेस नहीं पहुँचाई जा सकती है? कौन हैं वे लोग जिनके आगे तसलीमा को झुक कर, हाथ जोड़ कर माफ़ी माँगनी पड़ेगी? निश्चित ही वे, हम लोग नहीं हैं, मैं नहीं हूँ, आप नहीं हैं, कोई भी उदार, सहनशील व्यक्ति नहीं है, कोई भी युक्तिवादी नहीं है, मुक्त चिन्ता पर विश्वास रखने वाला इंसान नहीं है, शिक्षित-सचेतन कोई नहीं, वे हैं संकीर्ण, स्वार्थ के अन्धे, धर्मान्ध, मुल्ला श्रेणी के लोग। क्या वे हमारी आजादी की सीमा तय करेंगे? इस देश में क्या माना जाएगा और क्या नहीं, इसका नियम तैयार करने की जिम्मेदारी उनको किसने दी है?'

I have to assert that when Mr. Mukherjee says Taslima Nasreen must not say, do or write things that "hurt the sentiments of our people", I do not recognize the pronoun 'our'. Am I part of it? Or does he only have in mind a small but vocal and violent minority–perhaps disowned by, or at least, embarrassing to the majority of their co-religionists–who, he believes, delivers votes?

We don't expect very much of our politicians–if there is one lesson experience has taught us, it must be this–but, at the very least, they should stand up for our freedoms. Otherwise, they could soon be tolling the bell for themselves. Let them remember what they deny Taslima of us today; they could end up losing themselves tomorrow.

प्रभु, जो मेरी आजादी का वाहन लेकर आते हैं यहाँ, आ गये। मुझे दाँतों के डॉक्टर के पास ले जाने के लिए। कहीं भी जाने का प्रस्ताव होने पर मैं उछल जाती हूँ। थोड़ी सी देर के लिए ही सही, निकलना तो हो पाएगा इस कैदखाने से। चाहे कोई भी मकसद क्यूँ न हो।

गाड़ी ने चलना शुरू किया। नया रास्ता, मैं चारों तरफ देखते-देखते जाती हूँ। यह बहुत कुछ प्रिजन वैन में कहीं जाने के बराबर है। खिड़की के काले शीशों के अन्दर से, बाहर देखती रहती हूँ। बाहर जीवन है। जो भी लोग अपने काम पर जा रहे हैं, मध्यवित्तवर्गीय, निम्नवित्तवर्गीय, किसी को क्या पड़ी है मुझे पहचानने की, मेरे को लेकर सोचने की, मुझे मारने की! किसी को भी नहीं है। गाड़ी में सुरक्षाकर्मी नहीं हैं। गाड़ी के सामने के शीशे से सड़क के लोग मुझे देख रहे हैं, तो क्या हुआ उससे? किसी का कुछ नहीं आता-जाता है। जो पहचानता है, वही पहचानता है। जो नहीं पहचानता है, वह नहीं पहचानता। तो फिर क्यूँ बन्दी बनाया गया है मुझे!

मेरे निकलने से देश के दस लोग मर जाएँगे। इस बात का जवाब वह जो देते हैं, उसे मैं नहीं मानती। उस जवाब की कोई युक्ति नहीं है।

नये रास्तों को देखकर मुझे बहुत आनन्द मिलता है। इसका मतलब मुझे ले जाया जा रहा है डेंटिस्ट के क्लिनिक में। प्रभु से कुछ नहीं पूछती हूँ, पर जब गाड़ी एक गली में घुसती है, मैं सिमट जाती हूँ, यह तो वही गली है। वही पहचानी गली। वही भुतहा 'सुरक्षित घर' वाली गली। उसी घर में लाया गया है मुझे, जहाँ कोई भी नहीं रहता है। ऊँची दीवारों से घिरा, घर। ऊँचे लोहे के गेट वाला घर। उस घर में चाय-बिस्कुट देने के लिए एक आदमी है। मुझे लगता है, यह आदमी खबर मिलने पर यहाँ आता है।

मैदान में टहलती हूँ। उतना सा मैदान ही मेरी आजादी है। जब इंसान का अपना क्षेत्र कम होता जाता है, तो एक टुकड़ा जमीन भी उसको कितनी विशाल लगती है।

डेंटिस्ट आते हैं। छोटे से पोटले में दाँतों की जाँच का सामान लेकर। क्या हो जाता, अगर मैं उनके क्लिनिक चली जाती तो? दवाइयाँ लिख दीं उन्होंने। लौटते समय रास्ते में गाड़ी खड़ी कर, दवाइयाँ खरीदकर, प्रभु मुझे वापस कारागार में छोड़कर चले गये।

किसी भी और दिन की तरह बाकी का वक़्त गुजरा। और रात किसी भी और रात की तरह।

### 14 जनवरी

आज कलकत्ता में मुसलमानों की प्रेस कॉन्फ्रेंस हो रही है। प्रगतिशील मुसलमान अथवा पूर्व मुसलमान या फिर मुसलमान सम्प्रदाय के, मुसलमान नाम के धर्ममुक्त लोग प्रेस कॉन्फ्रेंस में बोलेंगे कि वे तसलीमा को कलकत्ता में वापस चाहते हैं। मुसलमान समाज की ही उन्नति के लिए उन्हें तसलीमा की जरूरत है।

नहीं, आज कुछ विशेष नहीं घटा। पीटीआई के सुप्रतीक को, सिमोन द बोवेयर पुरस्कार की बात बताने पर, आज द हिन्दू और हिन्दुस्तान टाइम्स समेत कुछ अखबारों में यह खबर देखी। जिस लिखने-लिखाने पर फ्रांस ने मुझे पुरस्कृत किया, उसी लेखन पर बंग्लादेश और भारत में मुझे अपमानित किया गया है। इसके अलावा

मेरे पास और कुछ कहने को नहीं है।

कुछेक फोन कलकत्ता से आये। कुछ फोन गये। फोन कॉल्स की आवाजाही की संख्या धीरे-धीरे कम हो रही है। हाँ कम हो गयी है। शंख घोष ने फोन किया। बधाई दी सिमोन द बोवेयर पुरस्कार पाने के लिए। उन्होंने पूछा, फ्रांस में लिखा कि 'एखाने केऊ नेई पाशे– यहाँ कोई नहीं है पास', वो क्यूँ। कहा, वह एक 'पुराने एक लेख का अनुवाद था। सच कहूँ तो, तब कोई पास था भी नहीं'। मन ही मन कहा, अभी भी कौन है, क्या है! बस गिने-चुने कुछ लोग हैं, कोई राजनैतिक-गैरराजनैतिक दल-वल तो है नहीं साथ। उन्हें कहा कि महाश्वेता देवी द्वारा की गयी सभा या मौन जुलूस के निकलने से पहले तो सचमुच ही कुछ नहीं हो रहा था। ठीक ही तो कह रही हूँ, क्या किसी भी राजनैतिक दल ने कहा है कुछ! इतने नारीवादी संगठन हैं, इतने मानवाधिकार संगठन, कुछ भी तो नहीं कहा किसी ने! उसी समय मैंने यह लेख लिखा था, जिसे फ्रेंच में अनूदित कर 'ल मँद' ने छापा।

कहा, वैसे उसके बाद जो लेख लिखा था, जिसकी कुछ लाइनें काटी थीं आपने, उसमें तो सबको ही मैंने धन्यवाद दिया है।

– हाँ, वह तो बाद का लेख था। जो छपा था वह पहले वाला लेख था।

समझ में आया शंख घोष के।

शंख घोष बार-बार समझाना चाह रहे हैं कि मेरे साथ बहुत लोग हैं। कह रहे थे, 'भ' बाबू से कहेंगे मुझे कलकत्ता वापस भेजने के लिए। वैसे उन्हें वह जरूरी फोन करने का मौका मिला ही नहीं। क्या वह सचमुच मेरे साथ हैं! जब अभियोग लगाया जा रहा था कि मैं मुस्लिम विरोधी हूँ, उन्होंने चुपचाप सुना। कभी भी प्रतिवाद नहीं किया, बताया नहीं कभी, जब कुछ साल पहले मैंने उनके हाथ में दस हजार रुपये दिये थे, गुजरात के दंगों में क्षतिग्रस्त मुसलमानों की सहायता के लिए। रुपये इकट्ठे करने की ज़िम्मेदारी उनकी थी। मैं इसका प्रचार करना नहीं चाहती, पर झूठे अभियोग में जब मुझे देश से निकाला जा रहा था, तब तो यह बोला जा सकता था।

शंख घोष ने जो मेरी मदद की थी, वह था, मेरा जो लेख उस कार्यक्रम में पढ़ा जाना था, या पत्रिकाओं में छापना था, उसका इस प्रकार से संशोधन किया था कि किसी ऐसे शब्द या वाक्य का अस्तित्व न रहे लेख में, जिससे कट्टरपंथी मुसलमानों को ठेस लग सकती हो, या सरकार नाराज़ हो जाए। जहाँ भी ऐसी चीजों की आँच पायी, बांग्ला के श्रेष्ठ कवियों में से एक, उन्होंने उसे काट दिया। बस काटना तक ही हुआ, तसलीमा को कलकत्ता वापस लाने वाले उस कार्यक्रम में, वह बोलने के लिए भी उपस्थित नहीं हो पाये। उनको दूसरा कोई और काम था।

कब हमारे बड़े लेखक, कविगण बैन एवं सेंसरशिप पर अगाध विश्वास रखने से खुद को मुक्त करेंगे, पता नहीं।

आज शाम को छत पर चहल-कदमी कर रही थी, आसमान में सिर्फ कुछेक तारे थे। टहल रही थी और बात कर रही थी प्रभु के साथ। प्रभु और उनकी वाहिनी, ऑफिस का काम छोड़कर मेरे पीछे समय गँवा रहे हैं। मैं नहीं चाहती कि मेरी वजह से उनका कोई नुकसान हो, पर सरकार का तो नुकसान हो ही रहा है। सरकारी काम-काज छोड़कर, मुझ को पहरा देना, या दिनोंदिन तक साथ देना तो चल नहीं सकता। मैं प्रेम से इस देश में रहना चाहती हूँ। किसी का कोई अनिष्ट हो, ऐसा मैं नहीं चाहती। केवल चाहती हूँ कि अन्त हो इस परिस्थिति का। एक समय प्रभु ने अचानक पूछा, आपने कलकत्ता का घर नहीं छोड़ा है?

— नहीं।

— बेकार में पैसे खर्च नहीं हो रहे हैं? किराया लगता है?

— हाँ वह तो लग ही रहा है।

— कितना किराया है?

— बीस हजार और मेनटेनेंस ढाई हजार।

— इतने रुपये हर महीने दिये जा रही हैं?

— और क्या करूँ! अपने पब्लिशर को कहा है किराया देते रहने को। रॉयल्टी से काट लेंगे।

— छोड़ सकती हैं फ्लैट को।

— छोड़कर दूसरा कोई फ्लैट लिया जा सकता था, पर कौन घर बदलेगा मेरे बिना। घर तो मुझे ही जाकर देखना होगा। थोड़े कम किराये का फ्लैट मिल जाता तो अच्छा था। थोड़ी देर चुप रहने के बाद प्रभु ने फिर से बात शुरू की।

— पुरस्कार लेने फ्रांस नहीं जाएँगी?

मैंने बताया, कार्यक्रम तो हो चुका है। मेरे फ्रेंच पब्लिशर ने मेरी तरफ से पुरस्कार ले लिया है।

— कार्यक्रम हो चुका?

— हाँ, हो गया है।

— कब!

— इसी नौ तारीख को तो हुआ है।

— पुरस्कार की चीजें लाने तो आपको पैरिस जाना होगा? है न?

— नहीं। सर्टिफिकेट और पैसे ही तो हैं। सर्टिफिकेट भेज देंगे कुरियर से। रुपये भेज देंगे मेरे बैंक में।

— सुयेनसन क्या बोलते हैं?

— किस बारे में?

— फोन नहीं करते हैं?

— हाँ करते हैं।

— कुछ बोलते नहीं?

— क्या बोलेंगे?

— आपको स्वीडन जाने के लिए नहीं कहते हैं?

— कहाँ?

— स्वीडन?

— क्यूँ कहेंगे?

— देख गये हैं आपकी मानसिक हालत। बहुत खराब है। यह सब देखकर भी आपको यहाँ से लेकर नहीं जाना चाहते हैं?

— नहीं।

— क्या कह रही हैं!

— क्यूँ चाहेंगे, वह तो जानते ही हैं कि मैं इस देश में रहना पसन्द करती हूँ। मैं यहीं रहना चाहती हूँ। वह जानते हैं, मैं विदेश में नहीं रहना चाहती। विदेश में रहना मुझे पसन्द नहीं और फिर उस देश में मैं जाऊँगी ही क्यूँ? क्या करूँगी वहाँ जाकर? हो सकता है मुझे यहाँ अभी आजादी नहीं है, पर इस तरह ज़्यादा दिनों तक तो नहीं रहूँगी। इस सबका अन्त तो होगा एक दिन।

समझती हूँ। एक-एक चीज समझती हूँ। प्रभु को कहा गया है, मेरे अन्दर की बात जानने को। क्या सोच रही हूँ मैं। विदेश जाने की बात सोच रही हूँ या नहीं। अगर नहीं सोच रही हूँ तो क्यूँ नहीं सोच रही हूँ। मुझे सोचने के लिए कहा जा रहा है। मुझे वह सोच प्रभु दे रहे हैं। मुझे समझ में नहीं आता है, देश छोड़ने की भावना मेरे दिमाग में क्यूँ नहीं आती है!

एक और दिन एक ऑफिसर ने अचानक कहा था, 'फ्रीडम ही तो असल चीज है। जीवन में आजादी अगर न रहे तो और क्या है। तुम क्यूँ नहीं चली जातीं, क्या जरूरत है इस तरह बन्दी होकर रहने में?'

मैं उस दिन चौंक उठी थी उसकी बात सुनकर।

मुझे तोड़ना चाह रहे हैं ये लोग। क्या उन्हें किसी ने मुझे तोड़ने की जिम्मेदारी दी है? या कि ये लोग ऐसे ही बोलते हैं। कुछ समझ में नहीं आता।

पर यदि नहीं टूटी तो? क्या उन्होंने कुछ सोचा है? अगर मैं नहीं टूटी तो, क्या करेंगे वे?

जिस तरह भी हो तोड़ने की कोशिश करेंगे? मेरा डरना उचित नहीं, इसके बावजूद भी जैसे अँधेरा लपकता हुआ आता है, वैसे डर भी लपकता हुआ आता है।

## 15 जनवरी

दिन गुजर भी रहे हैं या नहीं? यहाँ कैलेंडर नहीं है। सुबह के अखबारों में देखती हूँ, दिन गुजर रहे हैं। प्रभु ने दाँतों की हालत जानने के लिए फोन किया। मैंने जानना चाहा, कोई खबर है कि नहीं। खबर जानने का मतलब, ऊपर वालों ने मेरे कलकत्ता वापस जाने के मामले में कुछ कहा कि नहीं। प्रभु का यंत्रवत स्वर, नहीं खबर नहीं है।

अच्छी या बुरी, कोई एक खबर मैं जानना चाहती हूँ। इस तरह कोई नहीं जी सकता है। स्वाधीनता के लिए लड़ाई करने के बाद, मुझे सजा भुगतनी पड़ रही है, पराधीनता की सजा। सौ करोड़ से भी ज़्यादा लोग हैं इस देश में। इस देश में एक लेखक को कहीं कैद में रखा गया है। दिन पर दिन बीतते जा रहे हैं। क्यूँ मैं कलकत्ता वापस नहीं जा सकती, इसका कोई भी कारण नहीं है। मुझे मेरे घर से उठाकर लाकर, दूसरे शहर के एक घर में कैद करके रखा गया है। यह सब भारतवर्ष में घट रहा है। कभी-कभी मैं विश्वास नहीं कर पाती हूँ।

पहले जो लोग फोन करते थे, उनमें से बहुत से अब फोन नहीं करते। सम्भवतः मैं अब सरकारी खाते में अस्वीकृतों की तालिका में हूँ, इसलिए। नामंजूरों की सूची में नाम होने से या ब्लैक लिस्टेड होने से, बचकर रहना ही श्रेयस्कर है, ऐसा ज़्यादातर लोग मानते हैं।

मानस घोष की पत्रिका में, बहुत छोटा करके, कल के धर्ममुक्त मानवतावादी मंच की खबर को छापा गया। अग्रिम खबर दी ही नहीं गयी कि मुसलमान समाज के प्रगतिशील, विज्ञानमनस्क लोग इकट्ठे हो रहे हैं, तसलीमा को कलकत्ता वापस लाने के लिए। बात थी देने की, और कार्यक्रम हो जाने के बाद, इतनी जरा सी खबर दी, जबकि पहली रैली की खबर को बहुत बड़ा करके छापा गया था, पहले ही पृष्ठ पर। क्या मानस घोष भी दूर होते जा रहे हैं? अपने लोग क्यूँ दूर हो जाते हैं! आनन्दबाज़ार तो बहुत पहले ही दूर जा चुका है। दूसरी पत्रिकाओं का चरित्र भी समझना कठिन है। एकमात्र दैनिक स्टेट्समैन ही साथ रहा। पत्रिका नयी थी, फिर भी दृढ़ता के साथ खड़ी रही।

दोपहर में सोयी। आजकल सोने से दुःस्वप्न आकर नींद खराब कर देते हैं। बहुत अकेला लगता है। माँ-बाबा की बहुत याद आती है। याद आती है और अकेलापन लगता है। इतना अकेलापन शायद मुझे पहले कभी नहीं लगा था।

कल फ़ख़रुल मामा ने फोन किया था। पता नहीं कितना अजीब-सा लगता है, ऐसी कॉल्स पाने पर। कब न जाने सात-आठ साल पहले मुलाकात हुई थी। उसके बाद कोई सम्पर्क नहीं रहा। देखा भी नहीं। कल फोन आया। पूछा, मैं कहाँ हूँ। सीना साँय-साँय कर रहा था। यही तो हैं मेरे रिश्तेदार। क्या मैं उन्हें भूली रहती हूँ या वे लोग मुझे भूले रहते हैं? मैं तो चाहती हूँ सबको लेकर एक शहर में रहना। मैं तो चाहती हूँ सबके सुख-दुख में पास रहना। चाहती हूँ प्यार पाना, प्यार देना।

नहीं कर सकती!

## 16 जनवरी

आज सुबह कलकत्ता से फोन आया। दैनिक स्टेट्समैन में, शाँओली मित्र और भवानीप्रसाद चट्टोपाध्याय ने, मेरे को लेकर लेख लिखा है। गिल्ड की खबर है कि मिल्ली इत्तेहाद परिषद ने गिल्ड को जो चिट्ठी भेजी थी कि मेरी किताब पुस्तक मेले में न रहे, नहीं तो गड़बड़ी होगी, उस चिट्ठी को गिल्ड के लोगों ने मेरे प्रकाशक को भेज दी। अच्छा जवाब दिया शिवानी मुखोपाध्याय ने, कहा, हम तो किताब लेंगे, बस। आनन्द पब्लिशर्स से सुबीर मित्र ने कहा, पुस्तक मेले में अभी देर है, अभी भी सोचने का समय है। किताब का रहना ही तो स्वाभाविक है। गाँगचील प्रकाशन से अनिमा ने कहा, हमने जो किताब छापी है, उस किताब में धर्म के विषय में कुछ नहीं लिखा है।

सुबह मानस घोष को फोन किया। बात करते-करते गला रुँधता जाता है। उसके बाद देखा आँखों से आँसू बह रहे हैं। हाथों से पोंछती जा रही हूँ, फिर भी बहते जा रहे हैं।

गिल्ड के विषय में प्रशान्त राय के साथ बात हुई, गिल्ड को चिट्ठी मिली है, तो ही यह सब समस्या खुद गिल्ड को ही सुलझानी चाहिए, वो तो नहीं, चिट्ठी भेज दी प्रकाशक के पास, जैसे कि यह प्रकाशक की सब जिम्मेदारी है।

शाँओली मित्र ने पूछा कि मुझे क्यूँ रोक के रखा हुआ है, क्या मैं गण हत्याकारी से भी ज़्यादा क्षतिकर हूँ। भवानीप्रसाद चट्टोपाध्याय ने कहा, मैं जिस तरह लिख रही हूँ, उस तरह से लिखने से काम नहीं होगा। मुझे मुस्लिम समाज के अशिक्षित लोगों के पास जा-जाकर उन्हें समझाना होगा। लोग विद्यासागर को मानते थे, क्यूँकि उन्होंने हिन्दू धर्म के सम्पर्क में सरासर कभी कोई खराब बात नहीं कही।

पर मेरा प्रश्न है, क्या समाज का परिवर्तन उसी तरीके से करना होगा? बहुत साल बीत चुके हैं, क्या नियम बदलेंगे नहीं! या मैं अगर दूसरे के नियमों से बाहर निकलकर, अपने नियमों पर काम करूँ तो! गाँव-गाँव, घूम-घूमकर किसी को समझाने के बजाय बस अगर लिखूँ तो, जो मैं सबसे अच्छा कर सकती हूँ! क्या लिखना गलत है?

सुदीप मित्र, हर बुधवार संस्कार-कुसंस्कार को लेकर नियमित रूप से लिखते हैं। असाधारण लिखते हैं। इस बार कट्टरपंथ और धर्मविश्वास को लेकर लिखा है। 'धर्मविश्वास ठीक है, कट्टरपंथ ठीक नहीं' इस बहुत पुरानी धारणा की समालोचना की है, जिसका खंडन मैंने बार-बार ही अपने लिखने में किया है। मैं खुद तो आज बन्दी हूँ। मेरा लेखन, मेरी भावनाएँ और विश्वास भी बन्दी है। जब देखती हूँ मेरी आदर्शों की बात कोई लिख रहा है, तो बहुत अच्छा लगता है। आज दैनिक स्टेट्समैन में फोन करके सुदीप को बधाई दी। सुदीप बहुत खुश हुआ। उसके साथ मेरा कभी परिचय नहीं हुआ, दोस्ती तो दूर की बात है। अफसोस होता है, कलकत्ता में बहुत गलत लोगों

के साथ उठना-बैठना किया। खाँटी लोग ही दूर रह गये। फैसला करती हूँ, कलकत्ता जाने के बाद पूरे जीवन को ही पलट दूँगी।

कुछ भी नहीं घट रहा है। कुछ तो घटना चाहिए।

**17 जनवरी**

रात में और भी खराब सपने आते रहे। सारी रात फिर बेचैन रही हूँ। दुःस्वप्न कि मेरी किडनियाँ खराब हो गयी हैं। जग जाने के बाद भी, बहुत देर तक, किडनी नष्ट होना, मर जाना, मेरे अन्दर चलता रहा। बहुत बाद में, सूरज निकलने के बाद, मुझे एहसास हुआ कि नहीं, वह सच नहीं बस एक सपना था। स्वप्न-दुःस्वप्न, सच-झूठ सब कैसे एक-से हो गये हैं। अलग करके अब किसी को भी मैं पहचान नहीं पाती। आज कहीं कुछ नहीं है। किसी भी पत्र-पत्रिका में कुछ नहीं लिखा गया है। किसी ने फोन नहीं किया। तपन राय चौधुरी के घर फोन करके पता चला, जो चिट्ठी उन्हें 'भ' बाबू को लिखने की बात थी कि मुझे घर से निकलने दिया जाए, कैद की सख़्ती थोड़ी कम की जाए, वह चिट्ठी अभी तक नहीं लिखी गयी है। राज्य सरकार में किसी के साथ वह मेरे विषय में बातचीत करेंगे, वह बात भी आज तक नहीं की गयी है। मुझे कितना बुरा लगता है, अपने लिए किसी को फोन करके, कुछ करने के लिए अनुरोध करना।

मुझे इस अनजान जगह में पड़े रहने में, कैसा विचित्र सा लग रहा है। जोर-जोर से साँस खींचती हूँ। इससे श्वास कष्ट कुछ कम होता है। कितनों ने वादा किया था रोज फोन करेंगे, पर सब लगभग भूल गये हैं। जो भी कोई कलकत्ता से फोन करता है, उससे अनुरोध करती हूँ कि फिर जरूर फोन करे, कल भी, परसों भी... मैं समझ पाती हूँ, किस तरह की भयावह असहायता ने घेर लिया है मुझे।

शाम को कुछ हुआ। सीएनएन के एक लड़के ने कुछ सवाल भेजकर उनका जवाब ले लिया। उनके वेबसाइट पर, मेरे साथ पाठकों के चैट करने का इंतजाम किया था। इस सवाल-जवाब में, कम से कम कुछ समय बीता, पर उसके बाद? उसके बाद कोई और बाद नहीं। फिर से अकेले बैठे रहना। बैठे रहना और खिड़की की ओर देखते रहना। देखते रहना और गहरी साँसें छोड़ते रहना। सच कहूँ तो, मेरा मन लिखने-पढ़ने में भी बिल्कुल नहीं बैठ रहा है। कब इस घर से निकलकर, एक स्वाभाविक ज़िन्दगी जी सकूँगी, बस यही चिन्ता है।

शाम ढले, हमारे पुस्तक-मेले के वक़्त की बातों को याद कर, शिवानी के साथ फ़ोन पर बात कर रही थी। याद कर रही थी, कॉफी हाऊस में गुज़ारे दिनों की बातें-कैसे सोचा था कि कॉलेज स्ट्रीट में कहीं हमारी पीपल्स बुक सोसायटी का, बढ़िया-सा एक कमरा होगा, आये दिन वहाँ जाकर अड्डा जमायेंगे। ऐसा ही सपना था हम लोगों का आख़िरकार एक बढ़िया-सा कमरा ले ही लिया गया था। पर कब

मूव करेंगे उस कमरे में, कब सजायेंगे उसे, कब वहाँ जमेगा अड्डा! शिवानी ने कहा, 'तुम्हारे वापस आ जाने पर।'

बातचीत खत्म होने के बाद, चाय पी रही थी। प्रभु टेलीविजन देख रहे थे और हँस रहे थे, अचानक एक अप्रासंगिक प्रश्न उनका, अपना फ्लैट क्या आपने बेच दिया हैं?

– क्यूँ?

– वही जो फ्लैट बात कर रही थीं फोन पर। फ्लैट की क्या बात कर रही थीं?

– नहीं, वह मेरा फ्लैट नहीं है। वह मेरे पब्लिशर की दुकान है। नयी दुकान ली है।

प्रभु मेरे व्यक्तिगत जीवन या फ्लैट इत्यादि के बारे में नाक घुसाने वाले व्यक्ति बिल्कुल नहीं है। यह नाक घुसाना, मेरी आशंका से, उनकी नौकरी का नाक घुसाना है। मुझे लगता है, उनको बोला गया है मेरी खोज-खबर रखने के लिए, नजर रखने के लिए कि कब मैं खत्म होऊँगी, कब विदा होऊँगी, कब कुछ आशाओं के खत्म होते-होते निःस्व हो जाऊँगी। यह निर्देश सरासर ऊपर वालों से, सरासर 'भ' बाबू से मिले हुए हैं। 'भ' बाबू जो इतना स्नेह करते थे, उनका सारा स्नेह, सब एक फूँक के साथ निकल गया! मैंने तो कोई अन्याय नहीं किया। क्या वह नहीं जानते कि मैं कितनी तकलीफ पा रही हूँ! मेरे लिए क्यूँ किसी को भी जरा सी भी करुणा नहीं हो रही है?

शाम को फ्रांस से फोन आया। क्रिश्चन बेस का फोन था। जैसे भी हो, वह एक किताब छापना चाहते हैं। भारत सरकार द्वारा, भारत में ही निर्वासित होने की कहानी। और भी कहा, कि हो सकता है, फ्रांस के राष्ट्रपति के लिए सम्भव नहीं होगा, पर उनके साथ के मन्त्री या किसी ऊँचे पद के सरकारी अफ़सर भारत आएँगे, कोशिश करेंगे कि मुझे भारत में उनके द्वारा सिमोन द बोवेयर पुरस्कार देने की व्यवस्था की जाए।

बहुत जोरों से दो-चार साँसें खींचीं मैंने। पता नहीं थोड़ा बहुत बल पाया या नहीं। एक सफेद काग़ज़ निकाल कर लिखा, क्या चाहिए मुझे। प्रभु को लिस्ट थमा दी। इस चाहने वाले विषय को बहुत दिनों से, बहुत बार मुँह जबानी कहा है बहुत हफ्तों से कह रही हूँ कि मिलना चाहती हूँ–

1. ज़ाबिर हुसैन, साहित्य अकादेमी पुरस्कार प्राप्त कवि एवं राज्यसभा सदस्य से।

2. सुधीरनाथ, मित्र एवं कार्टूनिस्ट से।

3. अरुण माहेश्वरी, मित्र एवं प्रकाशक से।

4. शीला रेड्डी, दोस्त से।

5. एक मेडिसिन के डॉक्टर, जो मेरा ब्लड प्रेशर, ब्लड शुगर, कोलेस्टेरॉल की जाँच व चिकित्सा करे।

6. एक थेरेपिस्ट या मनोरोग विशेषज्ञ, जो मेरे चरम मानसिक अवसाद, हताशा, दुश्चिन्ता आदि का उपचार करेंगे।

7. बाहर निकलना चाहती हूँ, लोगों को चलते-फिरते, घूमते देखना, जीवन देखना चाहती हूँ।

प्रभु ने कहा, वह मेरा आवेदन यथास्थान पहुँचा देंगे।

### 18 जनवरी

कलकत्ता में बस एक ही अख़बार, हमेशा से मेरे साथ, मेरे पक्ष में रहा है, वह है "दैनिक स्टटेसमैन।" दूसरे सभी अख़बार चुप हो गए हैं। सीपीएम का मुखपत्र "आजकल" मेरी किताब "लज्जा" प्रकाशित हो के बाद से ही मेरे ख़िलाफ़ ज़हर उगल रहा है। "दैनिक स्टटेसमैन" के मानस घोष को बहुत दिनों से पहचानती हूँ। वह बहुत पहले बंग्लादेश गए थे, "द स्टटेसमैन" के लिए मेरा साक्षात्कार लेने। उन्हीं मानस घोष ने जब बंग्ला दैनिक स्टटेसमैन शुरू किया, क्योंकि बहुत ही स्वाभाविक कारणों से वे मेरे शुभचिन्तक हैं, मैं उनके अखबार में नियमित रूप से उनके अखबार में लिखती रही। बुरे वक्त में, जब कोई भी पत्र-पत्रिका मेरे पक्ष में नहीं थे, तब "दैनिक स्टटेसमैन" दिनों दिन तक, मेरे पक्ष में लिखे गये तमाम निबन्ध, प्रबन्ध, लेख, ख़बरें छापता रहा अचानक, पता चल रहा है कि बड़े तरीके से अब स्टटेसमैन हाऊस भी दूर हटने का प्रबंध कर रहा है।

मानस घोष अब पहले की तरह फोन नहीं करते हैं। स्टेट्समैन में, मैं फिर से नियमित कॉलम लिखूँगी कहने पर, मानस घोष ने 'अभी नहीं' कह कर बात टाल दी। परसों मेरे बारे में लिखे गये, दो लेख छपे। भवानीप्रसाद के लिखे लेख में मेरे विरुद्ध जो मन्तव्य किया गया है, उसे बड़ा करके छापा गया। कल मेरे खिलाफ लिखी एक चिट्ठी प्रकाशित की गयी। मैंने, भारत के कानून के खिलाफ काम किया है, यह बोला गया है उसमें। आज 'द स्टेट्समैन' में सिद्धार्थ शंकर राय का एक लेख छापा गया। उसमें उन्होंने लिखा है, एक विदेशी नागरिक को कानूनन कोई भी अधिकार नहीं है, इस देश के लोगों के धर्म को लेकर कुछ कहने का, बीस करोड़ मुसलमानों की भावनाओं को चोट पहुँचाने का। ऐसे में विदेशी नागरिक का वीज़ा ही निरस्त कर देना उचित है।

इस लेख को पढ़ते ही मेरे मन में सन्देह जागा, भारत सरकार कदापि मुझे वीज़ा देगी या नहीं। न देने के पर्याप्त लक्षण हैं। मेरी प्रति अगर सरकार की सहानुभूति होती तो उसकी आँच मैं जरूर पाती। मुझे ऐसा दुःसह जीवन जीना नहीं करना पड़ता। यदि राजनैतिक कारणों से मेरा कलकत्ता लौटना अभी सम्भव न भी होता तो, मुझे 'भ' बाबू अपनें मुँह से कह सकते थे, 'अभी सम्भव नहीं हो पा रहा है, तुम फिलहाल दिल्ली में ही रहो।' मैं दिल्ली में ही अपनी तरह से रहती। अगर सुरक्षा की जरूरत पड़ती तो यहीं व्यवस्था कर दी जाती। मैं अपना घूमती-फिरती रहती, सुरक्षाकर्मियों की जरूरत महसूस होती तो वे मेरे साथ रहते।

वीज़ा की मियाद खत्म होने में, बस एक महीना और रह गया है। वैसे तो विदेश

मन्त्री प्रणव मुखर्जी ने संसद में कहा है कि मेरी वीज़ा की मियाद बढ़ाई जाएगी। पर कोई न कोई कारण दिखाकर, सरकार उसे रद्द भी कर सकती है। बिल्कुल कर सकती है। मेरे अपने ही देश ने, मुझ समूची को ही खारिज कर दिया गया है और भारत को जितना भी अपना देश क्यूँ न मानूँ, काग़ज़ों पर तो यह पराया देश ही है। पराये देश के पास मेरा वीज़ा रद्द करने का तो पर्याप्त अधिकार है, पर वीजा रद्द करने के लिए कोई एक कारण तो दिखाना होगा। क्या कोई बता पाएगा, सच में क्यूँ वीज़ा रद्द किया जा रहा है! उसके खिलाफ कुछ छोकरे उतर आये थे सड़कों पर, इसलिए उसे वीज़ा नहीं दिया जाएगा। लड़कों-छोकरों ने दावा किया था, तसलीमा को देश से निकालो! यही तो! असल में, लड़कों की कुछ माँगें मान ली जाती हैं! कभी ऐसा हुआ है क्या? मेरे अलावा किसी और के जीवन में, इस तरह सपने टूटे हैं क्या? नहीं इस देश में कोई भी बड़ा आन्दोलन नहीं हुआ है। मेरे लिए कुछ भी नहीं हुआ है। बस कुछ बड़े पत्र-पत्रिकाओं में, मेरे पक्ष में कुछ कॉलम लिखे गये हैं। और मेरे ही दोस्त कलकत्ता की सड़कों पर उतरे हैं या सभा का आयोजन किया। बस इतना ही।

देखा, एक ने प्रश्न किया, 'कहाँ हैं मानवाधिकार की रक्षा करने वाले बड़े-बड़े सब क्रांतिकारी? कहाँ हैं अरुन्धति राय, रोमिला थापर, तिस्ता शीतलवाडी, शबाना आज़मी, राम पुनियानी, दिनेश डिसूज़ा, बिजू मैथ्यु, जन दयाल। कहाँ हैं सोनिया गाँधी? कहाँ है तहलका मैगज़ीन! हिन्दू कट्टरपंथियों के विरुद्ध जाना, और मुस्लिम या ईसाई कट्टरपंथियों के अन्याय करने पर मुँह बन्द करके रहना ही इस देश का प्रगतिवाद है, मानवाधिकार रक्षा है, धर्मनिरपेक्षता एवं सेक्युलरिज़्म है।'

मेरे सीने पर दर्द का एक पत्थर रखा हुआ है। पत्थर को मैं सरका नहीं पाती।

आज अब्दुल गफ़्फ़ार चौधरी के साथ बात हुई। उनको कहा, बंग्लादेश लौटना चाहती हूँ, अगर वह अन्तरिम सरकार के साथ बात कर लें, जिससे सरकार मुझे अपने देश में रहने का अधिकार दे। गफ़्फ़ार चौधरी ने बताया, उन्होंने फ़ख़रुद्दीन के साथ बात की। फ़ख़रुद्दीन मेरा नाम सुनकर ही डर गये। डॉ. कमाल हुसैन के साथ भी बात की है। वह भी मेरा नाम सुनकर घबरा गये। मेरी मदद करने के लिए कोई भी तैयार नहीं। कोई मुझे देश में वापस नहीं चाहता है। बार-बार ही गफ़्फ़ार चौधरी ने कहा, 'देश में तुम्हें मार देंगे। तुम्हारी नकल कर जिस आदमी ने लिखना शुरू किया था, उसकी हत्या कर दी है।'

— कौन?

— क्यूँ हुमायूँ आज़ाद? तुम्हें नहीं पा सके तो हुमायूँ आज़ाद को मार दिया। तुम देश में होतीं तो तुम्हें भी इसी तरह मार देते।

आशीष नंदी के साथ बात हुई। उन्हें इस देश का पॉलिटिकल साइकोलॉजिस्ट कहकर बुलाया जाता है। आशीष नंदी ने मेरे प्रश्न के उत्तर में, कुछ बातें कहीं, उनकी समझ से, भारत सरकार मुझे वीज़ा देगी। कहा, सोनिया पसन्द करती हैं मुझे।

— 'भ' बाबू भी पसन्द करते थे। क्या वे अब भी स्नेह करते हैं? अगर करते हैं तो कैद क्यूँ किया हुआ है? क्या कोई थोड़ा भी मानवीय नहीं हो पा रहा है? थोड़ा घर से निकलने की आजादी, थोड़ा सा इंसान की तरह जीने देना!

— हो सकता है डर रहे हों।

— किसका डर?

— अगर कुछ हो जाए!

— अगर कुछ तो किसी भी समय हो सकता था।

कुछ खटका रह जाता है मन में। उसके बावजूद भी आशीष नंदी का आश्वासन, आशीर्वाद की तरह लगता है मुझे।

**20 जनवरी**

अरुन्धति राय और रितु मेनन ने इन्दिरा जयसिंह की बात की थी। इन्दिरा जयसिंह बहुत बड़ी मानवाधिकार लॉयर हैं। अगर कोई मेरी मदद कर सकता है तो, वह कर सकती हैं। मानवाधिकार वकील की एक बात, 'मुकदमा करो।'

— मामला किसके खिलाफ?

— सरकार के खिलाफ।

मैंने साफ कह दिया, 'यह मेरे लिए सम्भव नहीं।'

— क्यूँ सम्भव नहीं, तुम मुकदमा करते ही जीत जाओगी।

इन्दिरा जयसिंह अक्सर फोन कर मेरा फैसला जानना चाहती हैं। अरुन्धति और रितु की भी वही एक बात, 'मामला किये बगैर तुम्हारे लिए निकलने का रास्ता नहीं है।' पर मैं राजी नहीं होती हूँ।

कहती हूँ, 'मैं भारत की नागरिक नहीं हूँ, सरकार ने मुझे यहाँ रहने की अनुमति दी है, उसके लिए मैं कृतज्ञ हूँ। मैं मुकदमा नहीं करूँगी। यदि मानवाधिकार के तहत, जो लोग अभिव्यक्ति की आजादी पर विश्वास करते हैं, वे एकजुट होकर सरकार से दावा करते हैं, तो मेरा विश्वास है कि मुझे मुक्ति मिलेगी।'

मेरी कोई भी बात वकील नहीं मानती। कहती हैं, 'तुम्हें सिर्फ काग़ज़ पर दस्तख़त करने हैं। मुझे, तुम्हारी ओर से लड़ने की अनुमति देनी है। बाकी सारे काम मैं करूँगी। एक मुकदमा करके ही तुम उस कैद की जिन्दगी से निकल सकती हो। नहीं तो तुम्हें लात मारकर, देश से निकाल देंगे, किसी भी दिन। फिर तुम लौट नहीं पाओगी। एक बार वीज़ा की मियाद पूरी हो जाने पर, फिर यह सम्भव नहीं हो पाएगा। कुछ कठमुल्लाओं ने तुम्हारे खिलाफ़ जुलूस निकाला, इसलिए तुम्हें तुम्हारे घर से उठाकर, किसी दूसरे शहर में अनिश्चित समय के लिए, एक अज्ञात जगह पर रखा गया है, जिसकी वजह से तुम्हारी मानसिक हालत दिन पर दिन

खराब होती जा रही है। मुकद्दमा करने से तुम्हारे हारने के लिए कुछ भी नहीं है। तुम इस बीच सबकुछ ही हार चुकी हो। अब तुम्हें देश से निकाल देने से, मामला करने का भी मौका तुम्हें नहीं मिलेगा, तसलीमा। सोच कर देखो। सोचने का समय चाहती हो तो, लो।'

कुछ दिनों के बाद फिर फोन कर इन्दिरा ने वही एक ही बात पूछी। मैं मुकदमा दायर करने के लिए राजी हूँ कि नहीं।

मैं राजी नहीं हूँ। यह मामला इसी तरह चलता रहता है। एक दिन मैं बोलती हूँ, 'जो भी हो, जो मर्जी हो जाए, मैं सरकार के खिलाफ मुकदमा नहीं करूँगी। मैं उस दिन तक इन्तज़ार करूँगी जिस दिन तक सरकार का फैसला बदल न जाए।'

इन्दिरा जयसिंह गुस्से में फोन रख देती हैं।

### 23 जनवरी

प्रभु को बार-बार पूछने पर, उन्होंने बता दिया कि कुछ दिनों पहले, मुझे क्या चाहिए उसकी जो लिस्ट मैंने उनके हाथों थमाई थी, उसमें से किसी भी बात को मानना, भारत सरकार के लिए सम्भव नहीं है।

### 27 जनवरी

''जो लोग यह सर्वदलीय पाखंड और छलनामय, अकथ्य राजनीति करते हैं, उनकी मुखौटे, यह पहली बार या केवल इस बार ही लोगों के समक्ष उतरें हैं, यह नहीं कहूँगा मैं, किन्तु मानवीयता के प्रश्न के नाते, मत प्रकाश करने की स्वाधीनता के दावे से, या सर्वापिक्षित मूल्यवान जो प्रश्न है—संविधान में अन्तर्निहित महान आदर्श के संरक्षण की ज़िम्मेदारी को निभाने में अबकी बार उनकी व्यर्थता, हमारे सीने में तीर की तरह चुभ रही है। तलसीमा को लेकर जिस अग्नि परीक्षा में हमारे राज्य अथवा केन्द्र में, पीड़ादायक राजनीति चल रही है, उसकी कोई तुलना नहीं हो सकती है। इस लज्जा को, तसलीमा की लिखी ''लज्जा'' किताब के आवरण पृष्ठ से भी नहीं ढका जा सकेगा।''—**श्रीनिरपेक्ष**

जो पहरे पर हैं, अब वे बातों-बातों में मुझे जोश दिलाते रहते हैं, देश छोड़ने के लिए। सबकी सब भयंकर घटनाएँ घट रही हैं। मानसिक पीड़ा कितनी दूर तक पहुँच सकती है, वह पता चला डॉक्टर को दिखाने की बात पर। शरीर में रक्तचाप बढ़ रहा है, डॉक्टर को दिखाना चाहती हूँ, पर डॉक्टर को दिखाने का कोई नाम-गंध तक नहीं है। बोलने पर कुछ काम नहीं बना तो लिखकर अनुरोध किया कि डॉक्टर की जरूरत है। विशेषज्ञ चाहिए। कार्डियोलॉजिस्ट की जरूरत है। क्यूँकि रक्तचाप बढ़ रहा है, दवाई की मात्रा बढ़ा देने पर भी कम होने का लक्षण नहीं दिख रहा है। तीन हफ्ते कोई सम्पर्क नहीं किया प्रभु ने। एक डॉक्टर को दिखाने के लिए कातर अनुनय करने के

बाद भी प्रभु ने कान नहीं दिया मेरी बात पर, यानी नहीं सुना। मुझे जरूरत पड़ने पर कपड़े, जूते, साबुन, शैम्पू दिया जा रहा है, पर जरूरत होने पर डॉक्टर नहीं। प्रभु ने तो कह ही दिया है, सम्भव नहीं है।

त - क्यूँ नहीं सम्भव है?

प्र - बिकॉज ऑफ सिक्योरिटी।

त - सिक्योरिटी की वजह से मैं किसी डॉक्टर को नहीं दिखा सकती?

प्र - नो मैडम।

त - क्या असुविधा होगी, सुनूँ?

प्र - किसी डॉक्टर के चेम्बर में जाना सम्भव नहीं।

त - तो डॉक्टर ले आइये। मेरा रक्तचाप इस समय एक सौ सत्तर बाई एक सौ बीस है, और आप बोल रहे हैं, सिक्योरिटी की वजह से डॉक्टर को दिखाना सम्भव नहीं?

प्र - डॉक्टर लाना भी सम्भव नहीं।

त - तो फिर उस तीसरी जगह ले चलिए, जहाँ ला सकते हैं किसी को।

प्र - मैं आपका प्रस्ताव यथा स्थान पहुँचा दूँगा। सॉरी मैडम। मुझे जो निर्देश मिलता है, वही मैं आपको बताता हूँ। आप गलत मत समझियेगा। आपको भी अपनी सिक्योरिटी के मामले को समझना होगा। हम आपकी एक ही चीज को लेकर चिन्तित हैं, वह है आपकी सुरक्षा।

त - डॉक्टर को दिखाने से मेरी सुरक्षा खत्म हो जाएगी, पर डॉक्टर को नहीं दिखाने से, दवाई नहीं खाने पर तो मैं मर जाऊँगी!

प्र - मैं देखता हूँ, क्या कर सकता हूँ।

लगभग दो महीने डॉक्टर के लिए अनुनय-विनय करने के बाद जब मैंने कहा कि मुझे हार्ट-अटैक हो जाएगा, तब भी प्रभु बिल्कुल विचलित नहीं हुए। तो क्या उन्होंने आराम महसूस किया! ऐसा होने पर, यह विपदा विदा होगी, उनके लिए एक तरह से अच्छा ही है। बोलती हूँ, 'पर मेरे मर जाने से लोग सोचेंगे, आप लोगों ने मार दिया।' तब भी प्रभु के पत्थर-से चेहरे पर चिन्ता की कोई छाया पड़ी हो, ऐसा नहीं कह सकती। उसके बाद जिस दिन मीडिया को बताया, 'मुझे डॉक्टर को नहीं दिखाया जा रहा है', प्रभु ने डॉक्टर की व्यवस्था की। उसी तीसरी जगह ले गये। वहाँ जिस डॉक्टर को देखा, उसको पसन्द करने का मेरे पास कोई कारण नहीं था। डॉक्टर ने अपना परिचय पत्र नहीं दिखाया, नाम नहीं बताया। प्रभु ने मना कर रखा है। लगा नहीं, उस डॉक्टर को डॉक्टरी आती है। मुझे पहचानने के बाद से, वह थोड़ा काँप-से रहे थे। उनको कोई दवाई लिखने की भी जरूरत नहीं पड़ी। उन्हें ठीक वजह समझ में नहीं आ रही थी कि क्या दवाई लिखें। उनसे ज़्यादा, ब्लड प्रेशर के विषय में मुझे जानकारी

थी और यह बात सिर्फ डॉक्टर को ही नहीं, मेरे पास बैठे प्रभु को भी समझ में आ गयी थी। डॉक्टर चले गये और मुझे भी वापस ले आया गया, निरापद घर में।

उसके बाद, खुद ही कलकत्ते डॉक्टर को फोन पर सम्पर्क कर, पता किया कि क्या दवाई खानी है। रक्तचाप एक सौ साठ-सत्तर/एक सौ-एक सौ दस रह रहा है। एनालाप्रिल पाँच मिलिग्राम और हाइड्रोक्लोरोथायाज़ाइड साढ़े बारह मिलिग्राम दिया कलकत्ता के डॉक्टर ने। एक दिन सुबह, दवाई खा भी ली। जिस दिन दवाई खाई, उसी दिन प्रभु ने फोन पर बड़ी उत्साहित आवाज में कहा, बहुत बड़े अस्पताल के एक बड़े कार्डियोलोजिस्ट को लाया जा रहा है। वाह, बहुत बढ़िया! शाम को तीसरी जगह, मुझे ले जाया गया। इस बार के डॉक्टर, डॉक्टर जैसे लगे। रक्तचाप लिया। दवाई लिख कर दी। ढाई मिलिग्राम एनालाप्रिल खा ही रही थी। मुझे तीन दवाइयों का कॉम्बिनेशन दिया गया। घर लौटकर तीन नये दिये गये दवाइयों में से एक ऐम्लोडिपिन, कैल्शियम चैनेल ब्लॉकर खाने के संग-संग, मेरा शरीर शिथिल होता गया। बदन पसीने से लथपथ होने लगा। समझ पाती हूँ, सारा शरीर अवश हो रहा है। कभी भी शरीर में ऐसी अनुभूति नहीं हुई। समझ पा रही थी कि मैं खोती जा रही हूँ, ढहती जा रही हूँ। तब भी, शरीर में थोड़ी बहुत जितनी शक्ति बची थी, उसका प्रयोग कर ऑफिसर आकाश को फोन किया। आकाश आया जरूर, पर मैं उसके साथ बात नहीं कर पा रही थी। स्ट्रेचर में मुझे अस्पताल ले जाया गया। सम्भवतः स्ट्रेचर कैंटोनमेंट का ही था। प्रभु अस्पताल के दरवाजे पर खड़े थे। डॉक्टर भी थे। भर्ती किया गया सीसीयू (कोरोनरी केयर यूनिट) में। बात करने की कोशिश की, पर स्वाभाविक रूप से बोल नहीं पा रही थी। एक-एक शब्द बोलने में बड़ा लम्बा समय लग रहा था। सीसीयू के मॉनिटर पर दिख रहा है रक्तचाप, हृदयस्पंदन। ईसीजी किया जा रहा है। डॉक्टर बहुत जानने की कोशिश कर रहे थे, क्या मेरे बदन पर कहीं खुजली हो रही है, बदन पर कहीं एलर्जिक रिएक्शन तो नहीं हो रहा है। नहीं, नहीं हो रहा है। डॉक्टर से कहा हो सकता है ऐम्लोडिपिन का रिएक्शन है, या फिर दिन में तीन दवाइयाँ खाने से, दवाइयों का ओवर डोज़ हो सकता है। रात दो बजे के करीब मरने लगी थी, फिर पसीने आने शुरू हो गये। फिर शरीर अवश होने लगा, पंख की तरह शरीर हलका होने लगा। मॉनिटर पर देखा, प्रेशर कम होते-होते प्रायः शून्य तक पहुँच गया है। डॉक्टर को बुलाया, बचा लें मुझे। डॉक्टर बहुत कम उम्र का है। उसने सलाईन की गति पूरी बढ़ा दी। एक के बाद एक स्टेरॉयड चढ़ता रहा। जीवन बचाने की दवाई। मैं दुनिया से विदा ले रही थी तब। अलविदा अवकाश, विदा मयमनसिंह, विदा बंग्लादेश, पश्चिम बंगाल, विदा पृथ्वी, दोस्त, गुणीजन, अनुरागीगण। अलविदा कहती हूँ, स्टेरॉयड चल रहा है दिल को चलाने के लिए। सलाईन भी चल रहा है पूरे दम से। दो घंटों के बाद दुनिया में वापस लौटने लगती हूँ। मौत के साथ साक्षात्कार का पल बीत गया। बस उँगली से स्पर्श ही हुआ है, प्रगाढ़ आलिंगन बाकी रह गया है।

अगले दिन बड़े डॉक्टर ने सब देख-सुन कर कहा, दवाइयों का 'पौएज़न्स रिएक्शन' हुआ है। मैंने पूछा, ऐसा तीन-तीन दवाइयों की वजह से या ऐम्लोडिपिन की वजह से हुआ? डॉक्टर ने कहा, ठीक से कुछ कहा नहीं जा सकता है, पर ऐम्लोडिपिन की वजह से होने से, आप उसे ज़िन्दगी में फिर कभी नहीं खा सकती हैं। उस दिन मैंने प्रभु को बार-बार कहा कि मैं 'भ' बाबू के साथ बात करना चाहती हूँ। प्रभु ने एक समय कहा कि उन्होंने मेरा निवेदन पहुँचा दिया है। अब की बार मैंने प्रश्न किया, रक्तचाप कम करने के लिए जो इंसान ढाई मिलिग्राम की दवाई खा रहा हो, उसके रक्तचाप को कम करने के लिए, क्या कोई तीन तरह की दवाइयों का कॉम्बिनेशन देता है? कोई डॉक्टर दे सकता है क्या? डॉक्टर ने कहा, साधारणतः ऐसा नहीं होता है, पर यदि गलती हो गयी, तो हो ही गयी है, अब पुरानी बात को सोचने का क्या फायदा! आपको स्वस्थ होना है, फिलहाल क्यूँ न इसके बारे में ही सोचा जाए! टेंशन फ्री रहने की कोशिश कीजिए।

उस दिन इतवार था। प्रभु मुझे देखने आये। पर 'भ' बाबू के साथ बात नहीं करने दी। कहा, उनके साथ बात हुई है, उन्होंने कहा है कि वे बाद में बात करेंगे।

रक्तचाप गैस के गुब्बारे की तरह एक बार ऊपर उठता है, फिर धप्प से नीचे गिरता है। ऐसा ही चलता रहता है। डॉक्टरों ने पूरी तरह आराम करने को कहा है। उतरना-चढ़ना बिल्कुल मना है। बार-बार यही कह रहे हैं कि स्ट्रेस और टेंशन की वजह से मेरे रक्तचाप को बिल्कुल भी नियन्त्रण में नहीं रख पा रहे हैं। दुश्चिन्ता और उद्वेग मेरी जिन्दगी के लिए सबसे नुकसानदेह हैं, यह मृत्यु को बुलावा दे सकते हैं। जिन्दा रहने के लिए मुझे इनको छोड़ना पड़ेगा। क्या चाहने से ही त्याग किया जा सकता है! अगले तीन दिन मैं सीसीयू में ही रही। डॉक्टर ने कहा, जितने दिन रक्तचाप नॉर्मल नहीं हो जाता, उतने दिन मुझे अस्पताल में ही रहना पड़ेगा। क्या दवाइयाँ खानी हैं, वह सब समझाने के बाद ही मुझे छोड़ा जाएगा, उससे पहले नहीं। वैसे डॉक्टर ने अपने इस फैसले को खुद ही बाद में पलट दिया। प्रभु ने उनको अलग ले जाकर कुछ कहा था, पता नहीं क्या कहा।

सरकारी फैसला है कि मुझे अस्पताल छोड़ना होगा। सरकारी अस्पताल के डॉक्टरों ने अंत में सरकारी ऑफिसर के आदेश का पालन किया और रोगी को विदा कर दिया। उस समय अनुमान लगाना सम्भव नहीं था, बाद में अनुमान लगाया कि टाइम्स ऑफ इंडिया में मेरे अस्पताल में भर्ती होने की खबर छपने के साथ-साथ ही, मेरे जीवन में क्या होगा या नहीं होगा, इस मामले में जो लोग फैसला ले रहे हैं, उन्होंने फैसला किया मुझे अस्पताल में और नहीं रखा जाएगा, मेरी बीमारी की खबर किसी को मालूम नहीं होने दिया जा सकता है। नहीं तो लोग जान जाएँगे, कैसी हूँ, कहाँ हूँ, कैसी हालत में हूँ, मुझको लेकर क्या हो रहा है, क्या नहीं, सब कुछ! मीडिया को सरकारी लोग पसन्द करते हैं, पर हर समय नहीं। इसके अलावा मुझे जाना होगा 'भ'

बाबू के पास। वह बात करना चाहते हैं। बात करना चाहते हैं तो फोन पर करने से ही हो जाती बात। नहीं, वह नहीं हो सकता है। 'भ' बाबू मिलना चाहते हैं। क्या वह सीसीयू में नहीं आ सकते? लोग तो रोगी देखने अस्पताल जाते हैं! मेरे इस प्रश्न ने हैरान कर दिया प्रभु को। असल में मैं भी तो हद दर्जे की बेवकूफ हूँ। एक मन्त्री क्यूँकर इन्सान होंगे! वह तो मन्त्री हैं। मन्त्री मुझ जैसे साधारण इंसान को देखने अस्पताल क्यूँ आएँगे! सीसीयू से मुझे ले जाया गया 'भ' बाबू के पास। उनसे मिलने जाने से पहले, हाथ में बचा वक़्त, अस्पताल में न लगाकर, मुझे पहले ले जाया गया अपने 'निरापद घर' में। फिर वहाँ से 'भ' बाबू के पास। ठीक उनके पास भी नहीं, किसी एक खाली घर में। वह भी शायद एक और 'निरापद घर' है। मुझे वहाँ बिठाया गया। लगता है कोई सरकारी अतिथिशाला है। सड़क के किनारे कई सारे, एक जैसे, एक मंजिले सुन्दर-सुन्दर घर हैं। ये घर कहाँ पर हैं, इनका पता क्या है, यह सब प्रभु ने कुछ भी नहीं बताया। प्रभु जब अपनी खुद की पदवी व पद, दोनों ही गोपन रखते हैं, तो यह क्यूँ ही बताएँगे क्रि कहाँ, कौन सी जगह लेकर आये हैं मुझे। एक अद्‌भुत रहस्य के बीच सब कुछ घूमता रहता है।

काफी देर के बाद चाय आयी। प्रभु को कहती हूँ, मेरी इस बीमारी की हालत में किसी और कारागार में न रखा जाए मुझे, मुझे अति शीघ्र कलकत्ता, अपने घर भेज दिया जाए। कलकत्ते में होती तो मैं इस तरह मरने की हालत में नहीं पहुँच जाती। इस निर्वासन में रहने का मतलब, मेरे रक्तचाप का बढ़ते रहना है, मेरे हृदय यंत्र की क्षति होते रहना है। 'भ' बाबू पन्द्रह मिनट के अन्दर आ गये। प्रभु के चेहरे पर मुँह भर हँसी। आज वह सारे समय ही खुश-खुश हैं। इस खुशी का क्या कारण है! क्या कुछ अच्छा होने जा रहा है! यह सब जानने की क्षमता नहीं है मेरी। सम्भवतः प्रभु जानते हैं कि 'भ' बाबू आज मुझे कलकत्ता भेजने की व्यवस्था पक्की करेंगे। या फिर प्रभु के खुश होने का कारण है कि वह 'भ' बाबू के प्रिय पात्र हो गये हैं, उनके निर्देश व परामर्श को उन्होंने अक्षरशः पालन किया है। वह अत्यन्त निष्ठ, कर्मठ और विश्वस्त हैं। मैं थकी हुई हूँ, अस्वस्थ हूँ। आशा की रोशनी मुझे भी आलोकित करती तो जरूर है, पर यह रोशनी काफ़ी फीकी-सी है। मेरा रक्तचाप अभी भी नॉर्मल नहीं है। अभी भी शरीर दवाइयों की विषक्रिया को महसूस कर रहा है, अभी भी लग रहा है कि रक्तचाप आसमान की ओर बढ़ रहा है, और फिर जमीन की ओर गिर रहा है। प्रभु कभी भी, मुझे कुछ भी साफ-साफ नहीं बोलते हैं। हो सकता है, ऐसा ही उन्हें निर्देश मिला हुआ है। प्रभु बहुत बार एक खिलौने की तरह लगते हैं। चाबी वाले खिलौने की तरह। वह जो भी बोलते हैं, सब सिखाई हुई बातें बोलते हैं। यह खुश-खुश चेहरा भी क्या सिखाया हुआ है! कौन जाने!

'भ' बाबू एवं एक और अनजान सज्जन एक दूसरे कमरे में हैं। 'भ' बाबू हाथ जोड़कर नमस्कार करते हैं। मैं भी नमस्कार कर, उनके सामने जाकर बैठ जाती हूँ।

वह क्या सोच रहे हैं, मेरे बारे में उनकी क्या चिन्ता-भावना है, क्या परिकल्पना है, मैं कुछ भी नहीं जानती, पर इस व्यक्ति से मैंने स्नेह, समर्थन सब पाया है। ये ही तो मेरे सबसे बड़े शुभचिंतक हैं। कितनी बार इनके घर गयी हूँ, कितनी फोन पर बातें की हैं। सारी प्रतिकूलता के बीच, वे ही तो मेरे भारत-वास की अनुमति को बढ़ाते रहते हैं। निश्चित ही मुझे कलकत्ता लौटाने की बहुत कोशिश की होगी।

बहुत ही नजदीकी किसी से, जिस तरह एक व्यक्ति शिकायत करता है, उसी तरह शिकायत की, कहा कि इतना डॉक्टर को दिखाना चाह रही थी, फिर भी प्रभु ने डॉक्टर को दिखाने में देर कर दी। लगभग दो महीने के बाद डॉक्टर की व्यवस्था की भी तो, पहले तो नीम हकीम डॉक्टर को दिखाया, उसके बाद अस्पताल का डॉक्टर, जिसकी दवाई खाकर ही तबियत खराब हुई। अस्पताल में तो मरने ही जा रही थी, जिन्दगी बचाने की दवाइयाँ देकर बचाया गया है। प्रभु पास ही बैठे थे। सोचा था प्रभु को अब 'भ' बाबू धमकाएँगे। काम में गलती करने से जिस तरह अधीनस्थों को डाँटा जाता है। कहेंगे उसकी वजह से ही मेरी जिन्दगी खतरे में पड़ी, पर आश्चर्य की बात थी, कोई भी कटुक्ति नहीं, कुछ नहीं। 'भ' बाबू ने मेरी तबियत, मेरा मौत के चंगुल से वापस आना, अभी तक रक्तचाप का सामान्यावस्था में न आना, अभी भी, किसी भी समय, किसी दुर्घटना के घटने की आशंका, इन सब बातों की परवाह किये बगैर, कहा, 'जिस वजह से मैं आपसे बात करने आया हूँ, वह यह है कि आप तो इस देश की सम्मानित अतिथि हैं, आपको निश्चित ही वीज़ा मिलेगा, जरूर मिलेगा क्यूँकि हमने वादा किया है कि आप इस देश का आतिथ्य पाएँगी। आपके वीज़ा की मियाद हम फरवरी में बढ़ाएंगे। निश्चित ही बढ़ाएँगे। इसलिए आप यदि इस समय, फ्रांस में जो पुरस्कार आपको मिला है, वो लेने जाएँ तो बहुत अच्छा होगा। फ्रांस के प्रेसिडेंट को मैंने कहा है कि ऐसा नियम नहीं है कि फ्रांस का पुरस्कार भारत में दिया जाए। जो देश पुरस्कार देता है, उसी देश में या जिस देश के आदमी को पुरस्कार दिया जाता है, उस देश में पुरस्कार दिया जाना चाहिए।'

मैं बोल पड़ती हूँ, 'पर पुरस्कार तो...'

'भ' बाबू ने कड़े स्वर में मुझे रोक कर कहा, 'मेरी बात सुनिए।'

मैं चुप हो गयी। वह बोलते गये, 'आप भारत की नागरिक नहीं हैं, इसलिए इस देश में तो पुरस्कार नहीं दिया जा सकेगा, या तो आपको बंग्लादेश जाना होगा, या फिर फ्रांस जाना होगा, पुरस्कार लेने। फ्रांस के प्रेसिडेंट ने आपको फ्रांस में ही आमंत्रण दिया है। आपके वहाँ जाने की सारी व्यवस्था भी कर दी जाएगी। हम ही कर देंगे। कोई असुविधा नहीं है। आप पुरस्कार लेने जाइए।'

मैं 'भ' बाबू की ओर बड़ी सरल दृष्टि से देखते हुए, क्षीण स्वर में बोलती हूँ, 'जो पुरस्कार मिला है, उसका कार्यक्रम तो पिछली नौ जनवरी को पैरिस में हो चुका है। मेरे प्रकाशक ने वहाँ मेरा पुरस्कार ग्रहण भी कर लिया है। सर्टिफिकेट उन्हीं के पास

है, जिसे मैंने अपने कलकत्ते के पते पर भेज देने को कहा है।'

'हूँ...'। 'भ' बाबू गम्भीर लहजे में बोले, 'आप अगर कुछ दिनों के लिए फ्रांस चली जाएँ तो अच्छा होगा। मैं मन्त्री के नाते बोल रहा हूँ, आपको कोई भी परेशानी नहीं होगी, विदेश में रहने में। यहाँ से हम सारी व्यवस्था करके भेजेंगे। फ्रांस में कहाँ रहेंगी, वह आपको सोचने की जरूरत नहीं। फ्रांस से अगर आप और किसी देश घूमने जाना चाहें, तो उसका भी इन्तजाम हम कर देंगे। रुपये-पैसों के बारे में आप बिल्कुल चिन्ता मत करिएगा। सब भारत सरकार करेगी।'

'भ' बाबू की ओर देखा। वह मेरी तरफ नहीं, दूसरी तरफ देखते हुए, मुझसे बातें कर रहे थे। उनके पास बैठा एक आदमी, हमारी वार्तालाप को कॉपी में लिख रहा था, प्रभु भी कॉपी निकालकर लिख रहे थे। हम जो भी बातचीत कर रहे थे, हमारे दोनों तरफ दो लोग बैठे लिखे जा रहे थे वह सब। आश्चर्य, यह कैसी सरकारी मुलाकात है! 'भ' बाबू सूट पहने हुए थे, सर पर ऊनी टोपी थी। उनको इस पोशाक में मैंने पहले कभी नहीं देखा था। जितनी बार भी उनके साथ मुलाकात हुई है, उनको धोती-कुर्ता ही पहने देखा है। वह हँसमुख, मिलनसार आदमी कहाँ है! इस चेहरे में उस चेहरे को ढूँढ़ती हूँ। नहीं है। वह बिना रुके बोले जा रहे थे—'आपके कलकत्ता जाने के विषय में, इस समय तो निश्चित रूप से कुछ नहीं कहा जा सकता है। वीज़ा बढ़ाने के पहले वे लोग फिर हंगामा खड़ा कर सकते हैं। सत्रह तारीख को आपके वीज़ा एक्सटेंशन होगी, और सोलह तारीख को ही हुड़दंग करेंगे वे लोग। तब उन लोगों को बोला जाएगा, 'वह देश में नहीं हैं। उनको लाने के मामले में बाद में सोचा जाएगा।' परिस्थिति शान्त होने पर आप निश्चित ही लौट पाएँगी। अगर आपको लगता है कि आप वापस नहीं आ पाएँगी इस देश में, तो यह आपकी भूल है। जरूर आ पाएँगी। मैंने तो तपन राय चौधुरी को बोल ही दिया है। वह तो आपको बहुत स्नेह करते हैं। आपकी उम्र की उनकी बेटी भी है। बेटी की ही तरह आपको स्नेह करते हैं। उनको कहा था आपको बताने के लिए। आपकी अगर इच्छा हो तो ऑक्सफोर्ड में उनके घर में भी रह सकती हैं। आपको चिन्ता करने की कोई जरूरत नहीं। ऐसा नहीं है कि कब जाएँगी, वह अभी तय करना होगा आपको। आप दो-एक दिन का समय लीजिए। दो-एक दिनों में बताने से भी चलेगा।'

'भ' बाबू जब मुझको देश छोड़ने का परामर्श दे रहे थे, कह रहे थे कि कुछ दिनों के लिए चली जाऊँ। मेरी रीढ़ की हड्डी भी समझ पा रही थी कि यह जाना कुछ दिनों के लिए नहीं है। यह जाना इस जन्म के लिए जाना है। सारी जिन्दगी के लिए जाना है। बंग्लादेश में भी कहा था, कुछ दिनों के लिए चली जाओ, माहौल ठंडा होने पर लौट आना। आज लगभग चौदह साल होने को आया, नहीं हुआ। पश्चिम बंगाल से भी निकालने के वक़्त कहा था, दो दिनों के लिए जाओ, दो दिनों के बाद वापस आ जाना। तीन महीने होने को आये, आज भी वहाँ वापस जाना नहीं हुआ।

'आप कुछ दिन बाहर रहिए, आपके जाने से, हमारे लिए आपको कलकत्ता वापस भेजना आसान होगा। तब आप फ्रांस से, या यूरोप के किसी भी और देश से, कलकत्ता सीधे वापस जा पाएँगी। आपको दुश्चिन्ता करने की कतई जरूरत नहीं। कैसे जाएँगी, उस सबकी व्यवस्था हम करेंगे। आप इस देश की सम्मानित अतिथि हैं। देखिए, सुरक्षा के कारणों से, आपके साथ किसी को भी मिलने नहीं दे रहे हैं, आपको स्वाभाविक जीवन नहीं जीने दे रहे हैं, पिच्चानवे लोग अच्छे हैं, पर पाँच लोग तो खराब हो सकते हैं। इसीलिए हम लोग कोई भी रिस्क नहीं ले रहे हैं।'

जब वह बात कर रहे थे मैं बीच-बीच में उनके चेहरे की तरफ देख रही थी। उनके माथे के शिकन से विरक्ति स्पष्ट झलक रही थी। मुझे विश्वास करने में बहुत तकलीफ हो रही थी कि यही वह व्यक्ति हैं, एक समय जिनके घर में मैं जाती थी। वह चाय पिलाते थे। मैं उपहार में किताबें देती थी। मिठाई, दही, फूल ले जाती थी उनके लिए। वह बैठ कर मेरी कविताएँ पढ़ते थे। कहते थे, कविता उनको बहुत अच्छी लगती है। एक बार सारे अच्छे कवियों की किताबें देकर आयी उनके घर। जितनी बार उनको फोन किया, हर बार उन्होंने घर आने को कहा। साक्षात्कार के लिए आये पार्टी के सब लोगों को बैठा छोड़, मुझसे मिले, बातचीत की। सबसे ज़्यादा समय मुझे ही दिया। मेरी रेजिडेंस परमिट की मियाद खत्म होने से पहले ही, खोज लेकर वह स्वराष्ट्र मंत्रालय में बोल देते थे। फिर मुझे बताते थे कि उन्होंने बोल दिया है। वही 'भ' बाबू दुश्मन की तरह बात कर रहे हैं, उनकी आवाज़ में जरा सी भी ममता नहीं है। इसके बावजूद भी मुझे विश्वास नहीं होता है कि वह अब सचमुच मेरे दुश्मन हैं। मेरी यही एक मुश्किल है, कोई आदमी खराब हो सकता है, मुझे इस पर विश्वास ही नहीं होता है। वह इधर-उधर, घुमा-फिराकर वही एक बात बोलते रहते हैं। अगर संक्षेप में, एक वाक्य में कहा जाए तो वह है, 'आप भारत छोड़िए'। क्या मैं भारत छोड़ूँगी? जो मेरे साथ खड़े हुए हैं, एक समय में, मैं सबसे ज़्यादा उन पर विश्वास करती थी, आज राजनीति ने उनको उनकी नीति व आदर्श से दूर हटा दिया है, मेरे प्रति मोह, माया, ममता, स्नेह जो कुछ भी था, सब को फेंक, वह एक जगह खड़े होकर मुझे प्रलोभन दे रहे हैं, वैसे तो उन्होंने मुखौटा पहन रखा है, मेरे हितैषी का।

अब मेरे बोलने की बारी थी। अत्यन्त शान्त आवाज है मेरी। अभी हाल ही मौत का मुँह देखकर आयी हूँ। अभी भी आकाश-पाताल करते हुए मेरे रक्तचाप के कन्धों पर बैठकर, दुष्ट मृत्यु, मेरे संग लुकाछिपी खेल रही है। लौकिक सारी चीजें, मेरे लिए नितान्त ही तुच्छ हैं। जहाँ राजनीति के दाँवपेंच, स्वार्थीपन, गन्दगी मुझसे सहस्र प्रकाशवर्ष दूर है। बहुत शान्त लहजे में बोलती हूँ, 'विदेश में मैं दस साल रही हूँ। दस सालों में, एक दिन के लिए भी नहीं लगा कि मैं वहाँ बिलौंग करती हूँ। अगर मुझे लगता है कि मैं किसी सोसाइटी को बिलौंग नहीं करती, तो उस सोसाइटी में जिन्दगी

गुजारनी दुःसह है। जबकि मेरा बहुत नाम था, बहुत पुरस्कार पाये हैं विदेश में, पर कभी भी मुझे नहीं लगा कि विदेश मेरा देश है। यहाँ भारतवर्ष में मैं ऑफिशियली एक विदेशी हूँ, एक फॉरेनर। पर मुझे कभी नहीं लगता है कि मैं यहाँ विदेशी हूँ। मैं यहाँ अपनी भाषा में बात करती हूँ। यहाँ का कल्चर, मेरा अपना कल्चर है। मैं जन्म से बड़ी हुई हूँ इसी बंगाली संस्कृति में। सिर्फ बंगाल ही नहीं, भारत के जिस भी अंश में, जिस भी प्रान्त में क्यूँ न जाऊँ, लगता है जैसे, मैं इस देश की, इस मिट्टी की इंसान हूँ। कभी भी नहीं लगता है कि मैं फॉरेनर हूँ, या मैं इस देश को बिलौंग नहीं करती। पहले तो टूरिस्ट वीज़ा दिया जाता था, जब भी वीज़ा मिलता था चली जाती थी कलकत्ता और जब से रेजीडेंस परमिट दिया गया, तब से तो रहना ही शुरू कर दिया वहाँ। मेरे पास जो कुछ भी था विदेश में, प्रायः सब ही ले आयी हूँ कलकत्ता के घर में। देश में अपने बड़े भाइयों को भी कहा है, मेरी सारी किताबें भेज देने को। आप ही तो रेजीडेंस परमिट एक्सटेंशन में मेरी मदद करते थे, हर समय, इस मामले में मेरी सहायता करते आये हैं आप। आप अगर मेरे कलकत्ता के घर में जाएँ, तो देखेंगे, लगेगा कि तीस साल की गृहस्थी है। इस सपने को, इस संसार को छोड़कर मैं कहाँ जाऊँगी! मैं बंगाली हूँ, बांग्ला में लिखती हूँ, इसीलिए बंगाल में थोड़ी जगह चाहती हूँ। अपनी तरह से रहना चाहती हूँ, लिखना चाहती हूँ, इससे ज़्यादा तो कुछ और नहीं चाहती। अगर सम्भव होता तो बंग्लादेश चली जाती। कोशिश नहीं की, ऐसा नहीं। वहाँ अपने वकील के साथ सम्पर्क भी किया है...।'

—'आपकी लॉइयर तो सारा हुसैन हैं, हैं न?' 'भ' बाबू ने अचानक पूछा।

मैंने सर हिलाकर कहा, 'हाँ सारा, सारा के पिता हैं डॉक्टर कमाल हुसैन। उनके साथ भी सम्पर्क करने की कोशिश की है। वह मेरे देश लौटने के मामले में कुछ बताना ही नहीं चाहते हैं। उनकी पत्नी हामिदा हुसैन को भी चिट्ठी लिखी थी। जरा भी आग्रह नहीं दिखाया। लौटना सम्भव होता तो जरूर लौट जाती। यहाँ रहने की कोशिश नहीं करती। कहीं, कोई जगह नहीं है, इसलिए इस देश में रहती हूँ। प्राणों के खिंचाव से, भाषा के खिंचाव के कारण, जड़ों की खिंचाव की वजह से रहती हूँ। यहाँ लेखन के बीच रह सकती हूँ। बंगाली दोस्त, बंगाली पाठक, एक बंगाली लेखक के लिए इन सब के बीच में रहना जरूरी है। देश से रिश्तेदार भी आ पाते हैं। मैंने तो इस्लाम को लेकर अभी कुछ भी नहीं लिखा है। 'द्विखंडितो' तो बहुत पहले की लिखी किताब है। भारत में रहना शुरू करने से भी बहुत पहले की। यह किताब तो विदेश में बैठकर लिखी थी। भारत में रहते हुए मैंने इस्लाम को लेकर कुछ नहीं लिखा है। उस किताब पर, पार्लियामेंट में प्रणव बाबू के बोलने के बाद कुछ अंश डिलीट भी कर दिया। आपके साथ प्रणव बाबू की बात होती है कि नहीं, पता नहीं। वह तो जानते हैं कि मैंने डिलीट कर दिया है।'

'भ' बाबू ने सिर हिलाया।

'अब अगर मेरा रेजीडेंस परमिट एक्स्टेंड नहीं करते हैं तो मुझे चले ही जाना

होगा, इस देश को छोड़कर। समझ लूँगी कि इस उपमहादेश में मेरे लिए कोई जगह नहीं है।'

रोने से मेरा गला भर जाता है। बोलती भी रहती हूँ, और दोनों आँखों से पानी भी बहता रहता है। 'भ' बाबू इतने बड़े देश के, इतने क्षमतावान व्यक्ति हैं, जो देश निकट भविष्य में 'सुपर पावर' होने की योग्यता रखता है, वह देश मेरे जैसे स्वदेशहीन, स्वजनहीन एक असहाय लेखक को जगह नहीं दे पा रहा है। वह भी सौ करोड़ से ज़्यादा जनसंख्या के देश में, सिर्फ हाथ पर गिने हुए कुछ मौलवादी नहीं चाहते हैं, इसलिए! अविश्वसनीय सा लगता है, सब कुछ। मौलवादियों को सन्तुष्ट करना, वोटों के लिए जरूरी है, सत्ता में रहने के लिए जरूरी है। सुना है। सत्ता के लिए सबों को इतना लालच है! समाज को नष्ट करके भी, बस सत्ता चाहिए!

आँखों का पानी पोंछती जाती हूँ और कहती जाती हूँ, 'विदेश में हो सकता है कि जान बची रहे, पर वो जिन्दा रहना सच में जिन्दा रहना नहीं है। सच में जिन्दा रहने के लिए, मुझे या तो बंग्लादेश, या फिर भारत में रहना पड़ेगा। मैं विदेश नहीं जाना चाहती। वहाँ मैं जिन्दा रह सकती हूँ, पर एक लेखक के हिसाब से नहीं। मुझे वहाँ अच्छा नहीं लगता है। उन देशों में मैं एक क्षण के लिए भी अच्छी नहीं रहती। मैं कहीं नहीं जाऊँगी। दिल्ली में ही रहूँगी, जहाँ रखा हुआ है, वहीं। जिस दिन कलकत्ता जाने देंगे, उस दिन ही जाऊँगी। उससे पहले तक यहीं रहूँगी। इस देश में बहुत लोग मुझे प्यार भी करते हैं।'

'भ' बाबू ने सिर हिलाकर कहा, 'हाँ वह तो निश्चय ही करते हैं।'

'वह तो थोड़े से लोग हैं जो नहीं चाहते हैं कि मैं इस देश में रहूँ, वह लोग चाहते हैं, इसीलिए मेरा जीवन क्यूँ नष्ट होगा! उनकी धमकियाँ तो मेरी जिन्दगी में नयी नहीं हैं। वह ऐसी धमकियाँ किसी एक उद्देश्य से देते हैं, फिर चुप हो जाते हैं। अभी अगर इस 'सेफ़ हाउस' में कुछ दिन रहना पड़े, इन्तजार करना पड़े, मुझे कोई आपत्ति नहीं। मैं सिर्फ चाहती हूँ कि दो-एक मित्रों से जरूर मिलने दिया जाए।'

'भ' बाबू ने पुनः अपनी वही बात कही। मैंने भी शान्ति के साथ अपनी वही बात पुनः कही। 'कहीं नहीं जाऊँगी'। इसके बाद अचानक उन्होंने घड़ी देखी। उनको जल्दी है। जाना है।

'आपको तो मैं फोन करना चाहती हूँ, पर आप व्यस्त होंगे सोचकर, फोन करने में हिचकिचाती हूँ।'

उन्होंने हँस कर कहा, 'रात दस बजे के बाद फोन करियेगा। देखता हूँ, मैं पश्चिम बंगाल की सरकार के साथ बात कर के देखता हूँ।'

इतनी देर की बातचीत के बाद, मुझे लगा कि 'भ' बाबू का मन शायद थोड़ा नरम पड़ा है। पर नरम कहाँ! जिस समय मुझे गाड़ी में कारागार छोड़ने जाया जा रहा था। रास्ते में 'भ' बाबू का प्रभु के पास फोन आया। नम्बर एक, वह मेरी जेनुइनली

हेल्प करना चाहते हैं। मैं इस बात को समझने की कोशिश करूँ। नम्बर दो, आज की मुलाकात की बात, मीडिया को नहीं पता चलनी चाहिए।

रास्ते में प्रभु को बहुत अनुरोध किया, किसी कैफ़े में चलने के लिए, कहीं न कहीं, किसी रेस्तराँ में, बाहर कहीं भी। प्रभु कहीं नहीं ले गये। कारागार में लौटा लाये। प्रभु के साथ खुली छत पर टहलती हूँ। वह एक रहस्यमय आदमी हैं। कहा, 'आपका प्रेजेंटेशन जबरदस्त है। मैं मुग्ध हूँ।'

मैंने कहा, 'मैं वहाँ अभिनय करने नहीं गयी थी। अपने मन की बातें ही कही हैं।'

टहलने के वक़्त भूल ही गयी कि मैं अभी सीसीयू से उठकर आयी हूँ। किसी बन्धन को न मानकर, रक्तचाप बढ़ता जाता है। माप कर देखा, 220/120।

– चलिए अभी चलना होगा अस्पताल। भर्ती होना होगा।

– पर भर्ती नहीं करेंगे। जाकर कोई फ़ायदा नहीं।

– क्यूँ नहीं करेंगे। उन लोगों ने ही तो कहा था, रक्तचाप नॉर्मल नहीं होने तक अस्पताल से नहीं छोड़ेंगे। अभी भी तो स्टेबल नहीं हुआ है। इस रक्तचाप के साथ मैं अस्पताल से बाहर नहीं रहूँगी। कल ही मेरा प्रेशर दो सौ से पचास पर उतर आया था। यहाँ रहने में भरोसा नहीं कर पा रही हूँ।

प्रभु के जाने की कोई इच्छा नहीं थी, पर मैं जाऊँगी। भर्ती होने के लिए कुछ कपड़े-लत्ते भी लिए। अस्पताल में कुछ दिन और रहना उचित है, यह बात तो डॉक्टर ने भी कही थी। पर नहीं रहने दिया गया मुझे। प्रभु और डॉक्टर में पता नहीं क्या बात हुई। जिन डॉक्टरों ने कहा था कि रहना जरूरी है, उन लोगों ने ही कह दिया, जरूरी नहीं है। सरकारी अस्पताल, एम्स ने। सरकारी आदेश तो सर झुकाकर मानेंगे ही, सरकारी डॉक्टर।

मैं बहुत गम्भीर भाव से सोच रही थी, मुझे जो 'भ' बाबू ने देश छोड़ने की बात कही है, वह उतना अमानवीय नहीं है, जितना अमानवीय है, सीसीयू से किसी रक्तचाप के रोगी को उठाकर, पन्द्रह मील दूर ले जाकर, उसे सबसे भयंकर संवाद देना। इससे अमानवीय और क्या हो सकता है! मेरा कमज़ोर दिल बन्द भी तो हो सकता था!

यह अब ढकने-छुपाने की बात नहीं रही। यह बात अब दिन के उजाले के जैसी है, जिस भी तरह हो वे लोग चाहते हैं कि मैं चली जाऊँ। बीमारी-हारी में इंसान का मन कमज़ोर रहता है। दुर्बल समय को ही चुना है, कठिन दवा देने के लिए। मैंने कह तो दिया कि मैं नहीं जाऊँगी, पर क्या वह मानेंगे! वह निश्चित ही आगबबूला हो गये हैं, मेरी जुर्रत को देखकर, पर हाल नहीं छोड़ा है उन्होंने। अकेली इंसान। उसमें शक्ति ही कितनी है। कितने दिन सह पाएगी अकेलेपन और पराधीनता का दर्द!

अस्पताल जाकर भी लौट आना पड़ा, भर्ती नहीं किया मुझे।

घरबार छोड़कर, प्रिय बिल्ली को छोड़कर, किताबें, दोस्त, अपने जीवन को छोड़कर, अनिश्चितता की दुर्गन्ध से भरी कथड़ी से सर-मुँह ढक कर, दिन पर दिन पड़े रहना, कहाँ पड़े रहना, कितने दिन, कुछ भी नहीं पता– मेरे हृदपिंड को दाँतों और नाखूनों से भयानक काटा-नोचा गया है।

उसके बाद दिल के रूक जाने पर लाना ही होगा सीसीयू में। जाऊँ-जाऊँ करते जीवन को किसी तरह खींच कर लाया गया, धकधक करता सीना चले जाना चाहता है, रुग्ण शरीर लौट जाना चाहता है घर। बिल्ली के पास, दोस्त के पास, प्रिय स्पर्श के पास।

कौन परवाह करता है दिल की! सीधे सीसीयू से उठा ले जाकर, बहुत ही गम्भीर, शरीर को कँपा देने वाले स्वर में सुनाया गया मुझे कि किसी दूसरे देश चली जाओ, यह देश छोड़ दो! कहाँ जाऊँगी, कहीं और तो जाने की जगह नहीं है मर जाने पर, इसी मिट्टी में मुझे मिट्टी दे देना।

मिट्टी खोदकर देखना चाहो मेरी जड़ें, तो देख लेना, पर किसी को क्या पड़ी है देखने की, किसी को क्या पड़ी है, आँसुओं में बह जाने वाले इंसान की कातरता देखकर, कातर होने की। सीसीयू से फिर निर्वासन में, फिर अन्धकार में कूड़े की तरह फेंक कर, हाथ धोकर घर चले गये वे लोग, वे—बहुत बड़े-बड़े लोग हैं, हाथ जोड़कर, नतमस्तक हो नमस्कार करती हूँ, उन्हें।

### 5 फरवरी

मैं क्या सिर्फ अपने लिए जिन्दा हूँ! क्या मैं सिर्फ अपने ही बारे में सोचती हूँ! तब तो कब का समझौता करके या माफ़ी माँग कर सुरक्षित जीवन की तरफ मुड़ सकती थी मैं! पर मैंने ऐसा नहीं किया! अपनी बोलने की आजादी के लिए संघर्ष किया, इसी तरह और सबकी बोलने की आजादी और मत प्रकट करने के अधिकारों के लिए लड़ाई लड़ी। जिस देश या राज्य से मुझे निकाला गया है, मैं उसी देश या राज्य में लौटना चाहती हूँ, जिससे उस देश में, उस राज्य में अभिव्यक्ति की स्वतन्त्रता को, मत प्रकट करने के अधिकार को सही स्थान दिया जाए, सारी दुनिया में उसे मान दिया जाए, जिससे किसी भी विषय में अपनी राय जाहिर करने के अधिकार से कोई भी वंचित न रहे। जिससे अन्धेपन को जकड़ कर, समाज को एक टाँग पर खड़े न रहना पड़े। जिससे रोशनी की ओर आगे बढ़ें। नारी विद्वेष, धर्मान्धता, कुसंस्कार, कुशिक्षा, मूर्खता, कूपमंडूकता से देश बचे, समाज बचे, लोग बचें। जानती हूँ जिन्दा रहते हुए, बड़े किसी परिवर्तन का, सामान्य सा भी कोई स्पर्श नहीं पा सकूँगी। न पाऊँ, लोग तो आगे और लाखों साल तक जिन्दा रहेंगे। भविष्य में लोग अच्छे से, शान्ति से, सुरक्षित, निश्चिन्तता के साथ, बिना किसी विषमता के जिन्दा रहें। मनुष्य धर्म, कुसंस्कार इत्यादि के नागपाश से बचे रहें। इंसान घृणा की वीभत्सता के दंश से बचा रहे। खाते-पीते जिन्दा रहें, फूलों की सुवास लेकर जिन्दा रहें, प्रेम में जिन्दा रहें।

**7 फरवरी**

देसी टीवी दिखा नहीं पाया कि निरापद घर में कैसी हूँ मैं। पर फ्रांस के टीवी ने सब ठीक-ठीक दिखा दिया। फ्रांस के संवाददाता भारत में आये भी थे। कलकत्ता गये, मेरे शुभचिन्तकों के साथ बात भी की। मीटिंग और जुलूसों की तस्वीरें भी लीं, और स्काईप पर मेरा इंटरव्यू भी लिया।

**9 फरवरी**

लगता है, सारे दिन ठस होकर बैठे हुए हैं। धक्का देने पर भी, एक सूत भी आगे नहीं बढ़ा पा रही हूँ उन्हें। बिना किसी वजह के दिन, मन खराब किये बैठे रहते हैं। सामने से हटना ही नहीं चाहते हैं। अज्ञातवास में अब बस सिर्फ इन्तजार है, सत्रह फरवरी को मुझे भारत में रहने की अनुमति मिलेगी भी कि नहीं। अगर नहीं मिलती है, तो कहाँ जाऊँगी, क्या करूँगी, कुछ नहीं जानती। अनुमति मिलेगी, यही तो जानती हूँ मैं। यह संशय भी हो रहा है शायद अनुमति न भी दे। संसद में मुझे वीज़ा देने के सम्बन्ध में सकारात्मक वक्तव्य सुनने के बाद भी मेरा संशय नहीं जाता है।

**21 फरवरी**

बहुत दिन हुए मैंने कुछ नहीं लिखा। लिखने का मन ही नहीं किया। लगभग एक माह के इस लम्बे अन्तराल में कितना कुछ घट गया। लिखने के लिहाज़ से, बस कुछ कविताएँ लिखीं। आज इक्कीस फरवरी है। यह दिन कितने चमत्कारी ढंग से मनाया जाता था बंग्लादेश में। बंग्लादेश क्या मेरा देश है! मुझे विश्वास नहीं होता कि वह मेरा देश है। भारत को, विशेषकर पश्चिम बंगाल को अपना देश ही समझा था। वह भी किसी क्षण में मिथ्या हो गया। मेरे स्वप्न पूर्णतया निर्भर करते हैं दो-एक लोगों की मर्ज़ी पर।

आज कलकत्ता में, मुझे वापस लाने का दावा करते हुए, कुछ लोगों ने अनशन शुरू किया। कुछ वयस्क लोग, पैंसठ से अस्सी-पिचयासी साल की उम्र के, बेहाला के रास्ते पर मंच बनाकर अनशन पर बैठे हैं। सारा दिन चलता रहता है भाषण, प्रदर्शन। इक्कीस, बाईस, तेईस, तीन दिन तक चलेगा यह कार्यक्रम, अनशन। सुनंद सान्याल, अम्लान दत्त एवं और भी बहुत जन हैं। खबर सुनकर मन अच्छा हो जाता है।

आज सुबह इनामुल कबीर के साथ फोन पर बात कर बहुत हैरान हो जाती हूँ। वह मुझको भारत छोड़ने की सलाह दे रहे हैं। जो मेरे इतने नजदीकी इंसान हैं, जिन्होंने हर वक़्त मेरी भावना-चिन्ताओं का समर्थन किया है, जो 'धर्ममुक्त मानवतावादी मंच' के साधारण सम्पादक हैं, वह अचानक ऐसे कैसे पलट गये! उन्होंने उत्तेजित आवाज़ में बताया कि, बुद्धदेव भट्टाचार्य को उन्होंने चिट्ठी लिखी

थी, अपनी साहित्यिक पत्रिका 'नवमानव' भी भेजी थी। चिट्ठी पाकर बुद्धदेव भट्टाचार्य ने खुद इनामुल को दो चिट्ठियाँ भेजीं। दूसरी चिट्ठी में अपना फोन नम्बर भी भेजा। दोनों की फोन पर बात हुई।

'भाई इनामुल परिस्थिति बहुत जटिल है' यह बोलकर फोन पर बात शुरू की थी बुद्ध बाबू ने। उसके बाद उन्होंने क्या कहा, वो इनामुल कबीर के न बताने पर भी अन्दाजा लगाया जा सकता है। क्यूँकि इनामुल के आचरण से ही वह स्पष्ट हो गया। वह कहते हैं, जिस देश ने मुझे इतना नीचा दिखाया है, उस देश के मुँह पर लात मारकर क्यूँ नहीं चली जाती मैं!

इनामुल के मुँह से देश छोड़ने की बात। हाँ, उसकी वजह है कि बुद्धबाबू कभी भी मुझे कलकत्ता वापस लाना नहीं चाहते हैं। वह चाहते हैं, मैं चली जाऊँ! मेरा चले जाना ही उचित है। मैंने इनामुल को कहा, खोद-खोदकर देखने पर हर देश की ही कोई न कोई त्रुटि या गलती नजर आएगी, इसका समाधान लात उसको मारकर चले जाना नहीं है। ऐसे तो हर देश से, इसी तरह चले जाना चाहिए।

तपन राय चौधुरी ने भी सत्ता के आगे नीति व आदर्श को मिट्टी में मिला दिया। इनामुल ने भी। एकजन का काम 'भ' बाबू ने किया, तो दूसरे का काम बुद्धबाबू ने कर दिया।

चरम हताशा के बीच, इस अनशन की खबर ने, मुझमें थोड़ी सी जान डाली। युगों-युगों से राजनीतिविद्, सरकार, मौलवादी, अज्ञानी, अशिक्षित, चोर, बदमाश मत प्रकाश करने के अधिकार के खिलाफ बोलते ही आये हैं परन्तु शिल्पी, साहित्यकार और बुद्धिजीवी, युगों-युगों से सत्य और आजादी के पक्ष में बोलते आये हैं। जिस दिन शिल्पी, साहित्यकार और बुद्धिजीवी, सरकार और कट्टरपंथियों के सुर में सुर मिलाना शुरू कर दें—उस दिन समझना होगा कि समाज में सड़न पैदा हो गयी है।

मैं बंगाल के समाज के इस पतन को देखकर उद्विग्न हूँ। इस चरम उद्विग्नता के बीच, अनशन की खबर थोड़ी सी शान्ति देती है।

## 22 फरवरी

फ्रांस के प्रेसिडेंट से साथ मिलने नहीं दिया गया, पर जैसे ही कहा कि स्वीडन के राजदूत से मिलना है, संग-संग इन्तजाम कर दिया। स्वीडिश दूतावास के राजदूत ने दोपहर के खाने पर आमंत्रित किया था। दूतावास में जाने के लिए मैं तैयार नहीं हुई। राजी नहीं हुई, इसका कारण था कि स्वीडिश दूतावास में जाने से, कानूनन मैं स्वीडन के सीमा के अन्दर हूँ, और भारत से बाहर। प्रभु मुझे दूतावास में छोड़ने के बाद, वहाँ से वापस नहीं भी ला सकते हैं। राजदूत लार्स ओलोफ लिंडग्रेन ने ही ठीक किया कि ताज होटल के चेम्बर्स रूम में मिलेंगे और दोपहर का खाना भी वहीं होगा। प्रभु खुशी से दोहरे हुए जा रहे हैं। चेम्बर्स रूम को एकदम एक सूईट की तरह

सजाकर, वहाँ खाने की टेबिल लगा दी गयी। राजकीय इंतज़ाम। क्यूँ! इसकी एक ही वजह कि मैं चली जाऊँ, भारत छोड़ दूँ। राजदूत को घूस दिया जा रहा है कि मुझे समझा-बुझाकर स्वीडन भेज दें! नहीं तो प्रभु या प्रभु के प्रभु को क्या पड़ी थी, स्वीडन के राजदूत के निमंत्रण को अपने सर लेकर, उसको उत्सव का ऐसा रूप देना। दूतावास के अफसरों को भी आमंत्रित किया गया था। खाना-पीना हुआ, बातें हुईं, पर ऐम्बैसेडर ने मुझे भारत छोड़कर, स्वीडन जाने के लिए कोई परामर्श नहीं दिया। सेफ़ हाउस या निरापद घर लौटते समय, मैं समझ जाती हूँ कि प्रभु बेचैन हैं, मैं स्वीडन चली जाऊँगी, ऐसा कुछ सुनने के लिए। इस बात को लेकर, बहुत देर तक जब मैंने कुछ नहीं कहा, तो जानने की कोशिश करने लगे कि क्या बात हुई।

प्र - क्या बात हुई?

त - कैसी हूँ, क्या कर रही हूँ।

प्र - क्या कहा आपने?

त - बताया, जैसी भी हूँ, जैसा भी अनुभव कर रही हूँ, सब।

प्र - सब बताया?

त - हाँ। मैं तो कुछ छुपाकर नहीं रखती।

प्र - कहा कि आप ठीक नहीं हैं?

त - कहा सब कुछ है यहाँ, बस जहाँ खुशी है, वहाँ जाने की आजादी नहीं है।

प्र - क्या कहा उन्होंने?

त - सुना, कुछ कहा नहीं।

प्र - लगा कि वह एक अद्‌भुत सज्जन पुरुष हैं।

त - हाँ, आपादमस्तक आधुनिक पुरुष। अच्छा, आप लोगों ने खाया न?

प्र - हाँ खाया। उन्होंने और क्या कहा?

त - किस बारे में?

प्र - आपके बारे में।

त - लगता तो है, वह मेरे बारे में बहुत अच्छे से जानते हैं। क्या हुआ कलकत्ता में, क्यूँ हुआ, क्या घटा था बंग्लादेश में, क्यूँ घटा था, वह सब अच्छे से समझते हैं।

प्र - और दिल्ली में जो कुछ घटा?

त - इसको लेकर ही तो बात हुई। उनके पास बोलने को और क्या था। वह तो इस देश के आदमी नहीं हैं।

प्र - वह मुझे पता है, पर आप तो उनके देश की हैं।

त - हाँ काग़ज़-क़लम पर। मैं देखने-भालने में क्या स्वीडिश लगती हूँ, या भारतीय, बताइये तो!

प्र - यह जो आप अभी सेफ़ हाउस में हैं, कोई भी फ्रीडम नहीं है। कलकत्ता भी आपका जाना नहीं हो पाएगा। भारत की राजनीति की आप शिकार हैं, इसको लेकर कोई बात नहीं हुई?

त - जानते हैं वह यह सब।

प्र - कोई नसीहत नहीं दी?

त - नसीहत क्यूँ देंगे? मैं क्या कोई छोटी बच्ची हूँ? मैं क्या खुद नहीं समझती, मुझे क्या करना चाहिए?

प्र - फिर भी अनुभवी लोगों के उपदेश बहुत मूल्यवान होते हैं।

त - उनको नहीं लगा कि मुझे किसी उपदेश की जरूरत है।

प्रभु बहुत देर तक चुप रहे। निरापद घर के नजदीक आने पर सवाल किया, ऐम्बैसेडर ने आपसे स्वीडन जाने की कोई बात नहीं की?

त - कहाँ जाने की बात?

प्र - स्वीडन।

त - नहीं तो!

प्र - कुछ भी नहीं कहा? कहा नहीं कि यहाँ किसी भी तरह की आजादी के बिना, कैसे जिन्दा रहेंगी आप? लिखने का नुकसान हो रहा है। आपको टेंशन हो रही है। तबीयत खराब हो रही है। मन पर बहुत दबाव पड़ रहा है। उससे अच्छा है कि स्वीडन चली जाइये?

त - नहीं, ऐसा कुछ नहीं कहा उन्होंने।

प्र - कुछ भी नहीं?

त - न।

प्र - क्यूँ नहीं कहा?

त - नहीं कहा, क्यूँकि उन्हें पता है, मैं चाहने पर स्वीडन जा सकती हूँ, पर इस देश से मैं जाना नहीं चाहती। मैं भारत में ही रहना चाहती हूँ।

**23 फरवरी**

आज प्रभु ने मुझे बताया कि मेरी जहाँ मर्जी, मैं जा सकती हूँ, पर अपनी सुरक्षा का इन्तजाम मुझे खुद ही करना पड़ेगा। रक्तचाप बहुत ज्यादा बढ़ गया है। मैं बीमार हो गयी हूँ। थोड़ा-थोड़ा कर मैं मर रही हूँ। बचने की कोशिश करूँ, या कि इसी तरह मरी पड़ी रहूँ!

**24 फरवरी**

मुझे नहीं लगता है, इस देश में मेरे लिए रहना सम्भव होगा।

## 26 फरवरी

सुबह खबर मिली कि शिवनारायन राय का देहान्त हो गया है। आनन्दबाज़ार में मेरी किताब 'नारीर कोनोओ देश नेई—नारी का कोई भी देश नहीं' के बारे में लिखना चाह रहे थे, आनन्दबाज़ार ने कोई आग्रह नहीं दिखाया। वह लेख पूरा भी हुआ था, या कि अधूरा ही छोड़ चले गये!

अन्नदाशंकर नहीं हैं। निखिल सरकार नहीं हैं। शिवनारायन राय नहीं हैं। जो लोग मेरे सबसे बड़े मित्र थे, अब नहीं रहे। कौन है मेरे लिए, कलकत्ता में? अनिल दत्त भी चले जाएँगे एक दिन। फिर कोई भी सचमुच का दोस्त नहीं रहेगा मेरा। मैं बिल्कुल अकेली हो जाऊँगी।

शिवनारायन राय बहुत ऊँचे इंसान थे। एक इंसान था मेरे पास, जो मेरे किसी भी बुरे समय में साथ खड़ा रहता था। दुनिया के जिस भी कोने में मैं थी, वह साथ थे। निर्भीक, लड़ने का माद्दा रखने वाले इंसान। प्रशासन मेरे साथ नहीं था, कोई प्रतिष्ठान नहीं था, उन्होंने परवाह नहीं की, वह साथ रहे। इतने ऊँचे कद के इंसान थे कि उनकी थाह पाना, उनकी विदग्ध आँखों में देख पाना, किसी के लिए आसान नहीं था। बस उसी दिन ही, मेरे इस घोर दुस्सह वास में, मेरे व मेरे सपनों के टूट कर टुकड़े-टुकड़े हो बिखर जाने पर, जरा सा भी विचलित हुए बगैर कहने लगे, 'लिखो, जहाँ, जैसी भी हो, जैसी भी परिस्थिति हो, लिखती रहो। तुम्हारा जीवन है, तुम्हारी कलम।' शिथिल हो आयी कलम को मैंने फिर से उठा लिया है, अपनी सख्त मुट्ठी में। वह एक आग की तरह मेरे साथ थे। सारी दुनिया जब मुझे त्याग कर चली गयी, तब भी मुझे पता था, कोई अगर मेरे साथ हैं, तो बस वह हैं। एक-एक कर महान लोग खोते जा रहे हैं। निर्भीक, निःस्वार्थियों की संख्या क्रमशः कम होते-होते, शून्य हो रही है। इन डरपोक, स्वार्थ के अन्धे और कमज़र्फ़ लोगों की दुनिया में, बहुत अकेली पड़ती जा रही हूँ। मैं उनके दबदबे और चीखों से बहरी हुई जा रही हूँ। उनके खूने से भरी आँखें देखकर गूँगी हो रही हूँ।

वह महान इंसान अब नहीं है। ठंडा अन्धकार ग्रास कर रहा है मेरी निःसंग दुनिया को।

## 28 फरवरी

हर दिन दैनिक स्टेट्समैन में मेरी कविताएँ छापी जा रही हैं। हर दिन ही फोन आता है, सब मेरी कविताएँ पढ़कर बहुत प्रसन्न हो रहे हैं। इन्तजार करते हैं अगले दिन की कविता का। शमिक बंद्योपाध्याय, अंग्रेजी साहित्य के पंडित हैं। एक दिन उन्होंने खुद मेरी कविता का अनुवाद किया। बहुत उत्तेजित थे। कहा, वह अंग्रेजी अनुवाद का संकलन प्रकाशित करेंगे। कविताओं में 'निरापद घर' में मेरे दैनन्दिन जीवन की बातें हैं। कैदी हूँ पर सही मायनों में कैद भी नहीं है।

लोग बोल सकते हैं कि जेल से तो बहुत अच्छी हूँ मैं। या कि लोग तो और भी कष्ट भोग करते हैं जीवन में। ठीक है, पर यह दुर्गति दूसरी दुर्गतियों से कम है, इसलिए कम दुर्गति को क्यूँ मान लेना होगा! मेरे एक भी कदम पर बाधा देने से मैं विरोध करूँगी। जिनके सौ उठाये कदम रोध किये जाते हैं, उनसे ज़्यादा अच्छी हूँ, क्यूँकि मेरे बीस ही उठाये कदम रोके गये हैं, यह सोचकर सुख पाने वाली इंसान नहीं हूँ मैं। मेरा एक भी कदम तुम नहीं रोकोगे। क्यूँकि जिस वजह से तुम मुझे रोक रहे हो, वह वजह ही एक भयंकर भूल वजह है। मैंने जो भी कहा है, लिखा है, वह अगर किसी को पसन्द नहीं है, तो वह बाधा बनकर क्यूँ मेरे सामने खड़ा होगा! पसन्द नहीं है, इसीलिए जो मुझे मारना चाहते हैं, उन्हें जाकर स्वाधीनता की संज्ञा सिखाओ। कुछ सिरफिरे लोग, आजादी का मतलब नहीं समझना चाहते हैं, या फिर जानने पर भी मानते नहीं, तो इसकी जिम्मेदारी मुझे क्यूँ लेनी होगी! जो सरकार में हैं, शिक्षा प्रतिष्ठानों में हैं, जो प्रचार माध्यमों में हैं, वे मनुष्यों को शिक्षित करने का दायित्व लें, दिनभर सिखाते रहें, इसको आजादी बोलते हैं, उसको गणतंत्र बोलते हैं, इसको अधिकार बोलते हैं, उसको मत प्रकाश करना बोलते हैं।

**2 मार्च**

मैं लोगों का धर्म पर विश्वास देखकर हैरान हो जाती हूँ। मंगलवार को मांस-मछली नहीं खाएँगे, हनुमान जी की पूजा है। प्रत्येक धर्म विश्वासी प्रत्येक पूजा करता हैं। सबके ही हाथ में लाल धागा बँधा हुआ है। सिर्फ धर्म पर ही नहीं, जितने भी कुसंस्कार हैं, सबकुछ पर विश्वास करते हैं। एक भी डॉक्टर नहीं मिला, जो धर्म की बात नहीं करता हो। हर डॉक्टर, चाहे छोटा हो या बड़ा, इस बात को बहुत जोर देकर कहता है कि भगवान ने इस शरीर को बनाया है, भगवान ने रोग दिया है और भगवान ही रोग का निवारण करेंगे। मैं जड़ होकर बैठी रहती हूँ। निरपेक्ष रूप से, शिक्षित-अशिक्षित, नारी-पुरुष, अमीर-गरीब, प्रायः सभी इस देश में धर्मविश्वासी हैं।

धर्म पर इतना विश्वास, इतना धर्म का पालन, इतने उपवास, इतने लाल धागे, मैंने किसी और देश में नहीं देखे। बंग्लादेश में भी नहीं। जब पश्चिमी देश, भारत को धर्म का देश कहते, मैं आपत्ति करती थी। उन सब पुराने नास्तिकों की बातों पर, धर्मनिरपेक्षता के दर्शन की बातें दोहराती थी। पर कहाँ, उसका तो चिह्न मात्र भी नहीं है। सच मायनों में नास्तिकों की संख्या, गिनी-चुनी है। कुसंस्कार, ज्योतिष, धर्मान्धता से ठसा पड़ा है यह देश। सेनानिवास में एक मन्दिर है, सारा दिन और सारी रात गाने बजते रहते हैं वहाँ। इस सेनानिवास में जितने लोग रहते हैं, सेना के, सेना के अलावा, एक मुझे छोड़कर, सब ही आस्तिक हैं। सोचने पर बदन सिहर उठता है।

सेनानिवास के गेट के पास एक छोटा-सा कमरा है, उस कमरे के बाहर, बड़ा

करके लिखा हुआ है– 'एक बार खाने से तुम योगी, दो बार खाने पर तुम भोगी, तीन बार खाने पर तुम लोभी, चार बार खाने से, एक पाँव तुम्हारा ऑलरेडी कब्र में है।' कितना गलत तथ्य है यह। मैं मुँह बाए रहती हूँ। इस भगवान के देश को सुधारने का मेरे पास कोई उपाय नहीं है।

मुझे बात करनी पड़ती है, उन सब स्त्री-पुरुषों के साथ, जो भयकर रूप से पुरुषतांत्रिक हैं, धर्म और कुसंस्कारों से भरे हुए हैं। इन लोगों के साथ मुझे हर दिन वार्तालाप करना पड़ता है। यह ही मेरे संगी हैं। मुझे अपनी पसन्द के संगी चुनने का भी अधिकार नहीं है।

**3 मार्च**

इस दौरान बहुत से दोस्तों को खोया है। कुछ लोग मेरे साथ दोस्ती रखना राजनैतिक दृष्टि से जोखिम उठाना समझते हैं। फिर दो-एक नये दोस्त बने, पर कौन सा दोस्त, कितने दिन टिकता है, क्या कहा जा सकता है। केया नाम की एक लड़की, पटना से रोज रात को फोन करती है और लम्बे समय तक बात करती है। पागलों की तरह मेरी किताबें पढ़ती है, मुझसे प्यार करती है। सुमित चक्रवर्ती नियमित खबर लेते हैं, मेरी। कैसी हूँ जानने के लिए फोन करते हैं, और भी कई स्त्री-पुरुष, जिनके नाम भूल गयी हूँ मैं। दीप्तेश नाम का एक संवाददाता भी खोज खबर लेता रहता है, मेरी। उसको ही कहा था किसी बंगाली कार्डियोलॉजिस्ट का नाम बताने को। बताया भी उसने। कई दिनों तक उन्हीं डॉ. तरुन बागची के साथ बात भी हुई थी। अचानक एक दिन उन्होंने मुझसे बात करनी बन्द कर दी, फिर एक दिन उन्होंने मेरा फोन नहीं उठाया। प्रभु को कहा था, डॉ. तरुन बागची के साथ मिलना चाहती हूँ। पर मेरा प्रस्ताव खारिज कर दिया गया। प्रभु ने कहा कि उसी सरकारी डॉक्टर से ही सलाह-मशविरा करना होगा। कोई दूसरा डॉक्टर नहीं चलेगा। अचानक से दीप्तेश भी फोन पर नहीं मिलता है। एक दिन पकड़कर पूछा, क्या बात है, बचते हो क्या मुझसे! दीप्तेश थोड़ी देर चुप रहने के बाद बोला, 'और कुछ मत पूछिए, हालत खराब है, मेरे को ढूँढ़ते हुए पुलिस मेरे दफ्तर आ गयी, मैं कौन हूँ, क्या करता हूँ, मेरा नाड़ी-नक्षत्र सब।'

– क्यूँ?

– डॉक्टर का नाम आपको बताया, इसलिए।

– डॉक्टर बागची?

– हाँ।

– डॉक्टर तो फोन नहीं उठा रहे हैं। कई दिनों से कोशिश कर रही हूँ।

– वह अब और बात नहीं करेंगे। बहुत डर गये हैं। उनके चेम्बर में पुलिस जाकर थ्रेट देकर आयी है।

— आश्चर्य है, डॉक्टर साहब अब और बात नहीं करेंगे? क्या तुम यह सब सच बोल रहे हो? मुझे विश्वास नहीं होता है कि मेरे साथ फोन पर बात करने के लिए, पुलिस जाकर किसी इनोसेंट डॉक्टर को थ्रेट करेगी! अनबिलिवेबल।

— मैंने अपना बैंक अकाउंट वगैरह सब बदल लिया है।

— क्यूँ?

— मेरे ऊपर सरकार के लोगों की नजर है। हालत खराब है।

— इतना मत डरो दीप्तेश।

एम्स के डॉ. बहल, जो मुझे देख रहे हैं, एक दिन दीप्तेश ने कहा था कि वह उसके भी डॉक्टर हैं। खुद बात करने के लिए दीप्तेश से डॉ. बहल का मोबाइल नम्बर माँगा था। रक्तचाप का अद्‌भुत ढंग से उतरने-चढ़ने को लेकर, बात करना चाहती थी। क्यूँकि अस्पताल में मुझे रखकर, मेरे रक्तचाप को स्थिर नहीं किया गया था, इसीलिए मेरा उनके साथ बात करना जरूरी था। बहुत बार माँगने पर भी प्रभु ने डॉ. बहल का नम्बर मुझे नहीं दिया। प्रभु मेरा प्रश्न डॉ. बहल को बताते और उनका जवाब फिर मुझे बताते। डॉ. बहल के डिपार्टमेंट में जो जूनियर डॉक्टर्स थे, उनके साथ भी प्रभु बात नहीं करने देते। कोई भी सवाल हो, मुझे ऑफिसर्स को कहना होगा, ऑफिसर्स उन डॉक्टरों से बात करके फिर मुझे उनका जवाब देंगे। मैं अगर खुद एक डॉक्टर नहीं होती तो इस व्यवस्था से मुझे उतनी पीड़ा नहीं होती। पीड़ा हो रही थी क्यूँकि एक डॉक्टर के साथ डॉक्टरी भाषा में बात न करके, बात करनी पड़ रही थी एक गैर-डॉक्टर, एक नॉन मेडिको के माध्यम से। दीप्तेश मुझे डॉ. बहल का नम्बर नहीं दे सका, क्यूँकि डॉ. बहल ने नम्बर देने से मना किया था। कहा कि वह नौकरी नहीं खोना चाहते हैं। आश्चर्य की बात है, मैं उनकी रोगी हूँ और वह मुझसे बात नहीं करना चाहते हैं?

दीप्तेश ने बहुत देर तक चुप रहने के बाद कहा 'नहीं'।

दीप्तेश की बातें बेतुकी लगती हैं। पुलिस, उसका ऑफिस, डॉक्टर का चेम्बर, फोन नम्बर— दीप्तेश क्या सब कुछ बनाकर बोल रहा है! पर बनाकर क्यूँ बोलेगा, उसका क्या स्वार्थ है! क्या वह मुझसे सम्पर्क रखना नहीं चाहता है! एक रिपोर्टर, जो मेरा लेखन बहुत पसन्द करता है, जैसे भी हो मेरे साथ अच्छा सम्बन्ध रखना चाहेगा, वह क्यूँ तोड़ना चाहेगा? तो क्या उसको कहा गया है, मुझसे सारे सम्बन्ध खत्म कर देने के लिए! कौन कहेगा, सरकार? सरकार का भी इसमें क्या स्वार्थ हो सकता है? मुझे इस सबका कुछ भी समझ नहीं में आता है।

**10 मार्च**

कलकत्ता से तपन राय चौधुरी आये हैं। इस बार को मिलाकर उनका दो बार आना हुआ है। जब पहले मुलाकात की थी, तब उन्होंने 'भ' बाबू के बारे में उतने

सवाल नहीं किये ये मुझसे। अब की बार वह इस वजह से आये हैं कि कुछ घंटों तक, मुझे देश छोड़ने के लिए समझा सकें। बहुत देर तक 'भ' बाबू की ही प्रशंसा करते रहे। वे एक महान पुरुष हैं, उन्हें छोटा-मोटा पुरस्कार क्यूँ मिले? उनको तो भारत रत्न पुरस्कार मिलना चाहिए।

तिक्त, विरक्त स्वर में उन्होंने कहा, तुम्हारा चले जाना ही उचित है। क्यूँ तुम इस देश को नहीं छोड़ रहीं? यूरोप और अमेरिका में निश्चिन्त बैठकर अपना लिखना-लिखाना करो। और फिर...

– और फिर क्या?

– इस देश में तुम्हें थ्रेट है।

– कैसे जाना कि थ्रेट है?

– राज्यपाल ने कहा है कि थ्रेट है।

मैंने कहा, 'थ्रेट तो है ही। थ्रेट को लेकर ही तो पिछले पन्द्रह-बीस साल से जिन्दा हूँ। थ्रेट दुनिया में कहाँ नहीं है? मुस्लिम मौलवादी दुनिया में किस जगह नहीं हैं, बोलिए तो! काम हासिल करने के लिए वे कहाँ नहीं जा सकते हैं?'

मैं कहाँ जाऊँगी, किस देश में मुझे जाने को कहा जा रहा है! जिस किसी भी देश में जाऊँ, असल मुद्दा यही है, बस इस देश से निकलूँ उसके बाद मैं मरूँ या जिन्दा रहूँ, उससे किसी को कुछ नहीं फर्क पड़ता है।

तपन राय चौधुरी ने कहा, 'पसन्द न करने पर, सीपीएम कैडर गायब कर देते हैं लोगों को।'

– मतलब?

– मतलब मार डालते हैं।

संकेत दे दिया कि सिर्फ मौलवादी ही नहीं, कैडर भी मेरी हत्या कर सकता है।

कई घंटों की बातचीत के बाद भी, जब उन्होंने देखा कि मैं अपने निर्णय पर अटल हूँ, मैं देश नहीं छोड़ूँगी। देश छोड़ने की युक्ति क्यूँकि वह दे रहे ये जिसे मैं मान नहीं रही थी, तब उन्होंने नाराज़गी भरे स्वर में मुझसे बात करनी शुरू कर दी। तब वह पहचाने नहीं जा रहे थे। लग नहीं रहा था कि वह मेरे इतने पुराने परिचित हैं। मुझसे स्नेह करते हैं। प्यार करते हैं, मुझे।

लोगों को देखने पर मुझे बहुत जानने का मन करता है, उनके कितने चेहरे हैं और कितने मुखौटे!

शाम को उनके लिए गाड़ी खड़ी थी। उनको सीधा हवाई अड्डे जाना था, पर क्यूँ कहा कि पहले भ-बाबू से मिलकर फिर हवाई अड्डा जाएँगे! क्यूँ कहा कि दो दिन पहले आये हैं दिल्ली। उनके पास तो कोई सामान वगैरह नहीं था। भूल से फिर कह भी गये कि आज प्लेन में बैठकर एक पत्रिका पढ़ी उन्होंने, कलकत्ता की पत्रिका।

इसका मतलब कलकत्ता से आज सुबह ही वह रवाना हुए थे। देश के एक विशाल व्यक्ति ने दूसरे विशाल व्यक्ति से, राजनैतिक क्रांतिकाल में मदद माँगी, एक आदेश-निर्देश न मानने वाली लड़की को आदेश मानने के लिए बाध्य करने के लिए।

अपने चारों तरफ़ के लोगों को मैं पहचान नहीं पाती हूँ।

### 11 मार्च

एक दिन इन्हीं सनातन सेनगुप्त ने, मदनजीत सिंह को लिखी मेरी एक चिट्ठी की कॉपी, मुझे दिखाकर, कितना दुर्व्यवहार किया था मेरे साथ। कहा, यह सब आप क्या फैला रही हैं सारी दुनिया में? जो सरकार आपको सुरक्षा दे रही है, उसी सरकार के खिलाफ बोलती फिर रही हैं आप? जानती हैं क्या अन्याय कर रही हैं आप, क्या सजा हो सकती है आपको? यह सब बन्द कीजिए। मैंने कहा, सरकार के खिलाफ मैंने कोई बात नहीं लिखी। मैंने सिर्फ अपनी हालत के बारे में लिखा है। सनातन सेनगुप्त चीखे ही चले जा रहे थे। एक समय लग रहा था, वह शायद एक मशीन हैं। उनके गर्दन के पास ऑन/ऑफ करने के लिए एक स्विच है। स्विच किसी ने ऑन कर दिया है। वह एक ही वाक्य और शब्द दोहरा रहे थे।

मन्त्रालय में, विशेष रूप से फरवरी में मैंने लिखित में अनुरोध किया था, रेजिडेंस परमिट की मियाद बढ़ाने के बाद, मुझे थोड़ी आजादी दी जाए, दिल्ली में ही अपनी तरह से रहने की आजादी, जब तक कि कलकत्ता नहीं लौट पाती मैं। बॉडीगार्ड्ज अगर रहते हैं तो रहें, जैसे कलकत्ता में थे। मैं कहाँ जाऊँगी, किससे मिलूँगी, वह मेरा फैसला हो। इसके जवाब में सनातन सेनगुप्त ने एक दिन गम्भीर गले से मुझे कहा—स्टेट्स क्वो।

— मतलब?

— मतलब जैसी हैं, वैसा ही रहना होगा।

— कोई परिवर्तन नहीं?

— नहीं।

— इस तरह कितने दिन?

— अनिश्चित काल के लिए।

सचिव, मंत्रियों का आदेश पालन तो करते हैं, पर मंत्रियों के सब कामों को वे पसन्द नहीं करते हैं। अगर करते तो सनातन सेनगुप्त कहते नहीं कि जो भी हो, जो कुछ भी हो जाए, मैं सचिव सनातन सेनगुप्त की हैसियत से जो कुछ भी बोलूँ, पर इंसान सनातन सेनगुप्त की तरह आज बोल रहा हूँ, कि मैं आपके प्रति बहुत श्रद्धा रखता हूँ। मुझे आप पर गर्व होता है। आपकी सच्चाई और साहस के सामने, आपके व्यक्तित्व के सामने कितने लोग खड़े हो सकते हैं? आपको मेरा सेल्युट है।

## 12 मार्च

कई तरीकों से, मुझे कम से कम यह समझा दिया जा रहा है कि इस देश में रहने के लिए, मुझे इसी तरह का बन्दी जीवन जीना होगा। मैं कहीं निकल नहीं सकूँगी, कोई मेरे संग मिल नहीं सकेगा। मेरा कोई सामाजिक जीवन नहीं होगा। मुझे एक ही घर में, पूरी तरह से कैद होकर जीना पड़ेगा। यदि डॉक्टर को दिखाने की बहुत ज़्यादा जरूरत पड़ी तो उसकी व्यवस्था सरकार करेगी और अगर यह जिन्दगी मुझे पसन्द नहीं तो, उन्होंने कह दिया है, अपनी सुरक्षा का इंतज़ाम मुझे खुद ही करना पड़ेगा।

मैं जिस जगह में हूँ, वहाँ से मुझे हटा दिया जाएगा। कहाँ ले जाया जाएगा, वह नहीं बताया गया है। किसी गुफा में या किसी निर्जन पहाड़ पर। क्या मेरा फोन, नेट छीन लिया जाएगा? हो सकता है। मैं अभी सरकार की हिफाजत यानि की उनकी मुट्ठी में हूँ। मुझको लेकर जो उनकी मर्जी वे कर सकते हैं, पर कितने दिन इस तरह जिन्दा रह पाऊँगी? क्या कोई इंसान इस तरह रह सकता है! राजनीतिक लोग शायद रह सकते हों। मैं राजनीति का कुछ भी नहीं समझती हूँ, देश की क्षमता को लेकर मैं कोई दुश्चिन्ता नहीं करती हूँ। जीवन भर आज़ादी के लिए आन्दोलन किया है, आज मुझे अपने जीवन को नियंत्रित करने की कोई आजादी नहीं है। लम्बे सात महीनों से सरकार अभी तक फैसला ले ही रही है। अनुभव कर पाती हूँ, समझ पाती हूँ कि इस देश में रहना अन्त तक, सम्भव नहीं हो पाएगा। मैं क्यूँ इन्तजार कर रही हूँ कि किसी दिन सत्ताधारियों की सद्बुद्धि का भी उदय होगा? अच्छी सोच के उदय होने की सम्भावना रहने पर, पता चल ही जाता है। यहाँ कुछ भी तो पता नहीं चल रहा है। मुझे इस तरह एक घर में फेंक कर रखने में, इस तरह ज़ंज़ीरों में बाँधकर रखने में किसी को भी तो कोई परेशानी नहीं। परेशानी तो मुझे है। मुझे असुविधा ही हो, बहुत से ऐसा, मन और प्राण से चाहते हैं। बाहरी लोग बहुत सी बातें सोच रहे हैं। सोच रहे हैं, सुरक्षा के लिए शायद इसी तरह घर में बन्द होकर रहना पड़ता है। कितने लोगों के मन में प्रश्न जगते हैं? किसके पास समय है प्रश्न करने के लिए? अगर समय भी हो, कितनों में साहस है, चैलेंज करने का!

मैं अकेली होती जा रही हूँ। बाहर जो आन्दोलन व प्रतिवाद चल रहा था, सब सीमित हो गया है। सब अपने जीवन में व्यस्त हैं। इतनी बड़ी दुनिया है यह और मैं इस दुनिया की सन्तान हूँ। अपनी पसन्द की जगह में थोड़े कुछ साल बची रहूँगी, अपनी तरह से, लोगों की सेवा करके, लोगों का उपकार करके, पर वह अधिकार नहीं है मेरा।

उधर मुझे पश्चिम में बुला रहे हैं और मैं नहीं जा रही हूँ। मुझे उन सब देशों में रहने की बात सोचने पर ही बुखार आ जाता है। वहाँ लोकतन्त्र, बोलने की आजादी, मुक्तबुद्धि, मानवाधिकार, स्वस्थता, समता, निश्चिन्तता, सुरक्षा, युक्तिवाद है, वहाँ

जीवन है। यहाँ दरिद्रता, दूषण, खराब शासन, संत्रास, असुरक्षा, पराधीनता, निर्यातन, धर्मान्धता, जड़बुद्धि लोग विषमता, आतंक, अनिश्चतता और मृत्यु है।

मैं किस तरफ जाऊँगी? जगत कह रहा है उधर जाओ, बचो। वहाँ सहानुभूति, स्वर्णपदक, इधर अवज्ञा और अपमान हैं।

मैंने इधर को ही चुन लिया, पर इधर की राजनीति के आगे मेरा सपना पराजित हो गया है।

**13 मार्च**

बहुत दिन हो गये। सात महीने। चार महीने गृहबन्दी थी कलकत्ता में। तीन महीनें से दिल्ली में। 22 नवम्बर को जब मुझे कलकत्ता से निकाल दिया गया तो मैं जा गिरी जयपुर में, और मुझे वहाँ से निकाल दिया गया 23 नवम्बर को। जिस अछूत को कोई भी राज्य लेना नहीं चाह रहा था, उसको केन्द्र ने लिया। सोचा था प्रेम से लिया है शायद। 'भ' बाबू ने जब फोन पर कहा कि कपड़े-लत्ते खरीद देंगे, किताबें वगैरह ले लीजिए, लगा था जैसे, एक पिता की आवाज़ हो, पर कपड़े-लत्ते, किताब वगैरह की जरूरत क्यूँ है, समझ नहीं पायी थी। सीधा कलकत्ता भेज देंगे, तो फिर यह सब झमेला क्यूँ कर रहे हैं। तब समझ नहीं आया कि झमेला क्यूँ कर रहे हैं, पर अब समझती हूँ। राजनीतिज्ञों की राजनीति समझने में मुझे लगभग तीन माह का समय लग गया। सम्भवतः तुलना में मेरे अपरिपक्व मस्तिष्क ने, कम ही समय लिया। वैसे, मेरे दिमाग ने सब कुछ ही समझ लिया है, ऐसा नहीं है, दूसरों के दिमाग, जो राजनीति को अच्छी तरह समझते हैं, उन लोगों ने यह सब मुझसे बहुत पहले ही समझ लिया था। उन लोगों ने साफ कहा था, तुमको इस तरह इसलिए रखा गया है, जिससे तुम परेशान होकर एक दिन देश छोड़कर चली जाओ।

सुयेनसन आये स्वीडन से, उनको मेरे साथ रहने नहीं दिया, ज़्यादा मिलने भी नहीं दिया गया। बाद में उनसे मिलने देने के पीछे भी शायद कोई मतलब छुपा हुआ था। सुयेनसन निश्चित ही मेरे प्रेमी हैं, मुझे इस हाल में देखकर, अवश्य ही मुझे इस देश को छोड़ने के लिए कहेंगे, पर उद्देश्य सफल नहीं हुआ, सुयेनसन ने बल्कि मुझे उलटा समझाया। दूसरे जिस दोस्त को मिलने दिया, वह थे अशेष सान्याल। अशेष कलकत्ता से मेरा कुछ सामान सूटकेस में भरकर ले आये थे, इसीलिए उन्हें मुझसे मिलने दिया गया। सूटकेस नहीं होता तो मिलने नहीं दिया जाता। बहुत पहले से अर्जी देनी पड़ी थी। चिट्ठी भेजनी पड़ी थी गृह मंत्रालय में। 'भ' बाबू को फोन पर भी कहा था कि मेरे एक विदेशी मित्र आ रहे हैं, मेरे पास रहेंगे कुछ दिन। उन्होंने मेरे मित्र का नाम लिख लिया था, पर उनको मेरे पास आने की अनुमति नहीं दी गयी। इन दो के अलावा और जिनके भी साथ मिलवाया गया, वह सब उन्हीं के लोग थे। एम. ए. बेबी, कुछ सीपीएम के लोग, और तपन राय चौधुरी। 'भ' बाबू

ने उन्हें भेजा था मुझे देश छोड़ने के लिए समझाने के लिए। तपन राय चौधुरी दो बार आये। पहली बार जब आये थे, लगा कि स्नेहवश आये हैं। वह 'भ' बाबू के भेजे गये दूत हैं, वो उनके दूसरी बार आने पर समझ। बहुत आहत हुई। इतना प्यार करती हूँ, श्रद्धा करती हूँ और वह ही मुझे बोलने आये पाई कि देश छोड़ दो। वाक्-स्वाधीनता को लेकर, पीड़ित लेखक को लेकर, खुद एक लेखक और बुद्धिजीवी होने के बावजूद, उन्होंने कुछ नहीं सोचा! कुछ चीजें कितनी असम्भव हैं। उधर इनामुल कबीर नाम के मेरे बहुत पुराने दोस्त को भी देख रही हूँ कि अलग ही बर्ताव कर रहे हैं। पूरे बदल गये हैं। उनको बुद्धदेव ने कहा है मुझे समझाने को कि मैं चली जाऊँ देश छोड़कर। जो कुछ लोग साथ थे, जिनको मेरे पास रहने की बात थी, वे भी धीरे-धीरे हटते जा रहे हैं।

तीन महीनों से मुझे अज्ञातवास में रखा गया है। मेरीं इच्छा के मुताबिक, मुझे कहीं, किसी के साथ मिलने नहीं दिया गया। क्या कारण है इसका? एक ही कारण है, मुझे सजा देना। मुझे कष्ट देना। मुझे समझाना कि, हम तुम्हें नहीं चाहते हैं। इंसान समाज के बिना कैसे जिन्दा रह सकता है। कैसे जिन्दा रह सकता है, मित्रों के बिना। कैसे जिन्दा रह सकता है आजादी के बगैर, कितने दिन! एक न एक दिन तो मैं परेशान हो ही जाऊँगी। एक न एक दिन तो बोलूँगी ही, अब और नहीं सह पा रही हूँ। मुझे तालाबन्द करके रखने में, किसी को, कोई भी परेशानी नहीं हो रही है, होगी भी नहीं। होगी तो बस मुझे। मैं तो इंसान हूँ। कोई अपराध किये बगैर, कितने दिनों तक, इस कठोर, कठिन सजा को सर झुका कर सहती रहूँगी मैं! मुझे इस तरह सालों-साल रखने में सरकार को कोई भी दिक्कत नहीं। बाहर कुछ लोग प्रतिवाद करेंगे, पर कितने दिन कर पाएँगे! इस बीच लिखना बहुत कम हो गया है। टेलीविज़न के हेडलाइंस से मेरा विषय छूट चुका है। अब आलोचना दूसरे विषयों को लेकर होती है। तसलीमा कहाँ है, कोई नहीं जानता। शायद होगी कहीं। सरकार की हिफ़ाज़त में खराब क्या होगी!

सरकार की हिफ़ाज़त में कैसा रहा जा सकता है? जितने दिन वैसी हिफ़ाज़त में रहने का अनुभव न हो, समझा नहीं जा सकता है। सरकार जब किसी को सीमा पार कराने के उद्देश्य से हिफ़ाज़त में रखती है, तो वह हिफ़ाज़त बहुत भयंकर होती है। हर घड़ी बुल्डोज़र चलता रहता है दिल पर। राष्ट्रतंत्र के हाथों में मन को तोड़कर चकनाचूर कर देने का सारा जुगाड़ है,

अब मेरा रोम-रोम जान गया है कि कई लोग मुझे निकालने के लिए मरे जा रहे हैं। मुझे भीषण आतंक के बीच रखने की भयंकर चेष्टा चल रही है। रेज़िडेंस वीज़ा की मियाद बढ़ाने से पहले, बहुत दबाव डाला जा रहा था कि मैं देश छोड़ दूँ। फ्रांस के राष्ट्रपति सारकोज़ी इस देश में आये, आने से पहले उनके दल ने सिमोन द बोवेयर पुरस्कार, मेरे हाथ में देने की इच्छा प्रकट की थी। जैसे ही कहा, संग-संग

उन्हें कह दिया गया, असम्भव, उसको भारत की मिट्टी में पुरस्कार नहीं दिया जा सकता है। जिस देश का आदमी पुरस्कार पा रहा है या जो देश पुरस्कार दे रहा है, पुरस्कार देने का कार्यक्रम उन्हीं देशों में हो सकता है। या तो बंग्लादेश जाइये या फिर फ्रांस में दीजिए। फ्रांसीसी सरकार भारत का प्रस्ताव सर झुका कर मान लेती है। मुझे फ्रांस जाने का निमंत्रण देती है। आमंत्रण देने से पहले, फ्रांस जैसे एक बड़े मुल्क की सरकार इतना भी नहीं समझ पायी कि सुरक्षा का जो कारण दिखाया जा रहा है, वह झूठ है। हो सकता है समझ गये हों, पर मेरे पक्ष में लड़ने से ज़्यादा जरूरी है भारत जैसे एक विशाल देश के साथ, कूटनीति के सम्पर्क की रक्षा करना। मुझे वक्तव्य देना पड़ा कि पुरस्कार वितरण कार्यक्रम पैरिस में पहले ही, 9 जनवरी को हो गया है। मेरे वहाँ के प्रकाशक उस कार्यक्रम में उपस्थित रहकर, मेरा पुरस्कार ग्रहण कर चुके हैं। मेरा भाषण भी पढ़ दिया गया है। पुरस्कार के मानपत्र को, मेरे प्रकाशक के पास से लेने जाने के लिए, मुझे भारत से पैरिस जाने की कोई जरूरत नहीं। मेरे प्रकाशक आराम से उसे, मेरे कलकत्ते के पते पर कुरियर कर सकते हैं। मुझे निकाल बाहर करने के लिए सरकार कितनी तड़प रही है।

**14 मार्च**

कहाँ हूँ? इस सवाल का जवाब, अगर मैं कहूँ कि मुझे पता नहीं है मुझे पता है, कोई विश्वास नहीं करेगा। न भी विश्वास करने पर, यह सही है कि मैं नहीं जानती। मैं कैसी हूँ का भी जवाब वही है, नहीं जानती। कभी-कभी पता नहीं चलता है, खुद के वजूद का। जिन्दा हूँ या मरी हुई हूँ, समझ नहीं पाती। अपने भीतर के स्व को अब मैं स्पर्श नहीं कर पाती। एक अनुभूतिहीन जड़ वस्तु की तरह, एक मृतप्राय प्राणी की तरह पड़ी रहती हूँ, सारा दिन और सारी रात एक कमरे में। मौत आकर अक्सर ही बहुत घनिष्ठता के साथ बैठी रहती है, पास में। कन्धों पर हाथ रख देती है। हाँ, मैं आजकल इस तरह ही जिन्दा हूँ! इसकी शुरुआत उस दिन अचानक, कलकत्ता से मुझे उखाड़ कर फेंक देने के बाद से नहीं हुई। बहुत दिनों से ही, मुझे थोड़ा-थोड़ा करके ज़हर पिलाया जा रहा था, मेरे अन्दर जीवित मृत्यु को घुसाया जा रहा था। असल में मेरे भीतर की उस साहसी, भरोसेमंद, तेज, बिना समझौता किये खड़ी रहने वाली, न झुकने वाली, मुझको मार डालने का षड्यंत्र किया जा रहा था। मुझे पता चल रहा था, पर मैं अपनी पूरी शक्ति लगाकर भी ताकत के विरुद्ध जा नहीं पा रही थी। मैं बस लोकबल हीन एक आवाज़ भर हूँ। मेरे साथ जो भी खड़े होते हैं, अँधेरा घिर आने पर उनकी शक्लें फिर दिखाई नहीं देती हैं।

अपने आप से पूछती हूँ, क्या अपराध किया है मैंने? मैं जहाँ हूँ, मैं आज वहाँ क्यूँ हूँ? मैं चौखट नहीं लाँघ पाऊँगी और कोई मुझ तक पहुँच नहीं पाएगा! क्या जुर्म किया है मैंने कि लोगों की नजरों से छुपकर, अपनी जिन्दगी जीनी पड़ रही है मुझे,

रहना पड़ रहा है नजरबन्द! मुझे किस अपराध की सजा दे रहा है यह समाज, यह देश, यह दुनिया! अपने मन की बात लिखी थी, अपने विश्वास की बात लिखी थी, काग़ज़ों पर। लिखा ही था काग़ज़ पर, किसी के शरीर पर पत्थर मारकर कुछ नहीं कहा, किसी का सर काटकर भी कभी, किसी दिन कुछ नहीं लिखा। फिर भी मैं अपराधी हूँ। मेरा अपना मत, बहुतों के मत से अलग था, इसीलिए मुझे सजा भुगतनी पड़ रही है। एक युग था जब राजा की बात न मानने पर सूली पर चढ़ा दिया जाता था। देश के सारे लोग देखते थे, सूली पर लटके आदमी की पीड़ा को। मुझे भी तो नये युग की सूली पर चढ़ाया गया है। देश के सारे लोग क्या नहीं देख रहे हैं, मेरी पीड़ा को? देख नहीं रहे हैं क्या कि इतना भयंकर कष्ट होने पर, खुद के अन्दर इतनी मृत्यु जमा होने पर, इस चरम तक आशा के भंग होने और हताशा के घेर लेने पर, इंसान अपने ही विश्वास की बात को वापस ले लेता है। पर कितना अपमानित होने के बाद, कितना गिरने के बाद, कितना पिस जाने के बाद, कितनी लहूलुहान होने के बाद, मैं बोल पायी कि मेरे उन वाक्यों को तुम लोग हटा दो। हटाने से अगर तुम लोगों को आराम मिलता है तो हटा दो। जानती हूँ, नहीं हटाने पर तुम लोग मुझे जिन्दा नहीं रहने दोगे, तुम लोगों की राजनीति, तुम लोगों का धर्म, तुम्हारी हिंसा, तुम लोगों की वीभत्सता एक नारकीय उल्लास से मेरा रक्तपान करेगी और करती ही रहेगी जब तक कि मेरे खून की आखिर बूँद भी खत्म न हो जाए। उड़ा दो इन निषिद्ध शब्दों को, उड़ा दो ढेर सारा, सत्य। शब्द तो नितान्त ही निरीह हैं। सत्य तो निरस्त्र है। मेरे जैसा साधारण इंसान, इतनी विराट शक्तियों के विरुद्ध कैसे खड़ा हो पाएगा। मैं तो असत्य नहीं जानती।

मेरा साधन बस प्रेम है। लोगों के प्रति प्रेम। प्यार से चाहा है कि लोग रोशन हों, गौरवान्वित हों। इंसान का इंसान के साथ स्नेह और श्रद्धा का सम्बन्ध हो। घृणा खत्म हो जाए। जिस तरह घृणा कर लोग मेरे शब्दों, वाक्यों को उड़ा देना चाहते हैं, उसी तरह मैं चाहती हूँ, इंसान को प्यार देकर, उसके अन्दर की घृणा को मिटा देना। लगता है अविश्वास, घृणा, दमन, अत्याचार यह सब नहीं रहने से दुनिया नहीं चलेगी। अपनी यात्रा भंग करके भी, दुनिया को चलते रहने देना होगा। मैं तो बहुत हीं तुच्छ और क्षुद्र प्राणी हूँ। यह जानती हूँ, एक ऐसे प्राणी को दुनिया से निश्चिह्न कर देने से, दुनिया का कुछ नहीं बिगड़ेगा, सोचा था बंगाल को कुछ फर्क पड़ेगा, शायद बंगाल मेरी ओर घूम कर खड़ा होगा। पर जिस बंगाल को इतना प्यार करती हूँ, उसी बंगाल ने मुँह फेर लिया।

उस पार बंगाल से निर्वासन दंड पाकर, वर्षों दुनिया के रास्तों पर अनाथ की तरह भटकती रही हूँ। जैसे ही इस पार के बंगाल में जगह मिली, सालों के इन्तजार की थकान को झाड़कर, शान्ति और आश्वस्ति के साथ, मेरे जन्मों के पहचाने बंगाल में अपना जीवन शुरू किया। जितने दिन जिन्दा रहूँ, बंगाल की नदी-खेत-मैदान,

यहाँ की धूप-पानी में भीगकर, बंग्ला के रूप-रस-गन्ध में डूब जाऊँगी। पर जिस बंगाल में पहुँचने के लिए हजार बरसों से ऊबड़-खाबड़ रास्तों पर चल-चलकर खुद को रक्त रंजित किया है, उसी बंगाल ने मुझसे मुँह फेर लिया। इस बात को मान लेने में मुझे बहुत कष्ट हो रहा है कि बंगाल में मेरे लिए कोई जगह नहीं है। बंगाल की लड़की, जिसके भीतर-बाहर बस बंगाल बसा है, बंग्ला भाषा, बंग्ला संस्कृति जिसकी जान है, उसी के लिए जगह नहीं है, बंगाल में।

मैं इस देश की अतिथि हूँ, मुझे संयम रखकर बोलना होगा। मैं किसी की भावनाओं को आहत करने नहीं आयी हूँ, इस देश में। शायद आघात पाने आयी हूँ। अपने देश में चोट खायी, दूसरे जिन सब देशों में रही, चोट खाते-खाते, आखिरी सम्बल इस भारतवर्ष में आ पहुँची, चोट खाने के लिए ही न! मेरा अपराध मत लीजिएगा, मैं चारों तरफ से सुन रही हूँ कि यहाँ जो राजनीति चलती है, उसका नाम वोट की राजनीति है, सुनती हूँ कि इस देश में सेक्युलर होने का मतलब मुस्लिम कट्टरपंथियों का पक्ष लेना है। मैं यह सब सुनना नहीं चाहती। इसके बावजूद हर तरफ यही सब कुछ देख रही हूँ, पढ़ रही हूँ, सुन रही हूँ। कभी-कभी मन करता है नाक, आँख और मुँह बन्द कर बैठी रहूँ। जिस तरह धीरे-धीरे मृत्यु मेरे दुःसह अकेलेपन के निर्वासन में आकर चौकड़ी लगाकर बैठी रहती है, बल्कि उससे अपने मन की बातें कहूँ। मन की बात बोलने के लिए कोई भी तो नहीं है मेरा।

मैंने बंगाल को खो दिया है। जिस बंगाल को थाम कर जिन्दा रहना चाहती थी, जिस बंगाल को जबड़ों में भींच कर पड़ी हुई थी, उसी बंगाल से मुझे उठाकर फेंक देना, माँ की गोद से जैसे शिशु को छीनकर फेंकना है। मैंने अपनी माँ को, जिस माँ ने मुझे जन्म दिया था, खोया है। अपनी माँ को जिस दिन खोया था, उस दिन के कष्ट से आज का कष्ट कुछ कम नहीं। मेरी माँ बहुत चाहती थीं कि देश की लड़की देश लौट आये। देश मैं लौट नहीं पायी। कलकत्ता में स्थायी रूप से रहना शुरू करने के बाद माँ को मन ही मन कहा था, 'माँ तुम दुखी मत होना, अपने ही देश में लौट आयी हूँ, इस पार और उस पार में इतना विचार नहीं करना चाहिए।'

माँ को फिर बोला नहीं गया, मुँह खोलकर कह ही नहीं पायी कि अब मेरा जीवन शरणार्थी का है। नहीं कह पायी जिसकी मिट्टी पर सर रखा था, उसने गर्दन से धकेलकर निकाल दिया है मुझे। बताने पर मेरी निरीह माँ बहुत कष्ट पाएगी। इसीलिए माँ को भी नहीं बोलती, और न ही मन ही मन बोलती हूँ। बल्कि खुद को ही अब यह बोल कर समझाने की कोशिश कर रही हूँ कि निश्चित ही अपराध मैंने ही किया है, अपराध न करने पर क्यूँ मुझे इतना कठिन निर्वासन दंड मिलेगा! कितना बड़ा जुर्म है न, इस असत्य युग में सत्य बोलना? पर सत्य तो और भी लोग बोलते हैं, उनको तो इतना कष्ट नहीं सहना पड़ता है? शायद मैं औरत हूँ, इसलिए। औरत पर आक्रमण करने जैसा आसान काम और क्या है!

मैं जानती हूँ लोगों ने मुझे निर्वासन का दण्ड नहीं दिया है। यदि लोगों की राय ली जाती, तो अधिकांश लोग ही चाहते कि मैं बंगाल में ही रहूँ, पर क्या लोगों की राय पर लोकतन्त्र चलता है! लोकतन्त्र चलाते हैं शासक लोग, अपनी सुविधा के हिसाब से। मैं साधारण इंसान हूँ, अपनी तरह रहती हूँ, अपने विश्वास की बात अपनी तरह से लिखती हूँ। किसी का अनिष्ट नहीं करती। किसी को नहीं ठगती। किसी से झूठ नहीं बोलती। कुछ भी असत् नहीं किया है आज तक। मेरे जैसा साधारण लेखक, जो राजनीति के छल-छद्म में नहीं है, जो राजनीति नहीं समझता, उसके ऊपर जो राजनैतिक अत्याचार हुआ, उसको जिस तरह राजनीति का मोहरा बनाया गया, उससे सच में किसी दल का वोटों का फायदा होगा कि नहीं, पता नहीं। वैसे मेरा भीषण नुकसान हुआ है। मौलवादी शक्तियों, जिनके विरुद्ध मैं बहुत समय से लड़ रही हूँ, उनको बहुत शक्तिशाली बना दिया है।

यह मेरा प्रिय भारत है, जिस भारत में बैठकर मैं मानव तंत्र, मानवाधिकार और नारियों के अधिकार की बात बोल रही हूँ, उसी भारत में जब अपने विश्वास व आदर्शों की वजह से मैं पीड़ित होती हूँ, तब कोई भी राजनीतिक शक्ति मेरे पक्ष में एक भी शब्द उच्चारण नहीं करती है, कोई गैरराजनीतिक दल, कोई नारीवादी संस्था, कोई भी बड़ा मानवाधिकार संगठन, मेरे साथ आकर खड़ा नहीं होता है, मेरे ऊपर किये आक्रमण की निन्दा नहीं करता है। इस देश को क्या मैं नहीं पहचानती, पर यह भी ठीक है कि लोगों ने व्यक्तिगत रूप से, अलग-अलग ढंग से प्रतिवाद किया है, लेखक, संवाददाता और बुद्धिजीवियों ने लिखा है, मेरा लिखा पढ़कर या बिना पढ़े ही, मैं क्या लिखती हूँ या नहीं, बिना जाने ही, मत प्रकाश करने के पक्ष में राय दी है। परन्तु जैसे ही लोग संगठित होते हैं, वैसे ही उनके मुँह पर ताला लग जाता है। भारतवर्ष का यह नया चेहरा देखकर मैं आतंकित हूँ। क्या यही नया चेहरा है, या यही चेहरा भारतवर्ष का असली चेहरा है! मैं अपनी युवावस्था से ही भारतवर्ष को महान मानती आयी हूँ। मेरे सपनों के उस दृढ़, चमकते गौरवशाली भारतवर्ष को किसी एक दिन देखते हुए गर्व करूँगी, शायद इसलिए यहाँ और भी ज़्यादा रहना चाहती हूँ। आततताइयों को बोलना चाहती हूँ कि इन्तजार करो। उस दिन मैं खुद ही उन आततताइयों को आमन्त्रण दूँगी, मरने से जरा भी नहीं झिझकूँगी, जिस दिन देखूँगी कि अन्याय और अन्धकार के विरुद्ध खड़ा होना जानता है, भारतवर्ष। मैं कुछ और दिन ही जिन्दा रहूँगी, भारतवर्ष को तो जिन्दा रहना है हज़ारों बरस।

**15 मार्च**

आँख दिखाई गयी। डॉक्टर ने कहा रेटिनोपैथी है। तो क्या आँख खराब होने वाली है! वैसे अगर रक्तचाप को नियंत्रण में रखा जाए, तो यह नहीं बढ़ेगा। बहुत लम्बे समय तक रक्तचाप नियंत्रण में नहीं रहने से ऐसा होता है, पर इस अज्ञातवास

में, इस अस्थिर अनिश्चितता में, मैं रक्तचाप काबू में नहीं रख पाऊँगी। मुझे किसी भी डॉक्टर के साथ आमने-सामने बात करने नहीं दी जाती है। दिल्ली में जिस बंगाली विशेषज्ञ डॉक्टर के साथ फोन पर बात कर लिया करती थी, उस डॉक्टर ने डर से बात करनी ही बन्द कर दी। एक भयंकर भुतहा परिवेश है, चारों तरफ। जैसे मैं पृथ्वी नामक ग्रह से बहुत-बहुत दूर, किसी और ग्रह की हूँ। मुझे बन्दी बनाया गया है, क्यूँकि मैं इस ग्रह के किसी के जैसी भी नहीं हूँ, इसीलिए मुझे बहुत खतरनाक कुछ समझा जा रहा है। इस घर में लगातार एक मानसिक दबाव बने रहने से, मुझे नहीं लगता है मेरा रक्तचाप कभी भी नियन्त्रण में रह सकता है।

एक फैसला करती हूँ। मैं क्यूँ यह फैसला ले रही हूँ, वह जल्दी से एक काग़ज़ पर, एक, दो, तीन नम्बर डालकर लिख लेती हूँ। जो भी बात अन्दर उबल रही है, लिख लेती हूँ। लिख लेती हूँ, जिससे आज अगर मेरी मौत हो जाए, तो भी दुनिया में जितने लोगों ने, मुझ पर लेखक के रूप में विश्वास किया है, प्यार किया है, वे कम से कम जान पाएँगे। जिससे मेरे बारे में कुछ भी जानना, बाकी न रह जाए।

इस मौत की कोठरी से मुझे निकलना होगा। पहले इसे मैं 'अत्याचार कक्ष' कहती थी। आहिस्ता-आहिस्ता समझ में आया कि दरअसल यह 'मौत की कोठरी' है। जहाँ डॉक्टरों ने कहा कि रक्तचाप नॉर्मल करने के लिए और भी कई दिन अस्पताल में रहना बहुत जरूरी है, मुझे रहने नहीं दिया गया। अस्पताल के कार्डियैक केयर यूनिट से, रोगी को स्वस्थ होने से पहले ही उठाकर ले आया गया। मुझे अस्पताल कब छोड़ना है, उसका फैसला डॉक्टर लेंगे या प्रभु! डॉक्टरों ने जिस दिन कहा, शायद एक या दो हफ्ता और रहना पड़ेगा अस्पताल में, उसके अगले ही दिन मुझे अस्पताल छोड़ना पड़ा। पत्र-पत्रिकाओं में मेरे अस्पताल में रहने की खबर छपने के संग-संग ही, अस्पताल से उठाकर ले आया गया, मुझे। मोबाइल फोन भी मुझसे प्रभु ने ले लिया।

इस अज्ञातवास में, मेरे लिए कोई भी डॉक्टर नहीं आ सकता है, मैं भी यहाँ से किसी डॉक्टर के पास नहीं जा सकती हूँ, और तो और, किसी डॉक्टर के साथ फोन पर बात भी नहीं कर सकती। बहुत बार माँगा था डॉक्टर का फोन नम्बर। बड़े-छोटे किसी भी डॉक्टर का फोन नम्बर नहीं दिया गया मुझे। अस्पताल में जब डॉक्टरों से फोन नम्बर माँगा था, जिससे जरूरत पड़ने पर फोन कर सकूँ, तो उन्होंने कहा कि मुझे फोन नम्बर देना मना है। मैं अपने स्वास्थ्य के बारे में जो कुछ भी जानना चाहूँ, उसे मुझे सरकारी अफसरों को बताना पड़ेगा, वे फिर डॉक्टर से सम्पर्क कर, मेरे सवालों का जवाब देंगे। डॉक्टर ने कहा था, दुश्चिन्ता ही मूल कारण है मेरे रक्तचाप बढ़ने का। मुझे दुश्चिन्ता मुक्त रहना होगा। यहाँ, इस हाल में, इस घर में, मेरे लिए दुश्चिन्ता से मुक्त रहने का कोई उपाय नहीं है।

रक्तचाप अनियंत्रित रहने की वजह से, धीरे-धीरे दिल की नसें सख़्त होती जा रही हैं। आँखों में भी बीमारी दिखाई दे रही है। इसके बाद अचानक ही एक दिन दिल,

आँख, किडनी सब खराब हो जाएँगी। मैं मरी पड़ी रहूँगी, निरापद घर में। इस अज्ञातवास से पहले मेरा रक्तचाप हर समय नियंत्रण में रहता था। मेरे शरीर में किसी भी जगह, रक्तचाप जनित कोई बीमारी नहीं थी। आँखों के डॉक्टर के पास से लौटकर, मैं अपना फैसला सुना देती हूँ कि मैं भारत छोड़ूँगी। प्रभु को अनुरोध किया था कि भारत छोड़ने से पहले, मुझे एक दिन के लिए कलकत्ता जाने देना होगा, एक दिन के लिए न भी हो, कुछेक घंटों के लिए रहने की अनुमति देनी होगी। मुझे अपना जरूरी सामान लाना होगा और खाली पड़े घर की जिम्मेदारी भी तो देनी पड़ेगी किसी को! प्रभु तैयार नहीं हुए। प्रभु की गलती नहीं, प्रभु ने कहा उन्होंने ऊपर वालों को बताया था, ऊपर वाले राजी नहीं हैं।

**17 मार्च**

इतनी बड़ी सरकार के साथ क्या मैं टक्कर ले सकती हूँ? मैं एक नगण्य, तुच्छ जीव! इसके बाद भी लगता है कि टक्कर तो दी ही थी, साढ़े सात महीने! लड़ाई तो की ही, साढ़े सात महीने! बस मौत नहीं चाहती, इसलिए चली जा रही हूँ। जिन्दा रही तो फिर मुलाकात होगी। मुलाकात तो होगी ही, भारतवर्ष। कितना भी तुम रौंदकर, पीसकर मारो! कितना भी, क्यूँ न तुम मेरा नामोनिशान मिटाना चाहो! कितना भी तुम मुझे खत्म क्यूँ न करो! मैं तुमसे प्यार करती हूँ, भारतवर्ष।

# यहाँ नहीं, यहाँ नहीं,... और कहीं, किसी और जगह

अन्त में मुझे भारत छोड़ना ही पड़ा। फैसला खुद मैंने ही लिया। मुझे लेना ही पड़ा। सच कहूँ तो, इसके अलावा और कोई चारा नहीं था। मेरा रक्तचाप बाँहें उठाये नाच रहा था। पल में कम होता, पल में बढ़ जाता। अब तो यह दुश्चिन्ता पर भी निर्भर नहीं था। रक्तचाप कम करने की दवाई, चाहे और जिस किसी का भी रक्तचाप कम करे, पर मेरा कम नहीं कर पा रही थी। डॉक्टर ने किडनी और आँखों की जाँच करने की परामर्श दी। मुझे आँखों के डॉक्टर के पास ले जाया गया। इसका मतलब, मेरी आँखें खराब होने की राह पर हैं।

रक्तचाप जितनी बार जाँचती हूँ, उतनी ही बार अद्भुत ढंग से कम-ज़्यादा दिखाई दे देता है। चाहे और किसी भी चीज पर विश्वास किया जा सकता हो, पर इस ब्लडप्रेशर पर विश्वास नहीं किया जा सकता है। ऐसे रक्तचाप से, कोई दूसरा व्यक्ति कब का मर चुका होता, पता नहीं मैं कैसे जिन्दा हूँ। रक्तचाप को दबाकर रखने की व्यवस्था तो जरूर की जाती है, पर सालभर बाद जो भयानक खबर मुझे न्यूयॉर्क के रक्तचाप विशेषज्ञ देते हैं, वह यह कि मेरे रक्तचाप का चरित्र अब ऐसा हो गया है कि यह कभी भी, किसी भी दवाई के वश में नहीं रहेगा, यह अपनी खुशी के अनुसार, जब मर्जी आसमान छुएगा और जब मर्जी जमीन की ओर लुढ़कता हुआ गिरेगा। जब तक जिन्दा हूँ, मुझे ऐसे रक्तचाप को लेकर ही जीना पड़ेगा। एक बार जब रक्त नाचना सीख लेता है, तो फिर वह नृत्य, किसी भी तरह नहीं रुकता है। मेरे खून ने भी नृत्य करना सीख लिया है निरापद घर के दबाव और तीन-तीन गलत दवाईयों से।

दुनिया में दो घरों को ही मैं अपना घर समझती हूँ। पहला ढाका में शान्तिनगर का घर। दूसरा कलकत्ते वाला घर। जब कि कलकत्ता का घर किराये का है, पर घर का किराया मैंने दिया है, किसी और ने नहीं। मेरी सारी जरूरत की चीजें वहीं हैं और उन्हीं दो घरों में मेरा प्रवेश निषेध है। मैं सिर्फ ढाका या कलकत्ता शहर के घरों में ही नहीं, जिन देशों में ये शहर हैं, उन देशों में भी नहीं जा पाऊँगी, मैं निषिद्ध हूँ। पश्चिम के देश से मेरे निर्वासन का जीवन शुरू होता है। यह निर्वासन सारी जिन्दगी के लिए है, या थोड़े समय के लिए, मुझे कुछ भी नहीं पता। अनिश्चितता को कन्धों पर ढोकर

चलना पड़ता है मुझे। कितनी दूर चल पाऊँगी, वह भी मैं नहीं जानती। एक देश से दूसरे देश भटकती रहती हूँ।

भारत सरकार ने स्वीडन जाने के लिए बिजनेस क्लास का टिकट दिया है, वन वे टिकट। पश्चिम बंगाल से राजस्थान जाने का टिकट, पश्चिम बंगाल सरकार ने दिया था। वह टिकट भी वन वे टिकट था, कलकत्ता से जयपुर। भारत सरकार से भी दिया गया दिल्ली टू स्टॉकहोम, वन वे टिकट। वैसे भारत सरकार द्वारा विदाई, बहुत शानदार आयोजन के साथ दी गयी। बहुत कुछ घर आये मेहमान को मीट पुलाव खिलाकर विदा करने के जैसा था। या फिर बहुत कुछ फाँसी पर चढ़ने वाले अपराधी की तरह था, जिसे फाँसी देने से पहले, जो माँगा जाए, वही दिया जाता है। जाने के दिन दोस्तों से मिलने दिया जाएगा सुनकर, कलकत्ता से कुछ दोस्त मिलने आये थे। पाँच सितारा होटल में उनसे मिलने की व्यवस्था की गयी। फ्लाइट बहुत रात में थी। दोस्तों के साथ डिनर करो, जितना मर्जी उतना खाओ। दो-तीन घंटों के लिए ताज होटल का एक सूईट मिला था। जिस रात मुझे भारत छोड़ना था, उस रात ताज होटल में डिनर रखा गया था, कलकत्ते के दोस्तों के साथ। रूम सर्विस से जो चाहिए, वही ऑर्डर कर सकते थे। सिर्फ उतना ही नहीं, उन सब दोस्तों को होटल में रखना, खिलाना, सब कुछ किया गया सरकार की तरफ से। सब कुछ मेरे भारत छोड़ने का उपहार था। प्रभु ने खुद ही सब इन्तजाम किया। मैंने कुछ करने के लिए जिद नहीं की थी। बल्कि कहा कि इतना खर्च करने की जरूरत नहीं है। दोस्त अपने आप आये हैं, और अपने आप ही रहने, खाने का इन्तजाम कर लेंगे, पर मेरी बात कौन सुनता है! सब कुछ मिशन सक्सेसफुल हो जाने के महोत्सव जैसा लग रहा था। पता नहीं सरकार में कौन, क्या सोच रहा था, पर मैं तो अपनी तबीयत ठीक करने के मकसद से जा रही थी। रक्तचाप में कोई दिक्कत नहीं आती, तो मैं हजारों साल तक रहती यहाँ। हाँ, शायद उसी कैद की हालत में। मैं अन्याय किये बिना सजा मिलने पर, भागने के बजाय उस सजा के विरोध में प्रतिवाद करने और बोलने की आजादी के पक्ष में लड़ने, चाहे जिन्दगी भर के लिए ही क्यूँ न हो, के पक्ष में हूँ। कभी-कभी मेरी इच्छाएँ पुराने ख़यालातों सी लगती हैं, जिन आदर्शों की बात मैं करती हूँ, वह अब चलन में नहीं हैं। लोग ठीक से नहीं समझते हैं कि मैं क्या बोल रही हूँ, जैसे कि चालीस या पचास के दशक की कोई एक आत्मा, आकर कुछ बोल रही हो। गोल-गोल आँखें करके लोग देखते हैं। बहुत से सोचते हैं, असल में मेरा कोई गलत उद्देश्य है, नहीं तो अपनी बात न सोचकर, दूसरों के बारे में क्यूँ सोच रही हूँ, जरूर किसी फायदे के लिए, दूसरों की खातिर इतना दर्द दिखा रही हूँ, अन्दर ही अन्दर कुछ और प्लान है।

मैं तब बहुत थकी हुई थी। एक तरह से यह मेरे लिए, हार जाना ही था। मैं कभी भारत छोड़ूँगी, यह कभी सोचा ही नहीं था, पर पहले तो जिन्दा रहना होगा, उसके बाद

ही तो किस देश में जीवन गुजारूँगी का प्रश्न आएगा। भारत और बंग्लादेश को छोड़कर, बाद बाकी सारी दुनिया ही मेरे लिए विदेश है। स्वीडन जाने का मकसद है, उस देश में मेरी चिकित्सा की सुविधा का होना। उस देश के जो भी नागरिक हैं, या उस देश में रह रहे हैं, सबों के लिए राष्ट्रीय स्वास्थ्य सेवा उपलब्ध हैं। और कहीं यूरोप या अमेरिका में इलाज कराना हो तो, अपने खर्चे पर कराना पड़ता! किसी राजा बादशाह के अलावा वह किसी और के लिए सम्भव नहीं। स्वीडन उतरकर ही देखती हूँ कि स्वीडिश पेन क्लब की मारिया, माईब्रिट, सिसिलिया विकस्ट्रम और स्वीडन के संसद सदस्य, मुझे लेने के लिए आये हैं। मेरे रहने की भी व्यवस्था कर रखी है। संस्कृति विभाग से मुझे एक ग्रांट या स्कॉलरशिप दिया जा रहा है। मुझे उपसाला शहर में एक अपार्टमेंट दिया जाएगा। सुयेनसन आये थे हवाई अड्डे पर, पर उसके घर जाने में बाधा है। पता नहीं क्यूँ सब कुछ सजाया हुआ सा लग रहा है। सिसिलिया अपनी गाड़ी में मुझे उपसाला ले गयी। जान नहीं, पहचान नहीं, फिर भी ऐसा व्यवहार कर रही थी जैसे मैं कोई उसकी पुरानी अपनी हूँ। मेरे लिए उसका उमड़ता आवेग, मुझे थोड़ा परेशान करता है। उपसाला शहर के एक होटल में रखा गया मुझे, साथ में माईब्रिट रुकी। इतने दिनों के बाद मेरी मानसिक स्थिति भी शायद अजीब हो चुकी है। पुलिस ने मुझे घेर कर नहीं रखा है, पर मेरी खबर रख रहे हैं। यह जानने के बावजूद, पुलिस का घेरा न होने से, सड़क पर निकलने से डर रही हूँ। यह कलकत्ता नहीं है, दिल्ली नहीं है, यह उपसाला है, इसके बाद भी! बहुत लम्बे समय तक भारत में मुझे डर से सिमट कर रहना पड़ा है, अभी कोई आ जाएगा मारने। मौलवादी आजकल दुनिया में हर जगह हैं। दिन पर दिन अब ऐसा होता जा रहा है कि कोई भी देश या शहर ऐसा नहीं है, जहाँ उनका निशान न हो। एक स्वीडिश चित्रकार के, एक कुत्ते के चित्र पर मुहम्मद का मुँह बना देने के बाद, उस पर हमला किया गया था। उसको भी अब छुपकर रहना पड़ रहा है। रात को, मैं और माईब्रिट दोनों खाना खाने निकले। मेरे चलने में, मैंने गौर किया कि एक चौकन्नापन है। इधर-उधर देखती हूँ, कोई मुझे पहचान तो नहीं रहा है! जहाँ बाघ का डर हो, वहीं रात हो जाती है, बहुत कुछ ऐसा ही है। स्वीडिश लोग मेरा स्वागत कर रहे हैं। किसी ने दौड़कर आकर फूल भी दिया। क्या वजह है, अचानक मुझे इस तरह पहचान लेने का। बदन सिहर उठता है।

सिसिलिया ने ही उपसाला के डॉक्टरों को बोल दिया, मेरी सारी जाँच करने के लिए। आँख, दिल, रक्तचाप सब। सारी जाँच करने के बाद डॉक्टर ने कहा, कहीं कोई दिक्कत नहीं है। सब ठीक है बल्कि रक्तचाप की कुछ दवाएँ कम कर दीं।

सुयेनसन के घर में मेरे कपड़े, कम्प्यूटर और भी चीजें रखी हुई हैं। कलकत्ता में गृहस्थी जरूर बसा ली थी, पर स्वीडन में इतने सालों से इस्तेमाल की हुई सब चीज़ों को ले जाना सम्भव नहीं हुआ था। स्वीडन से आई थी, पर पीछे बहुत सामान छोड़

आई थी। तेईस किलो सामान की छूट में, क्या-क्या लाया जा सकता है। सुयेनसन का घर भरा हुआ है, मेरे सामान से। इस तरह उपसाला के होटल में रहने का कोई तुक नहीं बनता है। दूसरी रात सुयेनसन इंटरनेट इस्तेमाल करने का डिवाईस दे तो जाते हैं, पर तीसरी रात को ही सुयेनसन के साथ रवाना हो जाती हूँ, उसके उपलाऊंस वियेसवीर वाले घर के लिये। मेरी स्टडी ठीक वैसी ही है, जैसा कि मैं आखिरी समय में छोड़कर गयी थी। पॉपकॉर्न जमीन पर जिस जगह, जैसे पड़ा था, बिल्कुल वैसे ही, वहीं पड़ा हुआ है। जितने भी चाय के प्याले, जैसे पड़े थे, अभी भी वहीं पड़े हुए हैं, बस बची हुई चाय सूखकर, अपना निशान छोड़ गयी है। पूरा घर साफ करने पर भी, सुयेनसन कभी मेरे कमरे को साफ नहीं करते थे। यदि मैं हजार वर्ष न आऊँ तो हजार वर्ष तक वह कमरा वैसा ही पड़ा रहेगा। जबकि मैं जब भी घर साफ करती, उसकी स्टडी को कभी नहीं छोड़ती थी। पुरुष के चरित्र में एक ईर्ष्या बिलबिलाती रहती है। उस घर में मैंने बहुत साल काटे थे, इसीलिए बहुत परिचित इस घर को मैं अपना घर ही मानती हूँ। निश्चिन्त, जैसे पहले बिताती थी वैसे ही, बिना किसी दुश्चिन्ता के स्टडी में बिताती रहती हूँ, दिन और रात।

उधर उपसाला स्कॉलरशिप देने की घोषणा हो गयी। स्वीडन से बाहर भी दूसरे देशों में फैल गयी यह खबर। सुयेनसन का व्यवहार दो-एक दिन ठीक रहता है, उसके बाद फिर वही का वही। मेरा साथ देने के लिए रहती है, माईब्रिट। एक दिन वह मुझे खींचकर ले जाती है, उपसाला में, स्कॉलरशिप वाला घर देखने। एक आदमी के रहने के लिए बहुत खराब नहीं है, पर बहुत लम्बे समय के लिए नहीं। अब और क्षणिक अतिथि नहीं होना चाहती हूँ। बहुत रह चुकी हूँ ऐसे, यह देश, वह देश करके कम तो नहीं हुआ है। मैं थकी हुई हूँ। कहीं भी बाकी का जीवन काट सकती हूँ, अगर फिर सब छोड़-छाड़कर कहीं और न दौड़ना पड़े। उपसाला विश्वविद्यालय के पास ही है, वह घर। जगह सुन्दर है, दो क़दम बढ़ाते ही जंगल-सी हरियाली है, पर मन के अन्दर चल रहा है, नहीं, यहाँ नहीं, और कहीं! सिसिलिया कह रही है, उपसाला विश्वविद्यालय मुझे फेलोशिप देगा, स्कॉलरशिप ग्रहण करने के लिए मुझे बहुत तरह से उत्साह दिया जा रहा है। उसके बावजूद भी मेरे अन्दर से 'यहाँ नहीं, यहाँ नहीं' जाता नहीं है। स्वीडन में ही अगर रहना है, तो यही घर क्यूँ, सुयेनसन के घर में ही रह सकती हूँ। अगर वह घर ठीक नहीं लगता है, तो अपने लिए कोई दूसरा घर किराये पर ले सकती हूँ। जिसे छह महीने या साल भर बाद छोड़ना न पड़े। सिसिलिया जोंक की तरह मेरे बदन से चिपकी रहती है। उसने अपने घर मुझे ही नहीं, बल्कि मेरे दोस्तों को भी आमंत्रित किया है। पहले लगा कि बहुत ही अच्छी लड़की है। कर्मठ, बुद्धिमती और आत्मीय। वही होती मेरे लिए, अगर प्रेस कान्फ्रेंस के लिए मुझे इस तरह धर दबोचा न होता तो। वह खुद भी और अपने पेन क्लब की सदस्यों से, यहाँ तक कि अपनी सेक्रेटरी से भी दबाव डालकर, मेरा प्रेस कान्फ्रेंस कराने के लिए एकदम तत्पर हो

उठी। मैंने पहले से ही कहा था कि मैं प्रेस के साथ बिल्कुल बात नहीं करूँगी। मैं दुनिया को बताना नहीं चाहती कि मैं कहाँ हूँ। मुझे स्कॉलरशिप दिया गया है, इस खबर का प्रसार होने का मतलब ही है, सबको ढिंढोरा पीटकर बता देना कि मेरा पता यह है। सरकारी स्कॉलरशिप वाले घर कहाँ हैं, किसी को ढूँढ़ने में दो मिनट भी नहीं लगेगा। मैं अब जिन्दगी में इतना खतरा मोल नहीं ले सकती हूँ, पर कौन सुनता है किसी की बात, सिसिलिया बार-बार कहने लगी, उपसाला के स्कॉलरशिप का प्रारम्भ आपसे हुआ है, नहीं बताने पर, लोग कैसे जानेंगे। देश ही क्या, उपसाला के लिए भी यह एक बड़ी खबर है कि उपसाला शहर, अब से दुनिया के सताये हुए लेखक, कलाकारों का साथ देगा, साथ खड़ा होगा, बोलने की आजादी के पक्ष में लड़ेगा। एक दिन जब उसके ही घर में, वह मुझे किसी भी तरह प्रेस कान्फ्रेंस के लिए राजी नहीं करा पायीं, तो मीटिंग है कहकर उसी समय घर से चली गयी। वही प्रेस कान्फ्रेंस ही उसकी वह मीटिंग थी, जो मैं दूसरे दिन जान पायी, जब देखा कि दुनिया के तमाम अखबारों में खबर छपी है कि सिसिलिया विक्स्ट्रम की कोशिशों से, उपसाला शहर में मुझे स्कॉलरशिप दिया जा रहा है, वगैरह-वगैरह। नाम का कितना आश्चर्यजनक मोह है! सत्ता के लिए कितनी भीषण पिपासा है! अच्छे कामों की वजह से जितना नाम होगा, उतना ही ऊपर पहुँचने की सीढ़ी आसान हो जाएगी। मन ही मन कहती हूँ, गुडबाई उपसाला, गुडबाई सिसिलिया।

चली जाती हूँ दक्षिण फ्रांस में, मदनजीत सिंह बुला रहे हैं, मुझे। मदनजीत सिंह का घर समुद्र के किनारे है। सामने नीला भूमध्यसागर, पीछे पहाड़। एक टीले पर उनका महल है। जहाँ तक दिगंत है वहाँ तक घर से दिखता है, नीला पानी और सुनाई देती है, पहाड़ पर लहरों के पछाड़ खाने की ध्वनि। समुद्र में सफेद नावें तैर रही हैं, पक्षी उड़ रहे हैं, ऊपर खुला, नीला आकाश। जितना मुग्ध होती हूँ प्रकृति के सौन्दर्य को देखकर, उससे ज़्यादा मुग्ध होती हूँ मदनजीत सिंह को देखकर। सत्तासी साल की उम्र, सर से पाँव तक नास्तिक। अस्सी साल की उम्र में उन्हें दो सौ मिलियन डॉलर मिला था जिसे उन्होंने, बिना हिचक दे दिया दक्षिण एशिया की सेवा में, निःशुल्क शिक्षा के लिए। दक्षिण एशिया के लड़के-लड़कियों को किसी विश्वविद्यालय द्वारा छात्रवृत्ति दी जाएगी, जिससे वहाँ के विभिन्न धर्म, वर्ण, भाषा और संस्कृति के छात्र-छात्राएँ एक साथ पढ़ने के दौरान एक-दूसरे के साथ दोस्ती कायम कर सकें। मदनजीत सिंह सपने देखने वाले इंसान हैं। ठीक जैसे मैं स्वप्न देखती हूँ, वह भी वैसे ही स्वप्न देखते हैं। इतने आत्मीय, मानवीय इंसान हैं वे, ऐसे लोगों की संख्या अगर दुनिया में और होती, तो दुनिया और भी सुन्दर होती। उन्होंने भारत के प्रधानमन्त्री सहित और जिनको भी वह जानते थे, सबको चिट्ठी लिखी, मुझे कैद से आज़ाद कर सही-सलामत कलकत्ता भेजने के लिए। मौलवादियों से हारे भारत जैसे देश को वह नहीं मानते हैं। वह बहुतों को नसीहतें देकर चिट्ठियाँ लिखते हैं। पता नहीं कितने मानते हैं, उनके उपदेश। एक समय वह भारत के राजदूत थे।

उन्होंने बहुत सी किताबें लिखी हैं, चित्र बनाये हैं। अभी भी लिख रहे हैं, किताब। इस उम्र में भी! उनकी सारी बातें मैं मुग्ध होकर सुनती हूँ। उनका कहा एक भी वाक्य अर्थहीन नहीं है।

एक के बाद एक बहुत कुछ घटता रहता है। पैरिस में मुझे सिमोन द बोवेयर पुरस्कार दिया जा रहा है। पुरस्कार लूँगी विदेश मन्त्रालय के मानवाधिकार मन्त्री के हाथों से। एक के बाद एक फ्रेंच संवाददाताओं को साक्षात्कार देना पड़ रहा था। यहाँ ऐसा ही होता है, किताब प्रकाशित होने पर प्रकाशक, टी.वी., रेडियो पर दैनिक, साप्ताहिक पत्र-पत्रिकाओं में लेखक का साक्षात्कार लेने की व्यवस्था करता है। वैसे सब के साथ ही ऐसा नहीं होता है, यह तो उनके साथ होता है, जिनका कुछ नाम है या प्रचार माध्यम जिनके प्रति आग्रह दिखाते हैं। मेरे प्रकाशक ने फटाफट मेरी एक किताब प्रकाशित कर दी। किताब का फ्रेंच नाम का बांग्ला अनुवाद करने पर, नाम हुआ 'आमार कारागार थेके– मेरे कारागार से'। फटाफट ही बोलूँगी। मेरे दिल्ली में गृहबन्दी की हालत में रहने के समय से प्रकाशक जल्दी कर रहे थे, 'कुछ लिखिए, या फिर वहाँ बैठकर जो कुछ भी लिखा है, वही दीजिए।' मैंने कहा, 'बस कुछ कविताएँ और टुकड़ों में कुछ भावनाएँ' लिखी हैं। कहा, 'जो लिखा है, वही भेज दो, मुझे किताब निकालनी है।' मैंने बहुत बार कहा, 'किताब निकालने लायक कुछ नहीं लिखा है। आत्मकथा तो लिख ही रही हूँ। पूरा हो जाने पर अवश्य ही भेजूँगी।' फिर भी उन्होंने कहा, 'जो लिखा है उसको ही लेकर छोटी एक किताब प्रकाशित करूँगा, ठीक किताब नहीं, संकलन जैसा कुछ।' मैं बहुत अच्छे से समझती थी कि कुछ कविताएँ और दो-चार मन की बातें लेकर एक पूरी किताब निकालना, पाठकों को ठगना होगा, और कुछ नहीं। वैसे भी हल्ला-गुल्ला कर, फतवा-फतवा की आवाज लगा, 'लज्जा' प्रकाशित होने के बाद, पाठक निश्चित ही आसमान से गिरे थे, क्यूँकि कोई उस किताब पर फतवा लगने की वजह नहीं ढूँढ़ पाया। मेरी जिन किताबों पर, या मेरे और जो कुछ लिखे गये पर, सचमुच फतवा जारी किया गया था, वह सब या तो छापा ही नहीं गया, या फिर छपा होने पर भी फतवा-फतवा कर कोई उठा-पटक नहीं हुई। सबके हाथों में नयी किताब है, हर जगह साक्षात्कार देना पड़ रहा है। ल'मंद में एक पूरे पन्ने का साक्षात्कार निकला है। कनाडा से माईक आ गये, वाक्-स्वाधीनता पर वृत्तचित्र बनाने। हिस्ट्री ऑफ रीडिंग के लेखक अल्बर्तो मैंगुएल, एम्पायर ऑफ द वर्ल्ड, नाम से धारावाहिक बना रहे हैं, उसमें मेरी भी कहानी और बात होगी। सुबह से रात तक व्यस्त हूँ सुबह सात बजे रेडियो भागो, दस बजे से संवाददाता आना शुरू कर देते हैं। रात में टी.वी. चैनल से लौटना। शानदार ढंग से विदेश मन्त्रालय में पुरस्कार समारोह का आयोजन किया जाता है। फ्रांस में सिमोन द बोवेयर पुरस्कार की शुरुआत मेरे से ही हुई। सिर्फ मैं ही नहीं, मेरे साथ, अयान हिरसी अली भी थे।

यह पुरस्कार हम दोनों को मिला है। वैसे वह पहले ही अपना भाग ले जा चुके थे, मुझे अपना हिस्सा बाद में लेना पड़ा।

उसके बाद फिर से पैरिस में आमन्त्रण। इस बार पैरिस सिटी काउंसिल मुझे वहाँ की सम्मानित नागरिक बनाएगी। सिटी हॉल, या टाउन हॉल, या होटल द विले में मुझे ले जाया गया। मेयर ने कीमती उपहार दिया, अद्‌भुत बातें कहीं, कहा, तुम्हें सिर्फ नाम के वास्ते नागरिकता नहीं दी जा रही है, हम यही चाहते हैं कि तुम सचमुच एक नागरिक की तरह पैरिस में रहो। जब मेयर सिटी काउंसिल की एसेम्बली में, एक-एक करके बता रहे थे कि क्यूँ मुझे पैरिस का नागरिक बनाना उचित है, उनके बोलने के बाद, अलग-अलग राजनैतिक दलों के एक सौ अस्सी सदस्यों ने खड़े होकर ताली बजाकर, मेयर के प्रस्ताव का समर्थन किया। बेल्जियम से आईरिन चली आयी मिलने। स्टीव के गुजर जाने के बाद आईरिन बहुत बदल गयी थीं। उनकी सूँघते रहने की बीमारी बढ़ गयी है। दिमाग ठीक रखने के लिए मुट्ठियाँ भर-भरकर दवाइयाँ, पहले जैसे खाती थीं, अभी भी खा रही हैं, पर अब उसका परिमाण पहले से और ज़्यादा है। बेल्जियम के गेन्ट शहर में वह जिसके घर में रहती हैं, उसकी बुराई करती ही जा रही हैं। वह जगह उनको रास नहीं आ रही है, पैसों का अभाव है, उम्र बढ़ती जा रही है, स्टीव के रेकॉर्ड्स वह बेच नहीं पा रही हैं, इत्यादि। पता नहीं क्यूँ, आईरिन का लगातार शिकायत करते रहना, एक समय परेशान करने लगता है मुझे। स्टीव की बीमारी के समय, उन्होंने स्टीव के दोस्तों के साथ, यहाँ तक कि मेरे साथ भी कितना असभ्यता का व्यवहार किया था, वह सब याद आ जाता है। जो आदमी मर रहा था, उसे अन्त समय में देखने भी नहीं दिया। स्टीव को अपनी सम्पत्ति की तरह जकड़ कर रखा था। स्टीव का बीमार होना आईरिन को इतना असह्य लगता कि बीमार स्टीव के साथ भी अच्छा व्यवहार नहीं करती थीं वे। वही भयावह, प्रतापशाली आईरिन अब बच्चे की तरह हो गयी है। मेयर मेरे सम्मान में डिनर पार्टी दे रहे हैं और वह पीछे पड़ गयीं वहाँ जाने के लिए। मैंने आपत्ति नहीं की। आईरिन के लिए दया भी आती है। मुझे नागरिकता देने का कार्यक्रम वह, मेरे पास बैठकर देख पायीं, वह इसी खुशी में कूद रही हैं। आईरिन जानती हैं कि मैंने उनको बहुत बार माफ़ किया है। बहुत बार उन्होंने अपनी गलती मानी भी है। उनके खराब वक्त पर मैं बहुत बार उनके साथ खड़ी हुई हूँ, बहुत समय से उन्हें जानती हूँ। दया आती है देखकर, जब उन्हें दवाइयाँ खाकर सामाजिक होना पड़ता है, दिमाग को शान्त रखना पड़ता है, आत्महत्या करने के ख़याल से दूर करना पड़ता है, अपने आपको। पेरिस में फिर एक और निमन्त्रण है। जिन्होंने फ्रेंच सरकार द्वारा मानवाधिकार पुरस्कार पाया है, उन सबों को लेकर उत्सव हो रहा है। उस उत्सव में शामिल हुई। एक डिनर पर, एक समय की मशहूर फ्रांसीसी अभिनेत्री कैथेरिन डेन्यूव को देखकर इतना अच्छा लगा। सच कहूँ तो, सिनेमा जगत में मुझे कैथेरिन ही सबसे सुन्दर लगती हैं। सत्तर-अस्सी दशक की

फिल्मों को अभी भी बहुत चाव से देखती हूँ! इधर एक और हैरान कर देने वाला आमन्त्रण, मुझे 'फाउंडेशन फॉर वीमेन' का बोर्ड मेम्बर बनना होगा। एक बहुत बड़े व्यवसायी प्रतिष्ठान, पिपियार ने, सारी दुनिया की लड़कियों की मदद करने के लिए इस फाउंडेशन को शुरू किया है। फाउंडेशन में रहेगी स्टेला मैककटनी, वारिस दूरी एवं और भी कई बड़े-बड़े लोग। विशेषकर एशिया, अफ्रीका, लैटिन अमेरिका के उत्पीड़ित, प्रताड़ित लड़कियों की हालत की सुधार व उन्नति के लिए काम करेंगे सब। जबरदस्त उत्साह तो आता है इस काम में, पर ऐसे समय में भी मेरा मन उदास है। भारत का रेजिडेंस परमिट खत्म होने से पहले दिल्ली गयी थी। घुसने दिया, एक दोस्त के खाली मकान में रहने भी दिया कुछ दिन। हजारों पुलिसवालों ने घेर रखा था, घर को और मुझे। जाने के तुरन्त बाद ही, छह महीने का रेजिडेंस परमिट बढ़ाकर, मुझे विदा कर दिया गया। 'मैं भारत में नहीं रहूँगी', उनके सर पर हाथ रखकर यह कहने और, अपने सीने पर हाथ रखकर यह प्रतिज्ञा करने पर, तब मुझे 'भारत में रहने की अनुमति' दी जाती है। अनुबन्ध देने को कहा गया, देने को बाध्य हुई मैं। छह महीने बाद जाकर देखा, फैसला बदला नहीं है। वही एक ही है, रेजिडेंस परमिट देंगे, पर एक शर्त पर, परमिट मिलने के तीन दिन के अन्दर चली जाओगी। भारत अगर रहने ही न दे, कलकत्ता जाने ही न दे तो कहीं न कहीं तो मुझे रहना होगा। इस तरह कुछ दिन स्वीडन में सुयेनसन के घर, कुछ दिन न्यूयॉर्क में यासमीन के घर, कुछ दिन पेरिस के होटल में चाहे वह फाइव स्टार ही क्यूँ न हो, कुछ दिन मदनजीत सिंह के महल में, ऐसे तो जिन्दगी बसर नहीं की जा सकती है। थोड़े दिनों तक सुयेनसन के घर रहा जा सकता है, पर लम्बे समय तक नहीं। पैरिस की मैं एक सम्मानित नागरिक हूँ, मेयर ने कहा है कि मैं वहाँ रहूँ, तो फिर पैरिस में ही क्यूँ नहीं रहती? बहुतों ने कहा कि फ्रेंच सरकार के कितने बड़े-बड़े घर पड़े हुए हैं, एक दे ही सकते हैं। क्या सच में ही दे सकते हैं, कितने फ्रेंच लोग सड़कों पर जीवन व्यतीत करते हैं और मैं कौन हूँ कि मुझको एक घर देना होगा। सिर्फ ल'मंद ही नहीं, दूसरी पत्रिकाओं ने भी मुझे भारत से निकालने के बाद, मेरे बेघर हो जाने के बारे में लिखा है। पैरिस के मेयर, बर्ट्रंड दोलानये ने मुझे छह महीने का स्कॉलरशिप दिया। कलाकारों के रहने की जगह पर मेरा कमरा होगा, हर महीने हाथ खर्चा मिलेगा। लेखक, कलाकार और साहित्यकारों के साथ पैरिस के बीचोंबीच, सीन नदी के किनारे, एक घर में रहना, मुझे पुलकित न भी करने पर, मेरे फ्रांसीसी दोस्तों को जरूर उत्साहित करता है। मेरे कुछ लेखक मित्र, मेरे लिए ठीक किये गये उस घर में आकर, हल्ला-मस्ती कर, अड्डा जमाकर, खा-पीकर गये, पर सही मायनों में, घर में मेरा रहना हो नहीं पाया। चली गयी थी न्यूयॉर्क, क्यूँकि वहाँ की एक यूनिवर्सिटी मुझे फेलोशिप दे रही थी।

न्यूयॉर्क में रहना शुरू करती हूँ, पर और भी दूसरे देशों में दौड़ लगानी पड़ती है। स्वीडन में अन्तर्जातीय साहित्य सम्मेलन है, स्पेन में बिल्बाओये सेंसरशिप के विरुद्ध

सेमिनार, सैनफ्रांसिसको में कविता उत्सव है, बीट कविगण जहाँ कविता पढ़ा करते थे, वहाँ काव्य पाठ है, कहाँ नॉर्थ बीच में, सिटी लाइट्स में, वेसुवियास में! इटली में काव्य उत्सव, लक्सेमबर्ग में भी, ऐम्सटरडैम में मुक्तचिन्ता के विषय को लेकर कार्यक्रम, वियेना में, दुनिया में न्याय विचार की प्रतिष्ठा करने के लिए मूल्यवान आलोचना का अनुष्ठान वगैरह। यूरोपियन पार्लियामेंट के शाखारभ पुरस्कार की पच्चीसवें साल की पूर्ति का कार्यक्रम। बेल्जियम के लोवेईन विश्वविद्यालय द्वारा डॉक्टरेट का सम्मान। कुछ न कुछ कोई न कोई कार्यक्रम लगा ही रहता है। घर में निश्चिन्तता के साथ बैठकर लिखने का कोई उपाय नहीं है, पर यह एक तरह से, घर में बैठे रहने की एकरसता से आजादी भी है।

वैसे, न्यूयॉर्क में मत प्रकाश करने की स्वाधीनता को विषय बनाकर जो साहित्य उत्सव हो रहा है, उसमें किसी ने भी मुझे आमंत्रित नहीं किया। अलग मत प्रकाश करने के अपराध में जिस लेखक को इतने समय से, इतना भयंकर जीवन जीना पड़ रहा है—जिसको बस कुछ ही दिनों पहले, भारत जैसे एक बड़े गणतांत्रिक देश को छोड़कर आना पड़ा, उसको नहीं बुलाया गया। जबकि और अनगिनत, अज्ञात, अख्यात लेखकों को बुलाया गया है। अमेरिकन पेन क्लब ने साहित्य उत्सव का आयोजन किया है। अमेरिका का यह लेखक संगठन क्या मुझे नहीं पहचानता है? बहुत अच्छे से पहचानता है। क्या वह यह खबर नहीं जानते हैं कि मैं न्यूयॉर्क में हूँ! नहीं जानने की कोई वजह नहीं है, तो फिर क्यूँ दूसरे लेखक आज उनके अपने मत प्रकाश की स्वतन्त्रता की बात कह रहे हैं, और मैं उन लोगों से बहुत ज्यादा प्रताड़ित होने के बावजूद भी, बोलने का अधिकार नहीं पा रही हूँ! मेरे लेखन की वजह से भारत में मुस्लिम मौलवादियों द्वारा हमला, मुझे पश्चिम बंगाल से निकाल देना, दिल्ली में अज्ञातवास में मुझे रखना और अन्त में मुझे भारत छोड़ने के लिए मजबूर करना—यह सब और कोई न भी जाने, पेन के सभापति तो अवश्य ही जानते हैं। सभापति, सलमान रुश्दी! तो क्या सलमान रुश्दी सभापति हैं इसीलिए इस शहर में उपस्थित रहने के बावजूद भी, मुझे अन्तर्राष्ट्रीय मत प्रकाश करने की स्वाधीनता के विषय वाले सेमिनार में आमन्त्रित नहीं किया जाता है। क्या अपराध है मेरा! वही सालों पहले मैंने जर्मनी के 'डास्पीगल' पत्रिका में सलमान रुश्दी का, 'मौलवादियों से क्षमा की भीख माँगना उचित नहीं था' कहा था, इसलिए? सच सुनकर तब वह आगबबूला हो गये थे, पता है, पर वह अपने गुस्से को इतने समय तक पाल कर रखेंगे, वह किसे पता था!

यासमीन के घर में रह रही थी। उसकी बेटी भालोबाशा किसी तरह तैयार नहीं कि मैं उसके घर रहूँ। धीरे-धीरे वह वास्तव की एक मूर्ख, और विचित्र प्राणी में बदल गयी है। हाथ-पाँव चाकू से काटने लगती है। क्यूँ? क्यूँकि उसका बॉयफ्रेंड नहीं है। निश्चित ही वह बदसूरत है, नहीं तो सबके बॉयफ्रेंड हैं, उसका क्यूँ नहीं होगा!

यासमीन को बहुत कहा, उसको साइकैट्रिस्ट के पास ले जाने के लिए। साइकैट्रिस्ट का नाम सुनते ही यासमीन गुस्से से फट पड़ती है। उसकी बेटी का दिमाग क्यूँ खराब होने लगा! उसकी बेटी पागल है क्या! ऐनल फ़िशर से बहुत दिनों भुगतने के बाद, वही रोग उसका ऑब्सेशन बन चुका था, और अब उसकी बेटी उसका ऑब्सेशन बन गई है। भालोबाशा घर की रानी है और उसके माँ-बाप उसके नौकर। इस तरीके का एक रोलप्ले चल रहा था यासमीन के घर। अस्वस्थ परिवेश है, घर का। अपने लिए बेहाल हो एक अपार्टमेंट ढूँढ़ती हूँ। अपार्टमेंट मिलना क्या कोई आसान बात है! क्रेडिट हिस्ट्री चाहिए, जो मेरे पास नहीं है। साल में कितना उपार्जन करती हूँ, उसका एक प्रमाणपत्र दिखाना पड़ेगा। अगर एक लाख डॉलर साल की आमदनी नहीं है तो कोई भी मुझको घर किराये पर नहीं देगा। इसके बाद भी ढूँढ़ती रहती हूँ। अन्त में एक घर किराये पर लेती हूँ, न रहने लायक ट्वीन टावर के पास, लगभग हडसन नदी के किनारे। एक गैरेंटर जादू की तरह जुगाड़ हो जाता है, इसलिए। अगर मैं घर किराये पर लेने की शर्तें नहीं पूरी कर पाऊँ तो, मुझे उसका आश्रय लेना पड़ेगा, क्यूँकि उसकी शर्तों को पूरा करने की क्षमता है। गैरेंटर पाना, अमावस्या में चाँद पाने के जैसा है। जो मुझे बहुत सालों से एक अच्छे व्यक्ति के रूप में जानते थे, वह पीछे हट गये, और एक ऐसा इंसान आगे आया, जिसके साथ मेरी कोई जान-पहचान नहीं। दुनिया बहुत ही विचित्र है।

हर छह महीनों के बाद, रेज़िडेंस प्ररमिट की मियाद बढ़ाने के लिए मुझे भारत आने की अनुमति मिलती है, पर रहने के लिए आवेदन देने पर, वही एक ही नियम चलता है। 'तुम जबान दो कि तुम भारत में नहीं रहोगी, तभी तुम्हें भारत में रहने का वीज़ा देंगे'। बाहर का कोई भी यह सब नहीं जानता है। किसी को बताना नहीं चलेगा। सालों से कलकत्ता के ताला बन्द घर का किराया देना पड़ रहा है। जब हड्डियों की मज्जा तक समझ गयी कि किसी भी हाल में मुझे कलकत्ता नहीं जाने दिया जाएगा, दोस्तों से वहाँ के घर का सारा सामान भेज देने को कहा। सरकार द्वारा ही प्रस्ताव दिया गया था, उस घर को खाली कर, सारा सामान दिल्ली लाकर सरकारी गोदाम में रखने के लिए। गोदाम में बन्द करने की बात पर मैं राजी नहीं हुई। बन्दी दशा मुझे नहीं सहन होती है। मैंने अपने आप ही सामान मँगवाया। अपने आप मँगवाने का मतलब, पैसे दिए, कलकत्ता के दोस्तों ने वहाँ से वाहक बुलवा बक्सों में सामान बन्द कर भेज दिया। मैंने सरकार को, मेरे सामान की खींचा-तानी करने की एक बड़ी ज़िम्मेदारी से मुक्ति दे दी। वैसे कुछ बढ़ती चीजों को दिल्ली के सरकारी गोदाम में रखा गया था। दो साल बाद उसे भी वापस ले लिया। सामान रखने के लिए सरकार ने कोई खर्चा नहीं लिया। दादा दिल्ली आये एक बार। कलकत्ता से मीनू को मँगवा लिया। मीनू हवाई जहाज़ में कलकत्ता से दिल्ली आयी। फिर जब भारत छोड़ने की घंटी बजी, मीनू को दादा के संग भेज दिया शान्तिनगर, मेरे ढाका के घर में। इसके अलावा कोई और चारा नहीं था। दिल्ली में मीनू को रखने की बहुत कोशिश

की थी। ऐसा कोई जो बिल्लियों से प्यार करता हो, उससे भी बात की। पशु-पक्षी रक्षा संस्था के साथ भी सम्पर्क किया, पर कुछ लाभ नहीं हुआ। छह महीने पिंजरे में बिल्ली को बन्द रखेंगे। दुबारा मीनू ने उड़ान भरी। इस बार भारत के बाहर। क्यूँकि वह इंसान नहीं है, उसे पिंजरे में बन्दी होकर ही उड़ना पड़ता है। मनुष्य रहते हैं अदृश्य पिंजरे में। वे अभ्यस्त हो गये हैं पिंजरे के। मनुष्य को छोड़कर अन्य कोई भी प्राणी, आज भी, कहीं भी, किसी भी पिंजरे में बन्दी नहीं होना चाहता है। मुझे फिर सब छोड़कर चले जाना पड़ा। फिर अलविदा कहना पड़ा भारत को। फिर से मेरे पाँव अनिश्चितता के पथ पर...थे।

एक बार भारत के प्रधानमन्त्री ने मदनजीत सिंह की चिट्ठी का जवाब दिया था, बहुत सुन्दर थी वह चिट्ठी, काश भारतीय उपमहादेश के अन्य किसी देश के, अन्य कोई प्रधानमन्त्री भी लिख पाते ऐसी चिट्ठी!

Dear Shri Madanjeet Singh,

I read your letter with great interest. Let me share you that many of us here share the sense of anguish you feel at Taslima Nasreen's plight. It is most unfortunate that someone like her should be the target of extremist elements. Actions of this kind, though by a small minority tend to undermine our secular credentials and damage our image as an inclusive society.

You may rest assured, however that we shall never deviate our age-old traditions and principles. Right through the ages we have offered sanctuary and a home to anyone who has sought our help. We have always shown compassion to those who have been persecuted. His Holiness the Dalai Lama is one shining example. We are unhappy at the turn of events in the case of Ms Taslima Nasreen, but in her case also we have honourned our ancient pledge. I can't say how pleased I am that you have offered her a place to stay in Paris, till such time as she finds it convenient to return to India.

Taslima has been a victim of the politics of hate that a small section of extremists within our country are now pursuing. Her preference was to stay in Kolkata, but the West Bengal Government apprehended that this might lead to a law and order situation in the State. I cannot say whether this apprehension is valid, but we nevertheless welcomed her here in Delhi. Taslima misses being in Kolkata, however.

It is not correct to say that while in Delhi she was kept in solitary confinement in a small room. Certain restrictions on her movements had to be imposed based on perceptions of the threat to her personal security. Otherwise she had relative freedom of movement. The restrictions that were imposed, no doubt, weighed heavily on her mind, and I can understand her predicament. External Affair Minister, Mr. Pranab Mukherjee, and senior officials did meet her from time to time to assuage many of her concerns.

She left for Sweden on her own volition, and not because we asked her. She will always be welcome in India as our guest. Her personal security, however, remains a matter of concern and we will need to take precautions to ensure her protection as long as she is our guest. We can try and see whether she could go back to Kolkata where she feels comfortable, but for this we would need the cooperation of the West Bengal Government.

India's glorious traditions of welcoming people irrespective of caste and creed, community and religion will continue, whatever be the odds. The atmosphere of hate being perpetrated by a small segment within the country will not prevent us from persisting with this tradition. We recognize Taslima Nasreen's right to remain in a country of her choice, viz., India in this case. She should also have the option to choose whichever city of state she chooses.

I hope you would try to make her understand this You should also try to persuade her to realize that whatever was done while she was in India was dictated by the necessity to ensure her safety and security.

With regards,
Yours sincerely
Manmohan Singh.

यह चिट्ठी मदनजीत सिंह को गर्वित करती है, मुझे तो करती ही है। मुझे आशा बँधने लगती है कि अगर बंग्लादेश जाना न भी सम्भव हो, कम से कम भारत में मैं रह सकूँगी। परन्तु उस चिट्ठी के बाद भी, मैं दिल्ली में और दो साल तक नहीं रह पायी।

फरवरी, 2010 में यूरोप के फ्रेंच-जर्मन आर्ते टेलीविज़न ने मुझको लेकर डॉक्युमेंट्री फिल्म बनानी शुरू की। रेज़िडेंस परमिट की मियाद बढ़वाने के लिये फिर मुझे दिल्ली

आना पड़ता है। आर्ते टेलीविज़न के लोग पहले से ही दिल्ली में आये बैठे थे। एक घंटे की एक फिल्म बनाने के लिए वे मिलियन डॉलर खर्च कर रहे थे। कितनी जगहों पर मेरे पीछे-पीछे घूमते रहे। लिओं, दिल्ली, न्यूयॉर्क। खुद से ही वे लोग कलकत्ता, ढाका, मयमनसिंह गये, सिर्फ मेरी पीछे छूटी, बची-खुची स्मृतियों को खोजने के लिए। वे इन्तजार कर रहे थे कि मेरे रेज़िडेंस परमिट की अगर मियाद को इस बार बढ़ाया जाएगा कि नहीं, देखने के लिए। इन्तजार शायद इसलिए भी कर रहे थे कि मियाद अगर न बढ़े और मुझे अपना सब कुछ समेटना पड़े, तो वे लोग इन ऐतिहासिक क्षणों को अपने कैमरे में कैद कर सकेंगे। हर बार यही संशय घेरे रहता है कि मुझे भारत में और रहने दिया जाएगा या नहीं। इस बार रेज़िडेंस परमिट की मियाद बढ़ाई तो जाती है, पर साथ में एक चिट्ठी भी दी जाती है। चिट्ठी में लिखा है कि इस बार ही आखिरी बार अनुमति दी जा रही है, क्यूँकि पाँच साल पूरे हो चुके हैं। इसके बाद अब मुझे भारत के अन्दर से वीज़ा नहीं दिया जाएगा। यदि मैं भारत भ्रमण करना चाहती हूँ, तो विदेश के किसी भारतीय दूतावास में मुझे दरख्वास्त देनी होगी। मेरे हाथों में इससे भयानक चिट्ठी जीवन में कभी और नहीं आई थी। इन दो सालों में यह पहली बार है कि रेज़िडेंस परमिट देते समय कोई शर्त नहीं लगाई गयी मुझ पर, भारत छोड़ो नहीं कहा गया। पता नहीं क्या करूँगी मैं। कहाँ जाऊँगी, किसके पास जाऊँगी, किसको समझाऊँगी मैं! किसी भी भारतीय को कहने से मुँह खोले देखता रहता है वह, मेरे मुँह की ओर। मुझे तो रेज़िडेंस परमिट, एक्सटेंशन, इमिग्रेशन लॉ के बारे में पता है—पर इन सबके बारे में कोई भी और, ज़्यादा कुछ नहीं जानता है।

मेरे लिखे पर, मार्च में कर्नाटक में बहुत दंगा शुरू हो गया। कर्नाटक की एक पत्रिका ने मेरे बुर्के को लेकर लिखे गये लेख को अपने आप ही छाप दिया। मेरी अनुमति लेने की जरूरत नहीं महसूस की। साल 2006 का लिखा हुआ लेख था। आउटलुक नाम की एक अंग्रेजी पत्रिका में छापा गया था वह लेख। किसी ने कहा, इस दंगे के पीछे भी राजनीति काम कर रही है। कर्नाटक में बीजेपी सत्ता में है, इसीलिए कांग्रेस का कोई नेता दंगा करवाकर, राज्य सरकार को आफत में डालना चाहता है। मैं तो एक अकेली इंसान हूँ। मेरे विरोध में सड़क पर उतर आने पर, फतवा देने पर, मेरी हत्या करना चाहने पर, कौन बाधा देगा, कौन खड़ा होगा! मेरे लेख में था, अगर कुरान में भी बुर्का पहनने की बात लिखी हो, तब भी औरतों को बुर्का नहीं पहनना चाहिये। बस बुर्का पहनने के पक्ष के लोग सड़कों पर उतर आये। टेलीविज़न में दिखाने लगे कर्नाटक शहर की सड़कें, बुर्के के पक्ष में पन्द्रह हजार लोग सड़क पर उतर आये है। एक शहर से दूसरे शहर फैलते जा रहे हैं, उन्मत्त लोग। बस, ट्रक, दुकान जो भी सामने आ रहा है, जलाया जा रहा है। मेरा रक्तचाप बढ़कर पता नहीं आकाश की किस ऊँचाई पर पहुँच जाता है। हाथ-पाँव ठंडे होना शुरू हो जाते हैं। मेरे लिखे को लक्ष्य करके इस तरह का भयावह दंगा! जिस किसी भी समय, कोई

उनमत्त धर्मान्ध मेरा खून करने आ जाएगा और अगर खून नहीं भी होता है, तो भी, भारत से मेरा सब कुछ अब खत्म हो गया है। टेलीविज़न बन्द कर, लेट जाती हूँ मैं। अभी नहीं सोने से, मेरा रक्तचाप लपक-झपक कर मेरे हृदय को अचानक ही अचल कर देगा। प्राणपण से शान्त करना चाहती हूँ, अपने मन को। सिर्फ मैंने पीटीआई के पल्लव को बता दिया कि कर्नाटक की पत्रिका में मैंने कोई भी लेख नहीं भेजा था।

गृह मन्त्री के बयान से मन अच्छा हो जाता है। उन्होंने टेलीविज़न पर कहा, 'इस दंगे के पीछे तसलीमा की कोई भूमिका नहीं है। पत्रिका वालों ने लेखक की अनुमति के बगैर ही लेख प्रकाशित किया है। यह पत्रिका वालों की ही दुष्ट परिकल्पना है।' पत्रिका के ऑफिस में तोड़-फोड़ हुई, जब कि मन अच्छा हो जाता है, मुझे बचाया गया इसलिए, पर सोचती हूँ, मत प्रकाश करने की स्वतंत्रता का तब क्या होगा? कॉपी राइट का उल्लंघन करने के अलावा, पत्रिका के सम्पादक का और कोई अपराध नहीं था। अलग राय जाहिर करने का अधिकार क्यूँ नहीं रहेगा! दरअसल गलती तो सड़क पर उतर आये गुंडों की थी, जिन्होंने शहर को जलाया था। गलती उन लोगों की थी जो दूसरा कोई मत, सहना या मानना नहीं चाहते हैं।

मुझे ऑस्ट्रेलिया मेल्बॉर्न शहर में जाना पड़ा, ग्लोबल एथिस्ट कन्वेंशन में। वहाँ पर कर्नाटक के दंगे की बात का उल्लेख किया। धर्ममुक्त, विज्ञान पर विश्वास रखने वाले लोगों के बीच ही सबसे ज़्यादा आराम महसूस करती हूँ मैं। जैसे वे ही मेरा समाज हैं, मेरा सच्चा स्वदेश हैं। ढाई हजार धर्ममुक्त लोग यूरोप, अमेरिका और ऑस्ट्रेलिया के विभिन्न प्रान्तों से आये हैं। सारे वक्ता शेर की तरह हैं। रिचर्ड डॉकिंस, पिजि मेयर्स, एसी गारलेईंग। सबों के बीच बस एक मुझको ही मिली स्टैंडिंग ओवेशन। सबों का एक साथ खड़े होकर ताली बजाना, बहुत बड़ा सम्मान है यह। इतना बड़ा सम्मान, दिल खुश हो जाने की बात है। ऑस्ट्रेलिया की मीडिया ने साक्षात्कार लेने के लिए पकड़ लिया, नहीं किसी को भी नहीं दिया साक्षात्कार, ई-मेल का भी जवाब नहीं दिया। रास्तों पर उदास भटकती हूँ, लोगों को देखती हूँ। षेंगुइनों के झुंडों को देखने के लिए भागती हूँ। सिडनी में स्कूल के समय की सहेली ममता रहती है। एक दिन उड़कर आ गयी मिलने, पर मुलाकात नहीं हुई। मैं तब भी पेंगुइनों में ही खोयी हुई थी। और भी ग्लोबल कन्वेंशंस से बुलावा आता है। नहीं जाती हूँ। डेनमार्क जाने के लिए टिकट भी हो गया, पर मन नहीं किया। घर में बिल्ली है, उसको गोद में लेकर प्यार करती हूँ, कहीं भी जाने का मन नहीं करता है। बहुत-सा जीवन आसमानों में ही गुजारा है। आकाश-जीवन से अब मुक्ति चाहती हूँ। घर मुझे बहुत खींचता है। कितने अर्से से घर ही नहीं जुट पाया है।

फिर न्यूयॉर्क में, मेरे उसी सत्ताईसवीं मंजिल के 'मिलियन डॉलर विऊ' वाले अपार्टमेंट में पहुँच गयी। सारी दीवारों को घेरकर काँच की खिड़कियाँ हैं। जितना मर्जी उतना देखो खुला आकाश और नदी। नदी में कितनी तरह की लहरें, आसमान में

कितने किस्म के रंग। सचमुच का निरापद घर। न्यूयॉर्क विश्वविद्यालय की फेलोशिप खत्म होने के बाद भी अपार सम्भावनायें हैं—कॉनेक्टिकट विश्वविद्यालय में शिक्षिका की नौकरी, उड्रो विल्सन फेलो होने की वजह से विभिन्न कॉलेजों, विश्वविद्यालयों में पढ़ाना, ब्रॉडवे म्युज़िकल, लिंकन सेंटर के कार्यक्रम, नारीवादियों के संग घनिष्ठता, सारी सम्भावनाओं, सब समर्थनों को छोड़, यासमीन और सुहृद, जो दो लोग मेरे जीवन के एकमात्र रिश्तेदार हैं, उनको छोड़, न्यूयॉर्क विश्वविद्यालय के रॉबर्ट कुईन, बहुत समय के पुराने दोस्त वॉरेन ऐलेन स्मिथ, मेरेडिथ टैंक, सबको छोड़कर, सुन्दर इस प्रकृति को छोड़कर, भारत चले जाने का निर्णय लेती हूँ। उस भारत में, जिसने मुझको चिट्ठी दी है कि मेरा वीज़ा और नहीं बढ़ाया जाएगा। मैं इसे नहीं मान रही हूँ। विदेश का कोई भी भारतीय दूतावास, भारत सरकार के आदेश के बिना, मुझे वीज़ा नहीं देगा। जिस आदेश को देने की सरकार ही कर्ता-धर्ता हो, उस आदेश को भारत के बाहर से क्यूँ लेना होगा, भारत में ही तो लेना सम्भव है। और नहीं सुहाता है यह अन्दर-बाहर का खेल। जैसे भी हो निश्चिन्तवास चाहिए जीवन में। बहुत हो चुका है। सब कुछ यूँ ही छोड़कर आ सकती हूँ, मैं। जीवन में एक देश छोड़, दूसरे देश बहुत घूमी हूँ। एक शहर छोड़ एक और शहर। इसी तरह एक स्थाई ठिकाने की आशा में जीवन खत्म होता जा रहा है मेरा।

अगस्त के महीने तक मुझको दिल्ली में रहने की अनुमति है। मैं वीज़ा बाहर से नहीं लूँगी। एक बार वीज़ा की मियाद पूरी होने पर, मुझे नया वीज़ा नहीं मिलेगा। यह बहुत कुछ उसी तरह है, जैसा बंग्लादेश या पश्चिम बंगाल द्वारा कहा गया था, तुम देश से बाहर जाकर, दो-एक दिन या दो-तीन महीनों के बाद वापस आ जाना, और फिर किसी भी दिन मेरा लौटना नहीं हो सका। सारी विदाइयाँ लौटने के लिए नहीं होती हैं। बहुत-सी विदाइयों के बाद दरवाजा हमेशा के लिए बन्द कर दिया जाता है।

सुना कुछ विदेशी लेखकों ने भी मेरे भारतवास के अधिकार के बारे में बयान दिया है। भारत सरकार को अनुरोध किया है कि मुझे भारत में रहने की अनुमति दी जाए। एक दिन स्वीडिश दूतावास में गयी थी नया पासपोर्ट तैयार करने, क्यूँकि बहुत ज्यादा भ्रमण करने के कारण, पासपोर्ट सीलों से भर गया था, एक बिंदु भी जगह नहीं बची थी, वीज़ा की सील लगाने के लिए। वहीं दूतावास में सुना कि कुछेक दूतावासों से लोग दिल्ली आ रहे हैं, गृह मन्त्रालय में किसी से मिलने, यह आवेदन लेकर कि मुझे दिल्ली में रहने दिया जाए। मन बहुत खुश हो जाता है। कोई भी अच्छी खबर मिलने पर लोग कहते हैं, 'तब तो कहना होगा कि ईश्वर हैं', मैं वह नहीं बोलती, मैं कहती हूँ, 'इसका मतलब है कि दुनिया में अच्छे लोग अभी भी हैं'। अभी भी लोग हैं जो कि मत प्रकाश करने की स्वतंत्रता पर विश्वास करते हैं, इसका मतलब दुनिया अभी भी पूरी तरह से नष्ट नहीं हुई है। ठीक-ठीक वे कौन लोग हैं, पता नहीं मुझे, जो मेरे भारत छोड़ने के विरोध में खड़े हुए और मुझे छह महीने नहीं, पूरे एक साल

का वीज़ा दिया गया। यही नहीं, अब हर साल ही दिया जाएगा। मन कृतज्ञता से भर जाता है, पर्दे की पीछे में छुपे उन मानवतावादी, मत प्रकाश करने के विश्वासी लोगों के प्रति। मैं भारत की नागरिक नहीं हूँ, अगर मुझे रहने न दिया जाता तो कौन क्या कह सकता था? मुझे अगर बिल्कुल भी वीज़ा नहीं दिया जाता तो, वीज़ा पाने की मेरी कोई क्षमता ही नहीं थी। मुझे अगर सुरक्षा नहीं दी जाती, मैं क्या कर सकती थी! ठोस बात यह है कि मैं कुछ भी नहीं कर सकती थी। मैं इतनी निरीह जीव हूँ कि लिखने और सत्य को कहने की ताकत के अलावा, कुछ भी और करने का जोर नहीं है, मुझमें। इस पुरुषतांत्रिक दुनिया में, लिखने के माध्यम से नारी के अधिकारों के लिए, लड़ाई जारी रखना बहुत पुराने समय की बात है। ज़्यादातर स्त्री-पुरुष, नारीवाद के विषय को अच्छी नजर से नहीं देखते हैं। उनका विश्वास है कि समाज में नारी-पुरुष के बीच समता पूरी तरह से प्रतिष्ठित है, बस चन्द बर्बर व अशिक्षित लोग, कदाचित् नारी का असम्मान करते हैं।

भारत में बिना किसी शर्तों के रहने की अनुमति आखिरकार 2010 साल में मिल तो जाती है, पर इस बीच, उपमहादेश के साहित्य जगत में मैं एक निषिद्ध नाम बन जाती हूँ। किसी भी बांग्ला पत्रिका में मेरा लिखा नहीं छपता है। बंग्लादेश की बात तो छोड़ ही दी, उन्होंने सत्रह साल पहले ही बन्द कर दिया था। पश्चिम बंगाल ने अनुसरण किया बंग्लादेश के पदचिह्नों का। दैनिक स्टेट्समैन ने मेरा लिखा छापना बन्द कर दिया है, जबकि मेरे लेख बहुत लोकप्रिय हुआ करते थे। आनन्दबाज़ार, देश, प्रतिदिन, रविवार इत्यादि पत्र-पत्रिकाओं में मैं एक वर्जित नाम हूँ। रविवार के सम्पादक, रितुपर्ण घोष ने घोषणा करके मेरा लिखा छापना शुरू किया। एक लेख छापने के बाद ही बन्द कर दिया, आगे छापना। सुना कि 'ऊपर' से निर्देश मिला है, मुझे वर्जित करने के लिए। इसके बाद दिल्ली के 'जनसत्ता' नामक एक हिन्दी दैनिक में लिखना शुरू किया, कर्नाटक में मेरे लिखे को लेकर दंगा हो जाने के कुछ दिनों बाद से ही उन्होंने मुझे छापना बन्द कर दिया। सब पीछे हट गये। सबों के पास ही 'ऊपर' से आदेश जाता है मुझे छापना बन्द करने के लिए। प्रायः सभी प्रकाशकों ने किताबें भी छापनी बन्द कर दीं। क्या इसकी वजह है कि मेरी किताबें बिकती नहीं हैं, या दैनिक व साप्ताहिकों में मेरा लिखा कोई पढ़ता नहीं है? ऐसा बिल्कुल भी नहीं है। बल्कि मेरा लिखा छपने पर अखबार ज्यादा बिकते हैं, किताब छपने पर किताब बेस्ट सेलर बन जाती है। मुम्बई की मशहूर 'बैग फिल्म्स', मेरे उपन्यास 'फ्रांसीसी प्रेमी' (फ्रेंच लवर) का फिल्म राइट्स ले लेने के बावजूद भी फिल्म नहीं बनाती है। विख्यात निर्देशक महेश भट्ट मुझे लेकर फिल्म बना रहे थे, पटकथा लिखना शुरू कर दिया है, इसकी घोषणा करने के बाद भी चुप बैठ गये। यूटीवी जैसी बड़ी प्रोडक्शन कम्पनी भी, मेरे ऊपर फिल्म बनाना शुरू करके भी, अज्ञात कारणों से बनाना बन्द कर देती है। कलकत्ता में मेरी कहानी पर एक मेगा सीरियल के, सौ एपिसोड तक शूटिंग कर

चुकने के बावजूद, टेलीविज़न पर उसका प्रचार करना बन्द कर देते हैं। हाल ही में, कलकत्ता के तीन निर्देशक मेरे जीवन एवं मेरे उपन्यासों के आधार पर चलचित्र बनाने का सब कुछ तय कर, मुझसे अनुबन्ध पर दस्तख़त करा कर ले जाने के बाद भी, चलचित्र का निर्माण बन्द करने के लिए मजबूर हो जाते हैं। एक काला हाथ मेरी हर चीज पर अपना पंजा रख दे रहा है। एक अदृश्य हाथ। एक भुतहा हाथ। मेरी रीढ़ की हड्डी में एक ठंडा भय बहता रहता है। किसी दिन गला दबोच कर कोई मुझे मार तो नहीं डालेगा!

सिर्फ लिखना ही बन्द नहीं हुआ है, ज़्यादातर दोस्तों ने भी सम्पर्क रखना बन्द कर दिया है। भारतवर्ष में मैं अकेली हूँ। एक बिन्दु की तरह अकेली। कोई भी लेखक बिना किसी दोष के, इस तरह दुनिया में कहीं भी निषिद्ध हुआ है? हो सकता है, चार सौ साल पहले गैलिलियो हुए थे। बीच-बीच में सोचकर मुझे हैरानी होती है कि मैं इक्कीसवीं शताब्दी की दुनिया में रह रही हूँ।

दिल्ली में रहने का सपना तो मैंने कभी भी नहीं देखा था। जितने दिन भी मैं कलकत्ता की भाषा और संस्कृति के बीच वापस नहीं जा पाती, या मेरे अपने देश बंग्लादेश में, नहीं जा पाती, मुझे शान्ति नहीं मिलेगी। यह मेरे व्यक्तिगत बास के लिए नहीं है। हो सकता है अधिकार मिलने पर मैं बंगाल में न ही रहूँ, पर रहने के अधिकार के लिए चीखती रहूँगी।

मेरी यह लड़ाई बोलने की आजादी, अभिव्यक्ति की स्वतंत्रता के लिए है। जिन सभी देशों ने, मौलवादियों के मत से भिन्न कोई भी और मत नहीं सहेंगे, कहकर मुझे निकाला है, उन देशों और प्रान्तों में अगर मेरा प्रवेशाधिकार न हो, तब तो वे देश मौलवादियों की असहिष्णुता को विजयी बना देंगे। यह मुझ अकेले के सुख-चैन से भी ज़्यादा बड़ी बात है। जबकि मैं एक बिन्दु के समान अकेली ही लड़ रही हूँ, पर यह लड़ाई किसी व्यक्तिगत स्वार्थ के लिए बिल्कुल नहीं है, यह उससे भी बड़ा स्वार्थ है। मैं हुई तो हुई, दुनिया का कोई भी और इंसान, अपना मत प्रकाश करने के कारण, कभी भी निर्वासन, निषेधाज्ञा, या निषिद्ध होने का शिकार न हो।

दिल्ली में बस धू-धू करती निःसंगता है। बस बिल्ली ही साथ देती है। बस इसी एक प्राणी का पूरा जीवन मेरे ऊपर निर्भर है। उसके अलावा और किसी का भी जीवन मेरे ऊपर पूर्णतया निर्भर नहीं है। उसको दिल्ली में छोड़कर, मुझे हर महीने ही विदेश जाना पड़ता है। असल में जिन कार्यक्रमों में भाग लिये बिना नहीं चलता है, मैं उनमें ही जाती हूँ। बाकी सभी को मना कर देती हूँ। बेल्जियम का विश्वविद्यालय मुझे डॉक्टरेट देगा, पैरिस विश्वविद्यालय भी, पश्चिम के कई शहर सम्मानित नागरिक का ख़िताब देंगे, यूरोपियन पार्लियामेंट में मानवाधिकार को लेकर भाषण देना है, नॉर्वे में ह्युमैनिस्ट कांग्रेस मीट में जाना ही होगा। जितना कम सम्भव हो, उतना कम समय रहकर वापस उड़ आती हूँ, जल्दी-जल्दी अपनी बिल्ली के पास। वह अकेली है—इसलिए।

क्या असाधारण प्यार पनप उठा है, हमारे बीच। किसने कहा कि बिल्लियाँ बहुत स्वार्थी होती हैं, किसी को प्यार नहीं करतीं! मीनू करती है, बहुत ज़्यादा प्यार करती है मुझे। और कोई न भी समझे, मैं इस बात को समझती हूँ। दिन-रात इसी प्यार को लेकर ही उसके साथ अलग से बातें होती हैं। भारत के अमीर लोग कुत्ते पालते हैं, बिल्लियाँ नहीं। बिल्लियों से डरते हैं। बिल्ली कुसंस्कारी है। तभी बिल्लियों की देखभाल करने वाला कोई नहीं है, दिल्ली में। कलकत्ता में भी नहीं थे। फिर भी, किसी न किसी को समझा-बुझाकर, अपनी बिल्ली उसके पास छोड़कर जाती थी। दिल्ली में किसी को कुछ समझाऊँ, वह मौका भी नहीं है। वर्धमान से जयप्रकाश अग्रवाल आते हैं, मेरी अनुपस्थिति में बिल्ली की देखभाल करने, पर बिल्ली के साथ उनका तिक्त सा सम्पर्क ही बन पाता है भारत में बिल्लियों को लेकर जितने भी कुसंस्कार या भ्रान्तियाँ हैं, जयप्रकाश ज़्यादातर, उन सब पर ही शायद विश्वास करते हैं। दिल्ली में किसी से भी बिल्ली की देखभाल करने की बात नहीं कह पाती हूँ। यहाँ, ऐसा नहीं किसी के साथ भी मेरा परिचय नहीं है, पर उन परिचितों के साथ दोस्ती का रिश्ता बनने में, जो होना चाहिए, वह नहीं हो पाता है। मेरा ही आलस्य है या कि उनका, कौन जाने! कलकत्ता में मेरे इस आलस्य के साथ भी मेरे बहुत से दोस्त बन गये थे। चाहूँ या न चाहूँ तो भी, धीरे-धीरे वे घर के लोगों की तरह ही हो जाते थे, जगत के अन्दर एक और जगत है। मेरे अकेले का अलग जगत।

भारतीय उपमहादेश में जन्म हुआ है मेरा और यहीं मेरा मुँह खोलना मना है, मुझे यूरोप और अमेरिका में जाकर बोलना पड़ता है। वहीं जाकर मैं अपने विश्वास की बात बोल पाती हूँ। वहीं जाकर कर पाती हूँ गप्पें, आलोचना और अपना मत प्रकाश। वैसे सब धर्मों को लेकर, पश्चिम में आयोजित कार्यक्रमों में आजकल निर्भय होकर, निर्विघ्न रूप से अपना मत प्रकाश करना सम्भव नहीं रह गया है। वक्तृता देते वक्त, मेरी सुरक्षा के लिए पुलिस या तो मंच पर, या फिर ठीक मंच के नीचे रहती है। दुनिया क्रमशः असुरक्षित हो गयी है। असहिष्णु लोग आजकल दुनिया के इस प्रान्त से उस प्रान्त तक विचरण कर रहे हैं। सिर्फ एक बार ही मैंने पश्चिम के मेनस्ट्रीम सोसाइटी के बाहर एक कार्यक्रम में भाग लिया था, उस दिन मुझे मंच से उतरने के लिए बाध्य होना पड़ा था। अमेरिका के प्रवासी बंगाली हिन्दू, हर साल बंग सम्मेलन का आयोजन करते हैं। उसी सम्मेलन के मंच से। बंग सम्मेलन में जाने का मेरा कतई मन नहीं था, पर आयोजकों के बहुत अनुरोध करने पर राजी हुई थी और जब अमेरिका की विदेश नीति, विशेषकर उनके इधर-उधर युद्ध छिड़वाने की निन्दा करते हुए मैं कविता पाठ कर रही थी, मैडिसन स्कॉयर के पन्द्रह हजार बंगालियों के बीच, एक झुंड प्रभुभक्त, युद्धप्रेमी लोगों ने हो-हल्ला कर, मुझे रोक दिया। हाँ, मुश्किल उन्हीं जगहों में होती है, जिन जगहों में मेरा एकमात्र परिचय 'इस्लाम विरोधी' के रूप में है, और लोग मेरे 'इस्लाम विरोधी होने' की कहानियाँ ही सुनना चाहते हैं, पर जब जानते हैं कि मैं

दरअसल और भी बहुत कुछ के विरोध में हूँ, जैसे जो मुसलमान युद्ध में मर रहे हैं, उस युद्ध के भी खिलाफ हूँ, तभी सुनती हूँ 'दूर हो, दूर हो जाओ' की आवाज। जब भी दुनिया को सुन्दर बनाने का सपना लेकर मानवता के विरुद्ध घटने वाली सारी घटनाओं की समालोचना करती हूँ, तभी घटिया लोगों के साथ विवाद घटता है। ओछे लोगों की भीड़ से दूर हटते-हटते देखती हूँ कि मैं बहिष्कृत हूँ, अलग हूँ, अकेली हूँ, मेरी ओर उँगली उठाकर दिखा रहे हैं दूसरे लोग। महान लोग भी हैं दुनिया में। मेरे साथ या तो उनकी मुलाकात नहीं हो पाती है, या फिर बहुत कम मिलना हो पाता है।

इधर विकिलीक्स ने मेरे बारे में एक ख़बर का पर्दाफ़ाश कर दिया। भारत के अमेरिक़न दूतावास द्वारा, अमेरिका की सरकार के पास भेजे गये तथ्यों का आजकल रहस्योद्घाटन हो रहा है। Author Taslima Nasreen : Pawn in Political Web के नाम 28 नवम्बर, 2007 को भेजे तार के दो टुकड़े इस प्रकार थे–

11. (SBU) After Nandigram, Nasreen represented a convenient foil for both the CPM and fundamentalist Muslim leaders in Kolkata. From their actions (or lack there of), it is clear

NEW DELHI 00005119 003 OF 003

India's main political could not care less about Nasreen of her writing beyond how their parties reactions to events play to voters. Not wanting to offend the Muslim vote bank, neither Congress nor CPM has officially supported an extension of Nasreen's visa. Both parties went the situation to go away. The BJP will ensure that will not happen by raising the issue in Parliament to batter both the CPM and Congress and to burnish their own tarnished secular credentials. The BJP has seized the high ground and will milk the controversy for all its worth. For Taslima, the last week has been chaotic, but will no doubt provide ample material for her next. As for the CPM, the public are increasingly aware that their lofty rhetoric about looking out for the little guy rings hollow, since they have stooped recently not only for the little guy rings hollow, since they have stooped recently not only to kill peasants at Nandigram but to abandon a female author in order to pander to vote banks. Surely they could have found space for on woman in a teeming city of 16 million? MULFURD.

12. (SBU) Comment : Even though few in the Indian Muslim community are familiar with Nasreen's work, there is a general sense

amongst the Indian Muslims community that her writings have somehow insulted or disparaged Islam, The Muslim group's public opposition is a reflection of this unhappiness with Nasreen. There are also politics at play. The Communist Party of India Marxist (CPM) had originally driven Nasreen out of Kolkata to divert attention form the CPM's central role in the Nandigram violence, as well as to win favor from Muslims who were the main victims of the Nandigram brutality (ref E). The Muslim groups have put pressure once again on the UPA government to act more decisively on Nasreen. Vote bank politics has been an important factor in the Nasreen controversy. India's political parties are ready to use any target of opportunity available to pander to voting groups in preparation for the next national election, due before May 2009. The UPA's hot-cold response in the Nasreen affair illustrates that the Congress Party, the original and still most prolific practitioner of vote bank pandering, is attempting to juggle its national image and the Muslim vote. End Comment. MULFORD

और उधर बांग्ला के अनेक श्रेष्ठ कवियों में से एक जय गोस्वामी ने अपनी कविता की किताब 'आमार श्यामश्री इच्छे, स्वागता इच्छेगुली', 2007 में मुझे समर्पित ही नहीं की, बल्कि 'हमारे समय की उज्ज्वल फ़लक तसलीमा नसरीन' के शीर्षक से, एक कविता भी लिखी, 'हम में से किसी को भी अगर तुम्हारी लड़ाई लड़नी पड़ती तो?/ दूर-दूर, निरापद आश्रय में खड़े होकर/हमने तुम्हारी कितनी गल्तियाँ ढूँढ़ीं/आग के आगे उँगली बढ़ाकर नहीं देखा/खिड़की पे रस्सियों की सीढ़ी लटकी थी, पर तुमने/निकलने का कोई भी मौका नहीं लिया/जलते हुए घर में ही रह जाना चुन लिया/तुम्हारे युद्ध के आगे/मेरा जीवन कुछ भी नहीं/अब मेरी पीठ सट गयी है दीवार से/ इसके बाद घर से उठा ले जाकर/ मेरे जीवन को उस धान के खेत में/फेंक कर जाएँगे/नायब, गुमाश्ता, लठैत/नहीं, मैं तुम्हारी तरह/पलट कर लड़ नहीं सकूँगा/यहाँ तक कि स्थान भी बताने नहीं जाऊँगा किसी को ध्वज हिलाकर/अगर दोस्त मानती हो, बस इतनी शुभकामना दो, साहसिका/कम से कम गर्दन नीची कर मर सकूँ—अकेले-अकेले—स्वधर्म पर खड़े रहकर।'

साल 2007-2008 में बहुतों ने कविता लिखी थीं। कई सारी पत्रिकाओं और किताबों में, कई लोगों के प्रबन्ध, निबन्ध, कहानियाँ, कविताएँ प्रकाशित हुईं, मुझे कलकत्ता वापस लाने के सन्दर्भ में। लोग रास्तों पर आये, दीवारों पर पोस्टर्स चिपकाये गये, आन्दोलन किया गया, अनशन किया गया। हर साल, 22 नवम्बर को मुझे पश्चिम बंगाल से निकाल देने के विरोध में, प्रतिवाद कार्यक्रम का आयोजन किया

जाता है। धीरे-धीरे वह सब अब फीका पड़ गया है। पश्चिम बंगाल में निर्वाचन हुआ। सीपीएम के चौंतीस साल का शासन खत्म हुआ, ममता बनर्जी की ऐतिहासिक विजय हुई, पर अब दो-एक करीबी लोगों के अलावा, कोई और मेरा प्रसंग नहीं उठाता है। जैसे मेरा कहके कुछ और बचा ही नहीं है कहीं। अब मेरा बंगाल लौटना जरूरी नहीं। जैसे कि, एक बंगाली लेखक को बंगाल से निर्वासनदंड देने की घटना को, इतिहास के पन्नों से मिटा दिया गया हो।

करोड़ों-करोड़ों वर्ष पहले जन्म लिए विश्वब्रह्मांड के कोटि-कोटि नक्षत्रों और ग्रहों की भीड़ में से, पृथ्वी नामक ग्रह का अस्तित्व ही क्षणस्थायी है, इस ग्रह में मनुष्य नाम की प्रजाति के विचरण और उसके निर्मूल हो जाने की घटना भी, नितान्त ही तुच्छ घटना है। मनुष्य का पूरा इतिहास ही शायद कुछ भी नहीं, कुछ भी नहीं, कुछ भी नहीं है। कहाँ और कौन है जो ब्रह्मांड में मनुष्य का इतिहास खोदकर देखने जाएगा! स्रोत के विरुद्ध अभी भी जिन्दा हूँ, यही तो काफी है।

❑❑